랍비들의 성경 주해

창세기 미드라시

[개정판]

랍비들의 성경 주해

창세기 미드라시

강지숙 엮음

한님성서연구소

차례

머리말:

개정판을 내며 *7*

유다교 성경 해석의 의의 *8*

미드라시에 관하여 *10*

본문:

01,01—06,08 בראשית(브레싯: 처음에) *15*

06,09—11,32 נח(노아) *55*

12,01—17,27 לך לך(레크 레카: 가라) *80*

18,01—22,24 וירא(와예라: 그분께서 나타나셨다) *112*

23,01—25,18 חיי שרה(하예 사라: 사라의 세월) *160*

25,19—28,09 תולדת(톨돗: 족보) *178*

28,10—32,03 ויצא(와예체: 그가 떠났다) *205*

32,04—36,43 וישלח(와이슐라흐: 그가 보냈다) *250*

37,01—40,23 וישב(와예셉: 그가 자리 잡았다) *287*

41,01—44,17 מקץ(미케츠: 끝에) *315*

44,18—47,27 ויגש(와이가시: 그가 다가갔다) *332*

47,28—50,26 ויחי(와예히: 그가 살았다) *350*

부록:

주간별 오경 독서 분류 구성표 *392*
미슈나의 세데르와 마세켓 목록 *395*
랍비 전통에 따른 구약성경 시대의 이스라엘 연대표 *398*
참고문헌 *403*
성경 찾아보기 *406*
랍비 문헌과 기타 문헌 찾아보기 *415*

머리말

개정판을 내며

2022년 3월에 출간한 『아람어 성경과 랍비들의 성경 주해: 창세기』 1-2권은 타르굼을 본문으로 삼고 미드라시를 각주에 곁들인, 타르굼과 미드라시를 합친 작품이었다. 그러다 보니 미드라시의 분량도 적고 둘 사이의 구분도 불분명하여 책의 성격이 애매하였다. 이 개정판부터는 둘을 다른 작품으로 분리하여 오경 순서에 따라 타르굼 따로 미드라시 따로 출간하게 되었다. 그 가운데 이 책은 미드라시에 해당된다. 랍비들이 주석한 창세기 관련 여러 미드라시들을 읽고, 성경 본문 이해에 도움이 될 만한 내용들을 선별하여 엮었다.

창세기 본문은 미드라시 아가다에(אגדה[설화]) 속하여 이야기 본문들이 풍부한 편이다. 먼저 본격적인 미드라시 문헌들과(미드라시 라바 시리즈[창세기, 탈출기, 레위기 등], 랍비 엘리에제르의 어록, 탄후마 미드라시 등), 토라 본문인 탈무드 바블리에 있는 아가다들을 찾아 엄선하여 옮겼다. 랍비 문헌은 아니지만 '소 창세기'라고도 불리며 창세기 미드라시의 기원이 된 희년서 본문도 다루었다. 그 밖에 오경의 미드라시 할라카들을(הלכה[율법]) 참고하였고(랍비 이스마엘의 메킬타, 랍비 시메온 벤 요하이의 메킬타, 시프레 신명기 등), 외경 문헌과 신약성경, 교부들의 성경주해도 아주 가끔 실었다. 어떤 미드라시의 경우에는 엮은 이가 보충 설명을 덧붙이기도 하였다.

이 책에서는 유다인들의 '주간별 오경 독서 분류법'에 따라 창세기를 열두 대목으로 나누었다. 새로운 대목이 시작될 때마다 파라샤(פרשה[분류]) 제목을 붙였다. 미드라시 문헌들에서 성경 대목들을 나누는 주요 분류법이라 이를 흉내내 본 것이다. 오경의 주간 독서 목록은 부록에서 나열하였다.

또한 유다인들의 토라인, 미슈나와 토셉타와 두 탈무드를 분류하는 세데르와(סדר[대제목]) 마세켓의(מסכת[소제목]) 이름도 부록에서 다루었다. 본문의 랍비 문헌 인용에 자주 등장하고 있어서이다.

이 책에서 인용한 랍비 문헌들 가운데 긴 제목은 다음과 같이 줄여서 표기하였다. 미드라시 창세기 라바-창세기 라바, 미드라시 탈출기 라바-탈출기 라바, 탈무드 바블리-바블리, 탈무드 예루살미-예루살미, 랍비 이스마엘의 메킬타-메킬타 드리, 랍비 시메온 벤 요하이의 메킬타-메킬타 라슈비, 랍비 나탄의 마세켓 아봇-나탄의 아봇, 랍비 엘리에제르의 어록-엘리에제르의 어록, 탄후마 미드라시-탄후마 등이다.

유다교 성경 해석의 의의

그리스도교의 역사적 기원은 유다교에 뿌리를 둔다. 그리스도인과 유다인은 구약성경을 공유하며 같은 하느님을 섬긴다. 무엇보다도 그리스도교 공동체가 믿는 나자렛 예수님은 유다 민족의 후손이다. 유다교적 환경에서 자라셨고 유다교 전통에 익숙하셨으니, 그 전통이 예수님의 삶에 큰 영향을 미쳤을 법하다(교황청 유다교위원회 14항). 예수님을 따른 첫 제자들 역시 같은 유다인으로서 유다 민족의 전통에 따라 일상의 삶을 살았다. 바오로 사도는 자신이 유다인임을 자랑스럽게 여겼다(로마 11,1; 2코린 11,22; 갈라 1,14; 필리 3,5). 그래서 예수님과 제자들의 가르침은 유다인의 시각과 이스라엘의 살아 있는 전통의 맥락을 알지 못하면 이해할 수 없다(교황청 유다교위원회 14항). 초기 그리스도인들은 회당 공동체의 일원으로 함께 모여 음식 규정과 안식일법과 할례를 지키면서, 동시에 예수님을 그리스도 곧 하느님께서 인류를 구원하시고자 보내신 메시아로 고백하였다. 그때는 유다교 전통에 따라 살면서 예수님을 그리스도라 고백하는 것을 모순으로 여기지 않았다(교황청 유다교위원회 16항).

바오로 사도는 예수님을 두고 '태어나 율법 아래 놓이셨고, 율법 아래 있는 이들을 속량하셨으며'(갈라 4,4-5), '할례 받은 이들의 종이 되심으로써 조상들이 받은 약속을 확인하셨다'(로마 15,8)고 소개한다. 마태 5,17-19에서 예수님께서는 토라를 권위 있고 바르게 해설하시며, 토라와 그리스도인들의 신앙 사이의 연속성을 강조하신다(교황청 성서위원회 29쪽).

유다인과 그리스도인 모두를 성장시킨 토대는 예수님 시대의 유다교이다(교황청 유다교위원회 15항). 여기에서 그리스도교뿐 아니라 예루살렘 파괴 이후의 랍비 중심의 유다교가 탄생하게 되고, 이때부터 두 종교는 서로 다른 방향으로 성장해 나갔다. 그리스도교는 이스라엘 성경을 성서로 인정하면서, 예수님의 말씀과 '사도들의 가르침'(사도 2,42)이라는 구두 전승을 덧붙였고, 유다교에서는 구전 율법인 미슈나가 제2의 경전으로 자리 잡는다(교황청 성서위원회 34쪽).

유다교의 역사는 장구하다. 유다교가 태동한 시기를 정확히 확정할 수는 없다. 다만 바빌론 유배 때, 그리고 이스라엘로 귀환한 뒤 성전을 복구하고 제도를 재정비한 제2성전 시대가 그들 종교의 정체성을 확립한 중요한 계기였음은 분명하다. 그리스 셀레우코스 왕조의 종교 박해에 저항하여 마카베오 일가가 항쟁을 벌이고 하스모니아 왕조를 세우게 된 것도, 다름 아닌 종교적 위기에 대응한 것이었다. 로마 제국에 예루살렘 성전이 함락되고 온 백성이 뿔뿔이 흩어져 제2성전 시대를 마감한 일은, 이제는 영영 국가적 터전을 잃게 된 절체절명의 위기였다. 그런데 신기하게도 이스라엘 백성은 위험한 고비 때마다 오히려 내실을 다졌다. 유다교가 시작되고 꽃피우고 지금에 이른 것도 국가적 재난을 종교적으로 성찰한 유다인들의 신앙 덕분으로 보인다.

유다교의 성경 해석은 제2성전 시대의 유다교 성경과 연속성을 지닌 해석으로서 그리스도교의 해석과도 병행하는 유사한 해석이다(교황청 성서위원회 59쪽). 기원후 70년 제2성전의 파괴라는 재난 이후에 유다교는 성경에 대한 새로운 해석을 받아들일 수밖에 없었다. 성경을 읽고 해석하는 고유한 방식을 이미 발전시켰던 바리사이들을 따라, 랍비들이 유다교 신앙의 중심이 되어 성전 없이 성경을 읽고 해석하는 일에 몰두한 것이다(교황청 유다교위원회 30항).

그리스도론적 주해와 유다교의 랍비 방식의 주해 모두 하느님의 뜻과 말씀을 올바르게 이해하는 것이 목적이었다(교황청 유다교위원회 32항). 그러므로 그리스도교의 구약 해석이 구약성경에 대한 유일한 해석은 아니다. 교회는 유다교에 뿌리를 내리지 않으면 구원의 역사에서 구원론적 기초를 잃어버리게 되는 위험에 놓이게 되어 결국 비역사적 영지주의에 빠질 수도 있다(교황청 유다교위원회 13항).

스템베르거에 따르면, "그리스도교가 국가종교가 되었을 때, … 성전을 재건축하여 옛 질서로 돌아갈 이상은 (유다인들에게) 궁극적인 꿈으로서 종말에나 실현될 수 있는 희망으로 남게 되었다. 이 희망을 포기하지 않기 위해서는 거룩한 성경에서 새로운 힘을 찾아야만 했다. 새 계약으로 옛 백성을 대신하여 선택된 백성이 되었다는 그리스도인들의 주장에 맞서, (유다교는) 유다 백성의 고유한 설립 근거를 성경 안에서 찾을 목적으로 열심히 연구하였다"고 한다(귄터 스템베르거 53-54쪽).

구약성경에 대한 유다교적 해석을 새롭게 존중하고(교황청 성서위원회 16쪽) 그들의 가르침에서 하느님 말씀의 새로운 의미를 배우는 것이 랍비들의 성경 주해 곧 미드라시를 소개하는 목적이다.

미드라시에 관하여

히브리어 '미드라시'(מדרש)는 동사 '다라시'(דרש, 묻다, 찾다, 해석하다)에서 파생한 명사로서 '주석'이라는 뜻이다. 성경에서는 역대기 하권의 두 구절에 이 낱말이 등장하는데, 13,22에서는 "이또 예언자의 주석서"(מדרש הנביא עדו), 24,27에서는 "임금들의 실록 주석서"(מדרש ספר המלכים)라고 하였다. 폭넓은 의미에서 미드라시는, 랍비들이 성경을 다루는 전통적 방식이자 성경에 대한 유다인들의 생각과 성찰 전체를 가리킨다. 좁은 의미에서는 이 용어를 세 가지로 구분하여 사용한다. 곧 특별한 해석 방법과 해석 과정, 그 과정에서 나온 결과물인 주석서, 그리고 이 방법을 사용하여 주석한 최소 단위의 성경구절 해석이다.

미드라시의 본문은 성경 구절과 그 해석으로 구분된다. 미드라시는 모든 성경 구절은 여러 가지 뜻을 담고 있어 해석도 여러 가지일 수 있다는(바블리 산헤드린 34ㄱ) 원칙 아래, 여러 랍비들의 견해를 고루 전한다. 해석 방법으로는 보통 '힐렐의 일곱 규칙'과 '이스마엘의 열세 규칙'을 따르나 이 방법이 랍비들의 모든 해석을 아우르지는 못한다.

미드라시는 내용상 미드라시 할라카(מדרש הלכה[법 본문 미드라시])와 미드라시 아가다(מדרש אגדה[설화 본문 미드라시])로 구분하여 해석한다. 법 본문에서는 성경에 없는 법 규정(הלכה)을 덧붙이고 상충되는 본문을 조정하여 실제로 그 규정을 실천할 수 있게 한다. 설화 본문에서는 호교와 교화를 목적으로 자유롭고 창조적인 이야기(אגדה)를 덧붙여 구절들을 해석한다. 미드라시 아가다에는 주석 미드라시와 강론 미드라시가 있다.

미드라시 할라카에는 다른 두 학파 곧 '아키바 학파'와 '이스마엘 학파' 전통이 드러난다. 두 학파에서 사용하는 용어들과 해석 방법이 다르다. 한편으로는 두 학파의 일률적인 구분에 의문을 제기하기도 한다. 두 학파로 구분할 수 없는 미드라시 본문들도 있고, 편집의 결과에 따라 두 학파의 용어들이 섞이기도 하며, 두 랍비의 해석 원칙 자체가 후대 랍비들이 설정한 체계일 수도 있기 때문이다. 시대별로는 미드라시를 탄나임 미드라시와 아모라임 미드라시로 구분한다.

미드라시에 관한 개론적 지식은 『미드라쉬 입문』에서(귄터 스템베르거, 바오로딸, 2008) 도움 받으시길 바란다.

본 문

"처음에 하느님께서
하늘과 땅을 창조하셨다."
창세 1,1

פרשת בראשית 1,1—6,8
처음에(브레싯)

세상 창조(1,1—2,4)

1,1 처음에 하느님께서 하늘과 땅을 창조하셨다.

"랍비 호샤야 라바가 시작하였다. … 토라가 말하였다. '나는 거룩하시고 찬미받으실 분의 기술자가 (쓰는) 도구다.' 세상의 관습에서는, 살과 피를 지닌(인간) 임금이 궁궐을 세울 때 자신의 지식이 아닌 기술자의 지식으로 (궁궐을) 세운다. 기술자는 자신의 지식이 아닌 두루마리와 책(의 지식)으로 (궁궐을) 세운다. 방을 어떻게 만들고 입구를 어떻게 만드는지 알기 위해서다. 이와 마찬가지로 거룩하시고 찬미받으실 분께서도 토라를 보시고 세상을 만드셨다." - 창세기 라바 1,1

"여섯 가지가 세상 창조 이전에 (이미) 있었다. 그것들 가운데 (어떤 것은 실제로) 창조되었고, 그것들 가운데 (어떤 것은) 창조할지를 심사숙고 중에 있었다. 토라와 영광의 어좌는 창조되었다. 토라는 '주님께서는 그 옛날 모든 일을 하시기 전에 당신의 첫 작품으로 나를(토라) 지으셨다'(잠언 8,22)고 한 대로, 영광의 어좌는 '당신의 어좌는 예로부터 굳게 세워져 있습니다'(시편 93,2) 한 대로 (실제로 창조되었다.) 성조들과 이스라엘, 성전과 메시아의 이름은 창조할지를 심사숙고 중에 있었다(거의 확정).” - 창세기 라바 1,4

“샴마이 학파의 견해에 따르면, 하늘이 먼저 창조되고 그다음에 땅이 (창조되었다.) 이는 (먼저) 어좌를 만들고 (그다음에) 발판을 만든 임금에 비유할 수 있다. 거룩하시고 찬미받으실 분께서 '하늘이 나의 어좌요 땅이 나의 발판이다'(이사 66,1) 하고 말씀하신 대로이다. 힐렐 학파의 견해에 따르면, 땅이 먼저 창조되고 그다음에 하늘이 (창조되었다.) 이는 궁궐을 지을 때 아래 부분을 먼저 세우고 위를 세우는 임금에 비유할 수 있다. '주 하느님께서 땅과 하늘을 만드시던 날'(창세 2,4)이라고 한 대로이다.” - 창세기 라바 1,15

1,2 그 땅은 모양이 없고 공허했으며, 어둠이 심연 위에 있고 하느님의 영이 그 물 위에서 휘돌았다.

“랍비 유다 벤 시몬이 본문을 세대별로 해석하였다. '땅은 모양이 없었다.' 이는 아무것도 없고 아무것도 아닌 첫 아담을 말한다. '공허했다', 이는 세상을 다시 비우고자 한 카인을 말한다. '어둠', 이는 에노스의 세대를 말한다. '물(심연) 위' 이는 홍수 세대를 말한다.” - 창세기 라바 2,3

“랍비 시메온 벤 라키시가 본문을 디아스포라별로 해석하였다. '땅은 모양이 없었다.' 이는 바빌론 디아스포라를 말한다. '내가 보니 땅은 혼돈이었다'(예레 4,23)고 한 대로이다. '공허했다', 이는 메대 디아스포라를 말한다. '(하만의 내시들이) 하만을 급히 데리고 왔다'(에스 6,14)고 한 대로이다. '어둠', 이는 그리스 디아스포라를 말한다. 그곳의 법령으로 이스라엘의 눈을 어둡게 하며 말하였다. '너희는 황소의 뿔에, 이스라엘 하느님 안에서 몫이 없다고 써라.' '물(심연) 위', 이는 심연처럼 찾을 수 없는 사악한 왕국을 말한다. 심연이 무엇인지 찾을 수 없듯이 사악한 이들도 그러하다. '하느님의 영이 감돌고 있었다.' 이는 메시아 임금의 영을 말한다. '그

위에 주님의 영이 머루른다'(이사 11,2)고 한 대로이다." – 창세기 라바 2,4

1,3 하느님께서 말씀하셨다. "빛이 생겨라." 그러자 빛이 생겼다.

"랍비 유다가 말하였다. 빛이 처음으로 창조되었다. … 이는 어두운 장소에 궁궐을 짓고 싶어 한 임금에 비유할 수 있다. 그는 어떻게 했을까? 그는 (먼저) 등잔과 횃불을 켰다. 토대를 어디에 놓을지 알아보기 위해서다. 이런 식으로 빛이 처음으로 창조되었다. 랍비 느헤미야가 말하였다. 세상이 처음으로 창조되었다. 이는 궁궐을 세우고 나서 등잔과 횃불로 장식한 임금과도 같다." – 창세기 라바 3,1

"랍비 엘아자르가 말하였다. 거룩하시고 찬미받으실 분께서 첫째 날에 빛을 창조하셨다. 그래서 사람이 세상 이 끝에서 저 끝까지 볼 수 있었다. 거룩하시고 찬미받으실 분께서 홍수 세대와 유배 세대를 보셨다. 그런데 그들의 행실이 부패한 것을 아시고 일어나 (그 빛을) 그들에게서 숨기셨다. '악인들에게는 빛이 거부된다'(욥 38,15)고 한 대로이다. 누구를 위해 그것을 숨기셨나? 장차 올 의인들을 위해서다. '하느님께서 그 빛을 보시고 좋아하셨다'(창세 1,4)고 한 대로이다. '좋다'는 의인을 말한다. '너희는 말하여라, 의인들은 잘 된다(좋다)'고 하였기 때문이다. … 현인들이 말하였다. (그 빛은) 첫째 날에 창조된 빛물체들로서 넷째 날까지 (궁창에) 걸리지 않았다." – 바블리 하기가 12ㄱ

1,5 하느님께서 그 빛을 낮이라 그 어둠을 밤이라 부르셨다. 저녁이 되고 아침이 되어 하루가 되었다.

"랍비 유다가 말하였다. 밤은 오로지 잠을 자기 위해서 창조되었다. 랍비 시메온 벤 라키시가 말하였다. 달은 오로지 (토라를) 공부하기 위해서 만들어졌다." – 바블리 에루빈 65ㄱ

"랍비 얀나이가 말하였다. 세상 창조 시작부터 거룩하시고 찬미받으실 분께서는 의인들의 행위들과 악인들의 행위들을 내다 보셨다. … '저녁이 되었다.' 이는 악인들의 행위이다. '아침이 되었다.' 이는 의인들의 행위이다. '하루', 이는 거룩하시고 찬미받으실 분께서 그들에게 하루를 주셨다는 것이다. 어떤 날인가? 속죄일이다. 랍비 탄훔이 말하였다. 그날 네 가지가 창조되었다. 산들과 하늘과 땅과 빛이다. 랍비 유단이 말하였다. 그날 거룩하시고 찬미받으실 분께서 세상에 혼자 계셨다. 그분 말고는 세상에 아무것도 없었다." - 창세기 라바 3,8

"라브 유다가 라브가 말한 것을 말하였다. (창조) 첫째 날에는 열 가지가 창조되었다. 곧 하늘과 땅, 혼돈과 불모(תהו ובהו), 빛과 어둠, 바람과 물, 낮의 길이와 밤의 길이이다." - 바블리 하기가 12ㄱ

"첫째 날에 위로부터 하늘과 땅과 물, 그분 앞에서 시중드는 모든 영들과 얼굴(현존) 천사들과 성별 천사들, 불의 영들 천사들, 바람의 영들 천사들, 구름과 어둠과 눈과 우박과 서리의 천사들, 심연과 천둥과 번개의 천사들, 추위와 더위와 겨울과 봄과 추수와 여름의 영들, 그리고 하늘과 땅과 모든 심연에 있는 그분 피조물의 모든 영들의 천사들을 창조하셨다. 그분께서 당신 마음의 지혜로 어둠과 빛, 아침과 저녁을 마련하셨다." - 희년서 2,2-3

1,6 하느님께서 말씀하셨다. "물 한가운데에 궁창이 생겨라. 그래서 물과 물 사이를 갈라라."

"랍비 피느하스가 랍비 오샤야의 이름으로 말하였다. 땅과 궁창 사이가 비었듯이, 궁창과 윗물 사이도 그러하다." - 창세기 라바 4,3

"궁창이 아니었으면 세상은 윗물과 아랫물에 삼켜졌을 것이다. 궁창이 물과 물 사이를 갈랐다. '물 한가운데에 궁창이 생겨라. 그래서 물과 물 사이를 갈라라'(6절)고 한 대로이다. (궁창이) 윗물과 아랫물 사이를 (갈라 놓았다.)" - 엘리에제르의 어록 4,10

1,7 하느님께서 궁창을 만드시고 궁창 아랫물과 윗물 사이를 가르셨다.

"랍비 아하가 랍비 하니나의 이름으로 말하였다. (궁창의) 두께는 금속판과 같다. 랍비 느헤미야의 아들 랍비 여호수아가 말하였다. 둘 또는 세 손가락 두께다." - 창세기 라바 4,5

"라바가 말하였다. 세상의 (크기는) 육천 파라상(페르시아의 거리 단위, 고대의 1파라상≒6km)이고 궁창의 두께는 천 파라상이다." - 바블리 프사힘 94ㄱ

1,8 하느님께서 그 궁창을 하늘이라 부르셨다. 저녁이 되고 아침이 되어 둘째 날이 되었다.

"라브가 말하였다. (하늘은) 불과 물이 (합쳐진 것이다.) 랍비 아바 벤 카하나가 라브의 이름으로 말하였다. 거룩하시고 찬미받으실 분께서 불과 물을 가져다 서로 섞어서 그것에서 하늘을 만드셨다." - 창세기 라바 4,7

"둘째 날에 거룩하시고 찬미받으실 분께서 궁창과 천사들, 살과 피를 (인간) 위한 불과 게헨나의 불을 창조하셨다." - 엘리에제르의 어록 4,1

"천사들은 언제 창조되었나? 랍비 요하난이 말하였다. 천사들은 둘째 날 창조되었다. 성경에서 '바람을 당신 사자(천사)로 삼으시고'(시편 104,4), '(둘째 날에) 물 위에 당신의 거처를 세우시는 분'(104,3)이라 하였기 때문이다." - 창세기 라바 1,3

"둘째 날에 천사들이 창조되었다. 그들은, 그분 말씀대로 파견될 때는 바람이 되었고, 그분 앞에서 섬길 때는 불이 되었다. '그분께서는 당신 천사들을 바람으로 만드시고 당신 시종들을 불로 타오르게 하시네'(시편 104,4)라고 한 대로이다. 네 계급의 시종 천사들이 거룩하시고 찬미받으실 분 앞에서 찬미한다. 미카엘의 첫 진영은 그분 오른쪽에, 가브리엘의 둘째 진영은 그분 왼쪽에, 우리엘의 셋째 진영은 그분 앞에, 라파엘의 넷째 진영은 그분 뒤에 있으며, 거룩하시고 찬미받으실 분의 셰키나가 중앙에 있다. 그분께서는 크고 드높은 어좌 위에 앉아 계신다." - 엘리에제르의 어록 4,10-15

1,13 저녁이 되고 아침이 되어 셋째 날이 되었다.

"그날 그분께서 그들을 위해 미크베별로(물 저장소) 모든 바다를, 산과 온 땅에 있는 미크베별로 모든 강을, 그리고 모든 호수와 땅의 모든 이슬과 씨로 맺어질 씨, 먹을 수 있는 모든 것, 열매 맺는 나무, 숲들, 에덴 동산을 창조하셨다. 이 큰 작품들을 셋째 날에 만드셨다." - 희년서 2,7

1,14 "하늘 궁창에 빛물체들이 생겨라. 그래서 낮과 밤 사이를 가르고 표징과 절기, 날과 해가 되어라."

"'그분께서 시간을 정하도록 달을 만드셨다'(시편 104,19). 랍비 요하난이 말하였다. 태양만이 빛을 내려고 창조되었다. 그럼 달은 왜 창조되었나? '시간을 정하도록' 곧 달(月)들의 시작과 해(年)들의 시작을 세어 성별하려는 것이다." - 창세기 라바 6,1

"주님께서 태양을 땅 위의 큰 표징, 곧 날들, 안식일들, 달들, 해의 축제들, 안식년들, 희년들, 해의 모든 절기들로 삼으셨다." - 희년서 2,9

1,16 하느님께서 큰 빛물체 두 개를 만드셨다. 더 큰 빛물체는 낮을 다스리고 더 작은 빛물체는 밤을 다스리게 하셨다.

"넷째 날 그분께서 큰 빛물체 두 개를 연결하셨다. 한 (빛물체가) 다른 (빛물체)보다 크지 않았고 다른 (빛물체가) 한 (빛물체)보다 크지 않았다. 높이도 모양도 밝기도 똑같았다. 그들 둘은 경쟁하였다. 한 (빛물체가) 다른 (빛물체)에게 말하였다. '내가 너보다 크다.' 다른 (빛물체가) 한 (빛물체에게) 말하였다. '내가 너보다 크다.' 그들 사이는 평화롭지 않았다. 거룩하시고 찬미받으실 분께서 어떻게 하셨겠는가? 하나를 크게 하시고 다른 하나를 작게 하셨다." - 엘리에제르의 어록 6,1-6

"랍비 시메온 벤 파지가 말하였다. '하느님께서 큰 빛물체 두 개를 만드셨다. … 큰 빛물체 … 작은(הקטן[하카탄]) 빛물체 …'(창세 1,16). … 달이 거룩하시고 찬미받으실 분 앞에 아뢰었다. '세상의 주인이신 주님, 왕관은 하나인데 두 임금이 가능합니까?' 그분께서 말씀하셨다. '너는 가서 자신을 작게 하여라.' '세상의 주인이신 주님, 제가 작아져야 합니까?' '그럼 (태양과 함께) 낮과 밤을 다스려라.' '(태양 옆에서) 무엇이 위대하겠습니까? 대낮에 촛불이 무슨 소용입니까?' '유다 백성이 날과 해(年)를 너와 함께 세게 하여라.' '그러나 그들은 태양으로도 셉니다.' '그럼 의인들이 네 이름을(하카탄[작은]) 따서 부르게 하여라. 이를 테면 '야곱 하카탄'(보잘것없는 야곱, 아모 7,2), '사무엘 하카탄'(탄나의 이름), '다윗 하카탄'(막내 다윗, 1사무 17,14) 등이다.'" - 바블리 훌린 60ㄴ

1,18 그리고 낮과 밤을 다스리고 빛과 어둠 사이를 가르게 하셨다. 하느님께서 보시고 좋아하셨다.

"넷째 날에 그분께서 태양과 달과 별들을 창조하시고 하늘 궁창에 두셨다. 온 땅을 비추고 낮과 밤을 다스리고 밤과 낮, 어둠과 빛 사이를 가르시기 위해서다. … 빛과 어둠 사이를 가르셔서 번성하게 하시려고, 곧 땅 위에서 움터 자라는 모든 (식물을) 번성하게 하시기 위해서다." - 희년서 2,8.11

1,21 하느님께서 큰 바다괴물들과 물에서 우글거리는 모든 생물을 제 종류대로, 날개 달린 모든 새를 제 종류대로 창조하셨다.

"라바가 랍비 요하난의 이름으로 말하였다. 거룩하시고 찬미받으실 분께서 장차 의인들을 위하여 레비아탄의 살로 잔치를 베푸실 것이다." - 바블리 바바바트라 75ㄱ

"다섯째 날에 깊은 물 한가운데에서 큰 바다괴물들을 창조하셨다. 이것이 그분 손으로 (만드신) 첫 번째 작품이다." - 희년서 2,11

"다섯째 날 그분께서는 그 물에서 온갖 종류의 새가 (나와) 수컷과 암컷, 정결한 것과 부정한 것들로 가득 차게 하셨다. 두 가지 표시로 정결한 것임을 아는데, 짧은 털과 벗겨진 모이 주머니다. 랍비 엘리에제르가 말하였다. 하나 더 있다. 돌출된 발톱이다. 두 종류의 새가 제물과 번제물로 선택되었는데, 이는 멧비둘기와 어린 비둘기다." - 엘리에제르의 어록 9,1-4

1,22 "번식하고 번성하여 바닷물을 가득 채워라. 새도 … 번성하여라."

"태양이 땅 위의 모든 것, 곧 땅에서 움트는 모든 것과 열매 맺는 모든 것과 모든 살들 위에서 나와, 그것들을(바다괴물, 물고기, 새) 번성하게(강하게) 하셨다. 이 세 종류를 다섯째 날에 만드셨다." - 희년서 2,12

1,26 "우리 형상대로 우리 모습처럼 사람을 만들자."

"그분께서는 누구와 의논하셨나? 랍비 여호수아 벤 레위가 말하였다. 그분께서는 하늘과 땅의 일을 의논하셨는데, 이는 두 조언자를 둔 임금에 비유할 수 있다. 그는 누군가의 지식 없이는 아무것도 하지 않는다. 랍비 사무엘 바르 나흐만이 말하였다. 그분께서는 날마다 일어나는 일을 의논하셨는데, 이는 동료를 둔 임금에 비유할 수 있다. 그는 누군가의 지식 없이는 아무것도 하지 않는다. … 랍비 하니나가 말하였다. 그분께서는 첫 아담을 창조하러 오실 때 시종 천사들과 의논하시며 말씀하셨다. '사람을 만들자.'" - 창세기 라바 8,3-4

"라브 유다가 라브의 이름으로 말하였다. 거룩하시고 찬미받으실 분께서 인간을 창조하시고자, 먼저 시종 천사들을 만드시고는 그들에게 말씀하셨다. '우리 형상대로 인간을 만들려고 하는데, 너희의 뜻은 어떠하냐?'" - 바블리 산헤드린 38ㄴ

1,27 하느님께서 그분의 형상대로 사람을 창조하셨다.

"사람에게는 248개의 (신체) 기관이(살과 힘줄이 붙은 뼈) 있다. 발에 30개 곧 발가락마다 6개씩, 발목에 10개, 정강이에 2개, 무릎에 5개, 허벅지에 1개, 엉덩이에 3개, 갈비에 11개, 손에 30개 곧 손가락마다 6개씩, 아래

팔뚝에 2개, 팔꿈치에 2개, 윗팔뚝에 1개, 어깨에 4개이다. 이쪽에서(오른쪽) 101개, 저쪽에서(왼쪽) 101개이다. 척추에 척추뼈 18개, 머리에 9개, 목에 8개, 심장의 열쇠에 6개, 생식기 주위에 5개이다." - 미슈나 오할롯 1,8

"랍비 심라이가 말하였다. 모세의 613개의 계명은 태양의 날수에 해당하는 수치인 365개의 금령과, 인간의 (신체) 기관에 해당하는 수치인 248개의 명령으로 되어 있다." - 바블리 마콧 23ㄴ

"라미 바르 아바가 말하였다. 사탄(의 이름)을 계산하면 364이다. (이는 속죄일을 뺀 일 년의 날수이다.) … 처음에 (이름의 숫값이 243인) 아브람은 243개의 (몸의) 기관을 다스렸으나 (할례를 받은 뒤[창세 17,5] 이름의 숫값이 248이 되어) 아브라함은 248개의 기관을 다스렸다. 이는(보태진 5) 두 눈과 두 귀와 생식기이다." - 바블리 느다림 32ㄴ

1,27 남자와 여자로 그들을 창조하셨다.

"랍비 예레미야 벤 엘아자르가 말하였다. 거룩하시고 찬미받으실 분께서 인간을 창조하실 때 그를 암수 한 몸으로 창조하셨다. '그분께서 그들을 남자와 여자로 창조하시고 … 그들 이름을 아담이라 부르셨다'(5,2)고 한 대로이다. 랍비 사무엘 바르 나흐만이 말하였다. 거룩하시고 찬미받으실 분께서 첫 사람을 창조하실 때 그를 두 얼굴로 창조하시고, 그를 쪼개어 두 등을 만드셨는데 한 등은 이쪽에 다른 등은 저쪽에 있었다." - 창세기 라바 8,1

"랍비 예레미야 벤 엘아자르가 말하였다. 첫 사람에게는 두 개의 얼굴 형태가 있다. '당신께서 저의 뒤와 앞을 만드셨습니다'(시편 139,5)라고 한 대로이다." - 바블리 에루빈 18ㄱ

"랍비 아바후가 문제를 제기하였다. '그분께서는 남자와 여자로 그들을 창조하셨다'(창세 5,2)고도 하고, '하느님께서 (당신) 모습으로 사람을 만드셨다'(9,6)고도 한다. 어떻게 된 것인가? 처음에는 둘을 창조하시려고 생각하셨으나, 결국에는 하나만 창조되었다." - 바블리 브라콧 61ㄱ

"랍비들이 랍비 엘아자르의 이름으로 말하였다. 그분께서는 (아담을) 위로 네 가지 속성, 아래로 네 가지 속성으로 창조하셨다. 아래의 (속성은) 짐승처럼 먹고 마시는 것, 짐승처럼 출산하고 배설하는 것, 짐승처럼 죽는 것이다. 위의 (속성은) 시종 천사들처럼 서는 것, 시종 천사들처럼 말하는 것, 시종 천사들처럼 지식이 있는 것, 시종 천사들처럼 보는 것이다. 이상하다, 짐승도 보지 않나? (인간도) 한쪽만 본다. 랍비 티프다이가 랍비 아하 이름으로 말하였다. 천상의 존재들은 (하느님의) 형상과 모습대로 창조되었고 출산하지 않는다. 지상의 존재는 출산을 하고 (하느님의) 형상과 모습대로 창조되지 않았다. 거룩하시고 찬미받으실 분께서 말씀하셨다. '나는 (인간을 나의) 형상과 모습대로 창조하여 (그는) 천상 존재이면서, 출산을 하니 지상의 존재이기도 하다.' 랍비 티프다이가 랍비 아하의 이름으로 말하였다. 거룩하시고 찬미받으실 분께서 말씀하셨다. '내가 그를 천상 존재로 창조했다면 그는 (영원히) 살고 죽지 않을 것이다. 지상 존재로 (창조했다면) 그는 죽고 살지 못할 것이다. 그러나 나는 그를 천상의 존재이자 지상의 존재로 창조하였다. 그가 죄를 지으면 죽는다. 그러나 죄를 짓지 않으면 살 것이다.'" - 창세기 라바 8,11

1,28 "바다의 물고기와 하늘의 새와 땅 위에서 기어 다니는 모든 동물을 다스려라."

"'땅 위에서 기어 다니는 모든 동물'(28절)에는 뱀이 포함된다." - 바블리 산헤드린 59ㄴ

"그분께서 땅의 모든 생물과 모든 집짐승, 땅 위의 모든 길짐승을 창조하셨다. 이 모든 것 다음에 인간을 창조하셨는데 그들을 남자와 여자로 창조하시고, 그가 땅 위의 모든 것과 바다에 있는 것, 날아다니는 모든 것과 모든 생물과 집짐승과 땅 위의 모든 길짐승을 다스리게 하셨다. 그가 이 모든 것을 다스리게 하셨다. 이 네 종류를 여섯째 날에 만드셨다." - 희년서 2,13

1,29-30 "이제 내가 … 온갖 나무를 준다. 이것이 너희에게 양식이 될 것이다. 살아 있는 생물…에게는 온갖 푸른 풀을 먹이로 준다."

"랍비 후나가 랍비 아예부의 이름으로 말하였다. 그분께서 신중하게 (아담을) 창조하셨다. (먼저) 그에게 필요한 양식들을 창조하시고, 그러고 나서 그를 창조하셨다. 시종 천사들이 거룩하시고 찬미받으실 분 앞에 아뢰었다. '세상의 주인이신 주님, '인간이 무엇이기에 이토록 기억해 주십니까? 사람이 무엇이기에 이토록 돌보아 주십니까?'(시편 8,5) 이 문제가 어디서 생겼습니까?' 그분께서 그들에게 말씀하셨다. '그렇다면, '저 모든 양 떼와 소 떼, 들짐승과 하늘의 새들과 바다의 물고기들'(8-9절)은 왜 창조되었느냐? 이는 좋은 것으로 가득 찬 탑은 있으나 손님은 없는 임금에 비유할 수 있다. 탑이 가득 찬들 그 임금은 무슨 낙이 있겠느냐?' 그들이 그분 앞에 아뢰었다. '세상의 주인이신 주님, '온 땅에 당신 이름, 이 얼마나 존엄하십니까!'(10절) 기뻐하실 일을 하십시오.'" - 창세기 라바 8,6

2,1 하늘과 땅과 그것에 딸린 모든 것들이 다 완성되었다.

"랍비 여호수아 벤 레위가 말하였다. 하늘은 태양과 달과 별들로 완성되었다. 땅은 나무들과 풀들과 에덴 동산으로 완성되었다. 랍비 시몬이 랍비 여호수아 벤 레위의 이름으로 말하였다. (창조의) 작품들이(곧 하늘과 땅) 완성되었고 확장되었다." - 창세기 라바 10,5

2,2 하느님께서는 일곱째 날에 하시던 일을 끝내시고, 일곱째 날에 하시던 모든 일에서 멈추셨다.

"열 가지가 안식일 저녁 해질 무렵에 창조되었다. 곧 땅의 입과(민수 16,32) 우물의 입과(탈출 17,6; 민수 21,16-18) 당나귀의 입(민수 22,28), 무지개와(창세 9,13) 만나와(탈출 16,15) 모세의 지팡이(탈출 4,17), 샤미르와(돌이나 쇠를 깍는 벌레, 솔로몬이 성전 건립에 이용) 문자와 글씨와(탈출 32,16) 서판(32,16) 들이다. 어떤 이는 악마와 모세의 무덤과(신명 34,6) 아브라함의 양(창세 22,13)이라 하고, 어떤 이는 부젓가락(1열왕 7,49 성전 제사 도구)이라 하였다." - 미슈나 아봇 5,6

"열 가지가 세상 창조 이후, 안식일 해질 무렵에 창조되었다. 곧 만나와 우물과 모세의 지팡이, 다이아몬드와 무지개와 영광의 구름, 땅의 입과 계약의 서판의 글씨와 악마, 그리고 말하는 당나귀의 입이다." - 차명 요나탄 민수 22,28

"이는 안식일 저녁 해질 무렵에 창조된 열 가지 가운데 하나이다. (열 가지는) 무지개, 만나, 지팡이, 문자, 샤미르, 서판, 사악한 이들을 삼킬 땅의 입의 입구, 사악한 발라암의 당나귀의 입, 모세의 무덤, 모세와 엘리야의 동굴이다. 어떤 이들은 첫 아담의 옷, 아몬드와 꽃이 핀 아론의 지팡이도 있다고 말한다." - 메킬타 드리 16,32(171)

2,3 하느님께서 일곱째 날을 축복하시고 그날을 성별하셨다. 그때 하느님께서 창조하여 만드시던 모든 일들에서 쉬셨기 때문이다.

"왜 (일곱째 날을) 축복하셨는가? … 랍비 베레크야와 랍비 도스타이가 말하였다. (안식일에게는) 짝이 없기 때문이다. 그 주의 첫 날은 둘째 날이, 셋째 날은 넷째 날이, 다섯째 날은 여섯째 날이 있으나 안식일에게는 짝이 없다. 랍비 사무엘 바르 나흐만이 말하였다. (안식일은) 미뤄질 수 없기 때문이다. 축제도 미뤄질 수 있고 속죄일도 미뤄질 수 있으나, 안식일은 미뤄질 수가 없다. 랍비 시메온 벤 요하이가 말하였다. 안식일이 거룩하시고 찬미받으실 분 앞에 아뢰었다. '모두에게 짝이 있는데, 왜 저에게는 짝이 없습니까?' 거룩하시고 찬미받으실 분께서 그에게 말씀하셨다. '이스라엘 의회가 너의 짝이다.' 이스라엘이 시나이산 앞에 섰을 때, 거룩하시고 찬미받으실 분께서 그들에게 말씀하셨다. '내가 안식일에게 말한 것을 기억하여라. 이스라엘 의회가 너의 짝이다', '안식일을 기억하여 거룩하게 지켜라'(탈출 20,8)고 한 대로이다.'" - 창세기 라바 11,8

"주님께서 우리에게 안식일이라는 큰 표징을 주셨다. 우리가 엿새 동안 일을 하고 일곱째 날에는 모든 일에서 멈추게 하시려는 것이다. 모든 얼굴 천사들과 모든 성별 천사들, 이 두 부류의 큰 (천사들이) 우리에게 말하였다. '그분과 함께 하늘과 땅에서 멈추어라(안식일을 지내라).' 그분께서 우리에게 말씀하셨다. '내가 내 백성을 (다른) 모든 백성들에게서 분리하니, 그들은 안식일을 지킬 것이다. 나는 내 백성을 성별하고 축복하리라. 내가 안식일을 성별하고 내가 거룩하듯이, 그렇게 그들을 축복하리라. 그들은 내 백성이고 나는 그들의 하느님이 되리라.'" - 희년서 2,17-19

"(하느님께서는) 세상의 일에서 쉬셨으나, 악인들의 일과 의인들의 일에서는 쉬지(멈추지) 않으셨다. (악인들과) 일하시고 (의인들과) 일하셨다. 악인들의 처벌이 일이라는 것을 어떻게 알 수 있나? '주님께서 무기고를 열고 당신 분노의 병기를 꺼내셨다. 그것이 … 주님께 일이었기 때문이다'(예레 50,25)고 한 대로이다. 의인들의 보상이 일이라는 것을 어떻게 알 수 있나? '얼마나 크십니까! 당신을 경외하는 이들 위해 간직하신 그 선하심이. 당신께 피신하는 이들에게 … 당신은 일하십니다'(시편 31,20)고 한 대로이다." - 창세기 라바 11,10

에덴 동산(2,5-25)

2,6 그런데 땅에서 안개가 올라와 흙 표면을 모두 적셨다.

"랍비 엘리에제르가 말하였다. 온 세상은 대양(바다)에서 물을 공급받는다. 땅에서도 안개가 올라와 온 흙 표면을 적신다." - 바블리 타아닛 9ㄴ

"땅은 어디에서 물을 마시나? 랍비 엘리에제르가 말하였다. 대양에서다. '땅에서 안개가 올라와 흙 표면을 모두 적셨다'고 한 대로이다. 랍비 여호수아가 말하였다. 대양의 물은 짠 물이 아니다. … 그것들은 구름 속에서 달게 된다. '구름이 흘러내린다'(욥 36,28)고 한 대로이다. 어디에서 흘러내리나? 구름에서다. 랍비 여호수아가 말하였다. (땅은) 윗물에서 (내리는 물을 마신다.) '땅은 … 하늘에서 내리는 비로 물을 마신다'(신명 11,11)고 한 대로이다." - 창세기 라바 13,10

2,7 주 하느님께서 땅의 먼지로 사람을 빚으시고 그의 코에 생명의 숨을 불어넣으시자, 사람이 생물이 되었다.

"라브 나흐만 바르 라브 히스다가 설명하였다. 두 개의 요드(יי)로 '주 하느님께서 … 사람을 빚으셨다(וייצר)'(7절)고 하였는데 이는 무슨 말인가? 이는 거룩하시고 찬미받으실 분께서 두 가지 본성을(יצר) 창조하셨는데, 하나는 선한 본성(יצר טוב)이고 다른 하나는 악한 본성(יצר רע)이라는 말이다." - 바블리 브라콧 61ㄱ

"'빚으셨다', 이는 두 가지 모습으로 (빚으셨으니) 아담의 모습과 하와의 모습이다. … 이는 두 가지 속성으로 (빚으셨으니) 천상 존재의 속성과 지상 존재의 속성이다. … 이는 두 가지 본성으로 (빚으셨으니) 선한 본성과 악한 본성이다. … 이는 두가지 형태로 (빚으셨으니) 이 세상의 형태와 다음 세상의 형태이다." - 창세기 라바 14,2-5

"그분께서는 땅의 네 귀퉁이에서 첫 사람의 먼지를 모으셨다. 그것은 붉은색, 검은색, 흰색, 초록색이다. 붉은색은 피, 검은색은 내장들, 흰색은 뼈와 힘줄, 초록색은 몸이다." - 엘리에제르의 어록 11,27-31

"(랍비 유다가 말하였다.) 흙에서(אדמה) 나와 그의 이름이 아담이라(אדם) 불렸다. 랍비 여호수아 벤 코르하가 말하였다. 살과 피(דם) 때문에 그의 이름이 아담이라(אדם) 불렸다." - 엘리에제르의 어록 12,39-41

2,8 주 하느님께서 동쪽의 에덴에 동산을 세우시고 거기에 빚어 만드신 사람을 두셨다.

"랍비 사무엘 바르 나흐만이 말하였다. '동쪽에'(מקדם)를 너는 세상 창조 '이전'(קדם)이라고 여길 것이나 그렇지 않다. 첫 사람 이전을 말한다. 사람은 엿샛날에 창조된 반면, 에덴 동산은 셋째 날에 창조되었기 때문이다. '하느님은 예로부터 저의 임금님, 세상 한가운데에서 구원을 이루시는 분!'(시편 74,12)이라고 하였다. 이는 거룩하시고 찬미받으실 분께서 베푸신 은총이다. 그분께서는 내가 수고도 하기 전에 보상을 마련하셨다." - 창세기 라바 15,3

"그는 에덴 동산이 가장 거룩한 곳이자(지성소) 하느님의 거처임을, 시나이산이 광야의 중심이고 시온산이(성전 산) 땅의 배꼽의 중심임을 알았다. 이 세 곳은 서로 마주보며 거룩한 곳으로 창조된 것이다." - 희년서 8,19

"그분께서는 … 의인들을 위해서는 에덴 동산을 세우시고 … 악인들을 위해서는 게헨나를 세우셨다." - 차명 요나탄 창세 3,24

"내 아버지께 복을 받을 이들아, 와서 세상 창조 때부터 너희를 위하여 준비된 나라를 차지하여라." - 마태 25,34

2,9 주 하느님께서 … 동산 한가운데에는 생명 나무와, 선과 악의 지식 나무를 두셨다.

"생명 나무는 온 세상에 퍼졌다. 랍비 유다 벤 랍비 일라이가 말하였다. 생명 나무는 오백 년에 걸친 (지역을 차지한다.) 태고의 물은 모두 그 아래에서 갈라졌다." - 창세기 라바 15,6

2,10 에덴에서 강이 나와 동산을 적시고 거기서 갈라져 네 줄기가 되었다.

"(아담이) 자신의 창조주와 평화롭게 지낼 때 한 번의 삽질로 네 개의 강줄기를 열었다." - 창세기 라바 16,1

2,15 주 하느님께서 사람을 데려다 에덴 동산에 두시고, 일하고 지키게 하셨다.

"거룩하시고 찬미받으실 분께서는 첫 아담을 넘치게 사랑하시어 정결하고 거룩한 곳에서 그를 창조하셨다. 어느 장소에서 그를 데려왔나? 성전에서 당신 궁궐(에덴)로 데려오셨다. '주 하느님께서 아담을 데려다 에덴 동산에 두셨다'(15절)고 한 대로이다." - 엘리에제르의 어록 12,1-4

"그분께서 그에게 안식일 계명을 주셨다. … 한편 '일하고(예배하고) 지키라'고 한 것은 예물 봉헌이다. '너희는 정해진 때에 바쳐라'(민수 28,2)고 한 대로이다." - 창세기 라바 16,5

"무엇을 일하고(섬기고) 지켜야 하는가? 이는 토라에 몰두하고 생명 나무의 길을 지키는 것이다. '생명 나무에 이르는 길을 지키게 하셨다'(창세 3,24)고 한 대로이다. 생명 나무는 토라이다. '그것은 붙잡는 이에게 생명 나무이다'(잠언 3,18)라고 한 대로이다." - 엘리에제르의 어록 12,10

"'그분을 섬기다(예배하다)'(신명 11,13). 이는 배우는 것이다. '주 하느님께서 사람을 데려다 일하고 지키게 하셨다'(창세 2,15)고 하였다. 과거에는 무엇이 일하는(예배하는) 것이고, 무엇이 지키는 것이었나? 일하는(예배하는) 것이란 배우는 것이고, 지키는 것이란 계명을 지키는 것이다. 제단에서 (제물을) 바치는 것을 예배라고 부르듯이, 배우는 것을 예배라고 부른다." - 시프레 신명기 41(84)

2,16 주 하느님께서 사람에게 명령하셨다. "너는 동산의 모든 나무에서 먹을 수 있다."

"크파르 하닌의 랍비 야곱이 말하였다. 언제 (짐승이 사람의) 양식으로 허용되었나? (제사를 위해) 도살할 때부터이다." - 창세기 라바 16,6

2,20 사람은 온갖 집짐승과 하늘의 새와 들의 온갖 짐승에게 이름을 불러 주었다.

"우리는(천사들) 주님의 말씀대로 아담에게, 모든 들짐승, 모든 집짐승, 모든 새, 땅 위의 모든 길짐승, 물 속에서 움직이는 것들을 제 종류대로 그리고 제 모습대로 데리고 왔다. 첫째 날에 들짐승, 둘째 날에 집짐승,

셋째 날에 새, 넷째 날에 땅 위의 모든 길짐승, 다섯째 날에 물 속에서 움직이는 것들이다. 아담은 그들 모두에게 이름을 불러 주었고 아담이 그들을 부르는 대로 그것이 그들의 이름이 되었다." - 희년서 3,1

2,22 주 하느님께서 사람에게서 빼낸 갈비뼈를 가지고 여자를 세우시고 사람에게 데려가셨다.

"사람의 몸에는 이백마흔여덟 개의 기관이(살과 힘줄이 붙은 뼈) 있는데 … 갈비뼈는 열한 개이다." - 미슈나 오할롯 1,8

"우리 주 하느님께서 그의 위에 잠을 던지시어 그가 잠들었다. 그분께서 여자를 위해 그의 뼈에서 하나의 뼈를 빼내셨다. 이 갈비뼈가 그의 갈비뼈 한가운데에서 (나온) 여자의 기원이다. 그분께서 그 대신 살을 세우시고 여자를 세우셨다. 그분께서 아담을 잠에서 깨우시자 여섯째 날에 그가 깨어나 일어났다." - 희년서 3,5

"거룩하시고 찬미받으실 분께서 첫 아담을 위해 에덴 동산에 혼인 잔치용 천막을 열 개 만드셨다. 귀한 돌과 진주들과 금으로 만드셨다." - 엘리에제르의 어록 12,47-50

"랍비 삼라이가 제자들에게 말하였다. 과거에는 아담이 흙에서 창조되고 하와가 아담에게서 창조되었다(고들 하였다). 그러나 이제는 '우리의 형상대로 우리의 모습처럼'(창세 1,26) 창조되었다고 한다. 여자 없이 남자는 없고 남자 없이 여자는 없다. 그리고 (주님의) 셰키나 없이는 둘 다 없다." - 창세기 라바 8,6

2,25 그들 둘, 사람과 그의 아내는 알몸이었으나 부끄러워하지 않았다.

"아담과 그의 아내는 칠 년을 에덴 동산에서 살면서 (땅을) 일구고 지켰다. 우리가(천사들) 그에게 일할 것을 주고 일로 보이는 것은 다 하도록 가르쳤다. 그는 일했다. 그는 알몸이었으나 (알몸인 것을) 몰라 부끄러워하지 않았다. 그는 새와 들짐승과 집짐승에게서 동산을 지켰다. 과일을 거

두어 먹었고 남은 것은 자신과 아내를 위해 따로 두었다. 그것을 계속 지켰다." - 희년서 3,15-16

첫 사람 아담의 죄와 벌(3,1-24)

3,1 뱀은 주 하느님께서 만드신 들의 어떤 짐승보다 교활하여, 여자에게 말하였다.

"(사마엘 천사는) 군대를 이끌고 내려와 거룩하시고 찬미받으실 분께서 창조하신 모든 피조물들을 보았다. 그는 그들 가운데 뱀만큼 악을 행하는데 영리한 것은 찾아내지 못하였다. '뱀은 … 들의 어떤 짐승보다 교활하다'(1절)고 한 대로이다. (뱀의) 모습은 낙타와도 같아 (사마엘이) 그 위에 올라 탔다." - 엘리에제르의 어록 13,12

"(뱀이) 말하였다. '내가 아담에게 말하면, 그가 내 말을 듣지 않으리라는 것을 나는 안다. 남자는 자기 생각에서 절대 나오기 어렵다. '남자는 거칠고 행실이 악하다'(1사무 25,3)고 한 대로이다. 여자에게 말해야겠다. 여자는 자기 생각에서 (나오기가) 쉽다. 그가 내 말을 들으리라는 것을 나는 안다. 여자들은 모든 피조물의 말을 잘 듣는다. '어리석은 여자는 어수선하고 아는 게 없다'(잠언 9,13)고 한 대로이다.'" - 엘리에제의 어록 13,29-32

3,4 뱀이 여자에게 말하였다.

"시크닌의 랍비 여호수아가 랍비 레위의 이름으로 말하였다. (뱀이) 창조주에 관해 중상모략하며 말하기 시작하였다. '그분께서는 이 나무의 (열매를) 드시고 세상을 창조하셨다. 그분께서 너희에게 '이것을 먹지 말라'고 말씀하셨는데, 이는 너희가 다른 세상을 창조하지 못하게 하시려는 것이다. 사람은 누구나 동료 장인들을 싫어하기 마련이다.'" - 창세기 라바 19,4

3,6 그 여자는 … 그 열매를 따서 먹고 함께 있던 남편에게도 주어 그가 먹었다.

"뱀이 가서 나무를 만지자, 그 나무가 소리 지르며 말하였다. '사악한 놈아, 만지지 마라.' '거만한 발길이 제게 닿지 않게, 악인들의 손이 저를 내쫓지 않게 하소서'(시편 36,12)라고 한 대로이다. 뱀이 여자에게 가서 말하였다. '나는 그 나무를 만졌으나 죽지 않았다. 네가 그것을 만져도 죽지 않는다.' 여자는 가서 나무를 만졌는데, 죽음의 천사가 그 앞에 와 있는 것을 보고는 말하였다. '아, 슬프다. 이제 나는 죽겠구나. 거룩하시고 찬미받으실 분께서 다른 여자를 만들어 아담에게 주시겠네. 그가 나와 함께 먹게 해야지. 우리는 죽어도 둘이 죽고, 우리는 살아도 둘이 산다.'" - 엘리에제르의 어록 13,36-41

3,7 그들은 서로 무화과나무 잎을 엮어 가리개를 만들어 주었다.

"첫 아담은 무엇을 입었나? 손톱피부와 영광의 구름이 그를 덮었다. 그가 그 나무 열매들을 먹자 손톱피부가 그에게서 벗겨지고 그는 자신이 알몸인 것을 알았다. 영광의 구름이 그의 위에서 올라갔다." - 엘리에제르의 어록 14,10-14

3,8 그들은 그날 바람이 불 때 동산을 거니시는 주 하느님의 소리를 들었다.

"'그날 바람이 불 때', 라브가 말하였다. 그분께서는 동쪽 바람이 불 때 (사람을) 심판하셨다. 곧 날이(해) 올라올 때 부는 바람이다. 자브디 벤 레위가 말하였다. 그분께서는 서쪽 바람이 불 때 (사람을) 심판하셨다. 곧 날이 저물 때 부는 바람이다." - 창세기 라바 19,8

"'그들은 … 들었다.' … 그들은 나무가 말하는 소리를 들었다. '창조주의 지식을 훔친 이 도둑놈아!' … 그들은 천사들이 말하는 소리를 들었다. '주 하느님께서 동산에 있는 그들을 (벌하러) 가신다.'" - 창세기 라바 19,8

3,9 주 하느님께서 사람을 부르시며 말씀하셨다. "너는 어디 있느냐?"

"주 하느님께서 아담을 부르시며 말씀하셨다. '어찌 된 일이냐? 어제는 나의 뜻을 (따르더니) 지금은 뱀의 뜻을 (따르는구나.) 어제는 (너의 눈길이) 세상 이 끝에서 저 끝까지 이르더니 지금은 '동산 한가운데 있는 나무'에 있구나.'" - 창세기 라바 19,9

"라브 유다가 라브가 말한 것을 말하였다. 첫 아담은 이단자다. '너는 어디 있느냐?'고 하였으니, 이는 곧 '네 마음이 어디로 기울었느냐?'는 말이다." - 바블리 산헤드린 38ㄴ

3,13 주 하느님께서 그 여자에게 말씀하셨다. "네가 무슨 짓을 한 것이냐?" 여자가 말하였다. "뱀이 저를 속여 제가 먹었습니다."

"'뱀이 저를 속여 제가 먹었습니다.' 이는 '(뱀이) 저를 선동하고 저를 죄 짓게 하며 저를 속였습니다'라는 뜻이다." - 창세기 라바 19,13

"거룩하시고 찬미받으실 분께서 하와에게 말씀하셨다. '너는 네가 죄 짓는 것으로도 충분하지 않아 아담을 죄 짓게 했느냐?' (하와가) 그분 앞에 아뢰었다. '온 세상의 주인이신 주님, 뱀이 제 마음을 흐트러뜨려 당신 앞에 죄를 짓게 되었습니다.'" - 엘리에제르의 어록 14,17-18

3,14 주 하느님께서 뱀에게 말씀하셨다.

"그분께서는 그들(아담, 하와, 뱀) 셋을 데려다가 그들에게 선고를 내리셨는데, (이는) 아홉 가지 저주와 죽음이다." - 엘리에제르의 어록 14,19

"하느님께서는 (그 문제로) 아담과 토론을 하시고 하와와도 토론하셨다. 그러나 뱀과는 토론하지 않으셨다. 거룩하시고 찬미받으실 분께서 말씀하셨다. '이 뱀은 악하여 대답이 (준비되어) 있다. 내가 그에게 말하면 그는 바로 나에게 (이렇게) 말한다. '당신께서 그들에게 명하여 저도 그들에게 명했습니다. 그들이 무엇 때문에 당신 명령은 놔두고 제 명령을 따랐을까요?'' 그래서 (거룩하시고 찬미받으실 분께서는) 그를 건너뛰고 심판을

내리셨다." - 창세기 라바 20,2

3,14 "너는 모든 집짐승과 들짐승 가운데 저주를 받으리라. … 배로 다니고 먼지를 먹으리라."

"거룩하시고 찬미받으실 분께서 '너는 배로 다닐 것이다' 하고 말씀하시자, 시종 천사들이 내려와 (뱀의) 손과 발을 잘랐다. 그의 (울부짖는) 소리가 세상 이 끝에서 저 끝까지 퍼져나갔다." - 창세기 라바 20,5

"그분께서는 하늘의 거룩한 장소에서 사마엘과 그의 군대를 내려 보내시어 뱀의 발을 자르게 하셨다. 모든 들짐승과 모든 집짐승보다 그것을 더 저주하셨다. 그리고 일곱 해마다 한 번씩 큰 고통 속에서 가죽을 벗도록 지시하시고, 땅 위를 배로 끌고 다니게 하셨다. … 그의 양식은 배 속에서 먼지와 독으로 바뀌어 죽음이 그의 입에 있었다." - 엘리에제르의 어록 14,20-27

"(뱀은) 아담을 죽이고 하와와 혼인하고 싶었다. 하마콤이(המקום[하느님의 칭호]) 그에게 말씀하셨다. '내가 말한다, 너는 모든 집짐승과 들짐승의 임금이 되리라. … 내가 말한다, 너는 (사람처럼) 똑바로 서서 걸으리라. … 내가 말한다, 너는 사람처럼 에덴에서 먹으리라. … 그러나 너는 아담을 죽이고 하와와 혼인하겠다고 말했다. …' (뱀이) 원하는 것은 그에게 주어지지 않았고 그의 손에 있는 것마저 빼앗겼다." - 토셉타 소타 4,17.18

"랍비 이시와 랍비 호샤야가 랍비 히야 라바의 이름으로 말하였다. 거룩하시고 찬미받으실 분께서 (뱀에게) 말씀하셨다. '나는 너를 집짐승과 들짐승의 임금으로 만들었으나 너는 원하지 않았다. 그래서 너는 '모든 집짐승과 들짐승 가운데에서 저주를 받으리라'(14절). 나는 너를 사람처럼 서서 걷게 만들었으나 너는 원하지 않았다. 그래서 너는 '배로 다니리라'(14절). 나는 너를 사람처럼 먹을 것을 먹게 만들었다. 그러나 너는 원하지 않아, '먼지를 먹으리라'(14절). 너는 아담을 죽이고 하와와 혼인하기를 원하여, '나는 너와 그 여자 사이에 적개심을 두리라'(15절).' (뱀이) 원하는 것은 그에게 주어지지 않았고 그의 손에 있는 것마저 빼앗겼다. 이런 경우를 카인, 코라, 발라암, 도엑, 아히토펠, 게하지, 압살롬, 아도니야, 우찌야, 하만에게서 찾을 수 있다. 그들이 원하는 것은 그들에게 주어지지 않았고 그들 손에 있는 것마저도 빼앗겼다." - 창세기 라바 20,5

3,15 "너는(뱀) 그의 발꿈치를 부수리라."

"랍비 레위가 말하였다. 장차 다가올 (시대에는) 모두가 치유를 받을 것인데 뱀과 기브온 사람들은 예외다. 뱀은, '뱀의 먹이는 흙이다'(이사 65,25)고 한 대로이다. 기브온 사람들은, '도성의(성전) 일꾼들은(기브온 사람들: 여호 9,27) 이스라엘의 모든 지파에서 (뽑아와) 일을 시켜야 한다'(에제 48,19)고 한 대로이다." - 창세기 라바 20,5

3,16 "나는 네가(여자) 심한 고통을 겪으며 임신하게 하리라."

"그분께서 여자에게 (벌로) 아홉 가지 저주와 죽음을 내리셨다. 곧 월경의 피와 처녀의 피의 고통, 임신의 고통, 출산의 고통, 자식 키우는 고통, 애도할 때처럼 머리를 덮기, 종신 노예처럼 귀 뚫기, 여종처럼 남편 섬기기, 증언 안 믿어주기 등이다. 이 모든 (저주) 다음은 죽음이다." - 엘리에제르의 어록 14,30-37

"라브 이사악 바르 아브디미가 말하지 않았는가? 하와는 열 가지 저주를 받았다." - 바블리 에루빈 100ㄴ

3,17 "그 땅은 너 때문에 저주를 받고 너는 사는 동안 내내 수고해야 그것을 먹을 것이다."

"사람이 죄를 지었는데 땅은 무슨 죄를 지어 저주를 받았는가? (땅은) 그 일에(사람의 악행) 대해 말하지 않아서 저주를 받았다. … 그분께서 땅의 열매를 치셨다. 사람들의 잘못 때문이다." - 엘리에제르의 어록 14,43-45.47-48

3,18 "그것은 너에게 가시들과 덤불을 싹트게 하고 너는 들의 풀을 먹으리라."

"랍비 유다가 말하였다. (하느님께서 말씀하셨다.) '만약 네가 잘했다면, 에덴 동산의 모든 나무가 너를 위해 자랐을 것이다. 그러나 지금은 네가 잘못했으니, '너에게 가시들과 덤불이 싹트리라'(18절).' 랍비 느헤미야가 말하였다. 만약 네가 잘했다면, 너는 에덴 동산에서 풀들을 가져와 세상의 모든 진미를 맛보았을 것이다. 그러나 지금은 네가 잘못했으니 너는 들의 풀을 먹게 되리라.'" - 창세기 라바 20,10

3,19 "너는 먼지이니 먼지로 돌아가리라."

"랍비 시메온 벤 요하이가 말하였다. 여기 토라에서는 죽은 이의 부활을 암시한다. 너는 먼지이니 먼지에게로 '간다'(תלך)고 하지 않고 '돌아간다'(תשוב)고(부활) 하였기 때문이다." - 창세기 라바 20,10

3,21 주 하느님께서 사람과 그의 아내에게 가죽옷을 만들어 입히셨다.

"랍비 메이르의 토라에서는 (가죽[עור]옷을) '빛(אור)의 옷'이라고 쓰여 있다. 이는 첫 아담의 옷이 횃불과 비슷하다는 말이다. 아래에서는 넓고 위에서는 좁다. 원로 이사악이 말하였다. 그것은 손톱(같은 피부)처럼 부드럽고 진주처럼 아름답다. 랍비 요하난이 말하였다. 그것은 벳 스안에서 나온, 얇은 아마이다. '가죽옷'은 그것이 피부에 바로 밀착된다는 말이다. 랍비 엘아자르가 말하였다. 그것은 염소 가죽이다. 랍비 여호수아가 말하였다. 그것은 토끼 가죽이다. 랍비 요세 벤 랍비 하니나가 말하였다. (털로 된) 가죽이다. 랍비 시메온 라키시가 말하였다. (우유처럼 하얀) 가죽이다. (나중에) 맏아들이 이를 사용했다. 랍비 사무엘 바르 나흐만이 말하였다. 낙타 털이나 토끼 털이다. '가죽옷'은 그것이 가죽으로 (만든) 옷이라는 말이다. 랍비 레위가 말하였다. (여기서) 토라가 너에게 세상의 방식을 가르친다. 양식은 네 능력껏, 의복은 네 (능력)보다 조금, 주거는 네 (능력)보다

많이 (소비하라는 것이다.)" – 창세기 라바 20,12

3,22 "자, 사람이 세상에서 우리의 하나처럼 선과 악을 알게 되었으니, 이제 그가 … 생명 나무까지 따서 먹고 영원히 살게 해서는 안 된다."

"아담이 유일하게 창조된 것은 너를 가르치기 위해서다. 이스라엘 가운데 한 사람을 해치는 사람을, 성경은 세상 전체를 해치는 것과 같다고 하였다. 이스라엘 가운데 한 사람이라도 살리는 사람을, 성경은 세상 전체를 살리는 것과 같다고 하였다." – 미슈나 산헤드린 4,5

3,24 그분께서 사람을 쫓아내셨다.

"랍비 요세가 말하였다. 첫 아담의 영광이 그와 함께 머무르지 않았다. 그 이유가 무엇인가? '사람은 영광 속에서 오래가지 못한다'(시편 49,13)고 한 대로이다. 랍비들이 말하였다. 안식일이 끝나갈 무렵 그분께서는 그에게서 영광을 빼앗고 에덴 동산에서 추방하셨다. '그분께서 사람을 쫓아내셨다'(창세 3,23), 이는 '그의 얼굴을 일그러뜨리신 채 내쫓으셨다'(욥 14,20)고 한 대로이다." – 창세기 라바 12,6

"(아담은) 추방되어 에덴 동산에서 나와 모리야산에 자리 잡았다. 에덴 동산의 문에서 모리야산이 가까웠다." – 엘리에제르의 어록 20,1-3

"그날, 아담이 에덴 동산을 나가던 날, 그는 향기나는 향과 유향, 풍자향, 소합향, 나르드를 바쳤다. (그날은) 아침 곧 해가 나올 때 자신의 부끄러움을 덮던 날이다. 그날 모든 들짐승과 집짐승, 새들과 길짐승, (물에서) 움직이는 것들의 입이 닫혀 말하지 못했다. 그들은 서로서로 한 가지 말과 한 가지 언어로 말하였기 때문이다. 그분께서 에덴 동산에 있는 모든 살덩어리를 에덴 동산에서 내보내셨다. 모든 살덩어리는 제 종류대로 피조물별로 자신들이 창조된 장소에서 흩어졌다. 모든 들짐승과 집짐승 가운데, 아담에게만 부끄러움을 덮을 것을 주셨다." – 희년서 3,27-28

카인과 아벨의 불화(4,1-26)

4,1 아담이 자기 아내 하와를 알고 그가 임신하여 카인을 낳았다.

"첫 희년까지 그들은 자식이 없다가, 그뒤 그가 (아내를) 알았다. 그는 에덴 동산에서 배운 대로 땅을 일궜다." - 희년서 3,34-35

"랍비 메이르가 말하였다. 첫 아담은 매우 경건하였다. 그는 (인간의) 죽음이 자신 때문에 생긴 처벌임을 알고 백서른 해 동안 단식하고, 백서른 해 동안 자기 아내와 따로 지내며 몸에 무화과나무 띠를 둘렀다." - 바블리 에루빈 18ㄴ

4,1 (하와가) **말하였다. "내가 주님을 통해 남자를 얻었구나."**

"뱀 위에 올라탄 (사마엘이 하와에게) 들어 그가 카인을 임신하였다. 그 다음에 아담이 그에게 들어 아벨을 임신하였다. '아담이 자기 아내 하와를 알았다'(창세 4,1)고 한 대로이다. '알다'는 무슨 뜻인가? 그가 임신하였다는 뜻이다." - 엘리에제르의 어록 21,5-7

"랍비 요하난이 말하였다. 뱀이 하와에게 들어 그를 오염시켰다. 이스라엘은 시나이산에 섰을 때 그 오염이 끝났고, 이방인들은 시나이산에 서지 않아 오염이 끝나지 않았다." - 바블리 예바못 103ㄴ

4,2 (하와는) **또 그의 형제 아벨을 낳았다. 아벨은 양을 치는 목자가 되고 카인은 땅을 일구는 이가 되었다.**

"(하와는) 두 번째 희년 셋째 주에 카인을 낳았고 넷째 (주에) 아벨을 낳았으며 다섯째 (주에) 딸 아완을 낳았다." - 희년서 4,1

"랍비 여호수아 벤 코르하가 말하였다. 침대에 둘이 올라가 일곱이 내려왔다. '또 낳았다'는 것은 더 낳았다는 뜻이지 또 임신했다는 것이 아니다." - 창세기 라바 22,3

"랍비 요하난 바르 하니나가 말하였다. 하루는 열두 시간이다. 첫 시간에 (아담의) 먼지가 모여, 둘째 시간에 형태가 만들어졌으며, 셋째 시간에 뼈들이 늘어났고, 넷째 시간에 숨이 그에게 들어가, 다섯째 시간에 발로 섰다. 여섯째 시간에 이름들을 지어 불렀고, 일곱째 시간에 하와와 짝을 지었으며, 여덟째 시간에 그들 둘이 침대에 올라가 넷이 내려왔고, 아홉째 시간에 (선과 악의) 나무에서 먹지 말라는 명령을 받았으나, 열째 시간에 죄를 지어, 열한 번째 시간에 심판을 받고, 열두 번째 시간에 추방되어 떠났다." - 바블리 산헤드린 38ㄴ

"랍비 미아샤가 말하였다. 카인이 태어났고 그의 쌍둥이 아벨이 그와 함께 태어났으며 그의 (여자) 쌍둥이가 그와 함께 (태어났다.) 랍비 이스마엘이 그에게 말하였다. 이미 (성경에서) 자기 누이 곧 아버지의 딸을 (아내로) 삼는 것을 두고(레위 20,17) 말하지 않았는가? 그가 말하였다. 이 말들에서, 세상에 그들이 혼인할 다른 여자들이 없음을 알아야 한다. 그래서 그들에게는 허용된 것이다." - 엘리에제르의 어록 21,10-14

"카인은 씨를 뿌려 땅을 일구는 것을 좋아하였고, 아벨은 가축을 치는 것을 좋아하였다. 하나가 자기가 일한 것에서 양식을 다른 이에게 주었고, 다른 이가 자기가 일한 것에서 양식을 그에게 주었다." - 엘리에제르의 어록 21,16-17

4,3 날들이 지나고 카인은 땅의 소출을 주님께 제물로 가져왔다.

"'날들이 지나고(날들의 끝에)', … 랍비 엘리에제르가 말하였다. 티슈레 달에 세상이 창조되었다. 랍비 여호수아가 말하였다. 니산 달에 세상이 창조되었다. 티슈레 달에 세상이 창조되었다고 말하는 이는 (수콧) 축제부터 하누카까지 아벨이 살았을 것으로 보고, 니산 달에 세상이 창조되었다고 말하는 이는 파스카부터 주간절까지 아벨이 살았을 것으로 본다. 이 말이든 저 말이든 모두 아벨이 세상에서 오십 일 이상 있지 않았음을 알려준다." - 창세기 라바 22,4

"파스카 축제일 저녁이 되어 아담이 그의 아들들에게 말하였다. '장차 이날 저녁에 이스라엘은 파스카 예물을 바칠 것이다. 그러니 너희도 너희의 창조주 앞에 (예물을) 바쳐라.' 카인은 자기 양식에서 구운 곡식과 아마씨 남은 것을 가져왔고, 아벨은 양의 맏배와 굳기름, 털을 깎지 않은 숫양을 가져왔다." - 엘리에제르의 어록 21,18-20

"'카인은 땅의 소출을 … 가져왔다.' 그는 남은 것을 (제물로) 가져왔다. 이는 첫 열매는 자신이 먹고 덜 익은 것을 임금에게 바치는 악한 소작인과 (같다.)" - 창세기 라바 22,5

"(카인의) 이기심을 두고 두 가지를 고발한다. 하나는 그가 하느님께 제물을 '곧바로' 가져온 것이 아니라 '날들이 지나고' 가져온 것이고, 다른 하나는 '첫 소출'을 가져온 것이 아니라 그냥 '소출'을 가져온 것이다." - 필론 '아벨과 카인의 제물' 13,52

4,7 "네가 올바르지 않다면 죄가 입구에서 웅크리고 있다가 너를 노려 너는 그것에 지배되리라."

"'죄가 입구에서 웅크리고 있다.' … (죄는) 처음에 여자처럼 약하다가 나중에 남자처럼 강해진다. 랍비 아키바가 말하였다. (죄는) 처음에 거미의 줄 같다가 나중에 배의 밧줄처럼 된다. … 랍비 이사악이 말하였다. (죄는) 처음에 손님으로 지내다가 나중에 집주인 행세를 한다." - 창세기 라바 22,6

"랍비 요하난이 말하였다. 악한 본성은 이 세상에서 사람을 (죄짓게) 꼬이고는 다음 세상에서 그를 거슬러 증언한다. '종을 어려서부터 응석받이로 기른 자는 결국 곤욕을 치른다'(잠언 29,21)고 한 대로이다." - 바블리 수카 52ㄴ

4,8 카인이 그의 형제 아벨에게 말하였다. 그들이 들에 있을 때 카인이 그의 형제 아벨에게 일어나 그를 죽였다.

"카인이 작정한 것은 아벨을 불러냄으로써 논쟁에 끌어들이고 그럴

듯한 궤변으로 그를 장악하려 한 것이다." - 필론 '악인이 선인을 공격한다' 1,1

"랍비 차독이 말하였다. 질투와 큰 증오가 카인의 마음에 들어갔다. 아벨의 제물이 받아들여졌을뿐더러 아벨의 쌍둥이인 그의 아내가 아름다운 여인이었던 것이다. (카인은) 말하였다. '내가 형제 아벨을 죽이고 그의 아내를 빼앗아야겠다.' '카인이 그의 형제 아벨에게 말하였다. '그들은 들에 있었다'(8절)'고 한 대로이다. 들은 여자를 가리킨다. … 그는 돌을 들어 아벨의 이마를 찍어 그를 죽였다." - 엘리에제르의 어록 21,24-27

"랍비 요하난이 말하였다. 아벨이 카인보다 강하다. '그가 일어났다'는 것에서 (카인이 아벨) 아래에 놓였다는 것을 알 수 있다. (카인이 아벨에게) 말하였다. '세상에 우리 둘만 있다. (네가 나를 죽이게 되면) 너는 아버지에게 가서 뭐라고 말할 거냐?' 자비가 (아벨에게) 채워졌다. 그러자 바로 (카인이 아벨 위로) 일어나 그를 죽였다. 그래서 사람들은 말한다. '악인에게 선을 베풀지 마라. 그래야 악이 너에게 닥치지 않으리라.' 그를 무엇으로 죽였는가? 라반 시메온 벤 가믈리엘이 말하였다. 막대기로 죽였다. … 랍비들이 말하였다. 돌로 죽였다." - 창세기 라바 22,8

4,9 "저는 모릅니다. 제가 형제나 지키는 이입니까?"

"랍비 요하난이 말하였다. 카인은 하마콤(하느님) 앞에 숨겨진 것이 드러난 것을 알지 못했다. 그는 어떻게 했나? 그는 형제의 시체를 가져다 땅을 파고 거기에 숨겼다. 거룩하시고 찬미받으실 분께서 그에게 말씀하셨다. '네 형제 아벨이 어디 있느냐?'(9절) 그가 그분 앞에 아뢰었다. '세상의 주인이신 주님, 저를 들과 포도밭을 지키는 이로 만드셨지, 형제를 지키는 이로 저를 만드시지 않으셨습니다.' '제가 형제나 지키는 이입니까?'(9절)라고 한 대로이다." - 엘리에제르의 어록 21,28-30

4,10 "네가 무슨 짓을 한 것이냐? 네 형제의 피들의 소리가 땅에서 나에

게 울부짖고 있다.”

“(창세 4,10에서) ‘형제의 피’가 아니라 ‘형제의 피들’이라고 한 것은 (아벨의) 피와 그의 후손들의 피를 가리킨다. 형제의 피들이 나무들과 돌 위에 던져졌다.” – 미슈나 산헤드린 4,5

“한 (사람의) ‘피’를 쏟았으나 복수형으로 ‘피들’이라 하였다. 이는 (아벨의) 아들들과 손자들, 모든 세대가 끝날 때까지 장차 그에게서 나올 그의 후손들 모두의 피를 가리킨다. 그들 모두가 거룩하시고 찬미받으실 분 앞에 서서 부르짖게 될 것이다.” – 나탄의 아봇 31(91)

4,13 카인이 주님께 아뢰었다. “저의 죄가 짊어지기에 큽니다.”

“(카인이 아뢰었다.) ‘당신께서는 위의 것과(하늘) 아래의 것을(땅) 짊어지시지만, 저의 허물은 짊어지실 수 없습니다.’ 다른 해석: ‘저의 죄가 아버지의 것보다 큽니다. 아버지는 가벼운 계명을 어겨 에덴 동산에서 추방되셨는데, 피를 쏟은 것은 무거운 범죄이니 얼마나 큰 죄이겠습니까?’” – 창세기 라바 22,11

“카인이 그분 앞에 아뢰었다. ‘세상의 주인이신 주님, 저의 죄가 짊어지기에 크고 죗값(속죄)이 없습니다.’ 이 말이 회개로 여겨졌다.” – 엘리에제르의 어록 21,35-37

“랍비 유다가 말하였다. 회개는 (법령의) 반을 (취소하고) 기도는 전부를 (취소한다.) 랍비 여호수아 벤 레위가 말하였다. 회개는 전부, 기도는 반만 (취소한다.) 랍비 유다의 견해를 … 누구에게서 배울 수 있나? 카인에게서다. … 그가 회개하여 법령의 반을 (취소하였기) 때문이다. 어디에서 그가 회개했나? ‘카인이 주님께 아뢰었다. '저의 죄가 짊어지기에 큽니다'(13절)고 한 대로이다.’” – 레위기 라바 10,5

4,14 “당신께서 오늘 땅 위에서 저를 쫓아내시니 저는 당신 앞에서 숨습니다. … 누군가가 저를 찾으면 저를 죽이고야 말 것입니다.”

“(카인이 아뢰었다.) ‘… 게다가 의인 하나가 그 땅에서 일어나 당신의 위대한 이름을 언급하며 저를 죽일 것입니다.’” - 엘리에제르의 어록 21,38

4,15 “카인을 죽이는 이는 모두 일곱 배로 복수를 당하리라.”

“랍비 유다가 말하였다. 집짐승, 들짐승, 새가 아벨의 피를 청원하기 위해 모여들었다. 그분께서 그들에게 말씀하셨다. ‘그래서 내가 말한다. 카인을 죽이는 자는 죽을 것이다.’ … 랍비 느헤미야가 말하였다. 카인의 재판은 (다른) 살인자들의 재판과 (같지) 않다. 카인은 살인을 했으나 (그 심각성을) 배울 사람이 없었다. 이제부터 카인처럼 살인하는 사람은 모두 죽을 것이다.” - 창세기 라바 22,12

4,16 주님께서 카인에게 표시를 하시어, 그를 찾은 사람 누구도 그를 죽이지 못하도록 하셨다.

“거룩하시고 찬미받으실 분께서 토라에 있는 열두 글자 가운데 한 글자를 골라, 아무도 그를 죽이지 못하게 카인의 팔에 쓰셨다.” - 엘리에제르의 어록 21,39-40

“랍비 유다가 말하였다. 태양이 그를 비추었다. 랍비 느헤미야가 말하였다. 거룩하시고 찬미받으실 분께서는 그런 악인에게 태양을 비추실 게 아니라 오히려 그에게 나병이 들게 하셔야 한다. … 라브가 말하였다. 그에게 개를 주셨다. 아바 요세 벤 케사리가 말하였다. 그에게 뿔이 자라게 하셨다. 라브가 말하였다. 그에게 살인자들의 표시를 만들어 주셨다. 랍비 하닌이 말하였다. 그에게 회개한 이들의 표시를 만들어 주셨다. 랍비 레위가 랍비 시메온 벤 라키시의의 이름으로 말하였다. 그분께서는 홍수가 와서 쓸려갈 때까지 그의 심판을 미루셨다.” - 창세기 라바 22,12

4,22 칠라도 투발 카인을 낳았는데, … 투발 카인의 누이는 나아마이다.

“랍비 아바 바르 카하나가 말하였다. 나아마는(נעמה) 노아의 아내였다.

왜 그를 나아마라 불렀나? 그의 행동들이 유쾌했기(נעים) 때문이다. 랍비들이 말하였다. 나아마는 다른 이이다. 왜 그를 나아마라 불렀나? 그가 우상숭배를 위해 손북을 들고 즐거워했기(מנעמת) 때문이다." - 창세기 라바 23,3

4,25 아담이 자기 아내를 다시 알아 아내가 아들을 낳고 그의 이름을 셋이라 불렀다.

"('다시 알다'는) 그에게 욕망에 욕망이 더해졌다는 말이다. 전에는 (아담이 하와를) 보지 않으면 욕망이 생기지 않았으나, 이제는 그를 보든 보지 않든 욕망이 (생겼다.) 랍비 아바 바르 유단이 랍비 아하의 이름으로 말하였다. 이는 바다의 뱃사람들에게는 암시이다. 그들은 자기 집을 기억해 내어 곧바로 돌아간다." - 창세기 라바 23,5

"아담과 그의 아내는 네 주 동안 아벨을 애도하였다. 넷째 해 다섯째 주에 그들은 기뻐하며 아담이 자기 아내를 다시 알았다. (하와는) 아들을 낳았고 (아담은) 그의 이름을 셋(שת)이라 불렀다. '주님께서 우리에게 카인이 죽인 아벨 대신 두 번째 후손을 세워 주셨네(שת)' 하고 그가 말했기 때문이다." - 희년서 4,7

아담의 족보(5,1-32)

5,1 이것은 아담의 족보이다. 하느님께서 아담을 창조하시던 날 그분께서는 그를 하느님의 모습으로 만드셨다.

"이들은 (아담의) 후손들이나, 첫 사람들은(카인과 아벨과 카인의 아들들) 아니다. 그럼 그들은 누구인가? 신들이다. 아바 코헨 바르들라가 물었다. 아담, 셋, 에노스 그리고 (그다음은 왜) 조용한가? 그가 그들에게 말하였다. 여기까지는 (하느님의) 형상과 모습으로 (창조되었다.) 그러나 그다음부터는 그 세대들이 저주를 받아 괴물들이 창조되었다. 에노스의 시절에 네

가지가 바뀌었다. 산들은 바위 투성이가 되었고, 죽은 이들이 속삭이기 시작했으며, 사람들 얼굴이 원숭이 같아졌고, 악마들에게 취약해졌다. … 다른 해석: 이들은 (아담의) 후손들이나, 첫 사람들은 (아담의) 후손이 아니다. 왜 그리한가? 그들은 물로 파괴되었기 때문이다." - 창세기 라바 24,6

"'하느님께서 아담을 창조하시던 날', 이는 랍비 엘아자르 벤 아자르야의 가르침을 뒷받침한다. 그날 세 가지 기적이 일어났다. 그날 그들이 창조되었고 그날 그들이 동침하였으며 그날 그들이 후손을 생산하였다." - 창세기 라바 24,7

5,3 아담은 백삼십 년을 살고 자신의 모습과 자신의 형상대로 아이를 낳아 그의 이름을 셋이라 불렀다.

"랍비 예레미야 벤 엘아자르가 말하였다. 첫 아담은 추방당한 그 세월 동안(130년) 영들(רוחי)과 남자 악마들(שידי)과 여자 악마들(לילי)을 낳았다. … 그때까지(130세) 자신의 형상을 (닮은) 것은 낳지 않았다." - 바블리 에루빈 18ㄴ

"카인은 (아담의) 후손이 아니다. 그는 아담의 모습도 아니고 형상도 아니다. 그의 행실은 형제 아벨의 행실과 비슷하지 않았다. (아담의) 후손이고 그의 모습이며 형제 아벨의 행실과 비슷한 셋이 태어날 때까지 (아담은 자기를 닮은 후손을 보지 못했다.) … 랍비 이스마엘이 말하였다. 셋에게서는 모든 피조물과 모든 의인들의 세대가 일어나 대를 이었고, 카인에게서는 악과 반역을 일삼는 모든 악인들의 세대가 일어나 대를 이었다." - 엘리에제르의 어록 22,1-6

5,5 아담이 산 세월은 모두 구백삼십 년이었고, 그는 죽었다.

"열일곱째 희년의 끝 제육 년 일곱째 주에 아담이 죽었다. 그의 아들들이 그가 창조된 땅에 그를 묻었다. 그는 땅에 묻힌 첫 (사람이다.) 그에게는 천 년에서 칠십 년이 부족하다. 천 년은 하늘의 증언에서 하루와 같기 때문이다. 지식의 나무에 관하여 (이렇게) 쓰여 있다. '너희가 그것을 먹는 날 죽을 것이다'(2,17). 그래서 그는 이날의 해들을 채우지 못했다. 그때 그가 죽었기 때문이다." - 희년서 4,29

5,21 에녹은 육십오 년을 살고 므투셀라를 낳았다.

"(에녹은) 땅에서 태어난 아담의 아들들 가운데, 글을 배우고 지식과 지혜가 있는 첫 (사람으로서), 그는 아담의 아들들이 달(月)의 순서에 따라 해(年)들의 시간을 알도록, 달의 순서에 따라 하늘의 표징을 책에 기록하였다. 그는 증거들을 기록하기 시작하여 아담의 아들들에게 땅의 역사를 증언하고 희년의 주간을 말하였으며, 해(年)의 날들을 알리고 달(月)들을 정리하며 해(年)의 안식일들을 말하였다. 우리가(천사들) 그들에게 알려준 대로이다. 그는 일어난 것과 일어날 것, 곧 심판의 날까지 그들 세대들의 아담의 아들들에게 일어날 것을 밤에 꿈속에서 환시로 보았다. 그는 모든 것을 보고 알아 우리의 증언을 기록하였고, 그가 (기록한) 증언을 그들 세대를 위해 땅의 모든 사람 위에 두었다. … 그는 주님의 천사들과 여섯 희년을 보냈고, 그들이 그에게 땅과 태양이 다스리는 하늘에 있는 모든 것을 보여 주어, 그가 (본) 모든 것을 기록하였다. 그는 사람의 딸들과 죄를 지은 천사들에 관해 증언하였다. 그들이 땅의 딸들과 동침하여 죄짓기 시작하였기 때문이다. 그래서 에녹은 그들 모두에 관해 증언하였다. 그는 아담의 아들들 가운데에서 뽑혀 우리가 (그의) 위엄과 명예를 (존중하여) 에덴 동산에 데려가니, 그는 거기서 세상의 심판과 공정, 아담의 아들들의 모든 사악함을 기록하였다. 이때문에 (하느님께서) 에덴의 땅에 홍수의 물을 가져오셨다. 거기서 그가 징표로 주어졌으니, 그는 아담의 아들들 모두에게 증언하여 심판의 날까지 세대들의 행위들을 죄다 알리려는 것이다." - 희년서 4,17-19.20-24

5,24 에녹은 하느님과 함께 살아가다가 없어졌다. 하느님께서 그를 데

려가셨기 때문이다.

"'그가 없어졌다.' 이는 (에녹이) 더 이상 세상에 있지 않다는 뜻이다." - 창세기 라바 25,1

"믿음으로써, 에녹은 하늘로 들어 올려져 죽음을 겪지 않았습니다." - 히브 11,5

5,28-29 라멕은 … "이 아이가 주님께서 저주하신 땅에서 우리가 수고하고 우리 손이 고생한 것에서 우리를 위로할 것이다."고 하여, 그의 이름을 노아라고 불렀다.

"세상에 기근이 열 번 들었다. 한 번은 첫 아담 시절이다. '땅은 너 때문에 저주를 받으리라'(창세 3,17)고 한 대로이다. 한 번은 라멕 시절이다. '주님께서 저주하신 땅에서'(5,29)라고 한 대로이다. 한 번은 아브라함 시절이다. '그 땅에 기근이 들었다'(12,10)고 한 대로이다. 한 번은 이사악 시절이다. '그 땅에 또 기근이 들었다'(26,1)고 한 대로이다. 한 번은 야곱 시절이다. '이 땅에 기근이 든 지 이태가 되었다'(45,6)고 한 대로이다. 한 번은 판관들이 다스리던 시절이다. '판관들이 다스리던 시대에, 나라에 기근이 든 일이 있었다'(룻 1,1)고 한 대로이다. 한 번은 엘리야 시절이다. '앞으로 몇 해 동안 이슬도 비도 내리지 않을 것이다'(1열왕 17,1)고 한 대로이다. 한 번은 엘리사 시절이다. '사마리아는 큰 기근에 시달렸다'(2열왕 6,25)고 한 대로이다. 한 번은 세상에 (늘 여기저기에) 흩어져 온다. 그리고 한 번은 장차 올 것이다. '내가 이 땅에 기근을 보내리라. 양식이 없어서가 … 아니고 물이 없어서가 … 아니라, 주님의 말씀을 듣지 않아서이다'(아모 8,11)고 한 대로이다." - 창세기 라바 25,3

"아담이 그분을 배신하여 죄를 짓자, 소는 밭가는 이의 말을 듣지 않았고 밭고랑도 밭가는 이의 말을 듣지 않았다." - 창세기 라바 25,2

"노아가 태어나기 전에는 사람이 씨를 뿌려도 거두지 못하였다. 밀 씨를 뿌려도 가시와 엉겅퀴를 거두었다. 그러나 노아가 태어나자 세상이 정

상으로 돌아왔다." - 탄후마 브레싯 11(10)

5,32 노아는 오백 년을 살고 셈과 함과 야펫을 낳았다.

"랍비 유단이 말하였다. 모든 세대들은 백 년 또는 이백 년을 (살고 자식을) 낳는데 왜 (노아는) 오백 년에 낳았나? 이를 두고 거룩하시고 찬미받으실 분께서 말씀하셨다. '(노아의 아들들이) 악하다 해도 나는 그들이 물로 망하기를 바라지 않는다. (자손 없이 노아를 구원하는 것은 의미가 없기 때문이다. 또) 그들이 의롭다면 내가 (노아를) 성가시게 하여 그가 그들을 위해 많은 방주를 만들어야 했을 것이다.' 그래서 거룩하시고 찬미받으실 분께서는 그분의 샘을 정지시키시고 (노아가) 오백 년을 (살고 자식을) 낳게 하셨다." - 창세기 라바 26,2

"야펫이 맏아들이 아닌가? (셈이) 처음에 (온 것은) 그가 의롭기 때문이다. 그는 할례를 한 채로 태어났다. 거룩하시고 찬미받으실 분께서는 당신 이름을(שם) 그에게 주셨다. 그리고 장차 아브라함이 그에게서 나왔다. 그는 대사제로 일했고, 성전이 그의 구역에 세워졌다." - 창세기 라바 26,3

하느님의 아들들과 사람의 딸들(6,1-4)

6,2 하느님의 아들들은 사람의 딸들이 아름다워 보여, 그들이 고르는 대로 모두 아내로 삼았다.

"랍비 시메온 벤 요하이는 그들을 재판관들의 아들들이라 불렀다. 랍비 시메온 벤 요하이는, 그들을 하느님의 아들들이라 부르는 이들 모두 저주하였다. … 왜 그들을 '하느님의 아들들'이라고 불렀나? 랍비 하니나와 레시 라키시가 말하였다. 그들이 고통도 없고 시련도 없이 오래 살았기 때문이다." - 창세기 라바 26,5

"랍비가 말하였다. 하늘의 거룩한 곳에서 떨어진 천사들이, 창녀들처럼 눈에 화장을 하고 알몸으로 살을 드러낸 채 걷고 있는 카인의 딸들을 보았다. 그들은 그들을 쫓아가 아내로 삼았다. '하느님의 아들들은 사람의 딸들이 아름다워 보였다'(6,2)고 한 대로이다. 랍비 여호수아 벤 코르하가 말하였다. 천사들은 타오르는 불이다. '그분의 시종은 타오르는 불'(시편 104,4)이라고 한 대로이다. … 그들이 하늘의 거룩한 곳에서 떨어졌을 때 그들의 힘과 키는 사람의 아들들처럼 되고, 그들은 흙 먼지를 뒤집어썼다. '내 살은 구더기와 흙 먼지로 뒤덮였다'(욥 7,5)고 한 대로이다." - 엘리에제르의 어록 22,15-23

"아담의 자손들이 땅 위에 많아지기 시작하고 딸들이 그들에게서 태어났다. 하느님의 천사들이 그 희년의 어떤 해에 (딸들을) 보았는데 그들의 모습이 아름다웠다. (천사들은) 그들 가운데에서 골라 아내로 삼았고 그들이 아들들을 낳았다. 그들이 거인들이다. 땅은 무법천지가 되었고 모든 살덩이들은 자기 길을 파괴했다. 사람부터 집짐승, 들짐승, 새, 땅 위의 모든 길짐승까지, 모두가 자기의 길과 그들의 법령을 파괴했다. 그들은 서로 자기 동료를 잡아먹기 시작하여 땅은 무법천지가 되었고, 모든 아담의 자손들의 생각의 성향이 날마다 악하기만 하였다." - 희년서 5,1-2

6,4 그 시절 땅에는 나필족이 있었다. 그다음에도 하느님의 아들들이 사람의 딸들에게 들어 아이를 낳았는데, 그들은 옛날의 용사들이요 이름 있는 사람들이다.

"랍비 차독이 말하였다. 그들에게서 거인들이 태어났다. 그들은 오만하게 걸으며 모든 도둑질과 폭력에 손을 뻗치고 피를 쏟았다. '그곳에서 아낙의 자손이 나필족을 보았다'(민수 13,33), '그 시절 땅에는 나필족이 있었다'(창세 6,4)고 한 대로이다." - 엘리에제르의 어록 22,23-26

"그들은(나필족) 일곱 가지 이름들로 불린다. 에밈(엠인: 신명 2,10), 르파임(라파인: 신명 2,20), 기보림(용사들: 창세 6,4), 잠줌밈(신명 2,20), 아나킴(아낙인: 신명 2,10), 아빔, 느필림(나필족: 창세 6,4)이다. '에밈'(אימים), 그들을 본 이는 모두 두려움에(אימתן) 떨어진다. '르파임'(רפאים), 그들을 본 이는 밀랍처럼 마음이 약해진다(נרפה). '기보림'(גיבורים[용사들]), 랍비 아바 바르 카하나가 랍비 요하난의 이름으로 말하였다. 그들은 저마다 허벅지 골수의 길이가 열여덟 암마나 된다. '잠주밈'(זמזומים), 랍비 요세 바르 하니나가 말하였다. 그들은 전쟁에서 군대 감독관이자 총사령관이다. '아나킴'(ענקים[거인들]), … 랍비들이 말하였다. (그들의 목은) 사슬들(또는 목걸이: ענקים) 위에 사슬들로 가득 찼다. 랍비 아하가 말하였다. 그들은 태양을 붙잡고(עונקים) 말한다. '비야 내려라.' '아빔'(עוים), 그들은 세상을 (파멸에) 던져 놓았고 그들도 세상에서 (파멸에) 던져져, (결국) 세상을 파멸시켰다. '파멸(עוה)이다, 파멸이다. 내가 파멸을 가져오겠다'(에제 21,32)고 한 대로이다. 랍비 엘아자르 바르 시메온이 말하였다. 그들은 뱀처럼 먼지에 대한 전문가들이다. 갈릴에서는 뱀을 '이브야'라고 부른다. '느필림'(נפילים), 그들은 세상을 떨어뜨리고 그들도 세상에서 떨어져, 그들의 불륜으로써 세상을 느필림으로 가득 채웠다." - 창세기 라바 26,7

"'그다음에도', 유다 벤 랍비가 말하였다. 다음 세대는 먼저 세대의 것을 배우지 못한다. 곧 홍수 세대는 에노스 세대의 원칙을 가져오지 못하고, (바벨탑의) 분리 세대는 홍수 세대에게서 (가져오지 못한다.) '하느님의 아들들이 사람의 딸들에게 들었다.' 랍비 베레크야가 말하였다. 여자가 시장에 나가 젊은 남자를 보고는 욕정을 느껴 그에게 가 동침한다. 그는 그와 같은 젊은이를 낳는다." - 창세기 라바 26,7: 분리 세대란, 하늘까지 닿는 탑을 세워 이름을 날리고자 하여, 하느님께서 말을 뒤섞어 온 땅으로 흩어 버린 바벨탑 세대를 말한다.

"랍비 레위가 말하였다. 그들은 아들들을 낳아 번성하고 많아졌다. 매번 여섯씩 낳았다. 그때 그들은(아들들) 자기 발 위에 서서 거룩한 언어로 말하였고, 그들 앞에서 춤을 추었다. '그들이 아이들을 양 떼처럼 풀어 놓으면 어린 것들이 춤을 추리라'(욥 21,11)고 한 대로이다." - 엘리에제르의 어록 22,28-33

인간의 타락(6,5-8)

6,5 주님께서 사람의 악이 땅에 많아지고 … 하루 종일 악하기만 한 것을 보셨다.

"'하루 종일 악하기만 하다.' 해가 뜰 때부터 질 때까지 그들에게는 희망이 없었다. '살인자는 새벽같이 일어나 가련한 이와 가난한 이를 살해하고 밤에는 도둑처럼 된다네'(욥 24,14)라고 한 대로이다." - 창세기 라바 27,3

6,6 주님께서는 땅에 사람을 만드신 것을 후회하시고 마음으로 슬퍼하셨다.

"'주님께서 후회하셨다.' 랍비 유다가 해석하였다. (주님께서 말씀하셨다.) '내가 (아담을) 지상에서 창조한 것이 후회스럽다. 내가 그를 천상에서 창조했다면 그가 나에게 반역하지 않았겠지.' … 랍비 아예부가 해석하였다. '내가 (아담을) 악한 본성으로 창조한 것이 후회스럽다. 내가 그를 악한 본성으로 창조하지 않았다면 그가 나에게 반역하지 않았겠지.'" - 창세기 라바 27,4

"'그분께서는 마음으로 슬퍼하셨다.' 랍비 베레크야가 말하였다. 이는 한 임금에 비유할 수 있다. 그가 건축가의 도움으로 궁전을 세웠는데, (다 짓고) 보니 만족스럽지가 않았다. 그는 누구에게 화를 내겠는가? 건축가가 아니겠는가? 마찬가지다." - 창세기 라바 27,4

6,7 "내가 창조한 사람을 땅 위에서 지워버리리라."

"주님께서 땅을 보시니, 다 파괴되었다. 모든 살덩이가 자기 길을 파괴하고, 땅에 있는 모든 것이 그분 눈을 거슬러 악해졌다. 그분께서 말씀하셨다. '내가 사람과 땅 위에서 창조된 모든 살덩이를 쓸어버리겠다.'" - 희년서 5,3-4

"랍비 아바 바르 카하나가 랍비 레위의 이름으로 말하였다. … 한 임금에 비유할 수 있다. 그가 궁전을 세우고 그곳에 말 못하는 이들을 살게 했다. 그들은 일찍 일어나 몸짓과 손짓과 손수건으로 (임금에게) 문안 인사를 드렸다. 임금이 말하였다. '그들은 말 못하는 이들인데도 일찍 일어나 몸짓과 손짓과 손수건으로 나에게 문안 인사를 했으니, 눈치 빠른(통찰력 있는) 이들이라면 얼마나 더하랴! 그래서 임금은 그곳에 눈치 빠른 이들을 살게 했다. 그러자 그들이 일어나 궁전을 장악하고는 말하였다. '이 궁전은 임금의 것이 아니라 우리의 것이다.' 임금이 말하였다. '궁전은 원래대로 돌아가라.' 마찬가지다. 거룩하시고 찬미받으실 분의 찬미가 물에서 올라왔다. '큰 물의 소리보다, 바다의 파도보다 엄위하십니다. 높은 데에 계시는 주님께서는 엄위하십니다'(시편 93,4). 거룩하시고 찬미받으실 분께서 말씀하셨다. '(물에게는) 입도 없고 말도 못 하는데도 나를 찬미하는데, 내가 인간을 창조하면 얼마나 더 하랴!' (그러나) 에노스 세대가 일어나 그분께 반역하였고 홍수 세대도 그분께 반역하였으며 분리 세대도 그분께 반역하였다. 거룩하시고 찬미받으실 분께서 말씀하셨다. '이들을 깨끗이 비우고 (물을) 오게 하자.' '내가 사람을 땅 위에서 지워버리리라'(7절)고 한 대로이다." - 창세기 라바 28,2

6,8 노아는 주님의 눈에 들었다.

"노아는 주님의 눈에 들었다. … 그의 마음은 그에게 주어진 계명대로 자기의 모든 길에서 의로웠고, 주님께서 명령하신 모든 것을 어기지 않았다." - 희년서 5,5.19

"'노아는 주님의 눈에 들었다(은총을 찾았다).' … 랍비 요하난이 말하였다. 한 사람이 길을 가다가 누군가를 만났는데 그가 그에게 애착을 보였다. 어느 정도인가? 그는 그와 사랑으로 연결되었다. 마찬가지로 여기서 말하는 '은총'은 다음과 같다. '요셉은 (주인의) 눈에서 은총을 찾았다'(창세 39,4). 랍비 시메온 벤 라키시가 말하였다. 한 사람이 길을 가다가 누군가를 만났는데 그가 그에게 애착을 보였다. 어느 정도인가? 그는 그에게 지배당했다. 마찬가지로 여기서 말하는 '은총'은 다음과 같다. '에스테르는 그를 보는 모든 이들의 눈에서 은총을 찾았다'(에스 2,15). 랍비들이 말하였다. 한 사람이 길을 가다가 누군가를 만났는데 그가 그에게 애착을 보였다. 어느 정도인가? 그는 그에게 자기 딸을 주었다. 마찬가지로 여기서 말하는 '은총'은 다음과 같다. '나는 다윗 집안과 예루살렘 주민들 위에 은총과 자비의 영을 부어 주겠다'(즈카 12,10)." - 창세기 라바 29,4

6,9—11,32 פרשת נח
노아(노아)

노아(6,9—7,5)

6,9 노아는 … 의롭고 온전한 사람으로 하느님과 함께 살아갔다.

"'폭풍이 지나가면 악인은 없어진다'(잠언 10,25). 이는 홍수 세대를 말한다. '그러나 의인은 영원한 토대 위에 서 있다'(25절). 이는 노아를 말한다. '이것들은 노아의 족보이다. 노아는 의롭고 온전한 사람이다'(창세 6,9)고 한 대로이다." - 창세기 라바 30,1

"랍비 유다가 말하였다. 그의 세대에서만 (노아가) 의로운 사람이다. 모세의 세대나 사무엘의 세대에서였다면 그는 의롭지 않았다. 눈 먼 이들의 시장에서 한쪽 눈이 먼 이는 잘 보인다고 말한다." - 창세기 라바 30,9

6,11 땅은 하느님 앞에서 부패하였다. 땅이 폭력으로 가득 찬 것이다.

"'땅이 폭력으로 가득 찼다.' 랍비 레위가 말하였다. '폭력'(חמס), 이는 우상숭배이다. '폭력', 이는 근친상간이다. '폭력', 이는 피를 쏟는 것이다. '내가 (당한) 폭행과 파괴가 바빌론에게'(예레 51,35), '유다의 자손들

을 폭행하고 무죄한 피를 흘렸다'(요엘 4,19)고 한 대로이다." - 창세기 라바 31,6

6,12 하느님께서 땅이 부패한 것을 보셨다. 모든 살덩이가 땅 위에서 자신의 길을 부패시켰다.

"랍비 아자르야가 랍비 유다 벤 랍비 시몬의 이름으로 말하였다. 홍수 세대에는 모두의 행실이 부패하였다. 개는 늑대와, 새는 공작과 함께 (짝짓기를 하며) 갔다. '모든 살덩이가 땅 위에서 자신의 길을 부패시켰다' (12절)고 한 대로이다. 랍비 룰르야니 바르 타브리가 랍비 이사악의 이름으로 말하였다. 땅도 방탕하였다. 밀을 (땅에) 뿌렸는데 독보리가 나왔다. (오늘날의) 독보리는 홍수 시대부터 나온 것이다." - 창세기 라바 28,8

"랍비 요하난이 말하였다. '모든 살덩이가 땅 위에서 자신의 길을 부패시켰다.' 이는 홍수 세대에 집짐승이 들짐승과, 들짐승이 집짐승과, 모든 짐승이 사람과, 사람이 모든 짐승과 짝짓기를 했다는 말이다." - 바블리 산헤드린 108ㄱ

6,14 "너는 전나무들로 된 방주를 만들어라. 방주에 칸을 만들고 안과 밖을 역청으로 덮어라."

"랍비 나탄이 말하였다. 나무 방주는 삼나무로 (만들어졌다.)" - 창세기 라바 31,8

"랍비 탄후마가 말하였다. 노아는 오십이 년 동안 방주를 만들었다. 그들이 자기 길에서 회개하도록 하기 위해서였다. 그러나 악인들이 더 많아졌다. 아직 홍수가 닥치지 않아 부정한 것들이 정결한 것들보다 더 많아졌다. 거룩하시고 찬미받으실 분께서는 정결한 것을 늘리고 부정한 것을 줄이고 싶어 하셨다. 그래서 노아를 부르시고 그에게 말씀하셨다. '정결한 모든 집짐승들 가운데 일곱씩 일곱씩 방주로 데려와라.'" - 엘리에제르의 어록 23,11-14

"랍비 슈미아가 가르친다. 거룩하시고 찬미받으실 분께서 노아에게 손가락으로 보여 주시며 말씀하셨다. '너는 방주를 이렇게 저렇게 만들어라. 방주 오른쪽으로 길게 백오십 칸, (방주) 왼쪽으로 길게 백오십 (칸), 안쪽으로 가로질러 서른세 칸, 바깥쪽으로 가로질러 서른세 칸을 만들어라. 가운데 선실 열 개는 양식 저장고이다.'" - 엘리에제르의 어록 23,1-6

6,16 "너는 방주에 지붕을 만들되, 위로 한 암마 되게 마무리하여라. 방주의 문을 양쪽에 두고, 바닥과 둘째와 셋째 층을 만들어라."

"랍비 요하난이 말하였다. 거룩하시고 찬미받으실 분께서 노아에게 말씀하셨다. '귀한 돌과 보석들을 박아 대낮처럼 너희를 비추게 하여라.'" - 바블리 산헤드린 108ㄴ

"'지붕'(창[צהר]), 랍비 아바 바르 카하나가 말하였다. 그것은 천창이다. 랍비 레위가 말하였다. 그것은 보석(진주)이다. 랍비 피느하스가 랍비 레위의 이름으로 말하였다. 노아가 방주에 있었던 열두 달 동안 낮에는 태양 빛이 필요하지 않았고 밤에는 달빛이 (필요하지) 않았다. 보석이 있어서 그것을 매달아 두었다. 그래서 그것이 희미해질 때 낮인 줄 알았고, 그것이 반짝일 때 밤인 줄 알았다." - 창세기 라바 31,11

"진주 하나가 방주에 매달려 강하게 비추는 등불처럼 (방주 안의) 모든 피조물들을 비추었다. '방주에 지붕을(창[צהר]) 만들어라'(16절)고 한 대로이다." - 엘리에제르의 어록 23,20

"랍비 아하와 바르 즈이라가 말하였다. 노아는 방주에 들어갈 때 보석과 진주를 가지고 들어갔다. 그들은 희미할 때 낮인 줄을 알았고, 밝을 때 밤인 줄을 알았다. 왜 (가져왔는가?) 짐승들은 낮에도 먹어야 하고 밤에도 먹어야 하기 때문이다. '방주에 지붕을 만들어라'(16절)고 한 대로이다." - 예루살미 프사힘 1,1 27ㄴ

"가축과 들짐승들 모두를 위한 구역은 바닥층에, 모든 새들을 위한 구역은 둘째 층에, 길짐승과 인간들을 위한 구역은 셋째 층에 있다." - 엘리

에제르의 어록 23,9

6,19 "모든 생물 가운데 … 저마다 둘씩 … 너와 함께 살게 하여라."

"랍비 호사야가 말하였다. 영들도 노아와 함께 방주에 들어간다. '모든 생물 가운데'(19절)라고 한 대로이다." - 창세기 라바 31,13

6,21 "너는 먹을 만한 양식을 모두 가져와 모아 두어라. 그것들이 너와 그들에게 양식이 되어야 한다."

"노아가 거룩하시고 찬미받으실 분 앞에 아뢰었다. '세상의 주인이신 주님, 저한테 그것들을 모아 방주로 데려올 힘이 있을까요?' 그러자 여러 부류별로 임명된 천사들이 모두 내려와 그것들과(짐승) 그것들이 먹을 양식을 모아들였다." - 엘리에제르의 어록 23,15

"랍비 아바 바르 카하나가 말하였다. 그는 말린 무화과를 가져왔다. … 그는 코끼리들을 위해 나뭇가지들을, 사슴들을 위해 하추바를(관목의 일종), 타조들을 위해 풀들을 가져왔다. 랍비 레위가 말하였다. 포도나무를 심기 위해 포도 싹을, 무화과 나무를 위해 무화과 싹을, 올리브 나무를 위해 올리브 싹을 (가져왔다.)" - 창세기 라바 31,14

7,4 "이레의 시간이 더 지나고 나는 땅 위에 사십 일 낮과 사십 일 밤을 비를 내려, 내가 만든 생물을 모조리 땅 위에서 지워버리리라."

"거룩하시고 찬미받으실 분께서는 의로운 므투셀라를 애도하는 이레 동안을 유예기간으로 주셨다. 그들이 회개하도록 하시려는 것이다. 그러나 (회개하지) 않았다. … 랍비 여호수아 벤 레위가 말하였다. 거룩하시고 찬미받으실 분께서는 홍수가 오기 전 이레 동안 애도하시며, '마음 아파하셨다'(6,6). '임금이 아들을 두고 마음 아파하였다'(2사무 19,3)고 한 대로이다." - 창세기 라바 32,7

"어찌하여 방주에 들어가고 홍수가 난 뒤에도 이레를 보냈는가? 자애로우신 구원자(하느님)께서 죄를 회개할 (시간을) 주신 것이다. 그들이 방주를 보고 … 홍수가 선포되었음을 믿고 파멸을 두려워하며, 먼저 (죄에서) 돌아서서 불경함과 악을 깨부수게 하기 위해서였다." - 필론 '창세기에 대한 질의응답' 2,13

"칠 일의 의미는 무엇인가? 라브가 말하였다. 이는 므투셀라를 애도하는 날들로서, 의인을 애도하는 것이 재앙을 연기시킨다는 것을 가르친다. 다른 해석: '이레 뒤에', 이는 거룩하시고 찬미받으실 분께서 창조의 순서를(또는 세상의 질서) 바꾸셨는데, 곧 해가 서쪽에서 뜨고 동쪽으로 지게 되었다는 뜻이다. 다른 해석: 거룩하시고 찬미받으실 분께서 그들을 위해서 (회개할) 긴 시간을(백이십 년) 정하셨는데 그러고 나서도 짧은 시간인 (칠 일을 더 주셨다는 뜻이다.) 다른 해석: '이레 뒤에', 이는 다음 세상을 미리 맛볼 칠 일로서 (그들의 죄가) 좋은 것을 (받지 못하게) 막는다는 것을 알게 하려는 것이다." - 바블리 산헤드린 108ㄴ

"의인들이 세상을 지탱하는 것은 살아 있을 때만이 아니라 죽은 다음에도 마찬가지다. '이레가 되자 땅 위에 홍수가 났다'(창세 7,10)고 하였는데, 칠 일은 무슨 뜻인가? 의인 므투셀라를 애도한 칠 일로, 세상에 닥칠 징벌을 붙잡았다." - 토셉타 소타 10,3

홍수(7,6-24)

7,11 노아의 생애가 육백 년 되던 해 둘째 달, 그달 십칠 일 그날에 대심연의 모든 샘들이 솟구치고 하늘의 창들이 열렸다.

"랍비 차독이 말하었다. 마르헤슈반 달 십 일에 모든 피조물이 방주로 들어갔다. 그달 십칠 일에 홍수의 물이 땅 위에 내렸다." - 엘리에제르의 어록 23,21-22

"랍비 엘리에제르가 말하였다. 티슈레 달에 세상이 창조되었고, 티슈레 달에 성조들이 태어났으며, 티슈레 달에 성조들이 죽었다. 파스카에 이사악이 태어났고, 로시 하샤나에(새해) 사라와 라헬과 한나가 명을 받아(임신하였으며), 로시 하샤나에 요셉이 감옥에서 나왔다. … 랍비 엘리에제르가 말하였다. 티슈레 달에 세상이 창조되었음을 어떻게 알 수 있나? '하느님께서 말씀하시기를, 땅은 푸른 싹을 돋게 하여라. 씨를 맺는 풀과 씨 있는 과일나무를 … 돋게 하여라'(창세 1,11)고 하였다. 무슨 달에 땅에서 과일나무가 나오는가? 티슈레 달이다. 그때는 우기라 비가 내리고 식물이 자란다." - 바블리 로시하샤나 10ㄴ.11ㄴ

"'악인의 자비는 잔인하다'(잠언 12,10). 이 악인은 잔인한 홍수 세대이다. 우리의 스승들이 말하였다. 거룩하시고 찬미받으실 분께서 심연을 들어 올리실 때 그들은 그들 위로 솟구치는 샘들을 보았다. 그들이 어떻게 했겠느냐? 그들에게 자식이 많았으니 여자는 임신하고 출산하였다. '(악인들의) 후손은 그들 앞에서 그들과 자리를 잡는다'(욥 21,8)고 한 대로이다. … 거룩하시고 찬미받으실 분께서 어떻게 하셨겠는가? 그분께서는 위에서 홍수를 그들 위에 내리셨다." - 탄후마 노아 7(14)

"'악인은 입술의 반역으로 덫에 (걸리지만) 의인은 곤경에서 벗어난다'(잠언 12,13). 이 악인은 홍수 세대이다. 그들은 '지극히 높으신 분이 무엇이라고 우리가 그를 섬기고 무슨 도움이 된다고 그에게 매달리나?'(욥 21,15) 하고 말하고, 게다가 하느님께 '우리에게서 비키시오'(14절) 하고 말하였다. 손님이 (남의 집에) 앉아서 집주인에게 '당신의 것을 다 가지고 떠나시오'라고 말하다니!" - 탄후마 노아 10(15)

7,12 사십 일 낮 사십 일 밤을 땅 위에 비가 있었다.

"주님께서 하늘의 일곱 창을 여셨다. 큰 심연의 샘의 입구 곧 총 일곱 입구를 (여셨다.) 먼저 창은 사십 일 낮과 사십 일 밤을 하늘에서 물을 쏟아내기 시작했다. 심연의 샘에서는 온 세상이 물로 가득 찰 때까지 물이 솟았다." - 희년서 5,24-25

7,16 모든 살덩이에서 수컷과 암컷이 (방주 안으로) **들어갔다. … 주님께서 그의 뒤에서 닫으셨다.**

"랍비 요하난이 말하였다. 거룩하시고 찬미받으실 분께서 말씀하셨다. '노아가 밤에 방주에 들어갈 때 그의 온 세대가 말할 것이다. '우리는 그가 뭘 하는지 모르나 그가 들어가게 두어서는 안 된다는 것은 안다.''" - 창세기 라바 32,8

"그들은 자신들이 멸망해가는 것을 보고 방주를 뒤집으려고 하였다. 거룩하시고 찬미받으실 분께서 어떻게 하셨겠느냐? 그분께서는 암사자들이 방주를 둘러싸고 그들을 집어삼키게 하셨다." - 탄후마 노아 10(부버)

7,18 물이 거세지고 땅 위에서 몹시 많아져 방주가 물 위에서 움직였다.

"랍비 피느하스가 랍비 레위의 이름으로 말하였다. 노아의 방주는 항구에 서 있는 배처럼 물에 가라앉았다. … 그리고 노아의 방주는 티베리아부터 수시타까지의 (거리를 덮을 만큼 넓은) 두 개의 널빤지 위에 (놓여 있는 것)처럼 물 위를 떠다녔다." - 창세기 라바 32,9

7,23 땅 위에 있는 존재들을 모조리 … 치셨고 그것들은 땅에서 쓸려갔다. 그러나 노아와 그의 일행은 방주에 살아남았다.

"바산의 옥 임금은 예외다. 그는 방주의 사다리의 한 (가로대) 위에 앉아 있었다. 그는 노아와 그의 아들들에게 평생 그들의 노예가 되겠다고 맹세하였다. 노아가 어떻게 했겠나? 그는 방주에 구멍을 하나 뚫어 날마다 그에게 양식을 넣어 주어 그도 살아남았다. '바산 임금 옥은 라파인들 가운데에 홀로 살아남았다'(신명 3,11)고 한 대로이다. 한편 이스라엘 땅만은 예외로 위에서 비가 내리지 않았다. '사람의 아들아, 예루살렘에게 이렇게 말하여라. '너, (이스라엘) 땅은 정결하지 않다. 격분의 날에 비가 오지도 않는다'(에제 22,24)'고 한 대로이다." - 엘리에제르의 어록 23,28-34

7,24 물은 땅 위에서 백오십 일 동안 거세졌다.

"물이 땅 위에서 불어나 모든 산 위에서 열다섯 암마 올라왔다. 방주는 땅 위에 떠서 물 위를 떠다녔다. 물이 땅 표면 위에서 다섯 달 곧 백오십 일을 계속 (떠) 있었다." - 희년서 5,26-27

홍수가 그치다(8,1-22)

8,2 심연의 샘과 하늘의 창이 닫히고 하늘에서 비가 그쳤다.

"랍비 엘아자르가 말하였다. 악인에게는 '심연의 모든 샘이 터지고 하늘 창이 열렸다'(창세 7,11). 그러나 선인에게는 '심연의 샘과 하늘의 창이 닫혔다'(8,2). '모든 샘'이 (닫힌 것은) 아니다. 티베리아스 샘과 아블로니스(야르묵과 길앗 와디 사이 지역), 팜야스(파네아스) 동굴은 예외이다." - 창세기 라바 33,4

8,4 일곱째 달 십칠 일에 방주가 아라랏산들 위에 내렸다.

"'아라랏산들', 이는 카르두산들이다." - 창세기 라바 33,4

"방주는 떠다니다가 아라랏 산지들 (가운데) 하나인 루바르에서 쉬었다." - 희년서 5,28

8,7 까마귀를 보내 봤더니, (까마귀는) 나갔다가 땅 위에서 물이 마를 때까지 드나들었다.

"노아가 세상이 어떻게 됐는지 알아보려고 까마귀를 보냈다. (까마귀는) 산꼭대기에서 시체를 발견하고 그것을 양식 삼아 거기 앉아, 자기를 보낸 이에게 돌아오지 않았다." - 엘리에제르의 어록 23,35-38

8,9 비둘기는 발바닥 디딜 데를 찾지 못해 방주로 그에게 돌아왔다.

"랍비 유다 바르 나흐만이 레시 라키시의 이름으로 말하였다. 이는 (비둘기가) 쉴 곳을 찾았다면 돌아오지 않았다는 말이다. 마찬가지로 '유다는 … 안식처를 얻지 못하여 민족들 사이에 앉아 있다'(애가 1,3). 이는 (유다가 유배지에서) 쉴 곳을 찾았다면 (하느님께) 돌아오지 않았다는 말이다. 마찬가지로 '너희는 그 민족들 가운데에서 쉬지 못할 뿐 아니라, 발바닥이 쉴 곳조차 찾지 못할 것이다'(신명 28,65). 이는 그들이 쉴 곳을 찾았다면 (이스라엘 땅으로) 돌아오지 않았다는 말이다." - 창세기 라바 33,6

8,11 저녁때쯤 비둘기가 막 딴 올리브 잎을 부리에 (물고) … **돌아왔다.**
노아는 땅 위에서 물이 약해졌음을 알았다.

"비둘기는 그것을 어디에서 가져왔나? 랍비 아바 바르 카하나가 말하였다. 비둘기는 이스라엘 땅에 있는 어린 순에서 그것을 가져왔다. 랍비 레위가 말하였다. 기름(메시아) 산(올리브산)에서 그것을 가져왔다. 이스라엘 땅은 홍수로 잠기지 않았다. 거룩하시고 찬미받으실 분께서 에제키엘에게 '너, (이스라엘) 땅은 정결하지 않다. 격분의 날에 비가 오지도 않는다'(에제 22,24)고 한 대로이다. 랍비 비라이가 말하였다. 에덴 동산의 문이 열려 있어 그것을 (거기서) 가져 왔다." - 창세기 라바 33,6

"어찌하여 (비둘기는) 올리브 잎을 부리에 물었나? 비둘기가 거룩하시고 찬미받으실 분 앞에 아뢰었다. '온 세상의 주인이신 주님, 제 음식이 올리브 잎처럼 쓰게 하시고 당신 손으로 주시되, 달지 않으며 살과 피의 손으로는 주어지지 않게 하소서.' 여기서 악한(부정한) 손으로 소식을 전하는 이는 어리석은 손으로 전하는 것과 같고, 정결한 손으로 소식을 전하는 이는 보낸 이에게 믿음직한 심부름꾼의 손으로 전하는 것과 같다." - 엘리에제르의 어록 23,35-40

"거룩하시고 찬미받으실 분께서 말씀하셨다. '노아의 시대에 올리브 나무가 세상에 빛을 가져왔다.' '저녁 때쯤 비둘기가 막 딴 올리브 잎을 부리에 물고 돌아왔다'(8,11)고 한 대로이다." - 레위기 라바 31,10

[8,13-14] 노아가 육백한 살 되던 해 첫째 달 초하룻날에 물이 땅 위에서 말랐다. … 둘째 달 이십칠 일에는 땅이 말랐다.

"랍비 차독이 말하였다. 열두 달 동안 모든 피조물들은 방주에 있었다. 노아는 거룩하시고 찬미받으실 분 앞에 서서 기도하며 아뢰었다. '온 세상의 주인이신 주님, 저를 이 감옥에서 꺼내 주소서. 사자와 곰과 표범의 악취 때문에 제가 지쳤습니다. 당신께서 저를 이 감옥에서 꺼내시면 모든 의인들이 당신께 왕관을 씌워 드릴 것입니다. 제가 당신 이름을 찬송하도록 감옥에서 저를 빼내 주소서.' '당신께서 제게 선을 베푸실 때 의인들이 저를 둘러싸리이다'(시편 142,8)고 한 대로이다." - 엘리에제르의 어록 23,41-46

"그 이십칠 일에 그는 방주를 열고 들짐승과 집짐승, 새와 길짐승을 안에서 내보냈다." - 희년서 5,32

[8,18] 노아는 아들들과 자기 아내와 아들들의 아내들과 함께 나왔다.

"야브네 사람 랍비 레위탐이 말하였다. 모든 것이 방주로 들어왔다. (그때는) 수컷들을 암컷들과 분리하였다. … 한쪽에 수컷들을, 다른 쪽에 암컷들을 (두었다.) 그것들이 나갈 때는 수컷들을 암컷들 쪽에 (함께) 세웠다. … 남자는 자기 아내와 (함께 나왔다.)" - 엘리에제르의 어록 23,46-47

[8,20] 노아는 주님을 위해 제단을 세우고, … 제단에서 번제물을 바쳤다.

"랍비 엘리에제르 벤 야곱이 말하였다. 그것은 예루살렘에 있는 큰 제단이다. 거기서 첫 아담이 제물을 바쳤다." - 창세기 라바 34,9

"그들이 주님께서 말씀하신 곳에 이르자 거기에다 아브라함은, 아담이 세우고 홍수로 무너졌으며 노아가 다시 세웠으나 분리 세대에 무너진 제단을 세우고 그 위에 나무를 쌓았다. 그리고 아들 이사악을 묶어 제단 위의 나무 위에 놓았다." - 차명 요나탄 창세 22,9

8,21 주님께서 그 기분 좋은 냄새를 맡으시고 마음속으로 말씀하셨다.

"셋째 달 초하룻날에 (노아는) 방주에서 나와 그 산 위에 제단을 세웠다. 새끼 염소가 땅 위에서 나타나 그는 그것을 잡아 땅의 모든 죄를 그 피로 속죄하였다. 방주에 노아와 함께 있는 것들 말고는 (땅에) 있는 모든 것이 파괴되었기 때문이다. 그는 제단 위에 굳기름을 올려놓고, 소와 양, 어린 양과 염소, 소금과 산비둘기와 새끼 집비둘기를 가져다 제단 위에서 번제물을 바쳤다. 그것들 위에 기름을 섞은 곡식예물을 놓고 포도주를 뿌려 그 위에 향료를 얹었다. 화제물의 향기로운 냄새가 주님께 올라갔다. 주님께서 향기로운 냄새를 맡으시고 (노아와) 계약을 맺으셨다." - 희년서 6,1-4

노아와 계약을 맺으신 하느님(9,1-17)

9,4 "그러나 살아 있는 살덩이 곧 그것의 피는 먹어서는 안 된다."

"랍비 요세 벤 랍비 아빈이 랍비 요하난의 이름으로 말하였다. 첫 아담에게는 고기(살덩이)를 먹는 즐거움이 허용되지 않아 살아 있는 것에서 (찢긴 고기의) 조직을 (먹는 것을) 조심시키지 않았으나, 노아의 자손들에게는 고기를 먹는 즐거움이 허용되어 살아 있는 것에서 (찢긴 고기의) 조직을 (먹는 것을) 조심시켰다." - 창세기 라바 34,13

"노아의 자손들에게는 일곱 가지 계명(과 금령)들을 명하였다. 곧 토라 준수, 우상숭배, 하느님 모독, 알몸 드러내기(불륜), 피 쏟기(살해), 도둑질(을 금지하며), … 살아 있는 살덩이 (먹는 것을 금지한다.)" - 토셉타 아보다자라 8,4.6

9,6 "사람의 피를 쏟은 자는 사람에 의해서 그의 피도 쏟아질 것이다. 하느님의 형상대로 사람을 만드셨기 때문이다."

"유다인들과 달리 노아의 자손은 재판관 한 명의 판결과 증인 한 명

의 증거에 근거하여 사전 경고 없이도 사형에 처해진다." - 바블리 산헤드린 57ㄴ

"랍비 하니나가 말하였다. 다음 모두는 노아의 자손들의 규정들이다. 증인이 한 사람일 때, 재판관이 한 사람일 때, 경고 없이도, 심부름꾼을 통한 (살인일 때), 태아 (살인일 때) (그의 피도 쏟아질 것이다.)" - 창세기 라바 34,14

9,7 "너희는 번식하고 번성하여라. 땅에서 많이 낳고 번성하여라."

"그러자 노아와 그의 아들들은 모든 살덩이의 모든 피를 먹지 않기로 맹세하고, 이달 주 하느님 앞에서 그 땅의 모든 세대들을 위해서 영원히 계약을 맺었다." - 희년서 6,10

9,9 "내가 이제 너희와 너희 다음의 후손들과 함께 내 계약을 세운다.

"랍비 유다가 말하였다. (노아는) (하느님의) 계명을 위반하여 수치를 당하였다. 랍비 느헤미야가 말하였다. 그는 (하느님의) 계명을 넘치게 지키고 거룩하게 행동하였다. 그래서 그와 그의 아들은 '하느님께서 노아와 그의 아들들에게 말씀하셨다. '내가 이제 … 내 계약을 세운다'(9절)' 하는 말씀을 얻었다." - 창세기 라바 35,1

9,16 "구름 속에 무지개가 있는 것을 보고, 나는 하느님과 … 모든 생물들 사이에 맺은 영원한 계약을 떠올릴 것이다."

"그분께서 노아와 그의 아들들에게 다시는 땅 위에 홍수가 없도록 징표를 주셨다. 다시는 땅 위에 홍수의 물로 땅의 모든 날들을 쓸어버리지 않으시겠다는 영원한 계약의 징표로 구름 속에서 당신의 활을 주셨다. 그리하여 해마다 계약을 갱신하기 위해 일 년에 한 번 이 달에 주간절을 지낸다는 (계약이) 세워지고 하늘의 서판에 기록되었다." - 희년서 6,15-17

셈과 함과 야펫(9,18-29)

9,20 노아는 땅을 (일구는) 첫 사람이 되어 포도밭을 만들었다.

"세 사람이 농사를 좋아했으나 이득을 본 게 없었다. 그들은 카인과 노아와 우찌아이다. 카인은 '땅을 일구는 사람'(4,2), 노아는 '땅을 일구는 사람'(9,20), 우찌야는 '그는 땅을 사랑하는 사람이어서 산악지방과 기름진 땅에 농부들과 포도밭 (일꾼들을) 두었다'(2역대 26,10)고 한 대로이다." - 창세기 라바 36,3

"노아는 던져져 있는 포도나무를 발견하였다. 그것은 에덴 동산에서 온 것이다. 송이가 (달려 있어) 그는 열매를 따서 먹고 마음속으로 그것들을 탐냈다. 그는 그것으로 그 땅에 포도밭을 만들었다. 그날로 열매가 풍성히 맺었다. '네가 심은 그날로 자라게 하고 씨앗을 뿌린 그 아침에 싹이 트게 하였다'(이사 17,11)고 한 대로이다." - 엘리에제르의 어록 23,51-54

"랍비 자카이가 말하였다. 거룩하시고 찬미받으실 분께서 노아에게 말씀하셨다. '노아야, 너는 포도주 때문에 (추방된) 첫 아담에게서 배우지 않았느냐?' 이는 첫 아담이 먹은 나무가 포도나무였다는 말이다. 랍비 메이르는 첫 아담이 먹은 나무가 포도나무였다고 가르쳤다." - 바블리 산헤드린 70ㄱ

"그 희년 첫해 일곱째 주에 노아는 방주가 안착한 산에 포도밭을 만들었다. 그 이름은 아라랏 산지들의 하나인 루바르이다. 넷째 해에 열매를 맺어 그는 열매들을 보호하고 그 해 일곱째 달에 거둬들였다. 그는 그것에서 포도주를 만들어 그릇에 담고 다섯째 해까지, 첫 달 초하루 첫째 날까지 그것을 지켰다. 그는 그날 기쁘게 축제를 지내고 주님께 번제물을 바쳤다. 어린 소 한 마리와 숫양 한 마리, 일 년 된 양 일곱 마리와 새끼 염소 한 마리를 자신과 자기 아들들의 속죄하기 위해 (바쳤다.)" - 희년서 7,1-3

"그는 그것을(포도) 어떻게 입수했나? 랍비 아바 바르 카하나가 말하였다. 그는 심으려고 (방주에) 포도의 가지와 무화과 나무의 싹과 올리브 나무의 싹을 가지고 들어갔다. '그는 … 가져다 모아두었다'(6,21)고 한 대로이다. 사람은 자신에게 필요했던 것만 모은다." - 창세기 라바 36,3

"랍비 베레크야가 말하였다. 노아보다 모세가 더 사랑 받았다. 노아는 '의롭고 흠없는 사람'(6,9)이라 하고 '땅을 일구는 사람'(9,20)이라 불렸지만, 모세는 '이집트 사람'(탈출 2,19)이라 하고 '하느님의 사람'(신명 33,1)이라 불렸다." - 창세기 라바 36,3

"물이 빠지고 땅이 드러났을 때 노아가 방주에서 나왔다. 그리고 그는 눈에 띈 식물들을 심기 시작하였다. 노아는 그 포도나무 가지도 발견하였다. … 노아는 자기가 그것을 가지고 어떻게 해야 할지 계시해 달라고 하느님께 기도하였다." - 바룩 3서 4,11.13

9,21 그는 … 취하여 천막 안에서 자신을 드러낸 채 있었다.

"그는 적당히 마시지 않고 수치를 당했다. 랍비 히야 바르 아바가 말하였다. 그날 (포도를) 심고 그날 그것을 마셔 그날 수치를 당했다." - 창세기 라바 36,4

9,23 셈과 야펫은 옷을 들어 … 뒤로 가 아버지의 알몸을 덮었다.

"(노아가) 포도주를 마시고 천막 안에서 (알몸을) 드러냈다. … 함이 들어와 아버지의 알몸을 발견했다. 그는 아버지의 명예를 (지켜 드려야 하는) 계명에는 관심이 없었다. 그는 나가 거리에서 자기 두 형제들에게 말하며 아버지를 웃음거리로 (만들었다.) 그들은 형제를 꾸짖으며 덮을 것을 가져왔다. 그들은 함의 뒤로 걸어가 아버지를 덮었다." - 엘리에제르의 어록 23,55-63

"'뒤로 가', … 이는 그들이 자기 얼굴을 손으로 가리고 뒤로 걸어갔다는 말이다. 그들은 아버지가 아들한테서 받아야 할 공경을 실행하였다." - 창세기 라바 36,6

9,24 노아는 술에서 깨어나 작은아들이 한 일을 알게 되었다.

“여기서 ‘작은아들’(הקטן)이란 무가치한(쓸모없는) 아들을 뜻한다. ‘주님 앞에 있는 청동 제단이 너무 작아서(קטן), 번제물과 곡식제물, 그리고 친교제물의 굳기름을 담을 수가 없다’(1열왕 8,64)고 한 대로이다.” - 창세기 라바 36,7

“(노아와 작은아들을 두고) 라브와 사무엘이 (논쟁하였다.) (라브는) 함이 노아를 거세하였다고 말하고, (사무엘은) 함이 노아를 동성애자로 만들었다고 하였다. (라브의) ‘거세’ 발언은, 그가 노아를 해치고 넷째 아들을 갖지 못하게 하여, 노아가 함의 넷째 아들을 저주한 것(‘가나안은 저주를 받으리라’[25절])에서 알 수 있다. 한편 (사무엘의) ‘동성애’ 발언은, ‘함이 아버지의 알몸을 보았다’(22절)에서 알 수 있다. (‘보다’는 성관계를 암시하는데) 이는 ‘스켐이 디나를 보고, 그를 데리고 가서 겁탈하였다’(34,2)고 한 대로이다.” - 바블리 산헤드린 70ㄱ

9,25 “가나안은 저주를 받아 제 형제들을 위해 종들의 종이 되리라.”

“‘그분께서 말씀하셨다. '가나안은 저주를 받으리라."' 함이 죄를 짓고 가나안이 저주를 받는다. … 랍비 유다가 말하였다. 성경에 따르면, ‘하느님께서 노아와 그의 아들들을 축복하셨다’(1절)고 하였다. 축복이 있는 자리에 저주가 있을 수 없지만 그래도 마침내 ‘그분께서는 말씀하셨다. '가나안은 저주를 받으리라'고’. 랍비 느헤미야가 말하였다. 가나안이 보고 그들에게 말하였다. ‘악을 행한 자에게는 저주가 내려진다.’” - 창세기 라바 36,7

9,27 “가나안은 그들의 종이 되리라.”

“함은 아버지가 작은아들을(가나안) 저주하는 것을 알고 자기 아들을 저주한 것에 화가 나서, 그는 자기 아들 에티오피아, 이집트, 풋, 가나안과 함께 아버지와 헤어졌다. 그는 자신을 위해 성읍을 세우고 자기 아내의 이름을 따 나할랏 마훅이라 불렀다. 야펫이 보고 자기 형제를 질투하여 그도 성읍을 세우고 자기 아내의 이름을 따 에드탄세시라 불렀다. 셈은 자기 아버지 노아의 곁에 머무르며 아버지 근처의 산에 성읍을 세우고 그도 자기 아내 이름을 따 치드캇 레밥이라 불렀다." - 희년서 7,13-16

"(가나안을 저주한 뒤) 노아는 앉아서 마음속으로 청하며 말하였다. '거룩하시고 찬미받으실 분께서 나를 홍수에서 구하시고 감옥에서 꺼내주셨는데 내가 그분 앞에 예물과 번제를 바치지 않았다.' 노아는 곧바로 정결한 집짐승에서 소와 양과 염소, 정결한 날짐승에서 산비둘기와 어린 집비둘기를 가져왔다. 그리고 카인과 아벨이 번제물을 가져와 네 가지 번제를 바쳤던 첫 제단을 (다시) 세웠다." - 엘리에제르의 어록 23,65-70: 이 미드라시에서는 노아가 하느님께 제단을 세워 제물을 바치는 시기가 성경과 달리, 노아가 방주에서 나온 뒤가 아닌, 술에서 깨어나 함을 저주한 다음이다.

9,29 노아의 세월은 모두 구백오십 년이었고, 그는 죽었다.

"노아는 그의 조상들과 함께 눕고 아라랏 땅 루바르산에 묻혔다. 그는 살면서 구백오십 년을 채웠다. 열아홉째 희년 다섯째 해 둘째 주이다." - 희년서 10,15-16

노아의 족보(10,1-32)

10,2 야펫의 아들들은 고메르, 마곡, 마다이, 야완, 투발, 메섹, 티라스이다.

"랍비 사무엘 바르 암미가 말하였다. 이는 아프리카, 게르마니아, 메대, 마케도니아, 이사니아(소아시아), 투니아(비티니아)이다. '티라스', 랍비 시몬이 말하였다. 이는 페르시아이다. 랍비들이 말하였다. 트라키야이다." - 창세기 라바 37,1

10,3 고메르의 아들은 아스크나즈, 리팟, 토가르마이다.

"아시아, 하드얍(아디아베네), 게르마니아이다." - 창세기 라바 37,1

10,4 야완의 아들들은 엘리사, 타르시스, 키팀, 도다님이다.

"엘라스(헬라스), 타르소스, 이탈리아, 다르다니아(미시아)이다." - 창세기 라바 37,1

10,8 에티오피아는 니므롯을 낳았는데 그는 … 첫 장사가 되었다.

"랍비 하니나가 말하였다. 니므롯은 힘센 장사이다. … 랍비 유다가 말하였다. 거룩하시고 찬미받으실 분께서 아담과 그의 아내를 위해 만드셨고 방주에 들어갈 때 노아가 가지고 있었던 옷을, 노아의 아들 함이 가져다 니므롯에게 유산으로 주었다. 그가 그것을 입을 때 모든 집짐승과 들짐승과 새들이 와서 그 앞에 엎드렸다. 사람들은 그의 힘 때문이라고 생각했다. 그리하여 그들은 그를 임금으로 삼았다." - 엘리에제르의 어록 24,17-24

10,9 그는 주님 앞에서도 힘센 사냥꾼이었기에, '니므롯처럼 주님 앞에서도 힘센 사냥꾼'이라고 말하곤 하였다.

"'그'(הוא)는 다섯 번 선한 이에게 (쓰였고), 다섯 번 악한 이에게 (쓰였다.) '그'(הוא)가 다섯 번 악한 이에게 (쓰인 경우는) '그는 주님 앞에서 힘센 사냥꾼'(9절), '에사우 그는 에돔의 조상'(36,43), '그는 다탄과 아비람'(민수 26,9), '그는 아하즈 임금'(2역대 28,22), '그는 크세르크세스'(에스 1,1)이다. '그'(הוא)가 다섯 번 선한 이에게 (쓰인 경우는) '아브람 그는 아브라함'(1역대 1,27), '그는 모세와 아론'(탈출 6,27), '그는 아론과 모세'(탈출 6,26), '그는 히즈키야 임금'(2역대 32,30), '에즈라 그가 올라왔다'(에즈 7,6)이다." - 창세기 라바 37,3

10,10 (니므롯) **왕국의 시작은 신아르 땅에 있는 바벨, 에렉, 아카드, 칼네이다.**

"이곳들은 헤데스(에데사), 네치빈, 크테시폰이다. '신아르 땅'은 바벨(바빌로니아)이다." - 창세기 라바 37,4

10,11-12 (니므롯은) **그 땅에서 아시리아로 가서 니네베와 르호봇 이르와 켈라를 세웠고, 니네베와 큰 성읍 켈라 사이에 레센을 세웠다.**

"그는 아시리아를 이 계획에서(하늘에 성읍을 세우려는 것) 분리시켰다. 그는 그들이 거룩하시고 찬미받으실 분을 거슬러 갈라지러(전쟁하러) 오는 것을 보고 자기 땅을 떠났다. 그분께서 그에게 말씀하셨다. '너는 네 개의 장소에서 떠나, 너의 삶을 (살아라.) 내가 너에게 네 개의 장소를 갚아 주겠다.' 그래서 그는 (네 장소) 니네베와 르호봇 이르, 켈라, 레센 곧 틀라사르를 세운 것이다." - 창세기 라바 37,4

10,17-18 (가나안은) **히위족, 아르케족, 신족, 아르왓족, 체메르족, 하맛족을 낳았다.**

"히위족은 할둔족이고, 아르케족은 레바논의 아르카스족이며, 신족은 오르토시아족, 아르왓족은 아롯족, 체메르족은 헤메츠족이다. 왜 (헤메츠를) 체메르족(צמרי)이라 불렀는가? 유다 바르 랍비가 말하였다. 그들이 양모(צמר)를 만들어서다. 하맛족은 피파니아이다." - 창세기 라바 37,6

10,25 에베르에게 아들 둘이 태어났다. 하나의 이름은 펠렉으로 그의 시대에 땅이 갈라졌다.

"랍비 요세가 말하였다. 옛날 사람들은 자신들의 족보를 알았기에 (당대에 일어난) 사건을 통해 그들 이름을 지었다. 그러나 우리는 우리의 족보를 알지 못하니 우리 조상들을 (기리기) 위해 (이름을) 짓는다. 라반 시메온 벤 가믈리엘이 말하였다. 옛날 사람들은 거룩한 영을 사용하여 (일어날)

사건을 통해 (이름을) 지었지만 우리는 거룩한 영을 사용하지 못해 우리 조상들을 (기리기) 위해 (이름을) 짓는다." - 창세기 라바 37,7

바벨탑(11,1-9)

11,2 사람들은 동쪽에서 옮겨와 신아르 땅에서 평지를 발견하고 그곳에 자리 잡았다.

"그들은 (먼) 동쪽에서(מקדם) (가까운) 동쪽으로 이동하여 동쪽으로 갔다. 랍비 엘아자르가 랍비 시메온의 이름으로 말하였다. 그들은 스스로 세상의 오래된 분에게서(מקדמונו שלעולם) 떠나며 말하였다. '우리는 그분과 그분의 신성을 (받아들일) 수 없다.' … 랍비 유다가 말하였다. 온 세상 민족들이 모였다. 저마다 어떤 평지를 확보할지 보기 위해서다. 드디어 그들은 찾아냈다." - 창세기 라바 38,7

"그들은 아라랏 땅에서 동쪽 신아르로 떠났다. 그들은 성읍과 탑을 세우며 말하였다. '하늘로 올라가자.'" - 희년서 10,19

11,3 그들은 서로 말하였다. "어서 벽돌을 만들어 구웁시다." 그러자 … 돌이 벽돌이 되고 진흙이 역청이 되었다.

"누가 누구에게 말한 것인가? 랍비 베레크야가 말하였다. 이집트가 에티오피아에게 말한 것이다." - 창세기 라바 38,8

"그들은 세우기 시작했다. 넷째 주에 그들은 불로 벽돌을 만들어 돌이 벽돌이 되었다. 그들이 반죽한 역청은 바다와 신아르 땅의 샘물에서 나온 진흙이다. … 그들은 건물을 세웠다." - 희년서 10,20-21

11,4 "성읍과 탑을 세워 꼭대기가 하늘에 있게 하고 우리 이름을 날립시다."

"랍비 이스마엘이 가르쳤다. '이름'이란 오로지 우상을 가리킨다."

- 창세기 라바 38,8

"'다른 신들의 이름을 찬미하여 불러서는 안 된다'(탈출 23,13). … '이름을 날립시다'(창세 11,4). '이름'이 무엇인지 알 수 없다. 여기서도(창세 11,4) '이름'이라 했고 저기서도(탈출 23,13) '이름'이라 했다. 저기서(탈출 23,13) 우상숭배를 가리키는 것으로 보아 여기서도(창세 11,4) 우상숭배를 가리킬 것이다." - 메킬타 드리 23,13(332)

"랍비 예레미야 바르 엘아자르가 말하였다. 그들은 세 파로 갈라졌다. 하나는 '올라가서 거기에서 삽시다' 하였고, 또 하나는 '올라가서 우상숭배를 합시다' 하였으며, 다른 하나는 '올라가서 전쟁을 합시다' 하고 말하였다." - 바블리 산헤드린 109ㄱ

"니므롯이 자기 백성에게 말하였다. '자, 우리를 위해 큰 성읍을 세우자. 그 안에 살면서 옛날 사람들처럼 온 땅 위에서 흩어지지 말자. 가운데에 큰 탑을 세우고 하늘로 올라가자. 거룩하시고 찬미받으실 분은 물에서만 힘이 있으시다. 그러니 땅에서 위대한 이름이 되자.' '우리 이름을 날립시다'(4절)고 한 대로이다." - 엘리에제르의 어록 24,25-32

"(홍수 세대가) 말하였다. '자 우리를 위해 성읍을 세우자. 그분은 아래로 내려오시고 우리는 하늘로 올라가자. 그런데 그분이 (내려오지) 않으시면 그분과 전쟁을 하자.' 그럼에도 그분께서는 그들을 그냥 두시고 그들에게 말씀하셨다. '해 보거라.' '하늘에 좌정하신 분께서 웃으신다. 주님께서 그들을 비웃으신다'(시편 2,4)고 한 대로이다." - 탄후마 노아 18(18)

11,5 주님께서 성읍을 만들고 탑을 세운 이들을 보시려고 내려오셨다.

"주님께서 내려가셨다. 우리도(천사들) 그분과 함께 내려가 사람의 아들들이 세운 성읍과 탑을 보았다." - 희년서 10,23

"'주님께서 내려오셨다.' 랍비 시메온 벤 요하이가 말하였다. 이는 토라에 언급된 (하느님이) 내려오신 열 번 가운데 하나이다." - 창세기 라바 38,9

11,7 “어서 우리가 내려가서 그들의 언어를 섞어 놓고 서로 상대방의 언어를 알아듣지 못하게 하자.”

“랍비 시메온이 말하였다. 거룩하시고 찬미받으실 분께서 영광의 어좌를 둘러싸고 있는 천사 일흔 명에게 말씀하셨다. ‘자, 가서 그들의 언어를 섞어 놓자.’” - 엘리에제르의 어록 24,44-45

11,9 그리하여 그곳의 이름을 바벨이라 불렀다. 주님께서 온 땅의 언어를 섞으시고 거기서 온 땅 위로 흩으셨기 때문이다.

“그분께서 그들의 모든 말들을 섞으셨다. 그러자 서로 동료의 말을 듣지 못하고 성읍과 탑 세우는 일을 멈추었다. 그래서 신아르 온 땅이 바벨이라(בבל) 불렸다. 하느님께서 거기서 사람의 아들의 모든 언어들을 섞으셨기(בלל) 때문이다. 그들은 거기서 그들의 성읍과 언어와 민족들 별로 흩어졌다.” - 희년서 10,24-25

“그들은 서로 자기 동료에게 말하고 싶었다. 그러나 동료의 말을 이해하지 못했다. 그들은 어떻게 했겠는가? 저마다 칼을 들고 싸우며 서로를 해쳤다. 세상의 반이 칼에 쓰러지자 주님께서 그들을 온 땅 위에 흩으셨다.” - 엘리에제르의 어록 24,53-57

“랍비 유다가 말하였다. 티로 사람들이 시돈으로 가고 시돈 사람들이 티로로 갔으나, 이집트인들은 자기 땅을 유지했다. 랍비 느헤미야가 말하였다. 저마다 자신이 처음부터 살던 자기 땅을 유지하고 그리로 돌아갔다.” - 창세기 라바 38,10

셈에서 아브라함까지의 족보(11,10-32)

11,26 테라는 칠십 년을 살고 아브람과 나호르와 하란을 낳았다.

“테라는 아내를 얻었다. 그의 이름은 에드나이다. … (서른아홉 번째 희년) 일곱째 해 그 주에 (에드나는) 아들을 낳고 이름을 그의 외할아버지의 이름대로 아브람이라 불렀다. (외할아버지는) 자기 딸이 아들을 임신하기 전에 죽었다. 그 아이는 땅의 잘못을 알기 시작했다. 모두가 우상들을 쫓고 부정한 것을 쫓는 잘못을 저질렀기 때문이다. 그는 아버지한테서 쓰는 것을 배웠는데, (생후) 두 주째였다. 그는 이방 신을 숭배하지 않으려고 아버지한테서 떨어져 나왔다. 그는 모든 것을 창조하신 분께 기도하기 시작했다. 그가 사람의 아들의 잘못에서 자신을 구하고 부정하고 혐오스러운 것을 쫓을 운명에 떨어지지 않기 위해서였다. … 일곱째 해 여섯째 주에 아브람은 아버지 테라에게 말하였다. '아버지!' 그가 말하였다. '그래, 아들아!' 그가 말하였다. '아버지가 섬기고 숭배하는 이 이방신들이 우리에게 무슨 도움을 주고 무슨 이득이 됩니까? 그것들은 영도 없고 말도 못하고 마음을 죄짓게 하니, 그것들을 섬겨서는 안 됩니다. 땅에 이슬과 비를 내리게 하시고 그분 말씀으로 모든 것을 창조하신 하늘의 하느님을 섬기십시오. 살아 있는 모든 것은 그분 앞에서 (나왔습니다.) 어찌하여 마음도 영도 없는 것을 섬깁니까? 그것들은 (사람) 손으로 만들어진 것입니다. 그것들을 어깨 위에 짊어져봤자 도움도 안 되고, 그것들을 만든 이에게는 큰 모욕을, 그것들을 섬기는 이에게는 마음을 죄 짓게 할 뿐이니, 그것들을 섬겨서는 안 됩니다.'" - 희년서 11,14-17; 12,1-5

11,28 하란은 자신의 고향 땅 칼데아의 우르에서 아버지 테라보다 먼저 죽었다.

"아브람의 생애 육십 년째에 … 아브람은 밤에 일어나 이방 신들의 집에 불을 지르고 그 집에 있는 모든 것을 태워 버렸다. 아무도 알지 못하였다. (사람들은) 밤에 일어나 불 한가운데에서 그들의 이방 신들을 구하려고 애썼다. 하란은 그것들을 빨리 구하려다 그 불이 그를 삼켜버려 그는 불 속에 타 버렸다. 그는 칼데아의 우르에서 아버지 테라보다 먼저 죽었다. 그들은 그를 우르에 묻었다." - 희년서 12,12-14

"랍비 히야 바르가 말하였다. 테라는 우상을 만드는 사람이다. 어느 날 그가 어디 가서 아브라함이 그 대신 남아서 팔았다. 어떤 사람이 사려 고 왔다. (아브라함이) 그에게 물었다. '나이가 어떻게 되십니까?' 그가 말하였다. '쉰 또는 예순 살이오.' (아브라함이) 말하였다. '예순 살이신 분이 하루짜리한테 절을 하시려는군요.' 그는 부끄러워하며 떠났다. 어느 날 어떤 여자가 고운 밀가루 한 접시를 가져와 (아브라함에게) 말하였다. '이것을 그들 앞에 바쳐 주세요.' (아브라함은) 막대기를 손에 들고 우상들을 모두 부숴 버렸다. 그리고는 그것들 가운데 (가장) 큰 것의 손에 막대기를 쥐어 주었다. 아버지가 돌아와 그에게 말하였다. '너는 그것들에게 무슨 짓을 한 것이냐?' (아브라함이) 말하였다. '제가 (아버지께) 뭘 숨기겠습니까? 어떤 여자가 고운 밀가루 한 접시를 가져와 저에게 말했습니다. '이것을 그들 앞에 바쳐 주세요.' 그들 앞에 바쳤더니 하나가 말하기를, '내가 먼저 먹어야겠다.' 다른 하나가 말하기를, '내가 먼저 먹어야겠다.' 그들 가운데 (가장) 큰 하나가 일어나 막대기를 들고 그들을 부숴 버렸습니다.' (아버지가) 말하였다. '너는 왜 나를 놀리느냐, 그들이 뭘 안다고! … 귀가 있어 듣기를 하나, 입이 있어 말을 하기를 하나!' (아버지는) 그를 데리고 가 니므롯에게 넘기자 (니므롯이) 말하였다. '불에게 절하자.' 아브라함이 말하였다. '불은 꺼져 버리니 물에게 절합시다.' 니므롯이 말하였다. '그럼 물에게 절하자.' (아브라함이) 말하였다. '그렇다면 물을 품고 있는 구름에게 절합시다.' (니므롯이) 말하였다. '그럼 구름에게 절하자.' (아브라함이) 말하였다. '그렇다면 구름을 퍼뜨리는 바람에게 절합시다.' (니므롯이) 말하였다. '그럼 바람에게 절하자.' (아브라함이) 말하였다. '바람을 견딜 수 있는 사람에게 절합시다.' (니므롯이) 말하였다. '지금 말장난하자는 것이냐? 나는 오로지 불만을 숭배하니, 너를 그 속에 던져버리겠다. 네가 숭배하는 신이 와서 너를 그것에서 구하는지 보자.' 하란은 거기 서서 갈팡질팡하며 (속으로) 말하였다. '너는 어떠냐? 아브라함이 이긴다면 '나는 아브라함 편이다' 하고 말하고, 니므롯이 이긴다면 '나는 니므롯 편이다' 하고 말해야겠다.' 아브라함이 내려가 불을 정복하고 구출되자 (사람들이) 물었다. '너는 누구 편이냐?' (하란이) 말하였다. '아브라함 편이오.' 그러자 (사람들이 하란을) 잡아다 불에 던졌다. 그의 내장이 그슬리고 아버지 테라 앞에서 (먼저) 죽었다. 그래서 '하란은 … 아버지 테라보다 먼저 죽었다'(28절)고 한 것이다." - 창세기 라바 38,13

"'하란은 … 아버지 테라보다 먼저 죽었다.' 테라는 뛰어난 사람으로서, 하란이 불에 탈 운명이라는 것과 아브라함의 자손이 그에게서 (나와) 온 세상을 가득 채울 운명이라는 것을 알았다." - 시편 미드라시 118,11

11,29 하란은 (밀카의) 아버지이자 이스카의 아버지이다.

"랍비 이사악이 말하였다. 이스카는 사라이이다. 왜 이스카(יסכה)라고 불렀나? 그가 거룩한 영으로 보았기(סכתה) 때문이다. '사라가 너에게 말하는 대로 다 들어 주어라'(창세 21,12)고 한 대로이다. 다른 한편 모두가 그의 미모를 바라보았기(סוכין) 때문에 이스카라 불렀다." - 바블리 메길라 14ㄱ

"'이스카'는 사라이이다. 온 세상이 그에게서 (나온 이들로) 가득 찼다." - 시편 미드라시 118,11

11,31 테라는 … 아브람과 … 롯과 … 사라이를 데리고, 칼데아의 우르에서 가나안 땅으로 함께 떠났다. 그들은 하란에 … 자리 잡았다.

"테라는 칼데아의 우르에서 떠났다. 그와 아들들은 레바논 땅과 가나안 땅으로 가 하란에 머물렀다. 아브람은 아버지 테라와 함께 두 주 동안 하란에 머물렀다. 다섯째 해 여섯째 주에 아브람은 (일어났다.) 그는 일곱째 달 초하룻날 밤에 앉아서 저녁부터 아침까지 별들을 관찰하였다. 그 해에 비와 관련하여 무슨 일이 일어날지 보기 위해서였다. 그는 혼자 앉아서 관찰하였다. 그의 마음에 말씀이 들어와, 그가 말하였다. '별들의 모든 징표와 태양과 달의 모든 징표 등 모든 것이 주님의 손에 있는데, 어찌하여 나는 조사하려들까? 그분 뜻에 따라 저녁이든 아침이든 비가 오고 그분 뜻에 따라 (이슬이) 내린다. 모든 것이 그분 손에 있다.' 그는 그날 밤에 기도하며 말하였다. '나의 하느님, 지극히 높으신 하느님, 당신만이 저의 하느님이십니다. 당신께서 모든 것을 창조하셨고 모든 것이 당신 손의 작품입니다. 저는 당신을 선택하오니 사람 마음을 지배하는 악한 영들의 손에서 저를 구해 주소서. 제가 (다른) 신들을 쫓아 방황하게 하지 마시고, 저와 제 후손을 영원히 돌아와 지금부터 영원까지 방황하지 않게 하소서.' 그가 말하였다. '제가 저를 찾는 칼대아의 우르로 그들에게 돌아가야 할까요, 아니면 여기 이 장소에 남아야 할까요? 당신 앞에서 올바른 길이 당신 종의 손에서 성공하여 이루어지게 하시고, 마음으로 죄짓게 하지 마소서, 저의 하느님!' 그는 말과 기도를 마쳤다." - 희년서 12,15-22

פרשת לך לך 12,1—17,27
가라(레크 레카)

하느님의 부르심에 응답한 아브람(12,1-9)

12,1 주님께서 아브람에게 말씀하셨다. "너의 고장이자 고향, 네 아버지의 집에서 내가 너에게 보여 줄 땅으로 가라."

"'지혜는 지혜로운 이를 성안에 있는 열 명의 권세가보다 더 힘세게 만든다'(코헬 7,19). 이는 아브라함을 가리킨다. 노아 세대부터 아브라함까지의 열 세대보다 (아브라함이 더 힘세다.) 그래서 내가 그들 모두 가운데 너 하나에게만 말한 것이다. '주님께서 아브라함에게 말씀하셨다'(1절)고 한 대로이다." - 창세기 라바 39,4

"랍비 요하난이 말하였다. '너의 고장에서', 이는 너의 지방(지역)에서 (나오라는) 말이다. '너의 고향에서', 이는 네가 머물렀던 곳을 말한다. '너의 아버지 집에서', 이는 (말 그대로) 아버지 집이다. '내가 너에게 보여 주는 땅으로', 그런데 어찌하여 그분께서는 (아브라함에게) 그곳을 드러내 (보여 주지) 않으셨나? 이는 (그곳이 아브라함의) 눈에 더 아름답게 (보이게) 하고 (그가 걷는) 발걸음마다 보상을 주시기 위해서다." - 창세기 라바 39,9

12,2 **"나는 너를 큰 민족으로 만들겠다. 너를 축복하고 네 이름을 위대하게 하여** (네 이름은) **복이 될 것이다."**

"랍비 베레크야가 말하였다. 이미 '나는 너를 축복한다'고 하고서 왜 또 '복이 된다'고 덧붙였는가? 하느님께서는 그에게, '지금까지는 내가 나의 세상을 축복해야 했다. 이제부터는 너에게 축복들을 맡기니, 너는 너에게 축복받고자 하는 이를 위하여 축복하여라'고 하신 것이다." - 창세기 라바 39,11

12,3 **"나는 너를 축복하는 이는 축복하고 너를 저주하는 이는 저주하겠다. 세상의 모든 후손들이 너를 통해서 복을 받을 것이다."**

"'너를 통해서 복을 받을 것이다.' 이는 비도 너 덕분에, 이슬도 너 덕분에 (내린다는 말이다.)" - 창세기 라바 39,12

"주님의 말씀이 나를(천사) 통해 그에게 전해졌다. … '나는 너의 하느님이다. 이제부터 땅의 모든 세대에 (이르기)까지 두려워하지 마라. 나는 너의 하느님이다.' 주 하느님께서 나에게(천사) 말씀하셨다. '(아브라함의) 입과 귀를 열어 주어라. 그가 듣고 공개된 언어로 말하게 하여라. (바벨의) 붕괴 이후 언어가 모든 사람의 아들의 입에서 멈추었기 때문이다.' 나는 (아브라함의) 입과 입술과 (그의 귀를) 열고는 그에게 창조의 언어인 히브리어로 말하기 시작했다. 그는 조상들의 책들을 들었다. 그것들은 히브리어로 쓰였고 그는 그것들을 베끼며 열심히 공부하기 시작했다. 나는 거기서 어려운 것을 그에게 알려 주었다. 그는 우기 여섯 달 동안 공부하였다." - 희년서 12,24-27

"랍비 이스마엘이 말하였다. … '그들이 이렇게 이스라엘 자손들 위로 나의 이름을 부르면, 내가 그들에게 복을 내리겠다'(민수 6,27). 이는 사제들은 이스라엘을 축복하고 거룩하시고 찬미받으실 분께서는 사제들을 축복하신다는 말이다." - 바블리 훌린 49ㄱ

12,4 아브람은 주님께서 말씀하신 대로 떠났다. 롯도 함께 떠났다. 하란을 떠날 때 아브람의 나이는 일흔다섯 살이었다.

"(아브라함은) 아버지에게, 하란에서 떠나 가나안 땅으로 가서 그곳을 보고 돌아오겠다고 말하였다. 테라가 그에게 말하였다. '잘(평화로이) 가거라. 영원하신 하느님께서 네 길을 곧게 하시고 너와 함께하시며 모든 악에서 너를 지키실 것이다. 그분께서는 너를 만나는 이들이 보는 데서 너에게 자애와 자비, 은총을 주시리라. 모든 사람의 아들들에게는 너를 해칠 권한이(힘) 없으리라. 잘 가거라.'" - 희년서 12,28-29

12,5 아브람은 아내 사라이와 조카 롯과 … 하란에서 얻은 이들을 데리고 … 가나안 땅에 이르렀다.

"'그들이 … 얻은 이'(5절)란 그들과 살면서 개종한 이를 말한다. 왜 '그들'인가? 라브 후나가 말하였다. 아브라함이 남자들을 개종하게 만들고, 사라가 여자들을 개종하게 만들어서다." - 창세기 라바 39,14

"아브람은 … 하란에서 개종한 이들을 데리고 가나안 땅으로 떠났다." - 차명 요나탄 창세 12,5

12,8 그는 … 서쪽으로 베텔이, 동쪽으로 아이가 있는 곳에 천막을 펼쳤다. 거기에 주님을 위하여 제단을 세우고 주님의 이름을 불렀다.

"랍비 엘아자르가 말하였다. (아브라함은) 세 번 제단을 세웠다. 한 번은(12,7) 이스라엘 땅을 (주신다는) 소식을 (들었을 때), 또 한 번은(13,17-18) 땅을 (주셨을 때), 나머지 한 번은(12,8) 그의 자손들이 아이에 내려가지 않은 때이다." - 창세기 라바 39,16: 아이로 내려가지 않은 때란 여호수아가 아이 성읍을 치려다 실패한 일화를(여호 7장) 암시한다.

"아브람은 하란에서 아내 사라이와 형제 하란의 아들 롯을 데리고 가나안 땅으로 갔다. 그는 아수르 땅으로 들어가서 스켐까지 가 높은 참나무 (근처에) 자리 잡았다. 그 땅을 보니 하맛 입구부터 높은 산까지 매우 좋았다. 주님께서 그에게 말씀하셨다. '내가 이 땅을 너와 네 후손에게 준다.' 그는 거기다 제단을 세우고, 그에게 나타나신 주님을 위해 번제물을 바쳤다. 그는 거기서 일어나 서쪽으로 베텔산이, 동쪽으로 아이가 (있는 곳으로) 가 거기에 천막을 쳤다. 그가 보니 땅이 비옥하고 활짝 열려 있고 매우 기름져 모든 것이 자라고 있었다." - 희년서 13,1-6

"'주님의 이름을 불렀다.' 이는 (주님의 이름을 부르며) 기도하였다는 말이다." - 창세기 라바 39,16

12,9 아브람은 다시 일어나 더 네겝 쪽으로 떠났다.

"(아브람은) 거기서 일어나 북쪽으로 가 헤브론까지 갔다. 그 당시에 헤브론이 세워졌다. 그는 그곳에 두 해를 머물렀다. 그는 네겝(남쪽) 땅의 보롯에 (이르렀는데,) 그 땅에 기근이 들었다." - 희년서 13,10

"'아브람은 … 네겝 쪽으로(남쪽) 떠났다.' 이는 그가 따라가다가 (장차 세워질) 성전 쪽을 향해 갔다는 말이다." - 창세기 라바 39,16

이집트로 내려간 아브람(12,10-20)

12,10 그 고장에 기근이 들어 아브람은 이집트로 내려가 거기에 자리를 잡았다.

"세상에 기근이 열 번 왔다. 한 번은 첫 아담의 시절이다(창세 3,17). … 또 한 번은 라멕의 시절이다(5,29). … 또 한 번은 아브라함의 시절이다(12,10). … 또 한 번은 이사악의 시절이다(26,1). … 또 한 번은 야곱의 시절이다(45,6). … 또 한 번은 판관들이 다스리던 시절이다(룻 1,1). … 또 한 번은 다윗의 시절이다(1열왕 21,1). … 또 한 번은 엘리야의 시절이다(17,1). … 또 한 번은 엘리사의 시절이다(2열왕 6,25). … 또 한 번은 미래에 올 (기근)이다(아모 8,11)." - 창세기 라바 40,3

12,14 아브람이 이집트로 들어갈 때 이집트인들이 그 여자를 보았는데 정말 아름다웠다.

"(아브람이 이집트로 들어갈 때) 사라는 어디 있었나? (아브람은 사라를) 상자에 넣어 (사라) 앞에서 잠갔다. 세관에 이르러 그들이 (아브람에게) 말하였다. '통과세를 내시오.' (아브람이) 말하였다. '내겠소.' 그들이 말하였다. '(상자에) 도구들을 실었소?' (아브람이) 말하였다. '도구들에 대한 (세금도) 내겠소.' 그들이 말하였다. '(상자에) 금을 실었소?' (아브람이) 말하였다. '금에 대해서도 내겠소.' 그들이 말하였다. '실크도 실었소?' (아브람이) 말하였다. '실크에 대해서도 내겠소.' 그들이 말하였다. '진주를 실었소?' (아브람이) 말하였다. '진주에 대해서도 내겠소.' 그들이 말하였다. '그것을 열어 무엇이 들었는지 보여 줘야겠소.' (아브람이 상자를) 열자 이집트 온 땅이 (사라의) 눈부심으로 환해졌다." – 창세기 라바 40,5

12,16 (파라오는) 사라이 때문에 아브람에게 잘해 주었다. 양과 소와 수나귀, 남종과 여종, 암나귀와 낙타들을 (아브람에게) 주었다.

"우리의 조상 아브라함은 열 가지 시험을 받았다. … 다섯 번째 시험은 그의 아내 사라를 파라오가 아내로 삼으려 할 때이다. … 랍비 타르폰이 말하였다. 우리의 어머니 조상 사라가 (파라오의 아내가) 될 뻔한 그날 밤은 파스카의 밤이었다. 거룩하시고 찬미받으실 분께서 파라오와 그의 집안에 큰 재앙을 내리셨다. 장차 이집트를 큰 전염병으로 치실 것을 알리기 위해서였다. 랍비 여호수아 벤 코르하가 말하였다. 파라오는 (사라를) 사랑한 나머지 그에게 혼인 증서를 써 주었다. 은, 금, 종들, 땅 등 온갖 재물들이었다. 그는 고센 땅을 (준다고 증서에) 썼는데, 그래서 이스라엘 자손들이 (우리의 어머니 조상 사라의 것인) 고센 땅에 머무르게 된 것이다. 그는 소실의 딸 하가르를 (준다고 증서에) 썼다." – 엘리에제르의 어록 26,14.22–32

12,17 주님께서 아브람의 아내 사라이의 일로 파라오와 그 집안에게 큰 재앙을 내리셨다.

"아브람은 (파라오에게) 자기 아내를 빼앗기기 전에 다섯 해를 이집트에 머물렀다. … 파라오가 아브람의 아내 사라이를 데려갔을 때 주님께서 파라오와 그의 온 집안을 재앙으로 치셨다. 아브람의 아내 사라이 때문이다. 아브람은 재산이 (많고) 명망이 매우 높았다. 양과 소, 당나귀와 말과 낙타, 남종들과 여종, 은과 금 등이 매우 많았다. 그의 형제의 아들(조카) 롯도 재산이 (많았다.)" – 희년서 13,11–14

"'재앙을 내리셨다.' … 레시 라키시가 바르 카파라의 이름으로 말하였다. 파라오는 낭창에 (감염되어 재앙을) 입었다. 랍비 시메온 벤 가믈리엘이 말하였다. 치포리에서 종기에 걸린 한 노인이 나를 만나러 와서 말하였다. '종기의 종류가 스물네 가지나 됩니다. 이 모든 것 가운데 여자가 해를 끼치는 것은 낭창뿐입니다.' 그러므로 파라오에게 닥친 (재앙은) 그것(낭창)이다." – 창세기 라바 41,2: '낭창'이란 결핵성 피부병의 하나라고 한다.

아브람에게서 갈라진 롯(13,1–18)

13,3–4 그는 … 베텔과 아이 사이에 처음 천막이 있던 곳까지 이동하였다. 처음 제단을 만든 장소로서, 거기서 아브람은 주님의 이름을 불렀다.

"파라오는 아브람의 아내 사라이를 돌려보내고 그들을 이집트 땅에서 내보냈다. (아브람은) 처음 천막을 친 장소이자 제단을 (세운) 장소로 갔다. 동쪽으로 아이가 서쪽으로 베텔이 (있는 곳이다.) 그는 가서 무사히 돌려보내 주신 주 그의 하느님을 찬미하였다. 마흔한 번째 희년 세 번째 해 첫 주에 그는 그 장소로 돌아와 번제물을 바치고 주님의 이름을 부르며 아뢰었다. '주님, 당신께서는 지극히 높으신 하느님, 영원무궁히 저의 하느님이십니다.'" – 희년서 13,15–16

13,5 아브람과 함께 간 롯에게도 양과 소와 천막이 있었다.

"롯은 아브람으로 말미암아 네 가지 혜택을 누렸다. '아브람은 … 길을 떠났다. 롯도 그와 함께 떠났다'(창세 12,4), '아브람과 함께 간 롯에게도 양과 소와 천막들이 있었다'(13,5), '(아브람은) … 롯과 그의 재물을 … 도로 데려왔다'(14,16), '하느님께서 … 멸망시키실 때, 아브라함을 기억하셨다. 그래서 … 롯을 그 멸망의 한가운데에서 내보내 주셨다'(19,29)고 한 대로이다." - 창세기 라바 41,3

13,7 아브람 가축의 목자들과 롯 가축의 목자들 사이에 논쟁이 있었다.

"랍비 베레크야가 랍비 유다 벤 랍비 시몬의 이름으로 말하였다. 우리의 조상 아브라함의 집짐승들은 입마개를 씌우고 나갔으나 롯의 집짐승들은 입마개를 씌우고 나가지 않았다. 아브라함의 목자들이 그들에게 말하였다. '도둑질을 허용하시오?' 롯의 목자들이 그들에게 말하였다. '거룩하시고 찬미받으실 분께서 말하셨소. '내가 이 땅을 네 후손에게 준다'(12,7). 그런데 아브라함은 자식이 없고 아이를 낳지 못하오. 내일 그가 죽으면 형제의 아들(조카) 롯이 그의 상속자가 될 것이오. 그래서 (롯의 집짐승들이) 먹는다면 그것은 자기들 것을 먹는 것이나 다름 없소.' 거룩하시고 찬미받으실 분께서 그들에게 말씀하셨다. '그래서 나는 그에게 말하였다. '나는 너의 후손에게 주었다'(15,18).'" - 창세기 라바 41,5

13,8 "나와 너 사이에, 내 목자와 네 목자 사이에 분쟁이 있어서는 안 된다."

"랍비 아자르야가 랍비 유다 벤 랍비 시몬의 이름으로 말하였다. 아브라함의 목자와 롯의 목자 사이에 분쟁이 있었듯이 아브라함과 롯 사이에도 분쟁이 있었다. 그래서 (아브라함이) '나와 너 사이에 … 분쟁이 있어서는 안 된다'(8절)고 한 것이다." - 창세기 라바 41,6

13,10 롯은 눈을 들어 요르단 평원을 둘러보니, 곳곳이 물을 댈 수 있는 곳이었다. … 마치 주님의 동산 같고 이집트 땅 같았다.

"랍비 나흐만 바르 하난이 말하였다. 금지된 욕망을 쫓는 이는 결국 제 살을 깎아 먹게 된다. 랍비 요세 바르 하니나가 말하였다. 이 구절은 금지된 욕망을 함축한다. '롯이 눈을 들었다'는 것은 곧 '주인의 아내가 요셉에게 눈독을 들였다(눈을 들었다)'(39,7)고 한 것과 같다." - 창세기 라바 41,7

"'롯이 눈을 들었다.' 이는 '주인의 아내가 … 눈독을 들였다(눈을 들었다)'(39,7)와 연관이 있고, '그 여자가 (삼손의) 눈에 들었다'(판관 14,3)와 연결된다." - 바블리 나지르 23ㄱ

"('주님의 동산 같고 이집트 땅 같다'는 것은) 나무들이 (주님의 동산 같고) 곡식들이 (이집트 땅 같다는 말이다.)" - 창세기 라바 41,7

13,13 소돔 사람들은 악인들이었고 주님께 매우 (큰) 죄인들이었다.

"랍비가 말하였다. 소돔만큼 악한 도시도 없다. 사람이 악할 때 그를 소돔 사람이라 부른다. 아모리족만큼 잔인한 민족도 없다. 사람이 잔인할 때 그를 아모리 사람이라 부른다. 랍비 이시가 말하였다. 소돔만큼 좋은 도시도 없다. 롯이 평지의 모든 성읍을 돌아다녔어도 소돔 만한 곳을 찾지 못하였다. … 그러나 '소돔 사람들은 악인들이었고, 주님께 매우 (큰) 죄인들이었다'(13절). 그들은 서로에게 '악인들'이었고, 치부를 드러내는 '죄인들'이었으며, '주님을 거슬러' 우상숭배를 하고, (무죄한) 피를 쏟는 일이 '매우' (심하였다.)" - 창세기 라바 41,7

"세상에서 추방되는 것은, 우상숭배, 치부를 드러냄(금지된 관계), (무죄한) 피를 쏟음(살인), 땅의 안식년 계명을 어긴 것 등이다." - 미슈나 아봇 5,9

"랍비 즈에라가 말하였다. 소돔 사람들은 부자들이었다. 그들이 머무르는 땅은 비옥하고 기름졌다. 세상에 필요한 모든 것을 그들은 그곳에서 얻었다. … 그러나 그들은 창조주의 그림자를 믿지 않고 부를 믿었다. 부자들은 하늘 무서운 줄 몰랐다. '자기 재산을 믿으며 재물이 많음을 자랑하는 그들'(시편 49,7)이라고 한 대로이다." - 엘리에제르의 어록 25,14-16.20-24

13,14 롯이 아브람에게서 갈라진 뒤, 주님께서 아브람에게 말씀하셨다.

"넷째 해 그 주에 롯이 (아브람에게서) 갈라져 나와 소돔에 자리를 잡았다. 소돔 사람들은 심각한 죄인들이었다. (아브람은) 형제의 아들이 자신에게서 갈라져 나간 데다 자신에게 아들이 없는 것 때문에 마음이 슬펐다. 롯이 포로로 잡힌 그 해에 주님께서 아브람에게 말씀하셨다. 넷째 해 그 주에 롯이 (아브람에게서) 갈라져 나간 뒤였다." - 희년서 13,17-19

13,16 "내가 네 후손을 땅의 먼지처럼 만들겠다. 땅의 먼지를 셀 수 있는 이라야 네 후손도 셀 수 있을 것이다."

"땅의 먼지가 세상 이 끝에서 저 끝까지 있는 것처럼 네 자손들도 세상 이 끝에서 저 끝까지 흩어진다. 땅의 먼지가 물을 통해 축복을 받듯이 이스라엘도 물에 비유되는 토라를 통해 축복을 받는다. (땅의) 먼지가 쇠그릇들을 닳게 해도 영원히 남는 것처럼 이스라엘도 그러하다. 그러나 우상숭배자들은 모두 존재하지 않게 된다. (땅의) 먼지가 짓밟히듯이 네 자손들도 우상숭배자들에게 짓밟히리라. '엎드려라, 우리가 딛고 지나가겠다'(이사 51,23)고 한 대로이다." - 창세기 라바 41,9: 땅의 먼지처럼 셀 수 없는 민족이 되어 축복을 받겠지만, 땅의 먼지처럼 우상숭배자들에게 짓밟히게 될 훗날을 맞이한다는 해석이 담겼다.

13,17 "자, 일어나 이 땅을 세로로, 가로로 다녀 보아라. 내가 너에게 주겠다."

"타나들이 가르친다. 그가 들판을 세로로든 가로로든 걸었다면 그가 걸은 장소까지를 얻게 되었다. 이는 랍비 엘리에제르의 말로서, 랍비 엘리에제르는 걷는 대로 (소유로) 얻는다고 말하였다. 랍비들이 말하였다. 가로와 세로로 걸어도 (소유로) 얻지는 못한다. 랍비 야곱이 말하였다. 랍비 엘리에제르의 견해는 '일어나 이 땅을 다녀 보아라'(17절)에 따른다." - 창세기 라바 41,10

위기에 처한 롯(14,1-16)

14,1 그때는 신아르 임금 아므라펠과 엘라사르 임금 아르욕, 엘람 임금 크도를라오메르, 고임 임금 티드알의 시절이었다.

"그는 세 이름으로 불렸다. 쿠시, 니므롯, 아므라펠이다. '쿠시'는 당연히 그가 쿠시인이기 때문이다. '니므롯'은(נמרד) 그가 세상에 반란을(מרד) 일으켰기 때문이다. '아므라펠'은(אמרפל) 그가 '나는 던져버리겠다(אפלי)'고 선언을(אמרה) 했기 때문이다." - 창세기 라바 42,4

"'…의 시절이었다'는 (구절은) 문제(시련)가 (있음을) 암시한다. 랍비 사무엘 바르 나흐만이 말하였다. '…의 시절이었다'는 (성경에) 다섯 번 등장한다. '아므라펠 … 시절이었다'(1절). 그곳에 무슨 문제가 있었나? '전쟁을 벌였다'(2절). … '아하즈의 시절이었다'(이사 7,1). 그곳에 무슨 문제가 있었나? '동에서는 아람이, 서에서는 필리스티아가 (있었다)'(9,11). … '여호야킴의 시절이었다'(예레 1,3). 그곳에 무슨 문제가 있었나? '내가 보니 땅은 혼돈과 볼모였다'(4,23). … '판관들이 다스리던 시절이었다'(룻 1,1). 그곳에 무슨 문제가 있었나? '기근이 들었다'(1절). … '크세르크세스의 시절이었다'(에스 1,1). 그곳에 무슨 문제가 있었나? '유다인들을 모두 몰살하려고 꾀하였다'(3,6)." - 창세기 라바 42,3

"'신아르 …'는 바빌론이고, '엘라사르 …'는 안티오쿠스(그리스)이며, '엘람 …'은 메대이고, '고임 …'은 에돔(로마) 왕국이다." - 창세기 라바 42,4

14,2 그들은 소돔 임금 베라, 고모라 임금 비르사, 아드마 임금 신압, 츠보임 임금 세므에베르, 벨라 임금 초아르와 전쟁을 벌였다.

“랍비 메이르가 이름들을 풀이하였다. ‘베라’는(ברע) ‘악한 아들’(בן רע), ‘비르사’는(ברשע) ‘사악한 아들’(בן רשע), ‘신압’은(שנאב) ‘부를 축적한 이’(שאב ממון), ‘세므에베르’는 번성하여 부를 가져온다는 (뜻이고,) ‘벨라’는(בלע) 그곳의 거류민들이 삼켜졌다는(נתבלעו) (뜻이다.)” - 창세기 라바 42,5

“그들은 하늘에 (계신 분과) 피조물에게 악한 베라와, 사악하게 행동한 비르샤와, 하늘에 계신 아버지를 미워한 신압과, ‘나는 날개를(אבר) (달고) 구름 높이 위로 올라가리라’고 말한 세므에베르와(שמאבר) 전쟁을 하였다.” - 탄후마 레크레카 8(21)

14,3 이들은 모두 시띰 골짜기 곧 소금 바다로 (와) 단결하였다.

“랍비 요세가 말하였다. (동맹을 맺을 당시) 그곳에는 바다가 없었지만 (소돔이 멸망하면서) 바위에 갱로가(요르단강) 뚫려 바다가 생겼다. ‘바위에 갱로를 뚫는다’(욥 28,10)고 한 대로이다.” - 창세기 라바 42,5

14,4 그들은 십이 년 동안 크도를라오메르를 섬겼다가 십삼 년째에 반란을 일으킨 것이다.

“랍비 요세가 말하였다. 십이 년과(섬기기) 십삼 년(반란), 그래서 이십오 년이다. 라반 시메온 벤 가믈리엘이 말하였다. 모두 십삼 년이다. 그럼 ‘십사 년’(5절)은 무슨 말인가? (십사 년은) 그들의 반란을 뜻한다.” - 창세기 라바 42,6

14,5 크도를라오메르는 … 샤웨 키르야타임에서는 엠족을 (쳤다.)

“(샤웨 키르야타임은[שוה קריתים]) 쌍둥이 성읍들로서(קריתים) 둘 다 샤웨라 불린다.” - 창세기 라바 42,6

14,6 세이르 산악 지대에서는 호르족을 쳐서 광야의 엘 파란까지 이르렀다.

"(호르는) 엘요트리폴리스(אליותריפוליס['Ελευθερόπολις]: 자유[חירות]의 도시)이다. 왜 '호르'라고(חורי) 불리는가? (그곳 주민들이) 그곳을 골라 분리의 세대에서 자유롭게(לחירות) 나왔기 때문이다." - 창세기 라바 42,6

14,7 그들은 돌아서 엔 미스팟 곧 카데스로 가, 아말렉족의 모든 들판과 하차촌 타마르에 자리 잡은 아모리족도 쳤다.

"이곳은 장차 모세가 카데스에서 물로 심판을 내릴 것이기 때문에(민수 20,12-13) 처음부터 엔 미스팟이라 불리었다. 아말렉족은 자신들이 태어나기 수세대 전부터 언급된다." - 탄후마 레크레카 8(21)

14,9 이 네 임금들이 다섯에게 맞섰다.

"'네 임금들이 다섯에게 맞섰다.' 이는 네 임금들이 다섯 (임금들과) 전쟁을 벌여 그들을 물리쳤다는 (말이다.)" - 창세기 라바 42,7

14,10 시띰 골짜기에는 역청 구덩이들이 있어, … 거기에 빠지고 나머지들은 산으로 달아났다.

"'시띰 골짜기에는 역청 구덩이들이 있다.' 이는 구덩이들에서 역청이 올라온다는 말이다." - 창세기 라바 42,7

14,12 그들은 아브람의 조카이자 소돔에 사는 롯과, 그의 모든 소유물도 가지고 떠났다.

"그들은 소돔과 아드마와 츠보임을 함락시키고 아브람의 형제의 아들(조카) 롯과 그의 소유를(재산) 포로로 삼았다. 그들은 단까지 갔다." - 희년서 13,23

14,13 도망자 하나가 히브리인 아브람에게 알렸다. 그는 아모리족의 마므레의 참나무에 살면서 에스콜과도 … 아네르와도 형제로 지냈다.

"레시 라키시가 바르 카파라의 이름으로 말하였다. '도망자', (바산 임금) 옥이 도망자다. 왜 그의 이름은 옥이라(עוג) 불리는가? 그가 아브라함을 찾아와 머물며 무교병(עוגות) 계명에 관여했기 때문이다. 그는 하늘을 위해 (행동하는 사람이) 아니었다. 그는 (속으로) 말하였다. '이 (사람) 아브라함은 열정적인 사람이다. 이제 내가 그에게 '당신 형제의 아들이 포로로 잡혔소.'라고 말하면 (아브라함은) 전쟁에 나가 죽을 것이고, 그럼 그의 아내 사라이를 차지해야지.' 거룩하시고 찬미받으실 분께서 말씀하셨다. '너는 너의 발걸음에(여행[아브라함을 찾아간 것]) 대한 보상을 받아 세상에서 오래 살리라. 그러나 너는 의인을 죽일 생각을 했으니 그의 후손들이 수천 수만인 것을 지켜보고 마침내 그들 손에 넘어가리라. '내가 그를 너의 손에 넘겼다'(민수 21,34)고 한 대로이다." - 창세기 라바 42,8

"바산 임금 옥은 방주의 (지붕) 사다리 가운데 한 나무 위에 앉아 있었다. 그는 노아와 그의 아들들에게 영원히 그들의 종이 되겠다고 맹세하였다. 노아는 어떻게 했겠는가? 그는 방주에 구멍을 뚫어 날마다 그에게 양식을 넣어 주었다." - 엘리에제르의 어록 23,28-33: '도망자 하나'를 옥 임금으로 여긴 해석이다.

"'히브리인(העברי) 아브람', 랍비 유다가 말하였다. (העברי는) 온 세상 모두가 한 쪽에(עבר) 있고(이방신을 섬기고,) 아브라함은 다른 쪽에(עבר) 있다는(하느님을 섬긴다) 뜻이다. 랍비 느헤미야가 말하였다. 그가 에베르의(עבר) 후손이라는 뜻이다. 랍비들이 말하였다. 그가 강 건너에서(מעבר) 왔다는 말이다. 그는 (강) 건너 사람들의 말로 말하였다." - 창세기 라바 42,8

"'마므레의 참나무', 랍비 유다가 말하였다. 이는 마므레의 평원을 말한다. 느헤미야가 말하였다. 이는 마므레의 궁궐을 말한다. 랍비 유다의 견해에 따르면 마므레라는 이름은 장소를 가리킨다. 랍비 느헤미야의 견해에 따르면 마므레라는 이름은 사람을 가리킨다." - 창세기 라바 42,8

14,14 아브람은 … 자기 집에서 태어나 훈련받은 이들 삼백열여덟 명을 이끌고 단까지 쫓아갔다.

"아브라함의 집사는 그의 종 엘리에제르이다. 그는 언제 그의 종이 되었나? 아브라함이 칼데아의 우르에서 나올 때 모든 거물들이 그에게 선물을 주었는데, 니므롯은 맏아들 엘리에제르를 데려다 그에게 영원한 종으로 주었다." - 엘리에제르의 어록 16,47-51

"레시 라키시가 바르 카파라의 이름으로 말하였다. (삼백열여덟은) 엘리에제르만을 가리킨다. 그의 이름의 숫값이 318이다." - 창세기 라바 43,2: 곧 א(1) + ל(30) + י(10) + ע(70) + ז(7) + ר(200) = 318이다.

14,15 아브람과 그의 종들은 밤새 그들에 맞서 (편을) 갈라 공격하고 다마스쿠스의 왼쪽 호바까지 추격하였다.

"'그들에 맞서 밤이 갈라졌다'(ויחלק עליהם לילה). 랍비 벤야민 벤 예펫이 랍비 요하난의 이름으로 말하였다. 밤은 저절로 갈라졌다. 랍비들이 말하였다. 그것을 만드신 분이 가르셨다. 거룩하시고 찬미받으실 분께서 말씀하셨다. '아브라함이 한밤중에 나와 일하였으니, 나도 한밤중에 그의 자손들과 일할 것이다.' 언제 그 일이 일어났나? 이집트에서다. 그래서 '한밤중에 주님께서는 이집트 땅의 맏아들과 맏배를 … 모조리 치셨다'(탈출 12,29)고 한 것이다. 랍비 탄후마가 말하였다. … 거룩하시고 찬미받으실 분께서 말씀하셨다. 그들의 조상이(아브라함) 한밤중에 나가서 나도 한밤중에(파스카) 그의 자손들과 함께 나올 것이다." - 창세기 라바 43,3: 곧 밤이 저절로 갈라져 아브람이 어두움 속에서도 그들을 칠 수 있게 되었거나, 아니면 하느님께서 밤을 가르시어 아브람을 도우셨다는 것이다.

"'단까지 쫓아갔다'(14절). 의로운 이는 그곳에서 방해를 받았다. 그곳에서 아브라함에게 말하였다. '당신 자손들이 장차 여기서 우상숭배를 할 것이라는 것을 당신은 아시오? '임금은 … 금송아지 둘을 만들었다. … 금송아지 하나는 베텔에 놓고, 다른 하나는 단에 두었다'(1열왕 12,28-29)고 하지 않았소.' (아브라함은) … 그곳을 떠났다. … 그리고 다마스쿠스의 왼쪽까지 그들을 쫓아갔다. 그래서 '호바까지 추격하였다'(15절)고 한 것이다." - 엘리에제르의 어록 27,12-18

예루살렘 임금 멜키체덱(14,17-24)

14,18 살렘 임금 멜키체덱도 빵과 포도주를 가지고 왔다. 그는 지극히 높으신 하느님의 사제였다.

"이 멜키체덱은 … '지극히 높으신 하느님의 사제'로서 … 그의 이름은 '정의의 임금'이라는 뜻이다. 그는 또한 살렘의(שלם) 임금 곧 평화의(שלם) 임금이다." - 히브 7,1-2

"이것은(멜키체덱의 이름: מלכי־צדק) 의로운 임금이라는(מלך צדק) 뜻이다. … 그는 하느님의 사제가 되었다. 살렘은 나중에 예루살렘이라 불린다." - 요세푸스 '유다고대사' 1,180

"'빵과 포도주를 가지고 왔다.' 랍비 사무엘 바르 나흐만이 말하였다. 그는 사제직의 법률을 그에게 알려주었다. '빵', 이는 제사빵이며, '포도주', 이는 제주를 말한다. 랍비들이 말하였다. 그는 (아브라함에게) 토라를 알려주었다. '너희는 와서 내 빵을 먹고 내가 섞은 술을 마셔라'(잠언 9,5)고 한 대로이다." - 창세기 라바 43,6

"'살렘 임금 멜키체덱', 그는 노아의 아들 셈이다. '그는 지극히 높으신 하느님의 사제였다'(18절)." - 시편 미드라시 76,3

"거룩하시고 찬미받으실 분께서는 셈에게서 사제직이 나오기를 바라셨다. '(멜키체덱은) 지극히 높으신 하느님의 사제였다'(18절)고 한 대로이다." - 바블리 느다림 32ㄴ

"노아가 셈에게 전승을 넘겼다. 그는 윤달의 비밀을 접하게 되었고, 그 해(年)를 윤년으로 만들었다. 그는 사제라 불리었다. 노아의 아들 셈이 왜 사제인가? 그는 맏아들이고 낮이나 밤이나 (하느님을) 섬겼으므로 사제이다. '살렘 임금 멜키체덱 … 그는 지극히 높으신 하느님의 사제였다'(14,18)라고 한 대로이다. 셈은 아브람에게 전승을 넘겼다." - 엘리에제르의 어록 8,13-15

14,20 "너의 원수를 네 손에 넘기신 … 하느님께서는 찬미받으소서."

"랍비 후나가 말하였다. ('너의 원수를 네 손에 넘기신[מגן] 분') '너의 원수에 맞서 너의 무기를(מנגנן) 돌리신 분'이라는 뜻이다. 랍비 유단이 말하였다. (이는) '내가 얼마나 많은 무기들로 (임금들을) 네 손 아래 넘겨주었느냐! 그들은 서로 좋아하여, 말린 대추야자와 선물들을 서로서로 보낸다. 그러나 내가 그들을 서로 배신하게 하여 네 손 아래 넘어가게 하였다'는 뜻이다." - 창세기 라바 43,8

14,20 아브람은 모든 것에서 십분의 일을 그에게 주었다.

"랍비 유다가 랍비 노호라이의 이름으로 말하였다. 그 축복 덕분에 기둥 셋이 세상에서 위대해졌다. 곧 아브라함, 이사악, 야곱이다. 아브라함은 '모든 것에서 십분의 일을 그에게 준'(20절) 덕분에 '주님께서는 모든 일마다 아브라함에게 복을 내려 주셨다'(창세 24,1), 이사악은 '모든 것에서 십분의 일을 그에게 준' 덕분에 '나는 그것을 다 먹었다'(27,33)고 하였다. 야곱은 '모든 것에서 십분의 일을 그에게 준' 덕분에 '하느님께서 저에게 은혜를 베푸시어 저는 모든 것이 넉넉합니다'(33,11) 하였다." - 창세기 라바 43,8

14,23 "실 한 가닥 신발 끈 하나라도 내가 당신의 것 가운데 뭐든 가질 것 같소?"

"'실 한 가닥', 이는 하늘색과 보라색 실로 짠 성막을 암시한다(탈출 26,1). '신발 끈 하나', 이는 (성막을 덮은) 돌고래 가죽을 암시한다(14절)." - 창세기 라바 43,9

아브람의 환시(15,1–21)

15,1 이런 일들이 있은 뒤 주님의 말씀이 아브람에게 환시로 내렸다.

"'이런 일이 있은 뒤', 이는 '그곳에서 있었던 일들을 곰곰이 생각한 뒤에'라는 뜻이다. 누가 곰곰이 생각했나? 아브라함이 곰곰이 생각했다. 그는 거룩하시고 찬미받으실 분 앞에 아뢰었다. '세상의 주인이신 주님, 당신께서는 다시는 노아의 자손들을 끝장내시지 않겠다고 그와 계약을 맺으셨습니다. 저는 일어나 (노아보다) 더 계명들과 선행들을 수행하였고, 제 계약이 (노아의) 계약을 대체했습니다. 당신께서는, 다른 이가 일어나 저보다 더 계명들과 선행들을 수행하여 그의 계약이 제 계약을 대체한다고 말씀하시렵니까?' 거룩하시고 찬미받으실 분께서 말씀하셨다. '나는 노아를 의인들의 방패로 세우지 않았으나, 너는 의인들의 방패로 세운다. 그리고 네 자손들이 죄를 짓고 악행을 저지를 때, 나는 나의 심판(정의) 방식을 두고 '충분하다'고 말할 수 있는 이들 가운데 의인 하나를 보고 그를 데려다 그들을 위해 속죄하게 하리라.'" – 창세기 라바 44,5

"이런 일들이 있은 뒤 … 아브람의 꿈에 주님의 말씀이 있었다. '아브람아, 두려워하지 마라. …'" – 희년서 14,1

"(예언은) 열 가지 말로 불린다. 예언, 환시, 설교, 대화, 담화, 명령, 짐, 비유, 은유, 수수께끼이다. 이것들 가운데 무엇이 가장 어려운가(קשה)? 랍비 엘아자르가 말하였다. 환시(חזון)이다. '준엄한(קשה) 환시가 나에게 전해졌다'(이사 21,2)고 한 대로이다. 랍비 요하난이 말하였다. 대화(דיבור)이다. '그 나라의 주인이 우리에게 냉담차게(קשות) 말하였다'(창세 42,30)고 한 대로이다. 랍비들이 말하였다. 짐(משא)이다. '무거운 짐처럼'(משא כבד: 시편 38,5)이라고 한 대로이다. 그러므로 대화(דיבור)와 환시로(חזון) 그분과 말한 아브라함의 능력은 대단하다. '주님의 말씀이(דבר) 아브라함에게 환시로(חזון) 내렸다'(창세 15,1)고 하였기 때문이다." – 창세기 라바 44,6

15,2 "주 저의 하느님, 저에게 무엇을 주신다는 것입니까? 저는 자식도 없고 제 집안에 있는(בן־משק ביתי) 다마스쿠스 사람 엘리에제르뿐입니다(דמשק אליעזר)."

"랍비 요하난이 말하였다. (아브라함이 질문하였듯이) 세 사람이 질문과(또는 요구[שאל]) 관련이 있으니, 솔로몬과 아하즈와 임금 메시아이다. 솔로몬은 '그분께서 '내가 너에게 무엇을 주어야 하느냐?' 하고 물으셨다(שאל)'(1열왕 3,5), 아하즈는 '너는 너를 위해 표징을 청하여라(שאל)'(이사 7,11), 임금 메시아는 '나에게 청하여라(שאל)'(시편 2,8)고 하였다." - 창세기 라바 44,8

"레시 라키시가 바르 카파라의 이름으로 말하였다. '내 집안의 벤 메섹'은(בן־משק ביתי) '내 집안 사람'이라는 뜻이다. '다마스쿠스의 엘리에제르'는(דמשק אליעזר) '그의 도움으로 내가 다마스쿠스까지 임금들을 쫓아갔다'는 뜻이다. 실제로 그의 이름은 엘리에제르(나의 하느님께서는 도움이시다)이다." - 창세기 라바 44,9

15,5 "하늘을 쳐다보고 별들을 셀 수 있으면 세어 보아라."

"'하늘을 쳐다보아라.' … 랍비들이 말하였다. (주님께서 그에게 말씀하셨다.) '너는 예언자이지 천문학자가 아니다.' '이제 그 사람의 아내를 돌려보내라. 그는 예언자이다'(20,7)라고 한 대로이다." - 창세기 라바 44,12

15,7 "나는 이 땅을 너에게 주어 물려받게 하려고, 너를 칼데아의 우르에서 데리고 나온 주님이다."

"랍비 엘리에제르 벤 야곱이 말하였다. 미카엘이 내려가 불구덩이에서 (아브라함을) 구하였다. 랍비들이 말하였다. 거룩하시고 찬미받으실 분께서 그를 구하셨다. '나는 너를 칼데아의 우르에서 데리고 나온 주님이다'(7절)고 한 대로이다. 그럼 미카엘은 언제 내려갔나? 하난야와 미사엘과 아자르야 때이다(다니 1,6.19 참조)." - 창세기 라바 44,13

15,8 “주 하느님, 제가 그 땅을 물려받을지 어떻게 알 수 있습니까?”

“랍비 히야 벤 랍비 하니나가 말하였다. 그는 불평하는 이처럼은 아니나 그분께 아뢰었다. ‘무슨 공로로 (제가 땅을 물려받습니까?)’ 그분께서 그에게 말씀하셨다. ‘내가 네 앞에서 (네 아들에게) 줄 속죄 제사 덕분이다.’” - 창세기 라바 44,14

“사무엘이 말하였다. 아브람은 거룩하시고 찬미받으실 분의 약속을 지나치게 시험하였다. ‘제가 그 땅을 물려받을지 어떻게 알 수 있습니까?’(8절) 하고 말하였기 때문이다.” - 바블리 느다림 32ㄱ

15,9 “나에게 삼 년 된 암송아지, 삼 년 된 암염소, 삼 년 된 숫양, 산비둘기와 집비둘기를 한 마리씩 가져와라.”

“그분께서는 소를 (바치는) 세 경우, 염소를 (바치는) 세 경우, 숫양을 (바치는) 세 경우를 그에게 보여 주셨다. 소를 (바치는) 세 경우는 속죄일에 (바치는) 황소, 계명들을 (위반했을 때) 가져오는 황소, 목이 부러진 암송아지다. 염소를 (바치는) 세 경우는 축제 때 (바치는) 염소, 초하룻날 (바치는) 염소, 개인이 (바치는) 염소이다. 숫양을 (바치는) 세 경우는 의무에 대한 보상 제물, (의심되는) 위반에 대한 보상 제물, 개인이 (바치는) 암양이다.” - 창세기 라바 44,14

“다른 해석: ‘삼 년 된 암송아지’, 이는 세 임금 네부카드네차르와 에윌 므로닥과 벨사차르를 세운 바빌론을 암시한다. ‘삼 년 된 염소’, 이는 세 임금 키루스와 다리우스와 아하스에로스를 세운 메다이를 암시한다. ‘삼 년 된 숫양’, 이는 그리스를 암시한다. … ‘산비둘기와 집비둘기’, 이는 에돔 왕국을 가리킨다.” - 창세기 라바 44,15

15,10 그는 … 그것들을 잘라 자른 것을 서로 마주보게 놓았다. 새들은 자르지 않았다.

“‘새들은 자르지 않았다.’ 이는 그분께서 그에게, 새의 번제물은 가르

지만 새의 속죄 제물은 가르지 않음을 보여 주신 것이다." - 창세기 라바 44,14

15,11 맹금이 죽은 짐승 위에 내려앉자 아브람이 그것들을 쫓아버렸다.

"랍비 아자르야가 말하였다. (하느님께서 아브라함에게 말씀하셨다.) (맹금이 시체에 내려앉듯이) '너의 자손들이 힘줄과 뼈도 없는 시체가 되었을 때 너의 공로가 그들을 세울(구원할) 것이다.'" - 창세기 라바 44,16

15,12 해가 들어갈 무렵, 아브람 위로 잠이 떨어졌다. 큰 어둠의 공포가 그에게 쏟아졌다.

"라브가 말하였다. 세 가지 종류의 깊은 잠이(תרדמה) 있다. 수면의 깊은 잠, 예언의 깊은 잠, 무의식의 깊은 잠이다. 수면의 깊은 잠은, '주 하느님께서 사람 위에 깊은 잠이 쏟아지게 하셨다'(창세 2,21)고 한 대로이다. 예언의 깊은 잠은, '해가 들어갈 무렵, 아브람 위로 잠이 떨어졌다'(15,12)고 한 대로이다. 무의식의 깊은 잠은, '주님께서 그들 위에 깊은 잠을 쏟으시어 그들이 모두 잠들었기 때문에, 다윗을 본 사람도 알아채거나 잠을 깬 사람도 없었다'(1사무 25,12)고 한 대로이다." - 창세기 라바 44,17

"'큰 어둠의 공포가 그에게 쏟아졌다.' '공포'는 바빌론이니, '네부카드네자르는 노기로 가득 찼다'(다니 3,19)고 한 대로이다. '어둠'은 메디아이니, 그들이 단식과 금식(금욕)으로 이스라엘의 눈을 어둡게 하였다. '큰'은 그리스이다. … '그에게 쏟아졌다'는 에돔이다(로마). … 바꿔서 말하기도 한다. '그에게 쏟아졌다(무너졌다)'는 바빌론이니, '무너졌다, 무너졌다, 바빌론이!'(이사 21,9)라고 한 대로이다. '큰'은 메디아이니, '크세르크세스 임금이 … 크게 하였다'(에스 3,1)고 한 대로이다. '어둠'은 그리스이니, 그들이 이스라엘에게 명한 법령으로 이스라엘의 눈을 어둡게 하였다. … '공포'는 에돔이니, '그 뒤에 나는 … 끔찍하고 무시무시한 … 네 번째 짐승을 보았다'(다니 7,7)고 한 대로이다." - 창세기 라바 44,17

15,13 "잘 알아두어라. 네 후손은 … 종살이하며 고통을 겪을 것이다."

"'잘 알아두어라'(ידע תדע), 이는 '내가 (너희 후손들을) 흩어지게 할 것을 '알고'(ידע), 그들을 모아들이게 할 것을 '알라'(תדע)'는 뜻이다. 또한 '내가 그들을 종살이하게 할 것을 '알고'(ידע), 그들을 구원할 것을 '알라'(תדע)'는 뜻이다." - 창세기 라바 44,18: 하느님은 이스라엘을 흩으시기도 모아들이시기도 하시며, 종살이시키시기도 구원하시기도 하는 분이심을 가르친다.

15,14 "그러나 그들이 섬길 민족도 내가 심판하리라."

"'그들이 섬길 민족도'에서 '-도(또한)'에는 이집트와 네 왕국이(바빌론, 페르시아, 메디아, 로마) 포함된다." - 창세기 라바 44,19: 장차 이스라엘이 상대할 주변 강대국들을 암시한다.

15,17 해가 들어가고 어두워질 무렵, 연기 나는 화덕과 불타는 횃불이 가른 것들 사이를 지나갔다.

"시메온 바르 아바가 랍비 요하난의 이름으로 말하였다. 그분께서 그에게 네 가지를 보여 주셨다. 게헨나와(화덕: 이사 31,9) 왕국들(연기), 토라 수여와(횃불: 탈출 20,18) 성전(불)이다." - 창세기 라바 44,21

15,19 곧 카인족, 크나즈족, 카드몬족.

"랍비가 말하였다. (카인족, 크나즈족, 카드몬족은) 아라비아, 샬마이, 나바태아를 말한다. 랍비 시메온 벤 요하이가 말하였다. 다마스쿠스, 소아시아, 아스파매아를 말한다. 랍비 엘리에제르 벤 야곱이 말하였다. 그들은 소아시아, 트라키아, 카르타고를 말한다. 랍비들이 말하였다. 에돔, 모압, 암몬의 지도층으로서 이 세상에서 그들에게 주어지지 않은 세 (민족이다.) '내가 … 너희에게는 그들의 땅을 주지 않을 것이다'(신명 2,5)고 한 대로이다." - 창세기 라바 44,23

“(십일조의 의무에서) 제외되는 곳은 카인족, 크나즈족, 카드몬족의 (땅이다.) (이곳은 어디인가?) 랍비 메이르가 말하였다. 이곳은 나프토하, 아르바아, 샬마아를 말한다. 랍비 유다가 말하였다. 이곳은 세이르산, 암몬, 모압을 말한다. 랍비 시메온이 말하였다. 이곳은 라르디사키스, 아시아, 아스파매아를 말한다.” - 바블리 바바바트라 56ㄱ

하가르와 이스마엘의 도망(16,1-16)

16,1 아브람의 아내 사라이는 그에게 아이를 낳아 주지 못하였다. 그에게는 이집트인 여종이 있었는데 그의 이름은 하가르이다.

“(그날이) 지나고 아브람은 조각들과 그들의 새와 곡식예물과 제주를 바쳤다. 불이 그것들을 삼켜버렸다. 그날 우리는(천사들) 아브람과 계약을 맺었다. 그 달에 노아와 맺었던 계약과 같다. 아브람은 축제와 규정을 자신을 위해 영원히 개정하였다. 아브람은 기뻐하며 이 모든 일을 아내 사라이에게 알렸다. 그는 자신에게 후손이 있을 것이라고 믿었다. 그러나 (사라이는) 아이를 낳지 못하였다.” - 희년서 14,19-21

“랍비 유다가 말하였다. ‘그에게’, 이는 (사라이가) 아브람에게는 아이를 낳아 주지 못했지만, (사라이가) 다른 이와 혼인했다면 낳아 주었을 것이라는 말이다. 랍비 느헤미야가 말하였다. (아브람에게도) 다른 이에게도 (낳아 주지) 못하였다. … (히브리어 문장에서) ‘그에게 그리고 그 여자에게’(לו ולה)라고 하였기 때문이다.” - 창세기 라바 45,1: 히브리어 문장을 부분적으로 다르게 끊어 읽은 결과이다.

“(하가르는) 아브람이 부양해야 하는 팔 수 없는 여종이다. … 랍비 시메온 벤 요하이가 말하였다. 하가르는 파라오의 딸이다. 파라오가 자기 궁에서 사라에게 일어난 일들을 보고(12,17) 자기 딸을 데려다 그에게 주고 말하였다. ‘내 딸은 다른 집의 안주인이 되기보다 이 집의 여종이 되는 것이 더 낫다.’ ‘그에게는 이집트인 여종이 있었는데 그의 이름은 하가르

이다'(1절)고 한 대로이다." - 창세기 라바 45,1

"파라오가 첩에게서 낳은 딸을 사라에게 주며 (딸에게) 말하였다. '우리가 이 여자에게(사라) 저지른 일로 재앙을 당하였으니, 네가 내 집에서 주인으로 사는 것보다 이 사람의 집에서 종으로 사는 것이 나을 것 같다.'" - 야샤르의 책 15,13

16,4 아브람이 하가르에게 들어 그가 임신하였다.

"랍비 레위 바르 하야타가 말하였다. (하가르는) 처음 (자리에) 들어 임신이 되었다. 랍비 엘리에제르가 말하였다. 여자는 절대 처음 (자리에) 들어 임신할 수 없다. (랍비 레위가) 이의를 제기하였다. '롯의 두 딸이 아버지한테서 임신하였다'(창세 19,36)고 한 것은 무엇인가? 랍비 탄후마가 말하였다. 그들은 자신을 통제하고 처녀성을 없애고 나서 두 번째 (자리에) 들어 임신이 된 것이다." - 창세기 라바 45,4

16,5 사라가 아브람에게 말하였다. "내가 (겪은) 부당함은 당신 때문입니다."

"랍비 유단이 랍비 유다 바르 시몬의 이름으로 말하였다. (사라이의 말은) '당신은 말로 나에게 부당하게 했고, 내가 모욕을 당하는 것을 보고도 침묵하였다'는 뜻이다." - 창세기 라바 45,5

"랍비 므나하마가 랍비 아분의 이름으로 말하였다. (사라이가) 그의 얼굴을 할퀴었다. 랍비들이 말하였다. (성경에서는) 여자들과 관련하여 네 가지 방식으로 말한다. 탐욕과 엿듣기, 나태와 질투이다. 탐욕은 하와가 '그 열매를 따서 먹었다'(창세 3,6)고 한 데서, 엿듣기는 '사라가 (주님께서 아브라함에게 하신 말씀을) 엿들었다'(18,10)고 한 데서, 나태는 '(아브라함이 사라에게) 서둘러 … 세 스아를 (반죽하라)'(18,6)고 한 데서, 질투는 '라헬이 (언니를) 질투하였다'(30,1)고 한 데서 (드러난다.)" - 창세기 라바 45,5

16,9 주님의 천사가 (하가르에게) 말하였다.

"몇 명의 천사들이 찾아왔는가? 랍비 하마 벤 랍비 하니나가 말하였다. 다섯 명이다. '말하였다'고 언급될 때가 (다섯 번이니 다섯) 천사이다. 랍비들이 말하였다. 네 명이다. '천사'가 언급될 때가 (네 번이니 네 명의 천사이다.) 랍비 하야가 말하였다. … 여종 하가르는 다섯 천사를 보고도 두려워하지 않았다. 랍비 이사악이 말하였다. '그는 집안일을 두루 살폈다(צופיה)'(잠언 31,27). 우리의 조상 아브라함의 집안 사람들은 예언자들이었다(צופים). 그래서 (하가르는 천사들을) 보는 것이 익숙하였다." - 창세기 라바 45,7

16,11 "그의 이름을 이스마엘이라 불러라."

"랍비 이사악이 말하였다. 세 사람은 아직 태어나기도 전에 거룩하시고 찬미받으실 분 앞에서 그들 이름으로 불리었다. 이사악과 솔로몬과 요시야이다. 이사악은 '네 아내 사라가 너에게 아들을 낳아 줄 것이다. 그의 이름을 이사악이라 불러라'(창세 17,19)고 하였고, 솔로몬은 '이제 너에게 한 아들이 태어날 터인데, 그는 평온한 사람이 될 것이다. 내가 사방에 있는 그의 모든 적으로부터 그를 평온하게 해 주겠다. 그래서 그 이름이 솔로몬인 될 것이다'(1역대 22,9)고 하였으며, 요시야는 '하느님의 사람이 제단에 대고 주님의 말씀에 따라 외쳤다. '제단아, 제단아, 주님께서 이렇게 말씀하신다. "다윗의 집안에 한 아들이 태어나리니, 그 이름은 요시야이다"'(1열왕 13,2)라고 한 대로이다. 어떤 이들은 이민족들 중에서 이스마엘을 보탠다. '너는 임신하여 아들을 낳고 그의 이름을 이스마엘이라 불러라'(창세 16,11)고 한 대로이다." - 창세기 라바 45,8

16,12 "그는 들나귀 같은 사람이 되리라."

"랍비 요하난이 말하였다. 이는 모두가 정착지에서 자라는데 그는 광야에서 자란다는 말이다. 랍비 시메온 벤 라키시가 말하였다. 그가 야만인이라는 말이다. 사람들 모두 재물을 약탈하지만 그는 사람을 약탈한다 (노예상인이었던 아랍인들 암시).” - 창세기 라바 45,9

16,13 (하가르는) **자기에게 말씀하신 주님의 이름을 불렀다. “당신께서는 보시는 하느님이십니다.”**

“랍비 유다 벤 랍비 시몬과 랍비 요하난이 랍비 엘아자르 벤 랍비 시메온의 이름으로 말하였다. 거룩하시고 찬미받으실 분께서는 사라, 곧 의로운 여자 말고는 절대로 대화를 청하시지 않는다. 그것도 특별한 경우일 때이다. 랍비 아바가 랍비 비리의 이름으로 말하였다. 그와 대화하시기 위해 매우 빙빙 돌리셨다. … 그런데 왜 ‘(하가르는) 자기에게 말씀하시는 주님을 불렀다’(13절)고 했나? 랍비 여호수아 벤 랍비 느헤미야가 말하였다. 천사를 통해서 한 것이다. 그런데 왜 ‘주님께서 (레베카에게) 말씀하셨다’(25,23)고 했나? (중립적인, 그분의) 이름을 통해서 한 것이다.” - 창세기 라바 45,10

“랍비 아예부가 말하였다. 이는 ‘당신께서는 박해받는 이의 고통을 보시는 (분입니다)’는 말이다.” - 창세기 라바 45,10

하느님과의 계약과 아브람의 할례(17,1-27)

17,1 아브람이 구십구 세 되었을 때 주님께서 아브람에게 보이시어 말씀하셨다. “나는 엘샷다이이다. 내 앞에서 걸어가고 흠없이 되어라.”

“(아브라함이) 말하였다. ‘할례가 그렇게 소중하다면 왜 첫 아담에게는 (할례가) 주어지지 않았나?’ 거룩하시고 찬미받으실 분께서 아브라함에게 말씀하셨다. ‘세상에 나와 네가 있는 것만으로도 충분하다. 만약 네가 할례를 하지 않는다면 나의 세상은 지금까지로 됐다. 할례하지 않은 것은 지금까지로 됐고, 할례가 지금까지 버림받은 것으로 됐다.’ (아브라함이) 아뢰었다. ‘제가 할례하기 전에는 (이방인들이) 제게 와서 저를 따랐는데,

(제가 할례를 해도) 그들이 와서 저를 따를까요?' 거룩하시고 찬미받으실 분께서 (아브라함에게) 말씀하셨다. '아브라함아, 내가 너의 하느님인 것으로 충분하다. 내가 너의 보호자인 것으로 됐다. 너는 혼자가 아니고, 내가 나의 세상의 하느님이고 나의 세상의 보호자인 것으로 충분하다.'" – 창세기 라바 46,3

"랍비가 말하였다. 할례는 위대하다. 아브라함은 모든 계명을 완수했음에도 할례를 할 때까지는 완전하다고 불리지 않았다. 그래서 '내 앞에서 걸어가고 흠 없이 되어라'(17,1)고 한 것이다." – 미슈나 느다림 3,11

"거룩하시고 찬미받으실 분께서 그에게 말씀하셨다. '아직까지 너는 완전하지 않다. 네 살의 포피에 할례를 하여라. 그리하여 '내 앞에서 걸어가고 흠 없이 되어라'(1절). (할례하지 않은) 포피는 수치스러운 것이다. … 모든 부정한 것들보다 더 부정하고, … 모든 신성모독들보다 더 신성모독이다. 그러니 네 살의 포피에 할례하고 완전해져라.'" – 엘리에제르의 어록 29

17,3 아브람이 얼굴을 숙여 엎드리자 하느님께서 그에게 말씀하셨다.

"랍비 피느하스가 랍비 레위의 이름으로 말하였다. 아브람은 두 차례 얼굴을 숙였다(3.17절). 그래서 그의 자손들이 할례를 하지 못하였으니, 한 번은 이집트에서고 또 한 번은 광야에서다. 이집트에서는 모세가 와서 그들에게 할례를 하였고, 광야에서는 여호수아가 와서 그들에게 할례를 하였다." – 창세기 라바 46,6

17,8 "나는 너와 네 뒤에 오는 후손에게 네가 거주하는 땅, 가나안 온 땅을 영원한 소유지로 주고, 그들에게 하느님이 되어 주겠다."

"랍비 유단이 다섯 가지를 말하였다. (하느님께서 말씀하셨다.) '너의 자손들이 나의 신성을 받아들인다면 나는 그들에게 하느님과 보호자가 되어 주고, 그렇지 않으면 나는 그들에게 하느님과 보호자가 되어 주지 않으리라. 너의 자손들은 (약속한) 땅에 들어가면 나의 신성을 받아들이고, 그렇지 않으면 받아들이지 않으리라. 너의 자손들은 할례를 하면 나의 신성을 받아들이고, 그렇지 않으면 받아들이지 않으리라. 너의 자손들은 안식일을 받아들이면 (약속한) 땅에 들어가고, 그렇지 않으면 들어가지 못하리라. …'" - 창세기 라바 46,9: 땅을 주고 하느님이 되시겠다는 약속에, 몇 가지 조건이 전제된다. 다섯 가지라고 해놓고 네 가지만 다뤄지고 있다.

17,10 "이것은 나와 너희와 네 뒤에 올 후손 사이에서 지켜야 할 내 계약이다. 곧 너희 모든 남자들은 할례를 해야 한다."

"아버지는 자기 아들에게 할례를 해 주어야 하고 … 그에게 토라를 가르쳐야 하며 그를 여자와 혼인시켜야 하고 기술을 가르쳐야 한다. … 아버지가 할례를 해 주지 못할 경우 법원에서 그에게 할례를 해 주어야 한다." - 바블리 키두신 29ㄱ

17,11 "너희는 포피의 살을 잘라 할례를 해야 한다."

"랍비 이스마엘이 말하였다. 아브라함은 대사제이다. '… 너는 멜키체덱과 같이 영원한 사제다'(시편 110,4)고 한 대로이다. … 어디에 할례를 할 것인가? 귀에 할례를 했다면 제물을 바치기에 적당하지 않다. 입에 했다면 제물을 바치기에 적당하지 않다. 마음에 했다면 제물을 바치기에 적당하지 않다. 그럼 어디에 할례를 해야 제물을 바치기에 적당할까? 바로 몸의 포피(ערלה)에 하는 할례이다. 랍비 아키바가 말하였다 네 가지 (할례하지 않은) 포피가 있다. 귀의 포피는 '그들의 귀는 할례를 받지 않아서 들을 수가 없다'(예레 6,10)고 한 데서, 입의 포피는 '저는 입의 할례를 하지 않았습니다'(탈출 6,30)고 한 데서, 마음의 포피는 '이스라엘 온 집안도 마음의 할례를 받지 않았다'(예레 9,25)고 한 데서, 몸의 포피는 '(할례하지 않은) 남자의 포피'(창세 17,14)라고 한 데서 (알 수 있다.) 그분께서 그에게 말씀하셨다. '내 앞에서 걸어라. 완전해지리라.' 만약 그가 귀에 할례를 했다면 그는 완전하지 않다. 입에 할례를 했다면 완전하지 않다. 마음에 할례를 했다면 완전하지 않다. 그럼 어디에 할례를 해야 완전할까? 바로 몸의 포피(ערלה)에 하는 할례이다. 미크라에서(성경) 말하였다. '너희 모든 남자는 대대로 여드레 만에 할례를 해야 한다'(창세 17,12)고 했다. 만약 귀에 할례를 하면 그는 듣지 못하고, 입에 하면 말을 못하며, 마음에 하면 생각을 못한다. 그럼 어디에 할례를 해야 생각을 할 수 있나? 몸의 포피에 하는 할례이다. 랍비 탄후마가 말하였다. 미크라의 주장이 합리적이다." - 창세기 라바 46,5: 신체 가운데 몸의 포피가 할례의 부위로 적합함을 입증하는 논쟁이다.

"(할례는) 몸에 매달려 있는 상처와 같다. 프톨래매오 임금의 아들인 모나바즈와 이자테스의 일이다. 그들은 앉아서 창세기를 읽고 있었다. '너희는 포피의 살을 할례해야 한다'(11절)는 구절에 이르러, (모나바즈는) 벽을 향해 얼굴을 돌리고 울기 시작했고, (이자테스도) 벽을 향해 얼굴을 돌리고 울기 시작했다. 그리고 그들 둘은 가서 할례를 했다. 며칠 뒤 그들은 앉아서 창세기를 읽고 있었는데, (다시) '너희는 포피의 살을 잘라 할례를 해야 한다'(11절)는 구절에 이르렀다. (모나바즈가) 자기 형제에게 말하였다. '아우야, 네가 화를 입겠구나!' (아자테스가) 그에게 말하였다. '(형님이) 화를 입을 것 같소. 나는 아니오.' 그들은 서로 문제들을 들추었다. 그들의 어머니가 이를 알아차리고 그들의 아버지에게 가서 말하였다. '당신 아들들이 살에 상처가 생겨서 의사가 할례하라고 시켰습니다.' 그러자 (임금이 그들의 어머니에게) 말하였다. '할례하여라.' 거룩하시고 찬미받으실 분께서 그에게 무엇으로 갚으셨겠는가? 랍비 피느하스가 말하였다. 그가 전쟁에 나갔을 때 (그에게 반대하는 이들이) 보병대를 만들었는데, 천사가 내려와 그를 구하였다." - 창세기 라바 46,10

17,12 "너희 모든 남자는 대대로 여드레 만에 할례를 해야 한다. 집종과, … 외국인에게서 돈으로 산 종 모두 그렇게 해야 한다."

“랍비 여호수아 벤 레위가 말하였다. 우상숭배자한테서(이방인) 종을 사왔는데 그가 할례를 하고 싶어 하지 않을 경우 열두 달을 기다려 주어야 한다. 그때까지도 그가 할례를 하지 않으면 우상숭배자에게 그를 되팔아야 한다.” - 바블리 예바못 48ㄴ

“어떤 이가 이방인의 여종의 태아를 샀다면, 랍비 요하난이 말하였다. 그는 여드레 만에 할례해야 한다. 이는 랍비 하마 벤 랍비 요세가 여드레 만에 할례해야 한다고 가르쳤고, 사무엘도 그렇게 했다. 사무엘이 말한 것은 ‘아들이나 딸을 위하여’(레위 12,6)라고 한 것이 모든 경우에 (해당되기 때문이다.)” - 창세기 라바 46,11

17,13 “네 집종과 돈으로 산 종도 할례를 해야 한다. 이로써 … 영원한 계약이 될 것이다.”

“할례를 한 사람이 너희 집에서 자란 종과 돈으로 산 종에게 할례를 해야 한다.” - 차명 요나탄 창세 17,13

“이는 할례자는 할례를 받은 자여야 한다는 말이다.” - 창세기 라바 46,12

“랍비 요하난이 말하였다. ‘할례를 해야 한다’(המול ימול). 이는 할례를 한 사람이(המול) (다른 사람을) 할례해야(ימול) 한다는 말이다.” - 바블리 므나홋 42ㄱ

“랍비 유다 하나시가 말하였다. 우상숭배자가 해 준 할례는 무효다. 왜 그러한가? (하느님께서 아브라함에게) ‘너는 내 계약을 지켜야 한다’(9절)고 한 대로이다.” - 바블리 아보다자라 27ㄱ

17,14 “할례를 하지 않은 남자, … 그 사람은 자기 백성에게서 떨어져 나가리라. 그는 내 계약을 깼다.”

“‘할례를 하지 않은 남자’(14절), 그럼 할례를 하지 않은 여자도 있나? 이는 남자인지 여자인지 알 수 있는 부위에 할례를 해야 한다는 말이다.”

- 창세기 라바 46,5(13)

"여드렛날까지 그의 살에 할례를 하지 않은 아이는 모두, 하느님께서 아브라함과 맺은 계약의 아들이 되지 못한다. 그는 파멸의 아들이다. (할례는) 주님의 것이라는 징표인데, 그에게는 그 징표가 없다. 그는 파멸되고 땅 위에서 몰살되며 땅에서 뿌리뽑힌다. 우리 주 하느님의 계약을 어겼기 때문이다." - 희년서 15,26

17,15 "네 아내 사라이를 사라이라는 이름으로 부르지 마라. 그의 이름은 '사라'이다."

"랍비 시메온 벤 요하이가 말하였다. 거룩하시고 찬미받으실 분께서 사라이라는 (글자에서[שׂרי]) 없애신 (히브리어 철자) 요드가(י) 날아서 거룩하시고 찬미받으실 분의 어좌 앞에 올라가 그분 앞에 아뢰었다. '세상의 주인이신 주님, 저는 철자들 가운데 가장 작은데 저를 의로운 사라한테서 꼭 떼어내셔야 했습니까?' 거룩하시고 찬미받으실 분께서 그에게 말씀하셨다. '네가 예전에는 여자의 이름 마지막 철자에 있었지만 이제 나는 너를 남자의 이름 첫째 철자에 두겠다.' '모세는 눈의 아들 호세아를(הושע) 여호수아라고(יהושע) 불렀다'(민수 13,16)고 한 대로이다." - 창세기 라바 47,1

17,16 "나는 사라를 축복하여 그에게서 네 아들을 주리니 … 그에게서 민족들의 임금들이 나오리라."

"하느님께서 그에게 젊음을 되찾게 하셨다. … 랍비 유단이 레시 라키시의 이름으로 말하였다. (사라에게는) 난소가 없었는데 하느님께서 그에게 난소를 만들어 주셨다." - 창세기 라바 47,2

"아므람이 … 요케벳을 다시 아내로 맞이하였다. … 요케벳의 나이는 백서른 살이었다. 이때 기적이 일어나 요케벳은 레위의 딸로 불리던 젊은 시절로 돌아갔다." - 차명 요나탄 탈출 2,1: 사라처럼 젊음을 되찾아 아들을 출산한 인물로 모세의 어머니 요케벳이 있다.

"'그에게서 민족들의 임금들이 나오리라.' 랍비 하마 벤 랍비 하니나가 말하였다. 아브라함은 여기서(사라를 통해 민족들의 임금들이 나온다는 약속에서) 추론하여 크투라를 데려왔다." - 창세기 라바 47,2

17,18 "이스마엘이 당신 앞에서 계속 살기를 바랄 뿐입니다."

"랍비 유단이 랍비 유다 벤 랍비 시몬의 이름으로 말하였다. 임금 친구에 관한 비유. 어떤 임금이 (자기 친구에게) 연금을 올려주고자, 임금이 그에게 말하였다. '내가 너의 연금을 배로 (올려주고) 싶다.' 친구가 말하였다. '저한테 헛바람 채우지 마십시오. 다만 (제 연금을) 미루시지나 않으면 됩니다.' '이스마엘이 당신 앞에서 계속 살기를 바랄 뿐입니다'(18절)도 이와 마찬가지다." - 창세기 라바 47,4

17,23 아브라함은 아들 이스마엘과 집종, 돈으로 산 종, 아브라함 집에 있는 모든 남자들을 데려다가, … 포피의 살을 잘라 할례를 하였다.

"랍비 아예브가 말하였다. 아브라함이 자기 집에서 태어난 아이들을 할례할 때 그는 포피로 언덕을 쌓았다. 해가 그것들을 비추자 부패하여, 그 냄새가 거룩하시고 찬미받으실 분 앞에 올라갔다. 마치 분향 냄새 같고, 완전히 불에 탄 번제물 같았다. 거룩하시고 찬미받으실 분께서 말씀하셨다. '이 사람의 자손들이 범죄와 악행을 저지르고 왔을 때 나는 그들을 위해 이 냄새를 기억하고 그들 위에 자비를 채울 것이다.'" - 창세기 라바 47,7

17,26 같은 날 아브라함과 그의 아들 이스마엘이 할례를 하였다.

"'아브라함이 … 할례하였다.' 랍비 아바가 말하였다. (아브라함은 고통을) 느끼며 후회하였다. 그래서 거룩하시고 찬미받으실 분께서 그에게 보상을 두 배로 주셨다." - 창세기 라바 47,9

17,27 그의 집에 있는 사람 모두, 곧 집종과 이민족에게서 돈으로 산 종들도 그와 함께 할례를 하였다.

"이는, 축제 기간 중 평일에 이방인들에게서 집이나 밭, 포도밭, 남종이나 여종을 사러 그들의 시장에 갈 수 있다는 가르침이다. 랍비 암미가 레시 라키시의 이름으로 말하였다. 할례한 종들뿐 아니라 할례하지 않은 종들도 (사러 갈 수 있다.) (왜냐하면 아브라함의 경우처럼 그들에게 할례를 해 줌으로써) 그들이 (주님) 셰키나의 날개 아래로 들어갈 수 있기 때문이다. 랍비 여호수아 벤 레위가 레시 라키시에게 물었다. 이방인들의 종들 가운데에서도 사올 수 있다는 말인가? 그가 대답하였다. 네가 나에게 물은 것이 축제에 관한 것인가? 그렇다면 심지어 안식일에도 허용된다." - 창세기 라바 47,10

18,1—22,24 פרשת וירא
그분께서 나타나셨다(와예라)

아브라함에게 나타나신 주님(18,1-15)

18,1 주님께서 마므레의 참나무에서 그에게 나타나셨다. (아브라함은) 뜨거운 낮에 천막 입구에 앉아 있었다.

"랍비 베레크야가 랍비 레위의 이름으로 말하였다. '야삽'(ישב[그가 앉았다])이라고 쓰여 있다. 그는 일어나고 싶었으나 거룩하시고 찬미받으실 분께서 그에게 '앉아 있어라. 너는 네 자손들에게 표징이다. 너는 앉아 있고 (주님의) 셰키나는 서 계시듯이, 네 자손들은 앉아 있고 (그분의) 셰키나는 그들 위에 서 계시리라. 이스라엘이 회당과 학교들에 들어가 '크리앗 셰마'(קריאת שמע[이스라엘 들으라])를 부르며 나의 영광을 위해 앉아 있을 때 나는 나의 영광으로 그들 위에 서 있으리라.' '하느님께서 신들의 모임에서 일어서시어 그 신들 가운데에서 심판하신다'(시편 82,1)고 한 대로이다." - 창세기 라바 48,7

"'천막 입구에', (하느님께서 아브라함에게 말씀하셨다.) '너는 나그네와 주민들을 위해 좋은 문을 열었다. 너는 개종자들을 위해 좋은 문을 열었다. 네가 아니었으면 나는 하늘과 땅을 창조하지 않았다.' '그분께서는 거기에 사시려고 천막처럼 쳐 놓으셨다'(이사 40,22)고 한 대로이다. '네가 아니었으면 나는 태양을 창조하지 않았다.' '그곳에 해를 위해 천막을 (쳐 주셨다)'(시편 19,5)고 한 대로이다. '네가 아니었으면 나는 달을 창조하지 않았다.' '보라, 달도 밝지 않다'(욥 25,5)고 한 대로이다. 랍비 레위가 말하였다. 장차 다가올 (세상에서) 아브라함은 게헨나 입구에 앉아 있을 것이다. 그는 할례한 이스라엘 사람이 그 속으로 내려가게 두지 않을 것이다. 너무 많은 죄를 지은 이들에게는 어떻게 하겠는가? 그는 할례하기 전에 죽은 아이에게서 포피를 제거하고 (그 죄인들에게) 주어 게헨나로 내려가게 할 것이다. '그는 친구들에게 손을 대어 자기의 계약을 파기한다'(시편 55,21)고 한 대로이다." - 창세기 라바 48,8

18,2 그가 눈을 떠 보니 남자들 셋이 그 앞에 서 있었다.

"(아브라함이) 말하였다. '내가 할례하기 전에는 나그네들이 나를 (찾아와) 머물렀었는데 ….' 거룩하시고 찬미받으실 분께서 그에게 말씀하셨다. '네가 할례하기 전에는 할례하지 않은 사람들이 찾아왔으나 이제는 나와 나의 수행원들이 너에게 나타나리라.' 그래서 '(아브라함이) 눈을 떠 보니 남자들 셋이 그 앞에 서 있었다'(2절)." - 창세기 라바 48,9

"한 천사가 두 가지 소임을, 두 천사가 함께 한 가지 소임을 수행하지 못 한다. … 미카엘은 (아브라함에게) 소식을 알리고 올라갔고, 가브리엘은 소돔을 멸망하러, 라파엘은 롯을 구하러 파견되었다." - 창세기 라바 50,2

18,3 "나리, 제가 지금 당신 눈에서 은총을 얻을 수 있다면, 당신 종을 지나치지 말아 주십시오."

"아브라함과 관련하여 토라에서 언급된 (하느님의) 이름은 모두 거룩하다. '나리, 제가 당신 눈에서 은총을 얻을 수 있다면'(창세 18,3)은 예외이다. 이는(나리[אדני]) 거룩하지 않다. (하느님이 아니라 천사들을 가리키기 때문이다.) 랍비 여호수아의 조카인 하니나와 랍비 엘아자르 벤 아자르야가 랍비 엘아자르 하모다이의 이름으로 말하였다. (아니다.) 이 또한 거룩하다. … 나그네 대접이 셰키나를 받아들이는 것보다 더 크다는 말인가? 이는(나리[אדני]) 누구와 일치하는가? 두 사람과(하니나와 엘아자르) 일치한다(이 또한 거룩하다). (곧 아브라함은 천사가 아니라 하느님께 아뢴 것이다.)" - 바블리 셰부옷 35ㄴ: 18,3의 '나리'를 천사로 볼 것인지 하느님으로 볼 것인지에 따라 거룩한 호칭인지의 여부가 결정된다는 해석이다.

"랍비 요하난이 말하였다. 나그네를 대접하는 것은 일찍 일어나 (토라를 배우러) 학교에 가는 것만큼이나 큰 일이다. … 라브 유다가 라브가 말한 것을 말하였다. 나그네를 대접하는 것은 (주님) 셰키나를 맞이하는 것보다 큰 일이다. '나리, 제가 지금 … 은총을 얻을 수 있다면, 당신 종을 지나치지 말아 주십시오'(3절)라고 한 대로이다." - 바블리 샤밧 127ㄱ

18,4 "물을 조금 가져오게 하여 발을 씻으시고 … 기대십시오."

"랍비 히야가 말하였다. (아브라함은) 그들 가운데 가장 위대한 이 곧 미카엘에게 말하였다. '물을 조금 가져오게 하겠습니다'(4절). 랍비 엘아자르가 랍비 시마이의 이름으로 말하였다. 하느님께서 아브라함에게 말씀하셨다. '너는 '물을 조금 가져오게 하겠다'고 말하였으니, 맹세컨대 내가 너의 자손들에게 광야와 (이스라엘 땅의) 거주지에서 (물을) 갚아 주고, 장차 다가올 (세상에서도 갚아주리라.)' '그때에 이스라엘은 이러한 노래를 불렀다. '우물아 솟아라. 너희는 우물에게 노래하여라''(민수 21,17)고 하였으니, 이는 광야에서다. 가나안 땅에서는 어디에서 (언급하였는가?) '그곳은 물이 흐르는 시내와 샘이 있고, 골짜기와 산에서는 지하수가 솟아 나오는 땅이다'(신명 8,7)고 하였다." - 창세기 라바 48,10

18,5 "제가 빵을 조금 가져올 테니 기운부터 차리십시오."

"랍비 이사악이 말하였다. 우리는 율법서와 예언서와 성문서에서 빵이 (사람에게) 기운을 차리게 한다고 (언급된 구절들을) 찾을 수 있다. 율법서에서는 어디인가? '제가 빵을 조금 가져올 테니 기운부터 차리십시오'(5절)라고 한 데서이다. 예언서에서는, '빵을 조금 들고 기운을 차려라'(판관 19,5)고 한 데서이다. 성문서에서는, '빵으로 사람이 기운을 차리리라'(시편 104,15)고 한 데서이다." - 창세기 라바 48,11

18,6 "서둘러 고운 밀가루 세 스아를 반죽하여 빵을 만드시오."

"랍비 에브야타르가 말하였다. (사라는) 아홉 스아를 구웠다. 과자 셋, 하비츠(밀가루와 기름 또는 꿀로 만든 음식) 셋, 페이스트리 종류 셋을 (만들었다.) 랍비들이 말하였다. 셋이다. 과자 하나, 하비츠 하나, 페이스트리 하나이다." - 창세기 라바 48,12

18,8 그는 버터와 우유와 요리한 송아지 고기를 그들 앞에 내어 놓았다. 그는 … 그들 옆에 서 있었고, 그들은 먹고 있었다.

"랍비 하니나가 말하였다. 최상의 (기름은[버터]) 우유의 육십 분의 일이고 중간은 사십 분의 일이며 최하는 이십 분의 일이다. 랍비 요나가 말하였다. 최상은 백 분의 일이고 중간은 육십 분의 일이며 최하는 이십 분의 일이다." - 창세기 라바 48,14

"그들이 먹었다고? 그들은 먹는 것처럼 보였다." - 창세기 라바 48,14

"그들은 앉아서 마치 먹는 것 같았다." - 차명 요나탄 창세 18,8

"그들은 먹는 것처럼 마시는 것처럼 보였다." - 네오피티 창세 18,8

18,10 "다음 해 이맘때 … 네 아내 사라에게 아들이 있을 것이다." 사라가 장막 입구 그의 뒤에서 듣고 있었다.

"'사라는 장막 입구에서 (다) 들었다. 그가 그의 뒤에 있었다'(10절: 직역). 이는 이스마엘을 가리킨다. '그가 그의 뒤에 있었다.' 곧 그들만(천사들과 사라) 있었던 것이 아니라는 뜻이다. '그가 그의 뒤에 있었다.' 이는 천사를 가리킨다. (천사는) 자기 뒤에서 빛이 들어오는 것을 보고 (사라가 장막 문을 열었음을) 알아차렸다는 뜻이다." – 창세기 라바 48,16

18,13 "어찌하여 사라는 웃으면서 '내가 정말로 아이를 낳는다고? 나는 늙어 버렸는데.' 하고 말하느냐?"

"바르 카파라가 말하였다. 평화는 위대하다. 성경에서도 아브라함과 사라 사이에 평화를 두려고 거짓말을 하였다. … 사라가 말한 것처럼 '내 주인이 늙어 버렸다'(12절)가 아니라 '내가 늙어 버렸다'(13절)고 하였기 때문이다." – 창세기 라바 48,18

18,14 "다음 해 이맘때 … 사라에게는 아들이 있을 것이다."

"이사악은 파스카에 태어났다." – 바블리 로시하샤나 11ㄱ

18,15 "웃지 않았습니다." 그분께서 말씀하셨다. "아니다. 웃었다."

"랍비 유다 벤 랍비 시몬과 랍비 요하난이 랍비 엘아자르 벤 랍비 시메온의 이름으로 말하였다. 거룩하시고 찬미받으실 분께서는 의로운 여인(사라) 말고는 여자와 대화하지 않으신다. 그것도 (특별한) 이유가 있어서였다. 랍비 아바 바르 카하나가 랍비 비리의 이름으로 말하였다. … 그런데 '(하가르는) 자기에게 말씀하신 주님의 이름을 … 불렀다'(16,13)고 한 것은 (무엇인가?) 랍비 여호수아 바르 느헤미야가 랍비 이디의 이름으로 말하였다. 그것은 천사를 통해서였다. '주님께서 (레베카에게) 말씀하셨다'(25,23)고 한 것은 (무엇인가?) 랍비 레위가 랍비 하마 벤 랍비 하니나의 이름으로 말하였다. 그것은 천사를 통해서였다. 랍비 엘아자르가 랍비 요세 바르 지므라의 이름으로 (말하였다.) 그것은 노아의 아들 셈을 통해서였다." – 창세기 라바 48,20(창세기 라바 45,20 참조)

"넷째 달 첫날에 우리가(천사들) 마므레 참나무에서 아브라함에게 나타나, 그의 아내 사라에게서 아들이 생길 것이라고 그에게 알려주었다.

사라는 우리가 아브라함과 이 말들을 나눈 것을 듣고 웃었다. 우리가 그를 꾸짖자 (사라는) 두려워하며 자신이 이 말들 때문에 웃은 것을 부인하였다. 우리는 그에게 아들의 이름을 말해 주었다. 그의 이름은 이사악, 하늘의 서판에 쓰인 대로이다." - 희년서 16,1-4

소돔을 위해 간청하는 아브라함(18,16-33)

18,17 "내가 앞으로 하려는 바를 아브라함한테 숨기겠느냐!"

"랍비 여호수아 벤 레위가 말하였다. 이는 자기 벗에게 사유지를 준 임금에 비유할 수 있다. 임금은 나중에 열매 맺지 못할 나무 다섯 그루를 뽑고자 하여 말하였다. '이것들은 (벗의) 재산이고 나는 그것들을 (베어 버리고) 싶은데, 그가 거절하지는 않겠지?' 그래서 (임금은 벗과) 의논하였다. 마찬가지다. 거룩하시고 찬미받으실 분께서 말씀하셨다. '나는 이 땅을 아브라함에게 선물로 주었다. '나는 … 이 땅을 너의 후손에게 준다'(15,18)고 한 대로이다. 다섯 성읍들은 나의 영역이나 그의 재산이고 나는 그것들을 (없애버리고) 싶은데, 그가 거절하지는 않겠지?' 그래서 그분께서 아브라함에게 의논하신 것이다.

랍비 유다 벤 랍비 시몬이 말하였다. 이는 자기들 동의 없이는 아무 일도 하지 않는 세 친구를 둔 임금에 비유할 수 있다. 한 번은 임금이 그들의 동의 없이 뭔가를 하고 싶었다. 그는 첫째 사람을 추방하여 궁에서 내쫓았고, 둘째는 감옥에 가두고 (문에) 인장을 박았으며, 셋째는 (임금이) 그를 너무도 사랑하여, '나는 너의 동의 없이는 아무 일도 하지 않는다' 하고 말하였다. 마찬가지다. (첫째는) 첫 아담으로써 '그분께서 그 사람을 내쫓으셨다'(3,24)고 한 대로이다. (둘째는) 노아로써 '주님께서 (노아의) 뒤에서 문을 닫으셨다'(7,16)고 한 대로다. (그러나 셋째는) 아브라함으로써, 그를 너무도 사랑하셔서 '내가 그의 동의 없이 무슨 일을 하랴?' 하고 말씀하셨다. … 랍비들이 말하였다. (주님께서 말씀하셨다.) '나는 이미 (아브라함을) 그들의 조상이라 불렀다. '내가 너를 많은 민족들의 아버지로 만들었기 때문이다'(17,5) 하고 말한 대로이다. 아들이 아버지의 (동의) 없이 판단하더냐? 그리고 내가 (아브라함에게) 토라 수여를 알려 주고 게헨나를 알려 주었는데, 내일에 (있을) 소돔의 심판을 그에게 알려 주지 않을 것 같으냐?'" - 창세기 라바 49,2

18,18 "아브라함은 크고 강한 민족을 이루고, 땅의 모든 민족들이 그를 통해서 복을 받으리라."

"랍비 탄훔 벤 랍비 후스가 랍비 베레크야의 이름으로 (말하였다.) 그분께서 그에게, 세상에 아브라함과 같은 의인들이 서른 명 미만이어서는 안 됨을 알려 주셨다. 랍비 유단과 랍비 아하가 랍비 알렉산드리의 이름으로, 이 구절 '아브라함은 이루리라(יהיה)'(18절)고 한 것에서 (서른 명을) 추론하였다. 곧 '요드'는 열, '헤'는 다섯, 또 '요드'는 열, '헤'는 다섯으로 (총 서른인 것이다.)" - 창세기 라바 49,3

18,19 "그들이 정의와 심판을 실행함으로써 주님의 길을 지키게 하려고 내가 그를 선택했다."

"랍비 아하가 랍비 알렉산드리의 이름으로 말하였다. (צדקה의[정의] 또 다른 의미는 나그네에 대한) 환대를 가리킨다. 랍비들이 말하였다. 이는 병자 방문이다." - 창세기 라바 49,4

18,20 "소돔과 고모라에 대한 외침이 빗발치고, 그들의 죄악이 너무도 엄청나다."

"소돔과 그 딸들은 … 풍부한 양식을 가지고 걱정 없이 안락하게 살면서도 가련한 이들과 가난한 이들의 손을 거들어 주지 않았다." - 에제 16,49

"랍비 하니나가 말하였다. 이는 원성이 점점 더 커졌다는 말이다. 랍비 베레크야가 랍비 요하난의 이름으로 말하였다. 홍수 세대는 물로 벌을 받았고 소돔 사람들은 불로 벌을 받는다." – 창세기 라바 46,5

"그달에 주님께서 소돔과 고모라와 츠보임, 요르단 온 땅을 심판하셨다. 그들을 불과 유황으로 태우시고, 그날까지 그들을 파괴하셨다. … 그들은 사악하고 엄청난 죄인이며 부정하다. 그들은 불륜을 저지르고 그 땅에서 부정을 저질렀다." – 희년서 16,5

18,21 "이제 내가 내려가서, 나에게 이른 그의 외침대로인지 보아야겠다. 그들이 (그런 일을) 저질렀는지 그렇지 않은지 알아보아야겠다."

"롯의 딸 플레팃은 (소돔) 성읍의 거물 가운데 하나와 혼인하였다. (플레팃은) 거리에서 어떤 가난한 이를 보고 안쓰러워 … 물을 뜨러 나갈 때마다 집에서 양식을 항아리에 담아 가난한 이에게 갖다 주었다. 소돔 사람들은 … 이 사실들을 확인하고 그를 불에 태웠다. 그가 말하였다. '세상의 주인이신 주님, 소돔 사람들로부터 제 공정과 권리를 지켜 주소서.' 그의 부르짖음이 영광의 어좌 앞에 올라갔다. 거룩하시고 찬미받으실 분께서 말씀하셨다. '내가 내려가서 나에게 이른 그의 외침대로인지 보아야겠다'(21절)." – 엘리에제르의 어록 25,35-44

"어떤 여자가 항아리에서 빵을 꺼내 가난한 이에게 주었다. 그 일이 알려지자 (소돔 사람들은) 그 여자에게 꿀을 발라 성벽에 세웠다. 그러자 말벌들이 와서 그 여자를 먹어치웠다." – 바블리 산헤드린 109ㄴ

"'이제 내가 내려가서', 랍비 시메온 벤 요하이가 말하였다. 이는 토라에 언급된 열 가지 하강(내려오심) 가운데 하나다. 랍비 아바 벤 카하나가 말하였다. 이는 그분께서 그들에게 회개의 문을 열어놓으셨음을 가르친다. … '그렇지 않은지 알아보아야겠다.' 이는 '나는 그들에게 세상에 법(정의)의 본질(속성)이 존재함을 가르치겠다'는 말이다. 랍비 레위가 말하였다. (하느님께서 말씀하셨다.) '내가 조용히 있고 싶어도 한 처녀의 재판이 나를 조용히 두지 않는다.' 물을 마시고 채우러 내려온 두 젊은 여자들의 사례이다. 하나가 친구에게 말하였다. '어찌하여 안색이 좋지 않으냐?' 다른 하나가 말하였다. '양식이 없어서 곧 죽을 지경이다.' 그가 어떻게 했겠는가? 그는 항아리에 밀가루를 채우고 그들은 (서로 항아리를) 바꾸고는 상대방의 (항아리를) 가져갔다. (소돔 사람들이) 이를 알아차리고는 그를 데려다 불에 태워 버렸다. 거룩하시고 찬미받으실 분께서 말씀하셨다. '내가 조용히 있고 싶어도 한 처녀의 재판이 나를 조용히 두지 않는구나.' 그래서 '그들의 외침대로'라고 하지 않고 '그 (여자의) 외침대로'라고 한 것이다. 곧 그 처녀의 부르짖음이다." - 창세기 라바 49,6

18,22 그 남자들은 … 갔으나, 아브라함은 아직 주님 앞에 서 있었다.

"'서는 것'은 곧 기도이다. '피느하스가 일어나(서서) 기도하자 재앙이 멈추었다'(시편 106,30)고 한 대로이다." - 바블리 브라콧 6ㄴ

18,23 아브라함은 가까이 가 아뢰었다. "정말 … 쓸어버리시렵니까?"

"랍비 유다가 말하였다. (왜 가까이 갔는가?) 그는 싸우러 가까이 갔다. '요압과 그의 군대가 싸우러 나아갔다'(2사무 10,13)고 한 대로이다. 랍비 느헤미야가 말하였다. 그는 조정하러 가까이 갔다. '유다의 자손들이 (화해하려고) 길갈에 있는 여호수아를 찾아갔다'(여호 14,6)고 한 대로이다. 랍비들이 말하였다. 그는 기도하러 가까이 갔다. '곡식 제물을 바칠 때가 되자 엘리야 예언자가 앞으로 나서서 말하였다. '아브라함과 이사악과 이스라엘의 하느님이신 주님, …"(1열왕 18,36)이라고 한 대로이다. 랍비 엘아자르는 ('가까이 가다'를) 단순하게 해석하였다. 싸우러, 조정하러, 기도하러 (가까이 갔을) 수 있다." - 창세기 라바 49,8

"('정말[אף] 쓸어버리시렵니까?') … 랍비가 말하였다. 살과 피를 (지닌 인간은) 분노에(אף) 지배당한다. 그러나 거룩하시고 찬미받으실 분께서는 분노를 지배하신다. '주님은 보복하시는 분, 진노하시는 분이시다'(나훔 1,2)고 한 대로이다." - 창세기 라바 49,8

18,25 "의인을 악인과 함께 죽여 의인이 악인처럼 되는 그런 일을 하시는 것은 당신께 어울리지 않습니다."

"랍비 아바 바르 카하나가 말하였다. … 아브라함은 거룩하시고 찬미받으실 분 앞에 아뢰었다. '세상의 주인이신 주님, 이런 식으로 의인을 악인과 함께 죽이는 것은 (당신을) 모독하는 일입니다.'" - 바블리 아보다자라 4ㄱ

"랍비 레위가 말하였다. 두 사람이 같은 말을 하였으니, 아브라함과 욥이다. 아브라함은 '의인을 죄인과 함께 죽이시는, … 그런 일을 하시는 것은 당신께 어울리지 않습니다'(25절) 하였고, 욥은 '결국은 마찬가지! 그래서 내 말인즉 흠이 없건 탓이 있건 그분께서는 멸하신다네'(욥 9,21)라고 하여, 아브라함은 그것으로 보상을 받았고 욥은 그것으로 벌을 받았다. 아브라함은 잘 익은 열매처럼 (확실하게) 말했고, 욥은 덜익은 열매를 (트집잡듯이) '결국은 마찬가지! …' 하고 말했기 때문이다." - 창세기 라바 49,9

18,27 "이제 제가 주님께 아뢰고자 합니다. 저는 먼지이고 재입니다."

"(아브라함이) 말하였다. '(신아르 임금) 아므라펠이 저를 죽였다면 저는 먼지가(עפר) 되지 않았을까요? 니므롯이 저를 불태웠다면 저는 재가(אפר) 되지 않았을까요?' 거룩하시고 찬미받으실 분께서 그에게 말씀하셨다. "'저는 먼지이고 재입니다'(27절) 하고 말한 것은 너다. 나는 너의 생명으로 네 자손들을 속죄하리라.' '부정한 이를 위해 속죄 제물의 재를(אפר) 가져와라'(민수 19,17), '정결한 사람이 그 암소의 재를(אפר) 모아라'(9절)고 한 대로이다." - 창세기 라바 49,11

18,32 "열 명 때문에 파멸하지 않을 것이다."

"왜 열 명인가? (의인들 열 명의) 모임이 그들 모두를 위해 (기도하기에는 충분하다.) … 왜 열 명인가? 이미 홍수 세대에서 여덟 명의 (의인이) 살아 남았으나 그들 덕분에 세상을 (구할 수는) 없었다. … 왜 열 명인가? 그는 그곳에 열 명의 (의인이) 있다고 여겼다. 롯과 그의 아내, 딸들 넷과 사위들 넷이다." – 창세기 라바 49,13

18,33 주님께서는 아브라함과 말씀을 마치시고 가셨고, 아브라함도 자기 고장으로 돌아갔다.

"재판관은 변호인이 설명하는(변호) 동안 기다린다. 변호인이 조용해지면 재판관은 일어나서 (간다.) 마찬가지로 '주님께서는 아브라함과 말씀을 마치시고 가셨다.' 변호인은 재판관이 자신에게 주의를 기울이는 동안 설명한다(변호). 재판관이 일어나서 (가면) 변호인은 조용히 있는다. 마찬가지로 '주님께서는 아브라함과 말씀을 마치시고 가셨고, 아브라함도 자기 고장으로 돌아갔다'고 한 것이다. 검사는 변호인이 설명하고(변호) 재판관이 주의를 기울이는 동안 기다린다. 재판관이 일어나 (가고) 변호인이 조용해지면 검사는 자기 임무를 수행한다. 마찬가지로 '주님께서는 아브라함과 말씀을 마치시고 가셨고, 아브라함도 자기 고장으로 돌아갔다. … 두 천사가 소돔에 들어갔다'(18,33—19,1)고 한 것이다." – 창세기 라바 49,14: 재판관은 하느님, 변호인은 아브라함, 검사는 두 천사에 해당되는 비유이다.

소돔의 멸망과 롯의 피신(19,1–29)

19,1 저녁에 두 천사가 소돔에 들어갔다.

"한 천사가 두 가지 소임을 맡을 수 없고 두 천사가 한 가지 소임을 (맡을) 수 없는데, (이 구절에서는) 두 천사가 (소돔에 들어갔다고) 말하였다. (사실) 미카엘이 (아브라함에게) 소식을 전하였고, 가브리엘은 소돔을 뒤집으러, 라파엘은 롯을 구하러 파견되었다. 그래서 '두 천사가 소돔에 들어갔다'고 한 것이다." – 창세기 라바 50,2

"여기서는 '천사들'인데 (18,2에서는) '남자들'이라고 하였다. … 랍비 레위가 말하였다. 아브라함은 (영적인) 힘이 커서 그들이 그에게는 사람들 모습과 비슷해 (보였고,) 그러나 롯은 (영적인) 힘이 약하여 그들이 그에게는 천사들 모습과 비슷해 (보였다.) 랍비 하니나가 말하였다. 그들이 임무를 수행하기 전에는 사람이라 불렸으나 임무를 수행하고 나서는 천사들이었다. 랍비 탄후마가 말하였다. 그들은 임금에게서 지배권을 받은 이와 (같아서) 그가 자기 구역의 (자기 자리에) 이르기 전에는 시골뜨기처럼 걸었으나, 자기 구역의 (자기 자리에) 이르러서는 귀족처럼 걸었다. 마찬가지로 그들이 임무를 수행하기 전에는 사람이라 불렸으나 임무를 수행하였으니 천사들이라 불린 것이다." – 창세기 라바 50,2

"소돔에 저녁이 되자 해가 지고 그곳의 심판이 확정되었다. 랍비 레위가 말하였다. 거룩하시고 찬미받으실 분께서는 세상의 이민족들을 밤에만 심판하신다. 그들이 범죄에서 잠들었을 시간이다. 그분께서는 이스라엘을 낮에만 심판하신다. 그들이 계명들로 바쁠 시간이다. '그분께서 누리를 의롭게 심판하시고 겨레들을 올바로 다스리시네'(시편 9,9)라고 한 대로이다." – 창세기 라바 50,3

19,2 "나리, 이제 … 집으로 가셔서 묵으시고 발도 씻으십시오."

"아브라함은 먼저 씻고 쉬라고 했으나(18,4) 롯은 먼저 묵고 씻으라고 했다. 아브라함은 우상숭배에 대한 오염에 엄격하여 먼저 씻으라고 하였다. 그러나 롯은 우상숭배에 대한 오염에 엄격하지 않았다." – 창세기 라바 50,4

19,5 "오늘 밤 당신에게 온 남자들은 어디에 있소? 데리고 오시오. 그들을 알아야겠소."

"랍비 여호수아가 랍비 프다야의 이름으로 말하였다. 그날 밤 내내 롯은 그들에게 자비를 청했다. 그들은 받아들이는 듯하더니 이렇게 말하였다. '데리고 오시오. 그들을 알아야겠소.' 이는 성적인 목적을 위해서다. 그들이 말하였다. '여기에(포[פה]) 당신에게 누가 더 있소?'(12절) 이는 '누가 당신에게 입이(페[פה]) 될 것이오?'로 읽어야 한다. 곧 '지금까지는 당신에게 그들을 변호할 권리가 있었으나 지금부터는 당신에게 그들을 변호할 권리가 없다'는 것이다." – 창세기 라바 50,5: 같은 히브리어 철자를(פה) 지닌 두 낱말에서(여기에, 입) 다른 의미를 끌어낸 해석이다.

19,9 그들이 말하였다. "저리 가라. … 객지살이하러 온 자가 심판을 하는구나. 그들보다 너를 손봐야겠다."

"랍비 므나하마가 랍비 베바이의 이름으로 말하였다. 소돔 사람들은 합의하여 말하였다. '이곳에 들어오는 모든 나그네와 우리는 성관계를 하고 그의 돈을 빼앗겠다. '그들이 정의와 공정을 실행함으로써 주님의 길을 지키게 하겠다'(18,19)고 하였음에도 우리는 그와 성관계를 하고 그의 돈을 빼앗겠다.'" – 창세기 라바 50,7

19,13 "우리가(천사들) 이곳을 파멸할 것이오."

"랍비 레위가 랍비 사무엘 바르 나흐만의 이름으로 말하였다. 시종 천사들은 거룩하시고 찬미받으실 분의 비밀들을(곧 소돔을 파멸하실 것이라는 비밀을 롯에게) 드러내어, 백삼십팔 년 동안 그들 구역에서 추방되었다." – 창세기 라바 50,9

19,14 롯은 … 딸들을 데려갈 사위들에게 말하였다. "… 주님께서 성읍을 파멸하실 것이다." 그러나 사위들 보기에는 농담하는 것 같았다.

"(롯에게는) 딸이 넷이 있었다. 둘은 약혼했고 둘은 혼인하였다. '딸들과 혼인한' 자라 하지 않고 '딸들을 데려갈'(14절) 자라고 하였기 때문이다." – 창세기 라바 50,9: 이 미드라시는 '사위'라는 호칭에서 이미 혼인한 두 딸이 있을 것이며, '딸들을 데려갈'이라는 말에서 혼인하지 않은 다른 두 딸이 있어, 총 네 명이라고 풀이하였다.

“(사위들은 롯에게) 말하였다. ‘이 나라에는 오르간과 심벌즈가 있는데 나라가 파멸한다니요?’” - 창세기 라바 50,9: 곧 그 성읍은 강하고 질서정연하며 성읍 주민들은 태평한데 망한다는 것이 이상하다는 것이다.

19,15 새벽이 될 무렵 천사들이 롯을 재촉하며 말하였다. “떠나시오.”

“랍비 하니나가 말하였다. 새벽 기둥이 올라올 무렵부터 동쪽이 밝을 때까지 네 마일을 걸을 수 있다. ‘새벽이 될 무렵’에 (떠났다고) 한 뒤 ‘해는 땅 위로 나오고(동쪽이 밝을 때) 롯은 초아르로 들어갔다’(23절)고 하였기 때문이다. 그럼 소돔에서 초아르까지 네 마일인가? 랍비 즈에라가 말하였다. 천사들이 그들을 위해 길을 평평하게 하였다.” - 창세기 라바 50,10

19,16 롯이 주저하자 … 남자들이 … 성읍 밖으로 그를 데리고 나왔다.

“(롯은) 당황하며 말하였다. ‘은과 금과 보석들과 진주들을 잃게 되다니!’ ‘부자가 간직하던 재산이 그의 불행이 된다’(코헬 5,12)고 한 대로이다. 랍비 여호수아 벤 레위가 말하였다. (이 부자는) 롯을 가리킨다. 랍비 사무엘 바르 나흐만이 말하였다. 이는 코라를 가리킨다. 랍비 유다 벤 랍비 시몬이 말하였다. 이는 나봇을 가리킨다. 랍비 레위가 말하였다. 이는 하만을 가리킨다. 랍비 이사악이 말하였다. 이는 르우벤과 가드 지파를 가리킨다. 랍비들이 말하였다. 이는 부자였다가 가난해졌다가 다시 원래대로 돌아온 레위 지파를 가리킨다.” - 창세기 라바 50,11

19,18 롯이 그들에게 말하였다. “주님, 제발 안 됩니다.”

“롯과 관련하여 언급된 (하느님의) 이름들은 이것만 빼고 모두 거룩하지 않다. 곧 ‘주님(אדני), 제발 안 됩니다’에서는 거룩한 이름(יי)이기 때문이다.” - 바블리 셰부옷 35ㄴ

19,19 "당신 종이 … 당신의 자애를 많이 입어 목숨을 부지하게 하셨습니다만, 저는 저 산으로 달아날 수 없습니다."

"랍비 베레크야와 랍비 레위가 랍비 하마 벤 랍비 하니나의 이름으로 말하였다. 두 사람이 같은 말을 했으니, 롯과 사렙타 여인이다. 사렙타 여인이 말하였다. '어르신이(엘리야) 저에게 오시기 전에 거룩하시고 찬미받으실 분께서 저의 행실과 제 성읍 사람들의 행실을 보셨는데, 저의 행실이 성읍 사람들의 행실을 능가하고 제가 그들 가운데에서 의로웠습니다. 그러나 이제 '어르신이 저에게 오셔서 제 죄를 기억하게 하시고 제 아들을 죽게 하십니다'(1열왕 17,18).' 한편 롯이 말하였다. '제가 아브라함에게 가기 전에 거룩하시고 찬미받으실 분께서 저의 행실과 제 성읍 사람들의 행실을 보셨는데, 제가 그들 가운데에서 의로웠습니다. 그래서 이제 아브라함에게 갔으나 그의 행실이 저의 것을 능가하여 저는 (불타는) 그의 숯에 설 수 없었습니다(그의 근처에서 살 수 없었습니다). 그래서 '저는 저 산으로 달아날 수 없습니다.'(19절)'" - 창세기 라바 50,11: 사렙타 여인의 행실이 성읍 주민들보다 의로웠음에도 아들을 잃게 될 위기에 처하였는데, 롯은 성읍 주민들보다는 의롭지만 아브라함보다는 의롭지 못하여, 저 산까지 달아나지 못하고 죽을 수도 있다는 롯의 염려를 반영한 해석이다.

19,21 "이번 일도 당신 얼굴을 봐서 … 성읍을 파괴하지 않겠소."

"랍비 타흘립타 케사리아가 말하였다. (하느님께서 이스라엘에게 말씀하셨다.) '롯이 천사들을 영광스럽게 하여 (천사들이) 그의 얼굴을 들었다면(그의 얼굴을 봐서 호의를 베풀었다면) 나는 너의 얼굴과 네 조상들의 얼굴을 들어 주겠다(호의를 베풀겠다).' '주님께서 그대에게 당신 얼굴을 드시고(호의를 베푸시고) 그에게 평화를 베푸시리라'(민수 6,26)고 한 대로이다." - 창세기 라바 50,11: '얼굴을 들다'(נשׂא פנים)라는 표현을 통해 롯에게 베푼 천사들의 호의에 빗대어 야곱에게 베푸신 하느님의 은혜를 설명한다.

19,23 "당신네가 그곳에 이르기 전까지는 아무 일도 할 수 없소." … 해는 땅 위로 나오고 롯은 초아르로 들어갔다.

"랍비 레위가 말하였다. 이는 두 후원자를 둔 나라에 (비유할 수 있다.) 하나는 도시 사람이고 하나는 지방 사람이다. 임금이 (주민들에게) 화가 나서 그들을 억압하고자 하였다. 임금이 말하였다. '내가 도시 사람 앞에서 그들을 억압하면 그들이 말할 것이다. '지방 사람이 여기에 있었다면 그가 우리를 살려주었을 텐데.' (내가) 지방 사람들 앞에서 (그들을 억압하면) 그들이 말할 것이다. '도시 사람이 거기에 있었다면 우리를 살려주었을 텐데." 마찬가지로 어떤 소돔 사람들은 해를 섬기고 어떤 사람은 달을 섬긴다. 거룩하시고 찬미받으실 분께서 말씀하셨다. '내가 낮에 그들을 억압하면 그들이 말할 것이다. '달이 거기에 있었다면 우리를 살려주었을 텐데.' 내가 밤에 그들을 억압하면 그들이 말할 것이다. '해가 거기에 있었다면 우리를 살려주었을 텐데." 그래서 (그분께서는 그들을) 니산 달 열엿샛날 해와 달이 하늘에 있을 시간에 그들에게 벌을 주셨다. '해는 땅 위로 나오고 롯은 초아르로 들어갔다'(23절)고 한 대로이다." - 창세기 라바 50,12: 소돔 사람들이 자신들이 섬기는 해와 달이 자신들을 구할 수도 있었다는 헛된 변명을 하지 못하도록, 하느님께서는 해와 달이 다 하늘에 머무르는 시간에 소돔을 파멸하시어, 해와 달이 그들에게 아무 쓸모 없었음을 입증하셨다는 해석이다.

19,24 주님께서 소돔과 고모라 위에 주님에게서 나온 유황과 불을 하늘에서 비로 쏟으셨다.

"이는 임금에게 반역한 두 나라에 비유할 수 있다. 임금이 말하였다. '하나는 나라의 것으로 불태우고, 다른 하나는 국고의 (비용으로) 불태워라.' 마찬가지로 '에돔의 강들은 역청으로, 그 흙은 유황으로 변하고 땅은 불타는 역청이 되리라'(이사 34,9). 그러나 여기서는 '주님께서 소돔과 고모라 위에 주님에게서 나온 유황과 불을 하늘에서 비로 쏟으셨다'(창세

19,24)고 하였다." - 창세기 라바 51,2

"랍비 유단이 말하였다. 왜 사람은 유황 냄새를 맡으면 저절로 움츠러 드는 것일까? 장차 심판받으리라는 것을 알기 때문이다." - 창세기 라바 51,3

19,25 그리하여 이 성읍들과 모든 평원, 성읍의 주민들 모두와 땅의 식물을 파괴하셨다.

"랍비 레위가 랍비 사무엘 바르 나흐만의 이름으로 말하였다. 이 다섯 성읍들은 같은 바위 위에 자리 잡고 있어 천사가 손을 뻗어 그들 파괴하였다. '단단한 암석에 손을 뻗어 산들을 뿌리째 뽑는다'(욥 28,9)고 한 대로이다. … '땅의 식물', 랍비 여호수아가 말하였다. 이는 땅에서 (저절로) 자라는 것까지 파괴되었다는 말이다. 랍비 여호수아 벤 레위가 말하였다. 이날 어떤 이가 소돔의 공기에서 비를 모아 화단에 뿌린다 해도 (아무것도) 자라지 않는다는 말이다." - 창세기 라바 51,4

19,26 롯의 아내는 뒤를 돌아보아 소금 기둥이 되었다.

"랍비 이사악이 말하였다. (롯의 아내는) 소금으로 죄를 지었다. 천사들이 롯을 찾아온 날 저녁에 그는 무엇을 했나? 그는 이웃들에게 다니며 '손님이 왔으니 소금을 좀 주십시오.' 하였다. 그는 성읍 사람들에게 그들(이 방문한 것)을 알리고자 한 것이다. 그래서 '그는 소금 기둥이 되었다'(26절)." - 창세기 라바 51,5

"롯의 아내 에딧은 소돔에서 혼인한 딸들이 불쌍한 마음이 들어 뒤를 돌아보았다. 그들이 뒤따라오는지 아닌지 보기 위해서다. 그러다 그는 셰키나의 뒤를 보게 되어 소금 기둥이 되었다. … 지금도 그는 서 있다." - 엘리에제르의 어록 25,75-80

롯과 두 딸들(19,30-38)

19,31 큰딸이 작은딸에게 말하였다. "우리 아버지는 늙고 온 땅의 방식 대로는 그 땅에서 우리에게 들 남자가 없다.

"(두 딸은) 홍수 세대 때처럼 온 세상이 파괴되었다고 생각했다." - 창세기 라바 51,8

19,33 그날 밤 그들은 아버지에게 포도주를 드시게 하고 큰딸이 들어가 아버지와 누웠다. 그는 큰딸이 누울 때도 일어날 때도 알지 못하였다.

"'그가 일어날 때'(ובקומה)에서 '바브' 위에 점이 찍혔다. 곧 그는 큰딸이 누운 것은 알지 못하였으나 일어난 것은 알았을 수 있다." - 창세기 라바 51,8: '일어난 것'에는 '알지 못했다'는 말이 없이 '바브'(ו[그리고])로 연결되므로, '일어나다' 전치사구는 그다음 문장에 속한다고 본 것이다. 이에 따라 히브리어 문장을 직역하면 '그는 몰랐다, 그가 누울 때. 그리고 그가 일어날 때'(בשכבה ובקומה)이다.

"롯은 강제로 당했다. (그런데 어찌하여 그가 죄인인가?) 현인들이 랍비 요세 바르 라브 호니의 이름으로 말하였다. 큰딸과 관련된 토라에서 '그가 일어날 때'(ובקומה)의 '바브'(ו) 위에 왜 점이 찍혔는가? 이 점은(르비아) 큰딸이 누운 것은 그가 몰랐으나 일어난 것은 알았음을 표시한다. 그럼 그는 어떻게 했어야 했나? 일어난 일은 일어난 일이니 (어쩔 수 없었다 해도) 그렇다면 다음날 밤 그는 포도주를 (더 이상) 마시지 말았어야 했다." - 바블리 나지르 23ㄱ

19,36 롯의 두 딸들은 아버지에게서 임신하였다.

"랍비 엘아자르가 말하였다. 여자는 처음 (자리에) 들어 절대 임신이 될 수 없다. … 그런데 '롯의 두 딸들은 아버지에게서 (바로) 임신하였다'(36절)고 하였다. 랍비 탄후마가 말하였다. 그들은 자신을 통제하고 처녀성을 없애고 두 번째 (자리에) 들어 임신하였다. … 갈리아의 랍비 유단과 랍비 사무엘 바르 나흐만 둘 다 랍비 엘리야의 이름으로 말하였다. 롯이 딸들에게 욕정을 느꼈는지, 딸들이 그에게 욕정을 느꼈는지 우리는 알 수 없다. 그러나 '외톨이는 제 욕심만(욕정) 채우려 한다'(잠언 18,1)고 한 대로, 롯이 딸들에게 욕정을 느꼈을 테지만 딸들은 아닐 것이다." - 창세기 라바 51,9

19,37 큰딸은 아들을 낳고 그의 이름을 모압이라 불렀다. 그는 오늘날까지 모압의 조상이다.

"랍비 유단이 랍비 아이부의 이름으로 말하였다. 큰딸은 아버지의 명예를 떨어뜨리고 (아들의) 이름을 '아버지로부터'라는 뜻의 모압이라 불렀다. 성경에서는 '모압을 괴롭히지도 말고 그들에게 싸움을 걸지도 마라'(신명 2,9)고 하였다." - 창세기 라바 51,11

"랍비 히야 바르 아바가 랍비 요하난이 말한 것을 말하였다. 거룩하시고 찬미받으실 분께서 적절한 말의 보상을 빼앗지 않으신다는 것을 어디에서 찾을 수 있나? (롯의) 큰딸이 (자기 아들을) 모압이라 부른 데서이다. (부끄러운 기원임에도) 자비로우신 분께서 (모세에게) 말씀하셨다. '모압을 괴롭히지도 말고 그들에게 싸움을 걸지도 마라'(신명 2,9). 싸움은(전쟁) (허용되지) 않았으나 그들을 괴롭힐 수는 있다." - 바블리 나지르 23ㄴ: 비록 그 출신은 부끄럽지만 큰딸이 사실대로 아들 이름을 지은 것에 대한 보상으로, 모압족과 전쟁을 하지 못하게 하셨다는 해석이다.

19,38 작은딸도 아들을 낳고 그의 이름을 벤 암미라 불렀다. 그는 오늘날까지 암몬 사람들의 조상이다.

"작은딸은 아버지의 명예를 남겨두어, (아들의) 이름을 '나와 함께 있는(임미·עמי) 이의 아들'이라는 뜻으로 벤 암미라 불렀다. 성경에서는 '(암몬을) 괴롭히지도 말고 그들에게 싸움을 걸지도 마라'(신명 2,9)고 하였다." - 창세기 라바 51,11

"(롯과) 그의 딸들은 아담의 시절부터 (롯의) 시절까지 그와 같은 일이 (일어난 적이) 없는 그런 죄를 그 땅에서 지었다. 그가 딸들과 누웠기 때문이다. 그의 모든 후손에게 지시하고 하늘의 서판에 새겨졌으니, 그들은 파괴되고 소돔이 심판받은 것처럼 심판을 받는다는 것이다. 심판의 날에 그에게는 사람의 모든 후손이 남지 않으리라." - 희년서 16,8-9

아브라함과 아비멜렉과 사라(20,1-18)

20,1 아브라함은 그곳에서 남쪽 땅으로 떠나 카데스와 수르 사이에 자리를 잡고 그라르에 머물렀다.

"(아브라함은) 나쁜 소문 때문에 떠났다. (사람들이) '아브라함의 조카 롯이 두 딸들에게 들었다'고 말한 것이다. '남쪽'은 일곱 가지 이름으로 불린다. 다롬, 네겝, 테만(예멘: 즈카 6,6), 야민(오른쪽: 시편 89,13), 헤데르(욥 37,9), 얌(바다: 시편 107,3), 시닌(이사 49,12)이다." - 창세기 라바 52,4

"그달에 아브라함은 헤브론에서 떠나 그라르산, 곧 카데스와 수르 사이에 자리를 잡았다." - 희년서 16,10

20,3 하느님께서 그날 밤 꿈에서 아비멜렉에게 와 말씀하셨다. "네가 데려온 여자 때문에 너는 죽는다. 그는 남편 있는 여자다."

"우상숭배자들의 예언자들과 이스라엘의 예언자들 사이에는 무슨 (차이가) 있는가? … 랍비 하마 벤 랍비 하니나가 말하였다. 거룩하시고 찬미받으실 분께서 우상숭배자들의 예언자들에게는 반쪽자리 말로 (자신을) 드러내신다. '하느님께서 발라암을 만나셨다(와이코르[ויקר])'(민수 23,4)고 한 대로이다. 크파르 만디의 랍비 이사카르가 말하였다. (히브리어) '와이코르'(ויקר)는 부정한 말이다. … 그러나 이스라엘의 예언자들에게는 온전한 말, 사랑의 언어, 거룩한 언어, 시종 천사들이 그분을 찬송하는 말로 (자신을 드러내셨다.) '그들은 서로 주고받으며 외쳤다. '거룩하시다, 거룩

하시다, 거룩하시다, 만군의 주님!"(이사 6,4)이라고 한 대로이다. … 랍비 엘아자르 벤 랍비 므나헴이 말하였다. '주님께서는 악인들을 멀리하신다'(잠언 15,29). 이는 우상숭배자들의 예언자들을 가리킨다. '(그분께서는) 의인들의 기도를 들으신다'(29절). 이는 이스라엘의 예언자들을 가리킨다." - 창세기 라바 52,5: 하느님께서 이방인 예언자 아비멜렉에게 나타나실 때와 이스라엘의 예언자 아브라함에게 나타나실 때가 엄연한 차이가 있음을 설명하는 랍비들의 해석이다.

20,4 아비멜렉은 그 여자에게 가까이 가지 않고 말하였다. "주님, 올바른 이도 죽이십니까?"

"(아비멜렉이 하느님께) 아뢰었다. '만약 당신께서 홍수 세대와 분리 세대를 이렇게 심판하셨다면 그들은 의롭습니다.' 랍비 베레크야가 말하였다. (아비멜렉이 하느님께 아뢰었다.) '만약 당신께서 이 이방민족을 죽이시려거든 의인 (아브라함부터) 죽이십시오.'" - 창세기 라바 52,6: 아비멜렉을 벌을 받아 마땅한 홍수(또는 분리) 세대와, 또한 그 누구보다 의롭고 신실한 아브라함과 비교하여 그의 억울함을 이해하려고 애쓴다.

20,6 하느님께서 … 말씀하셨다. "나도 네가 마음은 정직하게 이 일을 했다는 것을 안다. 그래서 … 네가 그를 건드리게 두지 않은 것이다."

"'나는 네가 그를 건드리게 두지 않은 것이다.' 이는 말에 탄 전사에 비유할 수 있다. 그는 말을 달리다가 한 아이가 (길에) 버려진 것을 보고 말의 (고삐를) 당겨 그 아이가 다치지 않게 한다. 모두 누구를 칭찬하겠는가? 말이냐 전사냐? 전사가 아니겠느냐? 마찬가지다. '그래서 나는 네가 그를 건드리게 두지 않았다'고 한 것이다." - 창세기 라바 52,7

20,7 "이제 그 남자의 아내를 돌려보내라. 그는 예언자이고 그가 너를 위해 기도하면 너는 살 것이다."

"(아비멜렉이) 그분께 아뢰었다. '누가 (아브라함에게) 제가 (사라를) 건드리지 않았음을 안심시킬까요?' 그분께서 그에게 말씀하셨다. '그는 예언자다.' (아비멜렉이) 그분께 아뢰었다. '그럼 누가 그것을 모두에게 알릴까요?' 그분께서 그에게 말씀하셨다. '그가 너를 위해 기도하면 너는 살 것이다.'" - 창세기 라바 52,8

20,8 아비멜렉이 아침에 일어나 종들을 모두 불러 그들 귀에 이 일들을 다 알렸다. 사람들은 몹시 두려워하였다.

"랍비 하닌이 말하였다. (사람들은) 소돔의 연기가 불타는 용광로처럼 올라오는 것을 보고 말하였다. '소돔으로 파견된 천사들이 이곳으로 올까?' '그들은 몹시 두려워하였다'(8절)고 한 대로이다." - 창세기 라바 52,9: 소돔을 통해 이미 하느님의 위력을 목격한 그들이 사라의 일로 자신들에게도 소돔이 겪은 재앙이 떨어질까 두려워했다는 것이다.

20,12 "그러나 정말로 그 여자는 내 누이입니다. 아버지의 딸이지만 어머니의 딸은 아니어서 내 아내가 되었습니다."

"(랍비 메이르가) 말하였다. 아브라함은 그들에게 그들의 방식대로 대답하였다. 아버지의 딸과 (혼인하는 것은) 허용되나 어머니의 딸과는 금지되기 때문이다. 따라서 그는 그들의 관습대로 대답한 것이다." - 창세기 라바 52,11

"그러나 사라는 아브라함의 형제의 딸이다. (전승에 따르면 사라는 하란의 딸 이스카라고 한다.) 그렇기 때문에 그들이 부계여도 상관없고 모계여도 상관없다." - 바블리 산헤드린 58ㄴ: 사라가 아브라함의 이복누이가 아닌 조카딸이라는 또 다른 전승을 근거로, 사라가 아버지의 딸도 어머니의 딸도 아니므로 아브라함이 혼인 금지 규정을 어기지 않았음을 설명한다.

20,13 "하느님께서 내게 아버지의 집을 떠나 떠돌아다니게 하셨을 때 ⋯."

"랍비 하닌이 말하였다. 이 구절을 세 가지 방식으로 해석할 수 있다. (첫째) 내가 아직 아버지의 집에 있는 동안 세상 민족들이 나를 쓰러뜨리려 할 때, 거룩하시고 찬미받으실 분께서 나를 살리셨다. (둘째) 세상 민족들이 나를 (우상숭배로) 방황하게 만들려고 할 때, 거룩하시고 찬미받으실 분께서 나에게 나타나시어 '네 아버지 집에서 떠나라'(12,1) 하고 말씀하셨다. (셋째) 세상 민족들이 나를 그들 방식대로 방황하게 만들려고 할 때, 거룩하시고 찬미받으실 분께서 아버지 집안에서 두 위대한 인물, 셈과 에베르를 세워, 그들이 이를 경고하였다." - 창세기 라바 52,11

20,14 아비멜렉은 양과 소, 남종과 여종을 데려다 아브라함에게 주고, 그의 아내 사라도 돌려보냈다.

"랍비 여호수아 벤 코르하가 말하였다. ⋯ 파라오가 사라에게 준 모든 것을 아비멜렉은 아브람에게 주었다. '아비멜렉은 양과 소, 남종과 여종을 데려다 아브라함에게 주었다'고 한 대로이다." - 엘리에제르의 어록 26,26.38-39

20,16 그가 사라에게 말하였다. "내가 당신 오라비에게 은전 천 닢을 주었으니 보시오, 그것은 당신에게 눈의 덮개요."

"랍비 유다 벤 랍비 일라이가 말하였다. (아비멜렉이 아브라함에게 말하였다.) '당신은 이집트에 가서 (사라를 이용해) 장사를 했고 여기에 와서도 (사라를 이용해) 장사를 했소. 당신이 돈을 원하는 것이라면 여기 돈이 있으니, (사라에게서) 눈을 가리시오.' '그것은 당신에게(사라) 눈의 덮개요'(16절)라고 한 대로이다." - 창세기 라바 52,12

20,17 아브라함이 하느님께 기도하여 하느님께서 아비멜렉과 그의 아

내와 여종들을 고쳐 주셨다. 그들은 아이를 낳게 되었다.

"아브라함은 일어나 거룩하시고 찬미받으실 분 앞에 기도하며 아뢰었다. '세상의 주인이신 주님, 당신께서는 온 세상을 창조하시어 많이 낳고 번성하게 하셨으니, 아비멜렉과 그 집안의 여자들이 많이 낳고 번성하게 하소서.' 거룩하시고 찬미받으실 분께서 그에게 응답해 주셨다. '아브라함이 하느님께 기도하여 하느님께서 아비멜렉과 그의 아내와 여종들을 고쳐 주셨다. 그들은 아이를 낳게 되었다'(17절)고 한 대로이다." – 엘리에제르의 어록 26,49-50

20,18 주님께서 아브라함의 아내 사라 때문에 아비멜렉의 집안에 모든 자궁을 닫으셨던 것이다.

"이 '닫다(멈추다)'는 입을(말하기) 닫는 것, 목구멍을(먹기) 닫는 것, 눈을(보기) 닫는 것, 귀를(듣기) 닫는 것, 위를(배뇨) 닫는 것, 아래를(배변) 닫는 것을 말한다. 모두가 말한다. '(그것은) 아브라함의 아내 사라 때문이다.' 랍비 베레크야가 말하였다. 그가 (사라의) 신발에 감히 접근했기 때문이다. 사라는 그날 밤 내내 얼굴을 대고 엎드려 (울면서) 말하였다. '세상의 주인이신 주님, 아브라함은 (자신의) 확신으로 (자기 고향을) 떠났고, 저는 믿음에서 떠났습니다. 아브라함은 감옥 밖에 있으나 저는 감옥 안에 있습니다.' 거룩하시고 찬미받으실 분께서 그에게 말씀하셨다. '내가 한 일 모두 너를 위해 내가 한 것이다. 그래서 모두가 말한다. '(그것은) 아브라함의 아내 사라 때문이다'(18절)라고.' 랍비 레위가 말하였다. 그날 밤 내내 천사가 손에 채찍을 들고 서서 사라의 지시를 받고 있었다. (사라가) 그에게 '치세요' 하고 말하면 그가 쳤고, (사라가) 그에게 '그만 두세요' 하고 말하면 그는 그만두었다. 왜 그러한가? (사라가 아비멜렉에게) '나는 그 사람의 아내입니다'라고 말했으나 (아비멜렉이 사라를) 떠나지 않았기 때문이다. 랍비 엘아자르가 말하였고 랍비 엘리에제르 벤 야곱의 이름으로 가르쳤다. (하느님께서) 파라오는 피부병으로 치셨고 아비멜렉은 (모든 구멍을)

닫는 것으로 치셨다는 것을 우리는 들었다. (둘) 다 서로 치셨음을 어디에서 알 수 있나? 성경에서 (두 구절 다) '때문에'(알 다바르[על דבר])라고 하였다. '그제라 샤와'(גזרה שווה)를 위해서다." – 창세기 라바 52,13: '그제라 샤와'는 공통적으로 발견되는 유사 단어를 토대로 한 주제에서 다른 주제를 연구하는 토라 해석 방법이다.

"랍비 엘아자르가 말하였다. '닫는다'는 말을 두 번(כי עצר עצר יהוה) 하였는데 왜 그러한가? 남자와 관련해서는 한 가지로 정액이, 여자와 관련해서는 정액과 출산이 (닫힌다[또는 멈춘다]는 말이다.) 브라이타에서는(미슈나 이외의 탄나임 문헌들) 이렇게 가르친다. 남자와 관련해서는 두 가지로 정액과 배뇨가, 여자와 관련해서는 세 가지로 정액과 배뇨와 출산이 (닫힌다는 말이다.) 라비나가 말하였다. 남자와 관련해서는 세 가지로 정액과 배뇨와 항문 괄약근이, 여자와 관련해서는 네 가지로 정액과 출산과 배뇨와 항문 괄약근이 (닫힌다는 말이다.)" – 바블리 바바카마 92ㄱ

"아비멜렉은 불임이 되었고 그의 집안의 모든 여자들이 불임이 되었으며 가장 작은 벌레들조차 불임이 되었다. '주님께서 … 아비멜렉의 집안에 모든 자궁을 닫으셨던 것이다'(18절)고 한 대로이다." – 엘리에제르의 어록 26,40

이사악의 출생(21,1–7)

21,1 (주님께서) 말씀하신 대로 사라를 방문하셨고, (주님께서) 말씀하신 대로 사라에게 해 주셨다.

"랍비 유다가 말하였다. (처음) '(주님께서) 말씀하신 대로'는 (사라에게) 아들을 주시기 위해서고, (두 번째) '(주님께서) 말씀하신 대로'는 (사라에게) 모유를 축복하시기 위해서다. 랍비 느헤미야가 그에게 말하였다. (사라가) 이미 모유에 대해 알고 있었다는 것인가? 이는 거룩하시고 찬미받으실 분께서 그를 젊은 시절로 돌아가게 하셨다는 말이다. 랍비 아바후가 말하였다. (하느님께서 말씀하셨다.) '나는 세상 모든 백성이 (사라를) 두려워하게 하였다. 그를 아이 못 낳는 여자라 불리지 않게 하려는 것이다.' 랍비 유단이 레시 라키시의 이름으로 말하였다. (사라에게는) 난소가 없어서 거룩하시고 찬미받으실 분께서 그에게 난소를 만들어 주셨다." - 창세기 라바 53,5

"'그분께서 말씀하신 대로'에서 ('그'를 아브라함으로 바꾸어 해석하면) '아브라함이 아비멜렉에게 말한 대로'이다." - 바블리 바바카마 92ㄴ: 아브라함이 아비멜렉을 위해 기도하여 그들이 아이를 낳게 되었듯이(20,17), 주님께서 말씀하시어 아브라함도 자손을 얻게 되었다는 뜻이다.

21,2 곧 사라는 임신하여 아브라함에게 늘그막에 아들을 낳아 주었는데, 하느님께서 그에게 말씀하신 그때이다.

"'사라가 임신하여 아브라함에게 아들을 낳아 주었다.' 이는 (사라가) 다른 곳에서 씨를 훔친 것이 아니라는 뜻이다. '늘그막에', 이는 (이사악의) 모습이 (아브라함과) 닮았다는 뜻이다. '하느님께서 그에게 말씀하신 그때이다.' 랍비 유단이 말하였다. 그는 아홉 달 만에 태어났다. 그래서 '그가 아비멜렉 집안 자손이다.' 하고 말하지 않을 것이다. 랍비 하마가 말하였다. 그는 일곱 달 만이다. 아홉은 불안정하다. 랍비 후나가 랍비 히즈키야의 이름으로 말하였다. 그는 정오에 태어났다. '(정해진) 그때'(모에드[מועד]) 라고 한 대로이다. 그러나 다른 데서는 '네가 이집트에서 나오던 그때'(신명 16,6)라고 하였다." - 창세기 라바 53,6

"여섯째 달 중순에 주님께서 사라를 찾아오셔서, 그가 임신할 것이라고 말씀하신 대로 그에게 하셨다. (사라는) 셋째 달에 아들을 낳았다. 주님께서 아브라함에게 말씀하신 그때, 곧 그달 보름이었다. 주간절에 이사악이 태어났다." - 희년서 16,12-13

21,3 아브라함은 사라가 낳아 준 자신에게 태어난 아들의 이름을 이사

악이라고 불렀다.

"(이사악[יצחק]이라는 이름은) 세상으로 규정이(חק) 나와(יצא) 세상에 선물이 주어졌다는 뜻이다. 랍비 이사악 히푸시야가 말하였다. (이사악의) 요드는(י) 숫자 열로서 십계명에 해당되고, 차데는(צ) 아흔으로 '아흔 살 된 사라가 아이를 낳는다고?'(창세 17,17)이며, 코프는(ק) 백으로 '백 살 된 이에게 아이가 태어난다고?'(17절)이고, 헤트는(ח) 여덟으로서 할례를 가리키므로 '대대로 너희 가운데 모든 남자는 난 지 여드레 만에 할례를 해야 한다'(12절)고 한 대로이다." – 창세기 라바 53,7

21,4 아브라함은 주님께서 명령하신 대로 여드레째에 아들 이사악에게 할례를 하였다.

"아브라함은 여드렛날에 아들을 할례하였다. (이사악은) 영원히 세워진 계약대로 할례한 첫 (사람이다.)" – 희년서 16,14

21,6 사라가 말하였다. "하느님께서 나에게 웃음을 만들어 주셨다. 이를 들은 이들은 모두 나를 위해 웃을 것이다."

"랍비 베레크야, 랍비 유다 벤 시메온, 랍비 하난이 랍비 사무엘 벤 랍비 이사악의 이름으로 말하였다. … 사라가 (하느님의) 돌봄을 받은 것이(21,1) 다른 사람들과 어떻게 상관이 있을까? 우리의 조상 사라가 돌봄을 받자 많은 불임인 여자들이 그와 함께 돌봄을 받았고, 많은 귀머거리들이 귀가 열렸고, 많은 소경들이 눈을 떴으며, 많은 정신이상자들이 제정신으로 돌아왔다." – 창세기 라바 53,8: 사라가 하느님 덕분에 웃음을 찾아 다른 이들이 웃게 되었듯이, 불임인 여자, 귀머거리, 소경, 정신이상자들이 사라 덕분에 치유되었다는 해석이다.

21,7 또 말하였다. "(사라가) 아들들에게 젖을 물리리라는 것을 누가 아브라함에게 말하랴! 내가 늙은 그에게 아들을 낳아 주다니."

"우리의 조상 사라는 몹시 정숙하였다. 우리의 어머니 조상 아브라함이 그에게 말하였다. '지금은 정숙할 때가 아니니 가슴을 드러내어, 거룩하시고 찬미받으실 분께서 기적을 일으키시기 시작했음을 모두가 알게 하시오.' (사라는) 가슴을 드러내었고 두 개의 샘처럼 모유가 흘러나왔다. 여인들이 와서 자기 아이들에게 젖을 물리며 말하였다. '우리는 우리 아이들에게 의로운 이의 젖을 물릴 자격이 없습니다.'" - 창세기 라바 53,9

"랍비 피느하스가 랍비 힐키야의 이름으로 말하였다. … '말하다'(מלל), 이는 (아브라함이) 백 세에(40[מ] + 30[ל] + 30[ל]=100) 낳았음을 암시한다." - 창세기 라바 53,9

하가르와 이스마엘의 추방(21,8-21)

21,8 그 아이는 자라 젖을 떼었고, 이사악이 젖을 떼던 날 아브라함은 큰 잔치를 벌였다.

"랍비 호샤야 라바가 말하였다. (이사악은) 악한 성향을 버렸다(젖을 떼다). 랍비들이 말하였다. 그는 어머니의 젖을 뗀 것이다." - 창세기 라바 53,10

"(그때) 이사악이 젖을 떼었다. 아브라함은 아들 이사악이 젖을 떼던 날 … 큰 잔치를 벌였다. … 아브라함은 기뻐하며 주님을 찬미하였다. 그가 아들을 보아 무자식으로 죽지 않게 되었기 때문이다. (아브라함은) 롯이 그에게서 떠나던 날 말씀하신 것을 기억하고 기뻐하였다. 주님께서 상속하시려는 그 땅에서 후손을 주셨기 때문이다. 그는 만물의 창조주께 입으로 찬미를 드렸다." - 희년서 17,1-2

21,9 사라는 이집트인 하가르가 아브라함에게 낳아 준 아들이 웃는 것을 보고, 아브라함에게 말하였다.

"랍비 아키바가 말하였다. … 여기서(창세 21,9) '웃다'(또는 놀다)는 우상숭배를 가리킨다. '백성들은 앉아서 먹고 마시다가 일어나 흥청거렸다(לצחק)'(탈출 32,6)고 한 대로이다. 이는 어머니 조상 사라가 이스마엘이 제단을 세우고 메뚜기들을 잡아 우상숭배를 위해 제물로 바치는 것을 보았다는 뜻이다." - 토셉타 소타 6,6

"랍비 아키바가 풀이하였다. … '웃다'(מצחק)는 금지된 성관계를 말한다. '당신이 데려온 히브리인 종이 나를 희롱하려고(לצחק) 나에게 다가왔다'(창세 39,17)고 한 대로이다. 이는 우리의 어머니 조상 사라가, 이스마엘이 여자들을 강탈하고 유부녀들을 좇아다니며 괴롭히는 것을 보았음을 말한다. 랍비 이스마엘이 가르쳤다. '웃다'는 우상숭배를 말한다. '그들은 흥청거렸다(לצחק)'(탈출 32,6)고 한 대로이다. 이는 우리의 어머니 조상 사라가, 이스마엘이 제단들을 세우고 메뚜기들을 사냥해 제물로 바치는 것을 보았음을 말한다. 랍비 엘리에제르가 말하였다. '웃다'는 피를 쏟았다는 말이다. '부하들을 내세워 우리 앞에서 겨루게 하자(וישחקו)'(2사무 2,14)고 한 대로이다." - 창세기 라바 53,11

"하가르가 사라를 업신여긴 것처럼 이스마엘이 사라의 아들을 업신여겼던 것이다." - 시리아의 에프렘 '창세기 주해' 18,1

"성경에 사용되는 '웃다(논다)'는 표현은 은밀한 암시다. 사실 이스마엘은 이사악과 놀면서 그를 때렸다. 사라가 그것을 보고 노한 것이다." - 저자 미상 '성경 주해 선집'(창세기) 3,1206(교부, 구약II, 188쪽)

"여종에게서 난 아들은 육에 따라 태어났고, 자유의 몸인 부인에게서 난 아들은 약속의 결과로 태어났습니다. 여기에는 우의적인 뜻이 있습니다." - 갈라 4,23-24

"랍비 아자르야가 랍비 레위의 이름으로 말하였다. … 이스마엘은 노는 척하면서 활과 화살을 가지고 이사악을 향해 쏘았다." - 창세기 라바 53,11

"(아브라함의) 아홉 번째 시험은 이스마엘이다. 그는 활에 (대한 예언으로) 태어나 활과 함께 자랐다. '그는 자라서 … 활 쏘는 이가 되었다'(20절)

고 한 대로이다. 그는 활과 화살을 가지고 새들을 쏘기 시작하였다. 그는 이사악이 혼자 앉아 있는 것을 보고, 그를 죽이려고 그에게 화살을 쏘았다. 그것을 사라가 보고 아브라함에게 말하였다. … '이혼 증서를 써 주고 이 여종과 아들을 이 세상과 다음 세상 동안 나와 이사악한테서 보내버리세요.'" - 엘리에제르의 어록 30,1-9: 이스마엘이 이사악을 죽이려 하였다고 풀이한다.

"사라가 이스마엘을 보니 그는 웃으며 춤을 추었고 아브라함은 크게 기뻐하고 있었다. 그는 이스마엘을 질투하며 아브라함에게 말하였다. '이 여종과 그의 아들을 내쫓으세요. 이 여종의 아들이 내 아들 이사악과 상속을 받을 수는 없어요'(10절)." - 희년서 17,4

21,12 하느님께서 아브라함에게 말씀하셨다. "아이와 여종 때문에 불쾌해하지 마라. … 네 후손은 이사악으로 불릴 것이다."

"하느님께서는 아브라함에게 아이와 여종의 일로 불쾌해하지 말라고 하셨다. 이로써 아브라함이 예언에서는 사라 다음이라는 것을 알 수 있다." - 탈출기 라바 1,1

"여기서 아브라함이 예언에서는 사라 다음이라는 것을 알 수 있다." - 탄후마 셰못 1(62)

"랍비 유단이 말하였다. '이사악'은 여기서 '이사악으로'(בצחק)라고 쓰였다. 랍비 아자르야갸 바르 후타의 이름으로 (말하였다.) (히브리어 철자) '베트'는(ב) 둘이다. (그의 후손이) 두 가지 세상을 아는 사람으로 (불린다는 뜻이다.)" - 창세기 라바 53,12

21,14 아브라함은 아침에 일어나 빵과 물주머니를 가져다 하가르에게 주고 어깨 위에 걸치게 하고는 아이와 함께 내보냈다.

"아브라함은 아침 일찍 일어나 이혼 증서를 써서 하가르에게 주었다. 그리고 하가르와 아들을 자신과 아들 이사악에게서, 이 세상과 다음 세상에서 멀리 내보냈다. … 그는 이혼 증서를 그에게 쥐어주고 옷가지를 가져다 그의 뒤로 당겨서 그의 허리에다 묶었다. 그가 여종임을 알게 하려는 것이다. 그뿐 아니라 아브라함은 그들이 어디쯤 갔는지 보았는데, 아들 이스마엘을 보고 싶었기 때문이다." - 엘리에제르의 어록 30,18-26

"(아브라함은) 이스마엘이 악한 문화에 빠져 그를 미워하였다. 그래서 (이스마엘과) 아내 하가르를 빈손으로 내보내고 자기 집에서 추방하였다." - 탄후마 셰못 1(62)

"(이스마엘이 쫓겨날 때) 그는 스물일곱 살이었다." - 창세기 라바 53,13

"이스마엘이 아브라함의 집에서 나올 때 (그의 나이는) 스물네 살이었고 이사악은 열 살이었다." - 엘리에제르의 어록 30,30

21,15-16 주머니의 물이 떨어지자 덤불 아래에 아이를 던져두고, … 말하였다. '아이가 죽는 것을 지켜봐야 하다니.'

"(이스마엘의) 어머니는 그를 데려다 올리브 나무 아래에 던져 두었다." - 희년서 17,10

"랍비 메이르가 말하였다. (덤불은) 주로 광야에서 자라는 싸리나무(רתם)를 (가리킨다.)" - 창세기 라바 53,13

"아브라함 덕분에 물은 주머니에서 줄지 않았다. 그러나 하가르가 광야 어귀에 이르러 아버지 집안의 신상을 숭배하자 길을 잃기 시작하였다. 물주머니의 물도 다 떨어져 이스마엘은 목이 말라 기절할 지경이 되었다." - 엘리에제르의 어록 30,27-29

21,17 하느님의 천사가 하늘에서 하가르를 불러 말하였다. "하가르야, … 저곳에 있는 아이의 소리를 하느님께서 들으셨다."

"'하느님의 천사가 하늘에서 하가르를 불렀다.' 이는 아브라함 덕분에 (창세 15,5 참조) (하가르가 구원됨을 암시한다). '저곳에 있는 (아이의 소리를 하느님께서 들으셨다.)' 이는 자신을 위한 (기도) 덕분에 (그가 구원됨을 암시한다.) 병든 이가 하는 자신을 위한 기도는 다른 모든 이의 기도보다 더 낫다." - 창세기 라바 53,14

"랍비 이사악이 말하였다. 사람은 오로지 그 당시의 그의 행실에 따라 심판을 받는다. '저곳에 있는 아이의(이스마엘) 소리를 하느님께서 들으셨다'(21,17)고 한 대로이다." - 바블리 로시하샤나 16ㄴ: 이스마엘과 그의 후손들이 나중에 죄를 짓게 되겠지만 이때 당시의 이스마엘은 아직 아무 잘못이 없기 때문에 그의 기도가 이루어졌다는 것이다.

21,19 하느님께서 (하가르의) 눈을 열어 주시어 그는 우물을 보게 되었고, 가서 물주머니를 가득 채워 아이에게 마시게 하였다.

"(한처음에) 안식일 저녁 해질녘에 열 가지가 창조되었는데, 이는 다음과 같다. 땅의 입과 우물의 입과 나귀의 입, 무지개와 만나, 모세의 지팡이와 샤미르(돌을 깨는 곤충), 문자들과 편지(기록)와 서판들이다. 어떤 이들은 악마들과 모세의 무덤, 우리의 성조 아브라함의 어린 양도 있다고 말하였고, 또 어떤 이들은 부젓가락(성전 제사 도구)도 만들어졌다고 하였다." - 미슈나 아봇 5,6: 하가르가 발견한 우물이 창조 때 만들어졌다는 것이다.

"(물을 가득 채웠다는 것은 하가르가) 믿음이 부족했음을 뜻한다." - 창세기 라바 53,14: 다시 우물이 나타나지 않을까 두려워 물주머니를 가득 채웠기 때문이다.

21,21 그는 파란 광야에 살았는데 그의 어머니가 그에게 이집트 땅에서 아내를 얻어 주었다.

"랍비 이사악이 말하였다. 막대기를 던지면 원래의 바닥으로 돌아오는 법이다. 그래서 '(사라에게는) 이집트인 여종이 하나 있었는데, 그 이름은 하가르이다'(창세 16,1)고 하였듯이, '(이집트인 여종이었던 하가르는) 그에게 이집트 땅에서 아내를 얻어' 준 것이다(21,21)." - 창세기 라바 53,15

"그는 모압의 딸들 가운데에서 아내를 얻었는데, 이름은 아이샤(또는 에파)였다. 삼 년 뒤 아브라함은 아들 이스마엘을 보러 갔다. 그는 사라에게, 이스마엘이 머무르는 곳에서는 낙타에서 내리지 않겠다고 맹세했다. 그는 한낮에 그곳에 이르러 이스마엘의 아내를 발견하였다. (아브라함이) 말하였다. '이스마엘은 어디 있느냐?' 그가 말하였다. '그는 어머니와 낙타들을 방목하러 광야에 갔습니다.' (아브라함이) 말하였다. '빵과 물을 좀 다오. 여행 중이라 몹시 피곤하다.' 그가 말하였다. '빵도 없고 물도 없습니다.' (아브라함이) 말하였다. '이스마엘이 오면 이 말들을 그에게 전하여라. '한 노인이 가나안 땅에서 당신을 보러 와서, 집 문지방을 바꾸라고, 좋지 않다고 말했어요." 이스마엘이 돌아오자 그의 아내가 그에게 이 말을 전하였다." - 엘리에제르의 어록 30,46-56

"그의 어머니가 자기 아버지의(파라오) 집에서 아내를 얻어 주었는데, 이름은 파티마였다. 또 삼 년 뒤 아브라함은 아들 이스마엘을 보러 갔다. 그는 사라에게 처음처럼, 이스마엘이 머무르는 곳에서는 낙타에서 내리지 않겠다고 맹세했다. 그는 한낮에 그곳에 이르러 이스마엘의 아내를 발견하였다. 그가 말하였다. '이스마엘은 어디 있느냐?' 그가 말하였다. '그는 어머니와 낙타들을 방목하러 광야에 갔습니다.' (아브라함이) 말하였다. '빵과 물을 좀 다오. 여행 중이라 몹시 피곤하다.' 그가 주었다. 아브라함은 서서 거룩하시고 찬미받으실 분 앞에 기도하였다. 그러자 이스마엘의 집안에 축복에서 (나온) 많은 좋은 것들이 채워졌다. 이스마엘이 돌아오자 그의 아내가 이 일을 전하였다. 이스마엘은 아직까지 아버지의 사랑이 자신에게 미치는 것을 알았다. '아버지가 자식들을 가엾이 여기듯이'(시편 103,13)라고 한 대로이다." - 엘리에제르의 어록 30,56-61

"그 아이는 자라 활 쏘는 사람이 되었다. 그의 어머니가 그에게 이집트 여자를 아내로 얻어 주었다. 그가 (이스마엘에게) 아들을 낳아 주어 그는 그의 이름을 느바욧이라 불렀다. (하가르가) '주님께서 내가 그분을 부를 때 나에게 가까이 계셨다'고 말하였기 때문이다." - 희년서 17,13-14

"이스마엘은 쫓겨난 뒤 교차로에 앉아 강도가 되었다. '그는 들나귀 같은 사람이 되리라'(16,12)고 한 대로이다." - 탈출기 라바 1,1

아브라함과 아비멜렉의 계약(21,22-34)

21,22 그 당시 아비멜렉과 그의 장수 피콜이 아브라함에게 말하였다. "하느님께서 당신이 하는 모든 일에서 당신과 함께하시는군요."

"랍비 유다 말하였다. 피콜은(פיכל) 그의 실제 이름이다. 랍비 느헤미야가 말하였다. (아비멜렉의) 모든(כל) 군대가 그에게 입을 맞춘 입(פה)이라는(그가 아비멜렉 군대의 지휘관이라는) 뜻이다." - 창세기 라바 54,2

"세상 백성들이 말하였다. '그가 의인이라면 아이를 (낳았어야 하는데) 낳지 못했다는 게 이상하지 않습니까?' 그가 아이를 낳자 그들이 말하였다. '하느님께서 당신과 함께하시는군요'(22절). '그가 의인이라면 자기 아내의 말을 들어야 하지 않습니까?' (성경에서) '사라가 너에게 말하는 대로 다 들어 주어라'(12절)고 하였다. 그러자 그들이 말하였다. '하느님께서 당신과 함께하시는군요'(22절). '그가 의인이라면 맏아들을 버리지 말아야 하지 않습니까?' (이스마엘의) 행실을 보고는 그들이 말하였다. '하느님께서 당신과 함께하시는군요'(22절)." - 창세기 라바 54,2: 아브라함의 약점들을 들추어 걸고 넘어지지만, 하느님께서 모든 일에서 그와 함께하신다는 이방인 장수의 증언을 근거로 아브라함의 의로움을 고수한다.

21,25 아브라함은 아비멜렉의 종들이 빼앗은 우물 때문에 아비멜렉을 나무랐다.

"랍비 요세 베 랍비 하니나가 말하였다. 나무람은 사랑으로 이끈다. '지혜로운 이를 나무라라. 그가 너를 사랑하리라'(잠언 9,8)고 한 대로이다. … 나무람이 따르지 않는 사랑은 다 사랑이 아니다. 레시 라키시가 말하였다. 나무람은 평화로 이끈다. '아브라함이 아비멜렉을 나무랐다'(창세

21,25)고 한 대로이다. … 나무람이 따르지 않는 평화는 다 평화가 아니다." - 창세기 라바 54,3

21,28 아브라함은 양 떼에서 어린 암양 일곱 마리를 별도로 세워두었다.

"거룩하시고 찬미받으실 분께서 (아브라함에게) 말씀하셨다. '너는 나의 뜻과 상관없이 그에게 어린 암양 일곱 마리를 주었다. 맹세컨대 나는 너의 자손들 일곱 세대 동안 기쁨을 미루겠다. 너는 나의 뜻과 상관없이 그에게 어린 암양 일곱 마리를 주었다. 맹세컨대 너의 자손들 일곱 의인들이 살해될 것이다. 그들은 삼손, 호프니, 피느하스, 사울과 그의 아들 세 명이다. 너는 나의 뜻과 상관없이 그에게 어린 암양 일곱 마리를 주었다. 맹세컨대 너의 자손들의 일곱 성소들이 파괴될 것이다. 그곳들은 만남의 천막, 길갈, 놉, 기브온, 실로, 그리고 두 성전이다. 너는 나의 뜻과 상관없이 그에게 어린 암양 일곱 마리를 주었다. 그래서 나의 계약 궤가 필리스티아 땅에서 일곱 달 동안 떠돌리라.' … '주님의 궤가 필리스티아인들의 지역에 머무른 지 일곱 달이 지났다'(1사무 6,1)고 한 대로이다." - 창세기 라바 54,4.8

21,30 그가 말하였다. "당신은 어린 암양 일곱 마리를 내게서 받으시오. 내가 이 우물을 팠다는 증거가 될 것이오."

"랍비들이 말하였다. 아브라함의 목자들이 아비멜렉의 목자들과 다투었다. 아브라함의 목자들이 말하였다. '이 우물은 우리의 것이오.' (아비멜렉의 목자들이) 말하였다. '이 우물은 우리의 것이오.' 아브라함의 목자들이 그들에게 말하였다. '양 떼들이 마시도록 물이 올라오는 사람, 우물은 그의 것이오.' 우리의 조상 아브라함의 양 떼들이 보자 곧바로 (물이) 올라왔다. 거룩하시고 찬미받으실 분께서 말씀하셨다. '너는 네 자손들을 위한 징표이니, 물이 네 양 떼를 보고 올라온 것이다. 네 자손들도 우물이 그들을 보고 곧바로 올라올 것이다.' '우물아, 솟아라. 너희는 (우물에게) 노래

하여라'(민수 21,17)고 한 대로이다." - 창세기 라바 54,5

21,33 아브라함은 브에르 세바에 에셀 나무를 심고 그곳에서 영원한 하느님이신 주님의 이름을 불렀다.

"랍비 느헤미야가 말하였다. '에셀'(אשל)은 여인숙이다. … 아브라함은 나그네들을 맞이하였고, 그들이 먹고 마시고 나면 그들에게 말하곤 하였다. '감사하십시오.' 그들이 왜 그렇게 말하느냐고 물으면, '영원하신 하느님을 찬미하십시오. 우리가 먹은 것은 그분의 것입니다' 하였다. '그곳에서 영원한 하느님이신 주님의 이름을 불렀다'(33절)고 한 대로이다." - 창세기 라바 54,6

제물이 된 이사악(22,1-19)

22,1 이 일들이 있고 나서 하느님께서 아브라함을 시험하시며 말씀하셨다. "아브라함아!" 그가 아뢰었다. "저 여기 있습니다."

"'이 일들이 있고 나서', 아브라함이 말하였다. '나는 기쁘고 모두를 기쁘게 하였다. 그러나 거룩하시고 찬미받으실 분을 위해서는 소 한 마리 양 한 마리를 챙겨 드리지 못했다.' 거룩하시고 찬미받으실 분께서 그에게 말씀하셨다. '너는 나를 위해 외아들을 바치라는 명을 받아도 거부하지 않을 것이다.' … 시종 천사들이 말하였다. '아브라함은 기뻐하고 다른 모두를 기쁘게 하였습니다. 그러나 거룩하시고 찬미받으실 분을 위해서는 소 한 마리 양 한 마리를 챙겨 드리지 못했습니다.' 거룩하시고 찬미받으실 분께서 그들에게 말씀하셨다. '(아브라함은) 외아들을 바치라는 명을 받아도 거부하지 않을 것이다.'" - 창세기 라바 55,4

"이사악과 이스마엘이 서로 논쟁하였다. 이스마엘이 말하였다. '나는 너보다 사랑받았다. 열세 살에 할례를 하였기 때문이다.' 이사악이 말하였다. '내가 더 사랑받았습니다. 여드레 만에 할례를 하였기 때문입니다.'

이스마엘이 그에게 말하였다. '내가 너보다 더 사랑받았다. 나는 거부할 수 있었으나 거부하지 않았다.' 그때 이사악이 소리쳤다. '오로지 저에게만 나타나시는 거룩하시고 찬미받으실 분, 제 (몸의) 기관들 가운데 하나를 자르십시오. 저는 말리지 않겠습니다.' 곧바로 하느님께서는 '아브라함을 시험하셨다'(1절)." - 창세기 라바 55,4: 아브라함의 상속을 둘러싼 두 아들의 논쟁은 유다인들과 무슬림의 논쟁을 반영한다.

"'주님께서는 의인을 시험하신다'(시편 11,5). 이는 아브라함을 가리킨다. '이 일들이 있고 나서 하느님께서 아브라함을 시험하셨다'(창세 22,1)고 하였기 때문이다." - 창세기 라바 55,3

"하사르 마스테마가 와서 하느님 앞에서 아뢰었다. '아브라함은 아들 이사악을 모든 것 위에 첫째로 여깁니다. 그에게 말씀하셔서 (이사악을) 제단에 번제물로 바치라고 하십시오. 그리고 그가 이 일을 실행하는지 보시면, 아브라함이 당신께서 시험하신 모든 것에서 신실한지 아시게 될 것입니다.' 하느님께서는, 당신이 아브라함에게 말씀하신 온갖 곤경 속에서도 그가 신실하다는 것을 아셨다. 그분께서 땅과 기근으로 그를 시험하셨고, 열 임금으로 시험하셨으며, 또 자기 아내를 빼앗길 때와 할례 때 시험하셨고, 이스마엘과 그의 어머니 하가르를 내보낼 때 그들로 그를 시험하셨기 때문이다. 그분께서 그를 시험하신 모든 일에서 (아브라함은) 신실함을 보였다. 그의 영은 조급해하지 않았고 그는 행동이 느리지도 않았다. 그는 신실하고 주님을 사랑하는 이였다." - 희년서 17,16-17

"(아브라함의) 열 번째 시험은 (이러하다.) … 그분께서는 매번 아브라함을 시험하셨다. 그가 토라의 모든 계명들을 세우고 지킬 수 있는지 그의 마음을 알기 위해서였다. '아브라함이 내 말을 듣고 나의 계명과 법규와 율법을 지켰기 때문이다'(창세 26,5)고 한 대로이다." - 엘리에제르의 어록 31,1-3

22,2 "네가 사랑하는 외아들 이사악을 데리고 모리야 땅으로 가라. 내가

너에게 말해 줄 산 하나에서 그를 번제물로 올려라."

"랍비 히야 라바와 랍비 얀나이가 (논쟁하였다.) 하나가 말하였다. ('모리야'[מריה]는) '가르침'(הוֹרָאָה)이 세상으로 나간 장소이다. 다른 이가 말하였다. '경외심'(יִרְאָה)이 세상으로 나간 장소이다. 이는 '방주'와 같다. … 하나가 말하였다. '빛'(הָאוֹרָה)이 세상으로 나간 장소이다. 또 하나가 말하였다. '경외심'(יִרְאָה)이 세상으로 나간 장소이다. 이는 '지성소'(דביר)와 같다. … 하나가 말하였다. '말씀'(דיבוּר)이 세상으로 나간 장소이다. 또 하나가 말하였다. '재앙'(דֶּבֶר)이 세상으로 나간 장소이다. 랍비 여호수아 벤 레위가 말하였다. 거룩하시고 찬미받으실 분께서는 거기서 세상의 이민족들을 '쏘아'(מוֹרֶה) 게헨나에 던져버리셨다. 랍비 시메온 벤 요하이가 말하였다. 천상 성전에 '해당하는(합당한)'(רָאוּי) 장소이다. 랍비 유단이 말하였다. 그분께서 너에게 '보여 줄'(מַרְאֶה) 장소이다. 랍비 피느하스가 말하였다. 세상을 '지배하는'(מַרְוָתָא) 자리이다. 랍비들이 말하였다. '나는 몰약(מוֹר) 산으로, 유향산으로 가리라'(아가 4,6)고 한 대로이다." - 창세기 라바 55,7

"아브라함은 그 장소의 이름을 … '주님께서 보셨다'(ראה יי)고 불렀는데, 이는 시온산이다." - 희년서 18,13

"랍비 유다 벤 랍비 시몬이 말하였다. (아브라함이) 그분 앞에 아뢰었다. '세상의 주인이신 주님, 사제 없이 예물을 바칠 수 있습니까?' 거룩하시고 찬미받으실 분께서 말씀하셨다. '나는 이미 너를 사제로 임명하였다.' '주님께서 맹세하시고 뉘우치지 않으시리이다. '멜키체덱과 같이 영원한 사제다''(시편 110,4)고 한 대로이다." - 창세기 라바 55,7

"(아브라함이) 그분 앞에 아뢰었다. '온 세상의 주인이신 주님, 어떤 아들 말씀이십니까? 제가 할례하기 전에 태어난 아들입니까(이스마엘), 아니면 할례하고 나서 태어난 아들입니까(이사악)?' 그분께서 말씀하셨다. '너의 외아들이다.' 그가 아뢰었다. '이 아들도 그의 어머니에게는 외아들이고, 저 아들도 그의 어머니에게는 외아들입니다.' 그분께서 말씀하셨다. '네가 사랑하는 (외아들이다.)' 그가 아뢰었다. '이 아들도 제가 사랑하고 저

아들도 제가 사랑합니다.' 그분께서 말씀하셨다. '이사악이다.'" - 엘리에제르의 어록 31,7-8

22,3 아브라함은 아침에 일어나 당나귀에 안장을 묶고 두 남종과 아들 이사악을 데리고 번제물을 위한 나무를 쪼개었다.

"랍비 시메온 벤 요하이가 말하였다. … 사랑은 질서(줄)를 깬다. '아브라함은 아침에 일어나 당나귀에 안장을 묶었다'(3절)고 하는데, 그에게 종이 없었나? 사랑이 질서를 깼기 때문이다. 미움은 질서(줄)를 깬다. '발라암은 아침에 일어나 나귀에 안장을 묶었다'(민수 22,21)고 하는데, 그에게 종이 없었나? 미움이 질서를 깼기 때문이다. 사랑은 질서를 깬다. '요셉은 자기 병거를 묶어 아버지 이스라엘에게 올라갔다'(창세 46,29)고 하는데, 그에게 종이 없었나? 사랑이 질서를 깼기 때문이다. 미움은 질서를 깬다. '(파라오는) 자기 병거를 묶었다'(탈출 14,6). 미움이 질서를 깼기 때문이다." - 창세기 라바 55,8

"아브라함은 이 당나귀 위에 탔다. … 그 당나귀는 모세가 이집트에 갈 때 탔던 것이다. '모세는 아내와 아들들을 데려다 당나귀 위에 태우고 이집트 땅으로 갔다'(탈출 4,20)고 한 대로이다." - 엘리에제르의 어록 31,13

"랍비 아바후가 말하였다. 두 사람이 땅의 방식대로 행동했으니, 그들은 아브라함과 사울이다. 아브라함은 '그는 두 남종을 함께 데리고 갔다'(3절) 하였고, 사울은 '그는 두 사람을 함께 데리고 갔다'(1사무 28,8)고 한 대로이다." - 창세기 라바 55,8

"아브라함은 아침 일찍 일어나 이스마엘과 엘리에제르와 아들 이사악을 데리고 갔다." - 엘리에제르의 어록 31,9-10

"그들은 (제단 위에) 놓고 불에 태울 통나무들을 가져오기 시작하였다. 모든 나무가 (제단 위에) 놓기에 적당(유효)한가? 그렇다. 올리브나무와 포도나무를 뺀 모든 나무들이 적당하다. 그러나 그들은 주로 무화과나무와 견과(호두) 나무, 기름 나무의 가지들을 사용하였다." - 미슈나 타미드 2,3

"예물에 쓰일 나무들을 (고를 때) 명심해야 한다. 제단 위에서 예물에 쓰일 나무를 가져올 때 삼나무, 월계수, 아몬드, 전나무, 소나무, 백향나무, 적향나무, 무화과나무, 올리브나무, 몰약나무, 월계수, 유자나무, 기름나무를 빼고는 안 된다. 이 나무들을 제단 위 예물 아래에 놓되, 외관을 검사하여 쪼개지거나 외관이 거무스름한 나무는 (제단에) 놓아서는 안 된다. 단단하고 깨끗하며 흠이 없고 똑바로 잘 자란 나무여야 한다. 늙은 나무는 안 된다. 예전처럼 향내가 나지 않기 때문이다." - 희년서 21,12-13

"랍비 히야 바르 요세가 랍비 메야샤의 이름으로 (말하였고) 랍비 브나야의 이름으로 반복되었다. 우리의 조상 아브라함이 번제를 위한 나무들을 둘로 쪼갠 보상으로 (하느님께서는) 이스라엘 자손들 앞에서 바다를 쪼개셨다. 랍비 레위가 말하였다. 이것으로 충분하다. 아브라함은 자신의 능력대로 (행동했고) 하느님께서는 당신의 권능대로 (하실 일을) 하셨다." - 창세기 라바 55,8

22,4 셋째 날 아브라함은 자기 눈을 들어 멀리 있는 곳을 바라보았다.

"'멀리 있는 곳을 바라보았다.' 그는 무엇을 보았는가? 그는 그 산에 구름이 덮인 것을 보았다. 그리고 말하였다. '거룩하시고 찬미받으실 분께서 내 아들을 바치라고 나에게 말씀하신 바로 그 장소로구나.'" - 창세기 라바 56,1

"그는 무엇을 보았는가? 그는 땅에서 하늘까지 (뻗어 있는) 불 기둥을 보았다. 아브라함은 이를 그 젊은이가 번제물로 받아들여졌다는 (뜻으로) 이해하였다." - 엘리에제르의 어록 31,21

22,5 아브라함이 남종들에게 말하였다. "너희는 여기서 당나귀와 머물러라. 나와 아이는 저곳에 가 경배하고 너희에게 돌아오겠다."

"이사악은 서른일곱 살에 모리야산에 올랐고, (그때) 이스마엘은 쉰 살이었다. 엘리에제르와 이스마엘 사이에 경쟁이 붙었다. 이스마엘이 엘리에제르에게 말하였다. '이제 아브라함께서 아들 이사악을 번제물로 제단 위에 묶어 바치실 것이니 내가 맏아들로서 아브라함을 상속할 것이오.' 엘리에제르가 이스마엘에게 대답하였다. '남편에게서 이혼 당하고 광야로 쫓겨난 여자처럼 이미 그분은 당신을 추방하셨습니다. 그러나 나는 그분의 집사로 낮이나 밤이나 그분을 섬기고 있으니, 내가 아브라함의 상속자가 될 것입니다.' 거룩한 영이 그들에게 대답하여 말하였다. '이 사람도 상속자가 아니고 저 사람도 상속자가 아니다.'" - 엘리에제르의 어록 31,14-19

"그분께서 아브라함에게 알리셨다. '이사악은 모리야산에서 안전하게 돌아올 것이다.' 랍비 이사악이 말하였다. 모든 것이 그가 경배한 덕분이다. 아브라함은 (하느님을) 경배한 보상으로 모리야산에서 무사히 돌아왔다. 이스라엘은 (하느님을) 경배한 덕분에 구원되었다. '백성이 믿고 … 무릎을 꿇어 경배하였다'(탈출 4,31)고 한 대로이다. 토라는 (하느님을) 경배한 덕분에 주어졌다. '너희는 멀찍이 서서 경배하여라'(24,1)고 한 대로이다. 한나는 (하느님을) 경배한 덕분에 기억되었다. '그들은 주님 앞에서 경배하였다'(1사무 1,19)고 한 대로이다. 추방된 이들은 경배를 통해 다시 모여질 것이다. '그날에 … 큰 나팔 소리가 울리리니 … 흩어진 이들이 모여와 … 주님을 경배하리라'(이사 27,13)고 한 대로이다." - 창세기 라바 56,2

"(아브라함은 이사악이 돌아오지 못할 것이라고 생각했지만) 이것이(돌아오겠다고 말한 것이) 영향을 미쳐 그들 둘 다 돌아왔다." - 바블리 모에드카탄 18ㄱ

22,6 아브라함은 번제물용 나무를 가져다가 아들 이사악 위에 지우고 손에는 불과 칼을 들었다. 둘은 함께 걸어갔다.

"'그의 손에는 불과 칼을 들었다.' 왜 칼인가(מאכלת)? 그것은 양식이(האכלין) 사람의 입속에 (들어가도록) 허용된 것이기 때문이다." - 탄후마 와예라 23(30)

"'둘은 함께 걸어갔다'(6절). 이는 하나는 묶고 다른 하나는 묶이고, 하나는 죽이고 다른 하나는 죽임을 당하였다는 뜻이다." - 창세기 라바 56,3

"그들은 몸이 아닌 마음이 똑같은 속도로, 짧은 곧은길을 따라 거룩한 곳으로 걸어가 지정된 장소에 이르렀다." - 필론 '아브라함' 32,172

22,7 이사악이 그의 아버지 아브라함에게 말하였다. "나의 아버지!"

"사마엘이 우리의 조상 아브라함에게 가서 말하였다. '어르신, 어르신! 백 세에 얻은 아들을 죽이시다니, 제정신이십니까?' (아브라함이) 그에게 말하였다. '그렇지만 해야 하네.' (사마엘이) 그에게 말하였다. '만약 그분께서 당신에게 이보다 심하게 시험을 하신다면 견디실 수 있습니까?' … (아브라함이) 그에게 말하였다. '더 심해도 하네.' (사마엘이) 그에게 말하였다. '내일 (그분께서) 당신에게 말씀하실 것입니다. '피를 쏟아라. 너는 네 아들의 피를 쏟아야 한다." (아브라함이) 그에게 말하였다. '그래도 할 것이네.' (사마엘은 아브라함과) 할 수 있는 것이 아무것도 없음을 알고 이사악에게 가서 그에게 말하였다. '불행한 여인의 아들아, 그가 너를 죽이려 할 것이다.' (이사악이) 그에게 말하였다. '그렇지만 합니다.' (사마엘이) 그에게 말하였다. '그럼 너의 어머니가 만든 좋은 옷들이 모두 어머니의 집안이 미워하는 이스마엘에게 물려주게 될 텐데, 너는 아무렇지도 않으냐?' … '이사악이 그의 아버지 아브라함에게 말하였다. '나의 아버지!"(7절) 왜 '그의 아버지 … 나의 아버지'라고 하였는가? (아버지에게) 동정을 얻기 위해서였다." - 창세기 라바 56,4: 부자 둘 다 믿음이 확고했지만 사마엘의 마지막 유혹에 이사악이 살짝 흔들려, 하느님의 시험 자체를 거부하지는 않았어도 아버지에게 연민을 호소하는 낱말을(나의 아버지) 사용하도록, 사마엘이 유혹했다는 해석이다.

22,9 하느님께서 … 말씀하신 곳에 이르자, … 아브라함은 제단을 세우고 나무를 쌓았다. … 이사악을 묶어 제단 위의 나무 위에 놓았다.

“랍비 이스마엘이 말하였다. 그들이 그 장소에 이르렀을 때 거룩하시고 찬미받으실 분께서 우리의 조상 아브라함에게 손가락으로 제단을 가리키시며 말씀하셨다. ‘이것이 그 제단이다. 첫 아담이 제물을 바친 그 제단, 카인과 아벨이 제물을 바친 그 제단, 노아와 그의 아들들이 제물을 바친 그 제단이다.’ ‘아브라함이 그곳에 그 제단을 세웠다’(9절)고 한 대로이다. 첫 사람들이 제물을 바친 (그 제단이다.)” - 엘리에제르의 어록 31,27-32

“이사악은 어디에 있는가? 랍비 레위가 말하였다. (아브라함은 이사악을) 데려다가 숨겼다. 그가 말하였다. ‘그를 꾸짖으려는 이가 돌을 던져 우리가 제사 드리기에 부적합해지지 않기 위해서다.’” - 창세기 라바 56,5: 아브라함을 말리려고 누군가 돌이라도 던지면 이사악이 다쳐 제물로서 부적합해지므로 아브라함이 이사악을 숨겼다는 것이다.

“랍비 이사악이 말하였다. 아브라함이 자기 아들 이사악을 묶으려고 할 때 (이사악이) 그에게 말하였다. ‘아버지, 젊은 제가 칼이 무서워 제 몸이 움직이는 바람에 (끈이 풀려 아버지를) 슬프게 하지나 않을까, 그래서 도살에 부적합하게 되어 (아버지의) 예물로 바쳐지지 못할까 걱정입니다. 그러니 저를 단단히 잘 묶으십시오.’ ‘그는 이사악을 묶었다.’ 어느 누가 서른세 살짜리를(또는 스물여섯 살) 그의 동의 없이 묶을 수 있을까? … 그는 손을 뻗쳐 칼을 들었다. (아브라함의) 눈에서 눈물이 흘렀고 아버지의 애절함 때문에 이사악의 눈에서도 눈물이 떨어졌다. 그럼에도 그는 기쁘게 창조주의 뜻에 따랐다. 천사들이 천상에 무리별로 모였다. … (하느님께서) 이사악의 후손들에게 물려주시고자 한 예루살렘과 성전에는 그분의 뜻이 없는가? 아브라함에게 권리가 없다면 피조물 누구에게도 그 앞에서 가치가 없다.” - 창세기 라바 56,8

“이사악이 아버지 아브라함에게 말하였다. ‘아버지 저를 묶으세요. 두 손과 두 발을 묶으세요. 제가 아버지를 저주하지 않도록 말입니다.’” - 엘리에제르의 어록 31,33-35

22,10 아브라함은 손을 뻗쳐 아들을 죽이려고 칼을 잡았다.

“라브가 랍비 히야 라바에게 물었다. (제의적) 도살을 할 때 이동할 수 있는 (도구가 필요하다는 것을) 어떻게 알 수 있나? 여기서다. ‘아브라함은 손을 뻗쳐 … 칼을 잡았다.’ … 레위가 가르친 대로 (바닥이나 바위에) 붙어 있는 것은 (도구로) 부적합하다. 분리되었다가 붙어 있으면 적합하다. 손낫, 부싯돌, 갈대로 도살하는 것은 적합하다. 랍비 요세가 말하였다. 갈대의 줄기에 관하여 다섯 가지가 언급된다. 그것으로 도살해서는 안 되고 할례해서는 안 되며 고기를 잘라서는 안 되고 손을 닦아서도 안 되고 이를 쑤셔서도 안 된다. (갈대에) 악한 영이 머무를 수 있기 때문이다.” - 창세기 라바 56,6: 제물을 바칠 때 제물 도살용으로 적합한 도구를 규정한 율법에, 아브라함이 이사악을 제물로 바치려고 한 이 구절이 근거로 제시되고 있다.

“랍비 유다가 말하였다. 칼이 그의 목에 이르자 이사악의 영이 달아나 떠났다. 그런데 두 커룹들 사이에서 그분 목소리가 들리자 … 그의 영이 몸으로 돌아왔다. (아브라함은) 그를 풀어 주고 그는 발로 섰다.” - 엘리에제르의 어록 31,51-57

“(이사악이 아브라함에게) 말하였다. ‘아버지! 어머니가 구덩이 위에 서 있을 때나 지붕 위에 서 있을 때, (절대 이번 일들을) 말씀하시지 마십시오. (어머니가) 자신을 던져 돌아가시지 않게 말입니다.’ 그들 둘은 제단을 세웠다. (아브라함은) 그 제단 위에서 (이사악을) 묶고 그를 죽이려고 칼을 들었다.” - 탄후마 와예라 23(30-31)

22,11 주님의 천사가 하늘에서 그를 불러 말하였다. “아브라함아, 아브라함아!” 아브라함이 말하였다. “저 여기 있습니다.”

“시종 천사가 소리치며 울었다. ‘보라, 아리엘이 울부짖고 평화의 천사들이 슬피 운다’(이사 33,7)고 한 대로이다. ‘온 세상의 주인이신 주님, 당신은 자비와 은총으로 불리십니다. 당신의 자비가 당신이 하신 일들에 있으니, 사람이고 사람의 아들인 이사악에게 자비를 베푸소서. 그는 짐승처럼 당신 앞에 묶여 있습니다. 당신은 사람과 짐승을 구하십니다.' '주님, 당신의 정의는 드높은 산줄기 같고 당신의 공정은 깊은 바닷속 같아, 당신께서는 사람과 짐승을 도와주십니다'(시편 36,6)고 한 대로이다." - 엘리에제르의 어록 31,47-51

22,12 **"아이에게 손을 뻗치지 마라. 그에게 아무 짓도 하지 마라. 이제 나는 네가 … 네 외아들을 나에게서 막지 않는다는 것을 알았다."**

"칼은 어디에 있었나? 시종 천사의 눈물이 세 방울 떨어져 칼이 녹아 버렸다. (아브라함이) 그분께 아뢰었다. '제가 그의 목을 조를까요?' 그분께서 말씀하셨다. '아이에게 손을 뻗치지 마라.' (아브라함이) 그분께 아뢰었다. '그에게서 피를 한 방울 흘리게 할까요?' 그분께서 말씀하셨다. "그에게 아무 짓도(מאומה) 하지 마라.' 곧 그를 흠집 내지(מומה) 마라.'" - 창세기 라바 56,7

"(주님께서 그에게 말씀하셨다.) "이제 나는 … 알았다.' 나는 네가 나를 사랑한다는 것을 모두에게 알린다. '너는 네 외아들을 나에게서 막지 않았다.' '몸 밖의 질병은(실제로 해를 끼치지 않는 질병) 병이 아니다'라고 말하지 마라. 내가 너에게 자신을 바치라고까지 했으나 너는 거부하지 않았으니 나는 너를 드높인다.'" - 창세기 라바 56,7

"랍비 아하가 말하였다. 아브라함은 놀라기 시작했다. '이 말씀들은 정말 경악할 말씀들입니다. 당신께서는 어제 '이사악을 통하여 후손들이 너의 이름으로 불리리라'(21,12)고 말씀하셔 놓고, 다시 '네 아들을 데려와 (바쳐라)'(22,2)고 하시더니, 이제는 '아이에게 네 손을 뻗치지 마라'(12절)고 하십니다. 이상하지 않습니까?' 거룩하시고 찬미받으실 분께서 말씀하셨다. "나는 내 계약을 더럽히지 않으리라'(시편 89,35). '나는 내 계약을 이사악과 세우겠다'(창세 18,21). '내 입술에서 나간 바를 바꾸지 않으리라'(시편 89,35). 나는 너에게 '네 아들을 데리고 와라'고 하였지 도살하라고 하지 않았다. 나는 너에게 (그가 잘 보이도록) '그를 … 올려라(바쳐라)'고 하였고 너는 내 말대로 올렸다. 이제는 그를 내려놔라.'" – 창세기 라바 56,8

"랍비 비비 라바가 랍비 요하난의 이름으로 말하였다. 아브라함이 그분 앞에서 아뢰었다. '세상의 주인이신 주님, 당신께서 저에게 '네 외아들 이사악을 데려와 (바쳐라)'(2절)'고 말씀하시니, 저는 '어제는 '이사악을 통하여 후손들이 너의 이름을 물려받을 것이다'(21,12) 하고 약속하시더니, 지금은 '네 아들을 데려와 (바쳐라)' 하시는군요' 하고 대답하겠습니다. … 주 저희의 하느님, 이사악의 자손들이 토라를 어기고 악을 행할 때 이 아케다(עקדה[이사악을 묶은 일])를 기억하시어 그들에게 자비를 채워 주십시오.'" – 창세기 라바 56,10

22,13 아브라함이 눈을 들어 보니, 덤불에 뿔이 걸린 다른 숫양이 있었다. 아브라함은 가서 숫양을 데려다 아들 대신 번제물로 올렸다.

"랍비 즈카르야가 말하였다. 이 양은 (첫 안식일) 해질녘에 창조된 것으로 이사악 대신 바쳐지려고 왔다. 그런데 사마엘이 곁에 서서 산만하게 하였다. 우리의 조상 아브라함의 예물을 무효로 만들려는 것이다. 양은 두 뿔이 나무에 걸린 채였다." – 엘리에제르의 어록 31,59-63: 아브라함의 '숫양'은 세상 창조의 첫 안식일에 창조된 열 가지 가운데 하나로 언급된다('열 가지' 목록은 21,19의 미슈나 아봇 5,6 참조).

"랍비 브나야가 말하였다. (아브라함이) 그분 앞에 아뢰었다. '세상의 주인이신 주님, 이 양의 피를 제 아들 이사악의 피처럼 보아 주십시오. 이 제물을 제 아들 이사악의 제물인 듯 (여겨 주십시오.)' '이 (동물이 봉헌된 동물) 대신이거나, (봉헌된 동물의) 대체물이거나, (봉헌된 동물과) 맞바꾼 것이라면 그것은 (봉헌된 동물의) 대체물이 된다'(미슈나 트무라 5,5)고 한 대로이다. 랍비 피느하스가 말하였다. (아브라함이) 그분 앞에 아뢰었다. '세상의 주인이신 주님, 제가 먼저 제 아들 이사악을 바치고 그다음에 (이사악) 대신 이 양을 바친 것처럼 여겨 주십시오.' '그의 아들 요탐이 그 대신에 임

금이 되었다'(2열왕 15,7)고 한 대로이다." - 창세기 라바 56,9

"랍비 베레크야가 말하였다. 숫양의 타는 향이 영광의 어좌 앞에 올라갔다. 그분께는 이사악의 향기로운 향과 같았다. 그분께서는 이 세상과 다음 세상에서 그를 축복하시며 맹세하셨다." - 엘리에제르의 어록 31,66-68

22,15-16 주님의 천사가 하늘에서 아브라함을 두 번째로 불러 말하였다. "나는 나를 걸고 맹세한다. 주님께서 말씀하신다. 너는 이 일을 수행하고 네 외아들도 막지 않았다."

"맹세에는 무엇이 필요한가? (아브라함이) 그분께 아뢰었다. '이제 저와 제 아들 이사악을 시험하시지 않겠다고 저에게 맹세해 주십시오.' … 랍비 하마 벤 랍비 하니나가 (말하였다.) (아브라함이) 그분께 아뢰었다. '이제 다시는 저를 시험하시지 않겠다고 저에게 맹세해 주십시오.' 이는 한 임금에 비유할 수 있다. 그는 한 여자와 혼인하여 첫 아들을 낳고 그와 이혼하였다. 두 번째 (여자와도 혼인하여 아들을 낳고) 이혼하였고, 세 번째와도 이혼하였다. 열 번째 아들까지 낳자 (아들들이) 모두 모여 그에게 말하였다. '이제 다시는 저희 어머니와 이혼하시지 않겠다고 저희에게 맹세해 주십시오.'" - 창세기 라바 56,11: 이혼을 일삼는 아버지 임금에게 아들들이 맹세를 요구하듯이, 큰일을 겪은 아브라함도 하느님께 맹세를 요청하였다는 것이다.

22,17 "그러니 나는 너를 축복하고 네 후손을 하늘의 별처럼 바닷가의 모래처럼 많게 하겠다. 네 후손은 원수들의 문을 물려받을 것이다."

"'나는 너를 축복한다'(ברך אברכך). 이는 아버지를 위한 축복이고(ברך) 아들을 위한 축복이다(אברכך). '내가 많게 하겠다'(הרבה ארבה). 이는 아버지를 위한 증가이고(הרבה) 아들을 위한 증가이다(ארבה)." - 창세기 라바 56,11: 반복된 두 낱말을 각각 다르게 적용하여, 아버지와 아들에게 저마다 축복과 번성이 돌아간다는 풀이이다.

22,19 아브라함이 남종들에게 돌아왔다. 그들은 일어나 함께 브에르 세바로 갔다. 아브라함은 브에르 세바에서 살았다.

"'아브라함이 남종들에게 돌아왔다'(19절). 그럼 이사악은 어디에 있는가? 랍비 베레크야가 그곳의(바빌론) 랍비들 이름으로 말하였다. 아브라함은 (이사악이) 토라를 배우도록 셈에게 보냈다. 이는 물레질하여 부자가 된 여자에 비유할 수 있다. 그 (여자가) 말하였다. '나는 이 물레질로 부자가 되었으니 이것을 내 손에서 놓을 수 없다.' 마찬가지다. 아브라함이 말하였다. '나에게 일어난 일은 내가 오로지 토라와 계명들을 위함이니, 나는 (토라가) 절대로 내 후손에게서 떠나게 하고 싶지 않다.'" - 창세기 라바 56,11

23,1—25,18 פרשת חיי שרה
사라의 세월(하예 사라)

사라의 죽음과 첫 소유지인 막펠라(23,1-20)

23,1-2 사라의 세월은 백이십칠 년으로 이는 사라가 산 햇수이다. 사라는 키르얏 아르바 곧 가나안 땅 헤브론에서 죽었다. 아브라함은 돌아와 사라를 애도하며 울었다.

"랍비 아키바가 앉아서 풀이하고 청중들은 졸고 있었다. 그는 그들을 깨우고 싶어 말하였다. 에스테르는 어떻게 백스물일곱 지방을 다스릴 권한을 얻었나? 백이십칠 년을 산 사라의 후손으로서 에스테르가 와서 백스물일곱 지방을 다스리게 하였다." - 창세기 라바 58,3

"(키르얏 아르바는) 네 가지 이름으로 불린다. 에스콜, 마므레, 키르얏 아르바, 헤브론이다. 왜 키르얏 아르바인가? 의인 네 사람이 그곳에 살았다. 아네르, 에스콜, 마므레, 아브라함이다. 의인 네 사람이 그곳에서 할례를 했다. 아브라함, 아네르, 에스콜, 마므레이다. 다른 해석: '키르얏 아르바', 의인 네 사람이 그곳에 묻혔다. 아담과 아브라함, 이사악과 야곱이다. 어머니 조상 네 분도 그곳에 묻혔다. 하와와 사라, 레베카와 레아이

다." – 창세기 라바 58,4

"마흔두 번째 희년 첫째 해 첫째 주에 아브라함은 돌아와 헤브론 맞은편 곧 키르얏 아르바에 자리 잡았다. 그해 두 주가 더 (지나고) 그 희년 첫째 해 셋째 주에 사라가 산 날들이 끝나 그는 헤브론에서 죽었다." – 희년서 19,1

"아브라함이 모리야산에서 돌아왔을 때 사탄의 분노가 타올랐다. 아브라함의 제물을 취소시키려는 그의 마음의 갈망이 이뤄지지 않았기 때문이다. 그는 어떻게 했겠는가? 그는 사라에게 가서 말하였다. '너는 세상에서 일어난 일을 못 들었느냐?' (사라가) 말하였다. '못 들었습니다.' 그가 말하였다. '너의 남편이 어린 이사악을 데리고 가 번제물로 바쳤다.' (사라는) 울기 시작했다. 그는 울면서 울부짖었다. 끊기지 않는 세 번의 (나팔 소리처럼) 세 번 울고, 끊기는 (나팔 소리처럼) 세 번 울부짖었다. 그러다가 그의 영이 달아나 (사라는) 죽었다." – 엘리에제르의 어록 32,12-15

"('아브라함은 돌아와 … 울었다.') 그는 어디에서 돌아왔나? 랍비 레위가 말하였다. 테라의 장례식에서 사라의 (장례식으로) 왔다. 랍비 요세가 말하였다. 테라의 장례가 사라의 장례보다 두 해 먼저가 아닌가? 그는 어디에서 왔는가? 모리야산에서 (돌아왔다.) 사라는 슬퍼서 죽었다. 그래서 이사악이 묶인 (이야기가) 끝나고 '사라의 세월은 …이다'고 한 것이다." – 창세기 라바 58,5

"랍비 요세가 말하였다. 이사악은 삼 년 동안 어머니 사라를 애도하였다. 삼 년 뒤에 그는 레베카를 아내로 삼고 어머니를 애도하는 것을 잊었다." – 엘리에제르의 어록 32,16-18

23,3 아브라함은 죽은 이 앞에서 일어나 히타이트 사람들에게 말하였다.

"이는 (아브라함이) 그를 거부하는 죽음의 천사를 보았다는 말이다. 랍비 요하난이 말하였다. 자기 앞에 죽은 이가 누워 있다면 그는 셰마 낭

송과 기도와 트필린 (등) 토라의 모든 계명에서 면제되는데 이는 어디에서 알 수 있나? 이 구절에서다. '아브라함은 죽은 이 앞에서 일어났다'(3절)." - 창세기 라바 58,6

"그는 이 일에서 인내심을 찾고 방해받지 않았다. 그는 인내의 영으로 히타이트 사람들과 이야기하였다. 그들이 그에게 죽은 이를 묻을 장소를 주고자 했기 때문이다." - 희년서 19,3-4

23,4 "나는 이방인이요 거류민으로 당신들과 함께 지내고 있습니다. 나에게 당신들의 소유지인 무덤을 내주십시오."

"'이방인'(גר), 이는 세입자이다. '거류민'(תושב), 이는 집주인이다. (아브라함이 말하였다.) '당신들이 (나에게 무덤을 주고) 싶어한다면 (나는) 게르이고, 그렇지 않다면 (나는) 집주인입니다. 거룩하시고 찬미받으실 분께서 나에게 말씀하셨습니다. '나는 이 땅을 너의 후손에게 준다'(15,18).'" - 창세기 라바 58,6

23,8-9 "내 (말을) 들어주십시오. … 에프론에게 청하여, … 자신의 막펠라 동굴을 넘기게 해 주십시오. … 무덤에 충분한 값을 내겠습니다."

"(아브라함이 말하였다.) '내가 (에프론을) 만나게 해 주시고 나를 위해 주선해 주십시오. 그것이 (여의치) 않다면 나 대신 (에프론에게) 간청해 주십시오.'" - 창세기 라바 58,7

"막펠라 동굴과 관련하여 라브와 사무엘이 '막펠라' (이름을) 두고 논쟁하였다. 하나는(라브) 방 두 개가 떨어져 있다고 하고, 다른 하나는(사무엘) 방이 두 층으로 되어 있다고 하였다. 방 위에 방이 있는 경우는 '막펠라' 곧 '이중'이라는 말이 적합하다. 그럼 두 방이 떨어져 있는 경우라면 왜 '막펠라'라 부른 것인가? 성조들이 짝지어 묻혔기 때문이다. 이는 '마므레 곧 키르얏 아르바'(35,27)라고 한 대로이다. 랍비 이사악이 말하였다. ('키르얏 아르바' 곧 '네 개의 마을'은) 네 쌍이 (묻힌) 도시라는 뜻이다. 곧

아담과 하와, 아브라함과 사라, 이사악과 레베카, 야곱과 레아이다." - 바블리 에루빈 53ㄱ

"주님께서 (아브라함을) 보는 모든 이 앞에서 그에게 은총을 주셨다. 그는 히타이트 사람들에게 온유한 마음으로 청하였다. 그들은 그에게 마므레 맞은편에 있는 은전 사백 닢짜리 이중 동굴 땅을 주었다. 그들이 당부했다. '공짜로 드리겠습니다.' 그러나 그는 그들에게서 공짜로 받지 않았다. 그는 그 장소의 제값을 주고 은전을 지불했다." - 희년서 19,4-5

23,17-18 그래서 마므레 앞 막펠라에 있는 에프론의 밭은 … 모든 히타이트 사람들이 보는 데서 아브라함의 소유가 되었다.

"(그 땅의 가치는 본디) 떨어졌으나 일어났다. 천한 사람에게 속했으나 위대한 사람의 것이 되었다. '막펠라'(מכפלה), 이는 모든 이들의 눈에 두 배의(נכפלה) (가치가) 되었고 그 안에 묻힌 이는 누구나 그 보상이 두 배, 몇 배임을 확신한다는 말이다. 랍비 아바후가 말하였다. ('막펠라'라는 이름은) 거룩하시고 찬미받으실 분께서 첫 아담의 키가 (너무 커 그를 접어) 낮추고 그를 그곳에 묻으셨다는 (말이다.)" - 창세기 라바 58,8

"랍비 엘아자르가 말하였다. '히타이트 사람'이라고 쓰기 위해 얼마나 많은 잉크를 쏟고 얼마나 많은 깃펜을 부수었는가! '히타이트 사람, 히타이트 사람'이라는 말이 열 번 쓰였다. 이 열 번은 열 말씀(십계명)을 가리키는데, 의인이 사는 것을 (돕는) 이는(아브라함이 속아서 사지 않도록 협상을 돕는 이) 누구나 십계명을 지키는 것과 같음을 가르친다. 랍비 유단이 말하였다. '(길앗) 사람 바르질라이'라는 말은 다섯 번 쓰였다. 이는 토라 다섯 권을 가리키는데, 의인에게 빵을 준 이는 누구나 토라 다섯 권을 지키는 것과 같음을 가르친다." - 창세기 라바 58,8

23,20 그 밭과 그 안의 동굴이 히타이트 사람들에게서 아브라함의 소유지인 무덤이 되었다.

“(아브라함은) 주님께서 그와 그의 뒤에 올 후손에게 주시겠다고 말씀하신 땅에서 (일어난) 일들에 관하여 아무 말도 하지 않았다. 그는 그곳에다 죽은 이를 묻고 싶었기 때문이다. 그는 신실하였고 인내심이 있었다. 그는 하늘 서판에 주님을 사랑하는 이로 기록되었다.” - 희년서 19,9

레베카를 아내로 맞은 이사악(24,1-67)

24,1 아브라함은 늙고 나이가 들었다. 주님께서는 아브라함에게 모든 것을 축복하셨다.

“‘늙었다’(זקן)는 말은, 이(זה) 사람이 두 세상을 얻었다(קנה)는 뜻이다. 세 사람이 늙고 수명을 다했을 때 면류관을 썼다. 이 세 사람은 민족의 우두머리가 되었으니, 아브라함과 여호수아와 다윗이다. 아브라함은 조상들의 우두머리, 여호수아는 에프라임 지파에서 나온 왕국의 우두머리이다. ‘에프라임에서는 아말렉에 뿌리를 둔 이’가 나왔는데 이는 여호수아이다. 다윗은 유다 지파에서 나온 왕국의 우두머리이다.” - 창세기 라바 59,6

“‘모든 것을 축복하셨다.’ 랍비 유다가 말하였다. 이는 하느님께서 그에게 딸을 주셨다는 말이다. 랍비 느헤미야가 말하였다. 딸이야말로 임금(아브라함) 집안의 중심이다. 그러나 랍비 레위가 말하였다. 그에게 딸이 없는 것이 축복이다.” - 창세기 라바 59,7

“딸은 아버지의 쓸모없는 보물, 걱정으로 밤마다 잠을 잘 수가 없다. 어려서는 유괴될까, 자라서는 창녀짓 할까, 성인이 되어서는 혼인하지 못할까, 혼인해서는 아이 낳지 못할까, 나이 들어서는 점술에 빠질까 걱정한다.” - 바블리 산헤드린 100ㄴ

24,2 아브라함은 자신의 모든 것을 관리하는 집안의 늙은 종에게 말하였다. “네 손을 내 허리 아래에 얹어라.”

“아브라함의 늙은 종 엘리에제르는 예시바(토라 학교)에 머물렀었다.

'(집안의) 모든 것을 관리한다'(2절)는 것은 그가 주인의 토라에 통달하였음을 뜻한다." - 바블리 요마 28ㄴ

"랍비 베레크야가 말하였다. 그것은(할례) 그들에게 고통을 주어 소중하기에, 그것을 두고 맹세를 하는 것이다." - 창세기 라바 59,8

24,3 "너는 내 아들의 아내를 … 가나안의 딸들에게서 데려오지 마라."

"이는 아네르, 에스콜, 마므레의 딸들에게 가지 말라는 경고이다." - 창세기 라바 59,8

24,7 "하늘의 하느님이신 주님께서, 네 앞에 그분의 천사를 보내시어 그곳에서 내 아들의 아내를 데려오게 하실 것이다."

"거룩하시고 찬미받으실 분께서 그를 위해 두 천사를 임명하셨다. 한 (천사는) 레베카를 데려오게 하시고, 다른 (천사는) 엘리에제르와 동행시키기 위해서다." - 창세기 라바 59,10

"랍비 아바후가 말하였다. 거룩하시고 찬미받으실 분께서는 이사악에게 자애를 베푸시고자 엘리에제르보다 먼저 천사를 보내셨다. 그래서 땅이 그 앞에서 건너뛰어 종은 세 시간 만에 하란에 도착했다." - 엘리에제르의 어록 16,19-22

24,10 종은 주인의 낙타들 가운데 열 마리를 끌고 주인의 온갖 좋은 것들을 가지고 일어나, 나호르의 성읍 아람 나하라임으로 갔다.

"우리의 조상 아브라함의 낙타들은 어느 장소에서든 알아볼 수 있었다. 재갈을 물고 있었기 때문이다. 랍비 헬보가 말하였다. ('온갖 좋은 것들'이란) 선물 증서이다." - 창세기 라바 59,10

24,11 저녁 무렵 그는 성읍 밖 우물에 낙타들을 풀어 놓았다.

"'그는 낙타들을 풀어 놓았다(ויברך).' 이는 그가 (낙타들을) 무릎 꿇어

(ברך) (물을 마시게) 하였다는 말이다." - 창세기 라바 59,11

24,13-14 "저는 샘물에 서 있다가 성읍 사람의 딸들이 물을 채우러 나오면, 한 소녀에게 말을 걸겠습니다. '물동이를 기울여 물을 마시게 해 주시오.'"

"네 (사람이) 적절하지 않게 청하였는데, 세 명에게는 적절하게 (응답이) 주어졌고, 하나에게는 적절하지 않게 주어졌다. 이들은 아브라함의 종 엘리에제르, 칼렙, 사울, 입타이다. 엘리에제르가 말하였다. '한 소녀에게 말을 걸겠습니다. '물동이를 기울여 물을 마시게 해 주시오." 한 여종이 나와 그를 마시게 해 주었다면, 그는 주인 아들과 혼인하였을 것이다. 그러나 거룩하시고 찬미받으실 분께서는 그를 위해 적절하게 준비하시어, '레베카가 나왔다.' 칼렙이 말하였다. '키르얏 세페르를 쳐서 점령하는 이에게 내 딸 악사를 아내로 주겠다'(여호 15,16). 한 종이 점령하였다면 그에게 딸을 주어야 했을 것이다. 그러나 거룩하시고 찬미받으실 분께서는 그를 위해 적절하게 준비하시어, '칼렙의 하우 크니즈의 아들 오트니엘이 그곳을 점령하여, 칼렙이 그에게 자기 딸 악사를 아내로 주었다'(17절). 사울이 말하였다. '임금님께서는 저자를 쳐 죽이는 사람에게 많은 재산뿐만 아니라 공주님도 주신다'(1사무 17,25). 쿠시인이나 우상숭배자나 종이 나갔다면 그에게 자기 딸을 내주었어야 했을 것이다. 그러나 거룩하시고 찬미받으실 분께서는 그를 위해 적절하게 준비하시어, '에프랏 사람의 아들 다윗'(12절)이 (나왔다.) 입타는 적절하지 않게 청하였고, 거룩하시고 찬미받으실 분께서는 적절하지 않게 응답하셨다. (입타가) 적절하지 않게 청하였다. '제 집 문을 처음 나오는 사람을 … 제가 번제물로 바치겠습니다'(판관 11,31). 거룩하시고 찬미받으실 분께서 그에게 말씀하셨다. '당나귀나 개나 고양이가 나왔다면 그것을 번제물로 바쳐야 했을 것이다.' 그분께서 어떻게 하셨겠는가? 그분께서는 적절하지 않게 그의 딸을 준비하시어, '그의 딸이 그를 맞으러 나온 것이다'(34절)." - 창세기 라바 60,3: 엘리에제르, 사울, 칼렙, 입타의 간청이 합당하지 못 하였음에도 하느님께서는 합당한 응답을 주셨다. 그러나 입타의 경우에는 큰 대가를 치르게 하셨다.

24,15 그가 아직 말을 맺기도 전에 레베카가 … 나왔다.

"랍비 시메온 벤 요하이가 가르쳤다. 세 사람은 아직 그들의 입이 응답을 (구하고 있을 때) 응답을 받았으니, 그들은 아브라함의 종 엘리에제르, 모세, 솔로몬이다. 엘리에제르는, '그가 말을 맺기도 전에 레베카가 나왔다'고 하였고, 모세는, '그가 이 모든 말을 마치자마자, 그들 발밑의 땅바닥이 갈라졌다'(민수 16,31)고 하였으며, 솔로몬은, '솔로몬이 기도를 마치자마자, 하늘에서 불이 내려와 번제물과 희생 제물을 삼키고, 주님의 영광이 주님의 집에 가득 찼다'(2역대 7,1)고 하였다." - 창세기 라바 60,4

24,16 그 소녀는 몹시 예뻐 보이는 처녀로서 남자를 알지 못하였다. 소녀는 샘으로 내려가 물동이를 채워 올라왔다.

"다쳐서 처녀성을 잃은 여자의 혼인 합의금은 이백 주즈(동전)이다. 이는 랍비 메이르의 말이고, 다른 현인들은 백 주즈라고 하였다. 랍비 아바후가 랍비 엘아자르의 이름으로 (말하였다.) 랍비 메이르가 (그렇게 주장한) 이유는, '아직 남자를 알지 못한다'(16절)고 하였으니, 그가 다쳐서 처녀성을 잃었더라도 (남자를 알지 못하므로) 그는 처녀이다. 한편 랍비들이 (그렇게 주장한) 이유는, '처녀로서'(16절)라고 하였으니, 그는 다쳐서이긴 해도 처녀성을 잃었으므로 그는 처녀가 아닌 것이다." - 창세기 라바 60,5: 혼인 합의금 논쟁에서, 랍비 메이르는 처녀성을 잃었어도 남자를 알지 못하니 합의금을 높게 주어야 한다는 입장이고, 랍비들은 남자를 알지 못해도 처녀성을 잃었으므로 합의금을 낮게 주어야 한다고 주장한다. 두 편 다 이 16절에 근거한 해석이다.

"모든 여자들이 내려가 우물에서 물을 채운다. 그러나 (레베카의 경우에는) 물이 그를 보자마자 바로 올라왔다. 거룩하시고 찬미받으실 분께서

(레베카에게) 말씀하셨다. '너는 네 자손들의 상징이다. 물이 너를 보자마자 바로 올랐으니 네 자손들도, 우물이 그들을 보고 올라올 것이다.' '그때 이스라엘은 이런 노래를 불렀다. '우물아 올라와라, 너희는 우물에게 대답하여라"(민수 21,17)고 한 대로이다." - 창세기 라바 60,5

24,22 그 남자는 무게가 한 베카 나가는 금 코걸이를 (걸어 주고), **무게가 금으로 열** (세켈) **나가는 팔찌 두 개를 그의 손에 채워주었다.**

"'팔찌 두 개'는 두 서판을 가리키고, '금 열 세켈'은 십계명을 가리킨다." - 창세기 라바 60,6: 곧 엘리에제르가 준비한 패물들이 혼인예물이 아닌 하느님을 섬기는 데 필요한 계명들이라는 해석이다.

24,28 그 소녀는 달려가서 어머니의 집에 이 일을 알렸다.

"(나그네의 숙소 등을 알아봐 주려면 아버지에게 알려야 하지만) 여자는 어머니의 집으로 가는 것이(28절) 보통이다. 그러나 … 라헬은 '달려가 아버지에게 이 사실을 알렸다'(29,12)고 하였다. … (라헬의) 어머니는 죽었으니 아버지 말고 누구에 알려야 했겠는가?" - 창세기 라바 60,7

24,31 라반이 말하였다. "주님의 복을 받으신 분, 들어오십시오. 왜 밖에 서 계십니까? 제가 집을 비워 두었고 낙타를 둘 곳도 (있습니다.)**"**

"(라반은) 그가 아브라함이라고 생각했다. 그의 얼굴 모습이 (아브라함과) 비슷했기 때문이다. 랍비 요세 벤 랍비 도사가 말하였다. 가나안은 엘리에제르이다. 그가 의로운 그를 신실하게 섬겼기 때문이다. 그는 저주의 범주에서 나가 축복의 범주에 (들어갔다.) '들어오십시오, 주님께 복을 받으신 분!'이라고 한 대로이다. 랍비 야곱이 말하였다. 벳 구브린의 랍비 요하난이 그를 위해 하프타라(고별 연설)를 하였다. 엘리에제르가 의로운 이를 신실하게 섬김으로써 저주의 범주에서 나가 축복의 범주에 (들어갔다면,) 손과 발로(온 정성을 다해) 어른들에게든 아이들에게든 자애를 베푼

이스라엘은 오죽하겠느냐?" - 창세기 라바 60,7

"'왜 밖에 서 계십니까?' 이는 '밖에 서 있는 것이 당신 명예에 (어울리지) 않습니다'는 말이다. '제가 집을 비워 두었습니다.' 이는 우상숭배의 오염에서 (집을 치웠다는) 말이다." - 창세기 라바 60,7

"우리의 조상 아브라함의 낙타들은 이방 신상들이 있는 곳에 들어가지 않았다. '제가 집을 비워 두었고 낙타를 둘 곳도 (있습니다)'고 한 대로이다. 곧 그들이 그 앞에서 이방 신상들을 모두 치울 때까지 아람 사람 라반의 집에 들어가지 않았다는 것이다." - 나탄의 아봇 8(38)

24,50 라반과 브투엘이 대답하였다. "이 일은 주님에게서 나왔습니다."

"라브가 랍비 르우벤 벤 이츠트로벨리의 이름으로 말하였다. 토라에 … 따르면 여자의 남편은 하느님에게서 나온다. '이 일은(레베카가 이사악의 아내가 되는 일) 주님에게서 나왔습니다'(50절)고 한 대로이다." - 바블리 모에드카탄 18ㄴ

24,53 그 종은 은붙이와 금붙이와 옷가지를 꺼내 레베카에게 주고, 그의 오라버니와 어머니에게는 값진 것들을 주었다.

"'값진 것들', 랍비 후나가 말하였다. 이는 진주이다. 랍비들이 말하였다. 구운 곡물과 견과이다. 곡물들이 값진 것인가? 이는 사람이 준비물 없이 여행을 떠나면 고생하게 된다는 것을 가르친다. '저마다 이웃 여자와 자기 집에 함께 사는 여자에게 은붙이와 금붙이와 옷가지를 요구할 것이다'(탈출 3,22)고 한 대로이다. 그럼 옷가지들이 값진 것인가? 이는 … 사람이 옷가지 없이 여행을 떠나면 고생하게 된다는 것을 가르친다. '이웃들이 은붙이와 금, 물품과 집짐승, 값진 선물들로 그들을 도왔다'(에즈 1,6)고 한 대로이다." - 창세기 라바 60,11

24,55 (레베카의) 오라버니와 어머니가 말하였다. "저 아이가 며칠이나

열흘쯤 저희와 머물다가 떠나게 해 주십시오."

"'그의 오라버니와 어머니가 말하였다.' 브투엘은 어디 있는가? 그는 그것을 방해하고 싶어 하더니만, 밤사이에 (갑자기) 죽었다. … '악인은 자기의 악함으로 넘어지고 만다'(잠언 11,5)고 한 대로, 이는 그것을 방해하고자 하여 밤사이에 죽은 브투엘을 암시한다." - 창세기 라바 60,12

"'며칠'은 그를(아버지) 애도하기 위한 칠 일이다. '열'은 처녀가 (혼인에) 필요한 것들을 준비하도록 주어진 열두 달이다." - 창세기 라바 60,12

24,57 그들이 말하였다. "아이를 불러 그의 입에 물어봅시다."

"고아와 혼인하려면 본인의 동의가 필요하다." - 창세기 라바 60,12

24,60 "우리 누이야, 너는 수천, 수만이 되어라."

"랍비 아예부가 말하였다. 그들은 비참한 상황이어서 지참금도 못 챙겨 주고 말로만 하였다. '우리 누이야, 너는 수천, 수만의 (어머니가) 되어라'(60절)." - 창세기 라바 60,13

24,61 레베카는 몸종들과 일어나 낙타에 올라타고 그 남자를 따라갔다.

"랍비 레위가 말하였다. 낙타가 자라는 동쪽에서는 (여자가 낙타에 타는 것이 흔한 일이다.) 랍비들이 말하였다. 낙타에는 부정의 요소와 정결의 요소가 있다. 마찬가지로 레베카는 의로운 (아들과) 사악한 (아들을) 세웠다. '그는 그 남자를 따라갔다.' 남자가 여자 뒤를 따라가는 것은 흉한 일이다." - 창세기 라바 60,14

"종은 하란을 떠났다. 그는 레베카와 그의 유모 드보라를 데리고 낙타 위에 그들을 태웠다. 밤에 그 종이 레베카와 단둘이 있지 않도록, 땅이 그 앞에서 건너뛰어 세 시간 만에 오후 기도 시간에 헤브론에 도착했다." - 엘리에제르의 어록 16,33-37

24,63 저녁 무렵 이사악은 하소연하러 들에 나갔다.

"이사악은 오후 기도를 하기 위해 나갔다." - 엘리에제르의 어록 16,38

"이사악이 오후 기도를 만들었다. '저녁 무렵 이사악은 하소연하러(לשׂוח) 들에 나갔다'고 한 대로이다. '하소연'(שׂיח)은 기도이다. '절망하여 주님 앞에 하소연을(שׂיח) 쏟아내는 가난한 이의 기도'(시편 102,1)라고 한 대로이다." - 바블리 브라콧 26ㄴ

"하소연은(שׂיח) 기도이다. '저녁에도 아침에도 한낮에도 나는 하소연하고(אשׂיחה) 신음하리니, 그분께서 내 소리를 들으셨다'(시편 55,18)고 한 대로이다." - 메킬타 드리 14,10(92)

24,64 레베카도 눈을 들어 이사악을 보았다. … 그는 너울을 가져다 자신을 가렸다.

"두 사람이 너울을 썼고 쌍둥이로 태어났다. 그들은 곧 레베카와 타마르이다. 레베카는 '너울을 가져다 자신을 가렸다'고 하였고, 타마르는 '너울을 썼다'(38,14)고 한 대로이다." - 창세기 라바 60,15

24,66 종은 이사악에게 자신이 한 일들을 모두 알렸다.

"랍비 엘아자르가 말하였다. 토라에는 일반 진술이 세부 진술보다 더 많은데, (세부 진술을 쓰자면) 두세 장에 걸쳐 쓸 수 있을 정도다. 랍비들이 말하였다. (엘리에제르는) 자신 앞에서 땅이 건너뛴 놀라운 일들을 (이사악에게) 알렸을 것이다." - 창세기 라바 60,15: 그동안 종에게 일어난 일들을 이사악에게 보고하는 대목이 성경에는 빠져 있지만 실제로는 상세히 보고했을 법하다고 랍비들은 추측한다.

24,67 이사악은 레베카를 어머니 사라의 천막으로 데리고 들어가 … 아내로 삼았다. 이사악은 … 어머니를 여읜 뒤 위로를 받았다.

"사라가 살아 있는 동안 장막 입구에 구름이 매달려 있었는데 사라가 죽은 뒤 구름이 사라졌다. 그런데 레베카가 오자 구름이 돌아왔다. 사라가 살아 있는 동안 문들이 활짝 열려 인심이 있었으나 그가 죽은 뒤 인심이 사라졌다. 그런데 레베카가 오자 인심이 돌아왔다. 사라가 살아 있는 동안 그의 반죽은 축복을 받았으나 그가 죽은 뒤 축복이 멈추었다. 그런데 레베카가 오자 돌아왔다. 사라가 살아 있는 동안 안식일 저녁부터 다음날 저녁까지 (안식일) 촛불이 타고 있었으나 그가 죽자 촛불은 멈추었다. 그런데 레베카가 오자 돌아왔다." - 창세기 라바 60,16

"(이사악은 레베카가) 어머니가 한 대로 하는 것을 보고, 곧 정결하게 안식일 빵을(חלה) 떼어내고 정결하게 반죽을 다루는 것을 보고, 이사악은 바로 '그를 어머니 사라의 천막으로 데리고 들어갔다.'" - 창세기 라바 60,16

"(레베카가) 어머니 사라처럼 완벽하다는 것이 밝혀졌다. … 그래서 '이사악은 … 어머니를 여읜 뒤 위로를 받았다'(67절)." - 엘리에제르의 어록 16,44-45

크투라가 낳은 아브라함의 자손(25,1-6)

25,1 아브라함이 또 아내를 얻었다. 그의 이름은 크투라이다.

"랍비 유단이 말하였다. 너는 토라에서 배운다. 만일 어떤 사람에게 다 자란 아들들이 있다면 그는 먼저 그들을 혼인시킨 다음 자신의 아내를 얻어야 한다. 이는 아브라함에게서 배울 수 있다. 먼저 '이사악이 (레베카를) 어머니 사라의 천막으로 데리고 들어가고'(24,67), 그다음 '아브라함은 또 아내를 받았다'(25,1)." - 창세기 라바 60,16

"랍비 유다가 말하였다. (또 얻은 아내는) 하가르이다. 랍비 느헤미야가 말하였다. 그럼 왜 '또'라고 하였나? (랍비 유단이) 말하였다. (성경에서) 말한 대로 그는 말씀에 따라 그와 혼인하였다. 곧 '주님께서 나에게 '또' 말씀하셨다'(이사 8,5)." (랍비 느헤미야가) 말하였다. 그럼 왜 '그의 이름은 크투라'(קטורה)라고 하였는가? (랍비 유단이) 말하였다. 이는 그가 계명과 선

행에 묶여(מקוטרת) 있기 때문이다.” - 창세기 라바 61,4

“사라가 죽은 뒤 아브라함은 이혼한 (하가르를) 다시 아내로 맞아드렸다. ‘아브라함이 또 아내를 얻었다. 그의 이름은 크투라이다’(1절)라고 한 대로이다. 왜 ‘또’라고 했는가? 본디 아내였다가 다시 데려왔기 때문이다. ‘그의 이름이 크투라’인 것은 그가 온갖 종류의 향수로 향기를 풍기기(מקוטרת) 때문이다.” - 엘리에제르의 어록 30,62-66

“아브라함이 셋째 아내를 얻었다. 그의 이름은 크투라로 그의 집에서 태어난 (종이다.) 하가르는 사라보다 먼저 죽었다. 그는 (아브라함에게) 아들 여섯을 낳아 주었다.” - 희년서 19,11

25,2 그는 그에게 지므란, 욕산, … 수아를 낳아 주었다.

“아미 바르 에제키엘이 말하였다. ‘지므란’(זמרן), 그들이 세상을 파괴했다(מזמרים)는 뜻이다. ‘욕산’(יקשן), 그들이 세상에서 잔인했다(מתקשין)는 뜻이다. 랍비들이 말하였다. ‘지므란’, 그들이 이방신 숭배를 위해 노래했다(מזמרין)는 뜻이다. ‘욕산’, 그들이 이방신 숭배를 위해 북을 두드렸다(מקישין)는 뜻이다.” - 창세기 라바 61,5

25,3 드단의 자손들은 아수르인, 르투스인, 르움인이다.

“랍비 사무엘 벤 나흐만이 말하였다. 비록 그들을 (아수르인, 르투스인, 르옴인이라) 번역하였지만, 그들은 상인, 기술자, 백성의 우두머리들이다. 사실 그들 모두 백성의 우두머리들이다.” - 창세기 라바 61,5

25,5 아브라함은 자신의 모든 것을 이사악에게 주었다.

“랍비 레위가 랍비 하마 벤 랍비 하니나의 이름으로 말하였다. (아브라함은 이사악을) 축복하지는 않았지만 그에게 선물을 주었다.” - 창세기 라바 61,6

25,6 소실들의 아들들에게는 아브라함이 선물들을 주었다. 그리고 그는 생전에 그들을 … 이사악에게서 해 뜨는 땅 동쪽으로 보내버렸다.

"마케도니아의 알렉산드로스 시절에 이스마엘 사람들이 이스라엘과 장자권을 다투기 위해 왔다. … 그들이 말하였다. '누가 그들에 맞서 재판하러 가겠소?' 코셈의 아들 기브아가 말하였다. '제가 그들에 맞서 재판하러 가겠습니다.' 그들이 그에게 말하였다. '그 땅을 그들에게 넘겨 주지 않게 조심하시오.' 그가 말하였다. '제가 그들에 맞서 재판하러 가겠습니다. 제가 그들을 이기면 잘 된 일이고, 그렇지 않으면 당신들은 말할 것입니다. '우리 대신 나선 이 못난 놈은 뭐지?'' 그는 그들에 맞서 재판하러 갔다. 마케도니아의 알렉산드로스가 그들에게 말하였다. '누가 원고이고 누가 피고인가?' 이스마엘인들이 말하였다. '저희가 원고입니다. 저희는 그들의 토라에 (근거하여) 그들에게 (주장합니다.) '미움 받는 여자의 아들을 맏아들로 인정하여 그에게 자기의 모든 재산에서 두 몫을 주어야 한다'(신명 21,17)고 하였으니, 이스마엘은 (맏아들이므로) 재판에서 두 몫이 떨어져야 합니다.' 코셈의 아들 기브아가 그에게 말하였다. '저의 주인이신 임금님, 사람은 자신이 원하는 것을 자기 아들에게 하지 않습니까?' (알렉산드로스가) 그에게 말하였다. '소실들의 아들들에게는 아브라함이 선물들을 주었다'(창세 25,6)." - 창세기 라바 61,7

"(아브라함이) 그들에게 말하였다. '너희는 갈 수 있는 한 멀리 동쪽으로 가라. 그래서 이사악의 석탄에 타지(다치지) 않게 하여라.'" - 창세기 라바 61,7

아브라함의 죽음(25,7-11)

25,7 아브라함 생애의 기간은 백칠십오 년이다.

"거룩하시고 찬미받으실 분께서는 의인들의 햇수를 소중히 여기시어 토라에 기록하셨다. 그들 시대의 상속재산을 세상이 기억하게 하시려는

것이다." - 창세기 라바 62,1

25,8 아브라함은 늙어 노년을 잘 보내고 만족해하면서 … 죽었다.

"의인에 대한 모든 보상은 다음 세상에 그들을 위해 준비되어 있다. 거룩하시고 찬미받으실 분께서는 (의인들에게) 아직 이 세상에 있을 때 보상을 보여 주시는데, 이는 장차 다가올 미래에 그들에게 주실 것이다. 그들은 만족해하면서 잠들었다. 랍비 엘아자르가 말하였다. 이는 임금이 마련한 잔치에 비할 수 있다. 그는 손님들을 초대하고 그들이 먹고 마실 것들을 그들에게 보여 주었다. 그들은 만족해하면서 잠들었다. 마찬가지로 거룩하시고 찬미받으실 분께서도 의인들에게 아직 이 세상에 있을 때 보상을 보여 주시는데, 이는 장차 다가올 미래에 그들에게 주실 것이다. 그들은 잠들었다. '나 지금 누워 쉬고 있을 터인데. 잠들어 안식을 누리고 있을 터인데'(욥 3,13)라고 한 대로이다. 그래서 의인들이 떠날 때 거룩하시고 찬미받으실 분께서 그들에게 보상을 보여 주신다." - 창세기 라바 62,2

"마흔네 번째 희년 둘째 해 첫째 주에 아브라함이 죽었다. 이사악과 이스마엘이 브에르 세바에서 왔다. 그들의 아버지 아브라함을 위해 주간절 축제 곧 첫 열매 축제를 지냈다. 아브라함은 두 아들이 와서 기뻐하였다." - 희년서 22,1-2

25,9 그의 아들 이사악과 이스마엘이 그를 막펠라 동굴에 묻었다.

"이스마엘은 자기 아버지의 생전에 회개하였다. 그래서 '이사악과 이스마엘이 그를 … 묻었다'고 한 것이다." - 바블리 바바바트라 16ㄴ

"여기서는 여종의 아들이(이스마엘) 안주인의 아들에게(이사악) 경의를 표한 것이다." - 창세기 라바 62,3

25,10 아브라함이 그 밭을 히타이트 자손들에게서 사들여, 아브라함과 그의 아내 사라가 그곳에 묻혔다.

“랍비 탄후마가 말하였다. 사라의 장례에서 아브라함의 장례까지는 삼십팔 년이 지나지 않았나? 그런데 ‘아브라함과 그의 아내 사라가 그곳에 묻혔다’고 하였나? (곧 왜 아브라함을 먼저 언급하는가?) 이는 (사라의 장례에 참석하여) 시리의 명복을 빈 이는 모두 아브라함에게 명복을 빈 것과 (같은 혜택을) 얻는다는 말이다. 랍비 사무엘 바르 나흐만이 말하였다. 셈과 에베르는 (사라의) 관 앞에 가면서, 우리의 조상 아브라함을 위한 장소가 비어 있는 것을 보고 그의 이중 동굴에 그를 묻었다.” - 창세기 라바 62,3

25,11 아브라함이 죽은 뒤 주님께서 그의 아들 이사악을 축복하셨다.

“(아브라함은 생각하였다.) ‘내가 이사악을 축복한다면 (이사악의 자손들뿐 아니라) 이스마엘의 자손들과 크투라의 자손들도 (그 축복에) 포함된다. 내가 이스마엘의 자손들과 크투라의 자손들을 축복하지 않으려면, 이사악도 축복할 수 없다. … 나는 인간일 뿐, 내 할 일이나 해야지. 하느님께서 그분 세상에서 무엇이든 하실 것이니 그분이 하시게 두자.’ 그래서 아브라함이 죽자 하느님께서 이사악을 축복하신 것이다.” - 창세기 라바 61,6: 아브라함이 아닌 주님께서 이사악을 축복하신 이유를 설명한다.

“아브라함이 죽었을 때 거룩하시고 찬미받으실 분께서 이사악을 축복하셨다. … 그러나 이사악은 야곱을 축복하고 야곱은 열두 지파들을 축복하였다.” - 민수기 라바 11,2

이스마엘의 족보(25,12-18)

25,12.17 이것들은 … 아브라함의 아들 이스마엘의 족보이다. … 이스마엘이 산 햇수는 백삼십칠 년이다.

“랍비 하마 바르 우크바와 랍비들이 앉아서 어려움을 토로했다. 여기서 악인의 족보를(12절) 기록한 의도가 무엇일까? … 랍비 레위가 랍비 하마 벤 랍비 하니나의 이름으로 말하였다. 너의 조상 (야곱이) 몇 세에 (이사악에게서) 축복을 받았는지 알려 주기 위해서다. … 여기서 악인의 나이를 (17절) 기록한 의도가 무엇일까? (이스마엘이) 자기 아버지의 명복을 빌기 위해 광야의 깊은 곳에서 왔기 때문이다." - 창세기 라바 62,5

25,18 그들은 하윌라에서 수르에 이르는 곳에 살았다. … 그는 자기 형제들 맞은편에 떨어져 (살았다.)

"'그는 자기 형제들 맞은편에 떨어져 (살았다.)' 여기서는 '그가 떨어져' 산다고 말하고, 다른 데서는(16,12) '그가 산다'(שכן)고 하였다. 우리의 조상 아브라함이 살아 있는 동안에는 '그가 산다'고 하다가 우리의 조상 아브라함이 죽으니 '그가 떨어져' 산다고 한다. 그가 성전에 손을 뻗치기 전에는 '산다'고 하고 그가 성전에 손을 뻗치고 나서는 '떨어져' 산다고 한다. 이는 이 세상에서는 '사는' 것이고 다음 세상에서는 '떨어져' 사는 것이다." - 창세기 라바 62,5

פרשת תולדת 25,19—28,9
족보(톨돗)

에사우와 야곱의 출생(25,19-28)

25,19 이것들은 아브라함의 아들 이사악의 족보이다. 아브라함이 이사악을 낳았다.

"'의로운 이의 아버지는 몹시 즐거워한다'(잠언 23,24)고 하였다. 의인이 태어났을 때 즐거워한다. … 의인의 아들이 의인일 때는 즐거워하고 나서 또 즐거워한다(기쁨이 두 배이다)." - 창세기 라바 63,1

"아브람은 아브라함으로 불리었다. '아브람은 아브라함이다'(1역대 1,27)라고 한 대로이다. 이사악은 아브라함으로 불린다. '이것들은 이사악의 족보이다(אלה תולדת יצחק). 곧 아브라함의 아들 아브라함이다(בן־אברהם אברהם)'고 한 대로이다(히브리어 문장을 다르게 끊어 읽은 해석). 야곱은 이스라엘이라 불리었다. '너의 이름은 더 이상 야곱이 아니라 이스라엘이라 불릴 것이다'(32,29)고 한 대로이다. 이사악은 이스라엘이라 불린다. '이것들은 이집트에 들어간 이스라엘의 아들들 이름이다. 곧 야곱과 그의 아들들이다'(46,22: 야곱이 이스라엘의 아들이니 이스라엘은 이사악인 것으로 해석)

고 한 대로이다." - 창세기 라바 63,3

25,20 이사악은 마흔 살에 파딴 아람의 아람인 브투엘의 딸이자 아람인 라반의 누이인 레베카를 아내로 얻었다.

"랍비 이사악이 말하였다. 그가 파딴 아람(פדן ארם) 출신임을 밝혀 놓고 왜 '아람인(הארמי) 브투엘의 딸'이라고 하였나? 이는 그의 아버지가 사기꾼이고(רמאי), 그의 오라비가 사기꾼이며(רמאי), 그의 고향 사람들이 사기꾼이지만(רמאי), 그들 가운데에서 나온 이 의로운 여인은 '엉겅퀴 사이에 핀 나리꽃'(아가 2,2)과 같음을 알려 주기 위해서다. 랍비 피느하스가 말하였다. … 이는 그들 모두가 사기꾼에(רמאות) 포함됨을 알려 주기 위해서다." - 창세기 라바 63,4

25,21 이사악은 아내가 불임이라 그의 맞은편에서 주님께 간청하였다.

"랍비 유단이 레시 라키시의 이름으로 말하였다. (사라에게는) 난소가 없어서 거룩하시고 찬미받으실 분께서 그에게 난소를 만들어 주셨다." - 창세기 라바 63,5: 사라의 경우와 같다(17,16 참조).

"랍비 유다가 말하였다. 레베카는 이십 년 동안 불임이었다. 이십 년 뒤에 이사악은 (레베카를) 데리고 자기가 묶였던 장소인 모리야산으로 갔다. 그는 임신을 위해 기도하고 그분께 간청하였다." - 엘리에제르의 어록 32,22-26

"'주님께 간청하였다.' 랍비 요하난이 말하였다. 이는 (이사악이) 열렬히 기도하였다는 말이다. 레시 라키시가 말하였다. 그가 (레베카의) 운명을 바꾸었다. … '그의 맞은편에서', 이는 이사악이 이곳에 엎드리고 (레베카는) 저곳에 엎드렸다는 말이다. 그는 말하였다. '세상의 주인이신 주님, 당신께서 저에게 주실 모든 자식들이 이 의로운 여인에게서 나오게 해 주십시오.' (레베카도) 그렇게 말하였다. '장차 당신께서 저에게 주실 모든 자식들이 이 의로운 이에게서 나오게 해 주십시오.'" - 창세기 라바 63,5

25,22 그런데 배 속에서 아이들이 밀어대자 레베카가 말하였다.

“랍비 요하난이 말하였다. 서로가 서로를 죽일듯이 달려들었다. … 랍비 베레크야가 랍비 레위의 이름으로 말하였다. 어머니의 배에서 나온 뒤에만 (에사우가 야곱에게) 적대적이었다고 말하지 마라. 어머니의 배 속에서도 그의 주먹은 그에게 뻗쳐 있었다. … (레베카가) 회당이나 학교에 서 있을 때 야곱은 (배 속에서) 나오려고 밀어댔다. ‘모태에서 너를 빚기 전에 나는 너를 알았다’(예레 1,5)고 한 대로이다. (레베카가) 이방신의 집을 지날 때 에사우는 (배 속에서) 나오려고 뛰고 밀어댔다. ‘악인들은 어미 배에서부터 변절한다’(시편 58,4)고 한 대로이다.” - 창세기 라바 63,6: 야곱은 레베카가 회당과 학교 앞에 섰을 때 배 속에서 나오려고 에사우를 밀어댔고, 에사우는 레베카가 이방신 신전을 지나치려 하자 배 속에서 나오려고 야곱을 밀어댔다는 해석이다.

“그 아들들은 그의 자궁에서 전사들처럼 겨루었다. ‘배 속에서 아이들이 밀어댔다’(22절)고 한 대로이다.” - 엘리에제르의 어록 32,30

25,23 “너의 배 속에 두 민족이 있으니 … 형이 동생을 섬기리라.”

“랍비 후나가 말하였다. (야곱이) 이기면 (에사우는) 그를 섬길 것이다. 그러나 그렇지 않으면 (에사우는) 그를 섬기지 않을 것이다.” - 창세기 라바 63,7

25,24 출산할 날이 다 되었고 그의 배 속에는 쌍둥이가 있었다.

“(타마르는 출산일을 다 채우지 못하여) 부족했으나, (레베카는) 다 채웠다. (타마르의 경우에는) ‘쌍둥이’(תומים)라 하였으니 페레즈와 제라 둘 다 의인이기 때문이다. 여기서는(레베카의 경우) ‘쌍둥이’(תומם)라 하였으니 야곱은 의롭고 에사우는 악하기 때문이다.” - 창세기 라바 63,8: 히브리어 철자가 온전한 경우(תומים) 쌍둥이 둘 다 의인이 되었고, 불완전한 경우(תומם) 하나만 의인이 되었다는 해석이다.

25,25 첫째가 나왔는데 (몸이) 붉고 … 이름을 에사우라 불렀다.

"랍비 아바 바르 카하나가 말하였다. 마치 피를 쏟은 이처럼(살인자)(붉었다.) 사무엘이 다윗을 보았을 때 '붉었다.' '그가 사람을 보내어 그를 데려왔는데, 그는 붉었다'(1사무 16,12)고 한 대로이다. 그는 두려움에 싸여 '이 아이도 에사우처럼 피를 쏟는 이란 말인가?' 하고 말하였다. 그러나 거룩하시고 찬미받으실 분께서 그에게 말씀하셨다. '(다윗의) 눈매가 아름답다'(12절). 에사우는 자신의 뜻대로 (사람을) 죽였지만 다윗은 산헤드린의 뜻대로 죽였다." - 창세기 라바 63,8

"왜 에사우가 먼저 나왔나? 그가 나오면서 그의 부정함이 그와 함께 나오게 하기 위해서다. 그는 먼저 욕조를 닦은 뒤에 임금의 아들을 씻기는 목욕 시종과 같다." - 창세기 라바 63,8

25,27 아이들이 자라자 에사우는 들사람인 사냥꾼이 되었고, 야곱은 천막에서 사는 온전한 사람이 되었다.

"니므롯은 아담에게 속한 겉옷을 (에사우가 가지고 있어) 그를 죽이고자 하였다. 그가 그것을 입고 들에 나올 때마다, 세상에 있는 들짐승과 새들이 그 주변에 와 떼를 지었기 때문이다." - 창세기 라바 63,13

"(에사우는) 사람들이 자기들 말에 걸려들게(사냥) 하였다. '너는 훔치지 않았지? 그럼 공범이 누구냐? 너는 죽이지 않았지? 그럼 너의 보조는 누구냐?' 랍비 아바후가 말하였다. 그는 집의 사냥꾼, 들의 사냥꾼이다. 집에서는 '소금 십일조는 어떻게 되었느냐?', 들에서는 '지푸라기 십일조는 어떻게 되었느냐?' 하고 재촉한다." - 창세기 라바 63,10

"그들은 나란히 자라는 도금양과 들장미에 비할 수 있다. 그것들은 자라서 꽃을 피우는데 하나는 향기를 내뿜고 하나는 가시를 낸다. 둘 다 열세 살에 학교에 갔고 학교에서 집으로 돌아왔다. 열세 살이 지난 뒤에는 하나는 배움의 집에 갔고 다른 하나는 이방 신 신전에 갔다. 랍비 엘아자르가 말하였다. 사람은 열세 살까지 자기 아들을 돌보아야 한다. 그다음부터 그는 말해야 한다. '이 (아이의) 처벌(책임)에서 나를 면제해 주신 분은 찬미받으소서!'" – 창세기 라바 63,10

"'야곱은 천막에 사는 온전한 사람이 되었다'(27절). 이는 두 천막으로서 셈의 학교와 에베르의 학교이다." – 창세기 라바 63,10

"랍비 탄후마가 말하였다. 두 아이들은 자랐다. 하나는 생명의 길을 걷고 다른 하나는 죽음의 길을 걸었다. … 우리의 조상 야곱은 생명의 길을 걸으면서 천막에 머물며 날마다 토라를 연구하였다." – 엘리에제르의 어록 32,30-31

25,28 이사악은 … 에사우를 좋아하였고, 레베카는 야곱을 좋아하였다.

"아브라함은 야곱을 사랑했고 이사악은 에사우를 (사랑했다.) 아브라함은 에사우의 행실을 보고 자신의 이름과 후손이 야곱으로 불리리라는 것을 알았다. 그는 레베카를 불러 야곱과 관련하여 당부했다. 그가 에사우보다 야곱을 매우 좋아하는 것을 보았기 때문이다. … (아브라함이) 야곱을 그의 어머니 레베카가 보는 데서 불러 그에게 입을 맞추고 그를 축복하며 말하였다. '사랑하는 나의 아들 야곱아, 궁창 위에서 하느님께서 너를 축복하시고, 아담과 에녹과 노아와 셈에게 축복하신 모든 축복과, 나에게 말씀하신 모든 것, 나에게 주시기로 말씀하신 모든 것을 너에게 주시리라. 그분께서 땅 위에서 하늘의 나날들처럼 영원히 너와 네 후손에게 딱 붙어 계시리라. 마스테마의 영들은 지금부터 영원까지 네가 너의 하느님이신 주님에게서 멀어지도록 너와 네 후손을 지배하지 못하리라. 주 하느님께서는 너에게 아버지이시고 너는 그분의 첫 아들이자 언제나 그분 백성이다. 내 아들아, 평안히 가라.' 그들 둘은 함께 아브라함에게서 나왔다. 레베카는 온 마음과 온 영혼을 다해 에사우보다 매우 많이 야곱을 사랑했다. 이사악은 야곱보다 에사우를 사랑했다." – 희년서 19,15-16.26-31

맏아들 권리를 판 에사우(25,29-34)

25,29 어느 날 야곱은 죽을 끓이고 있었고, 에사우는 들에서 돌아와 지쳐 있었다.

"우리의 조상 아브라함이 세상을 떠난 날 우리의 조상 야곱은 아버지 이사악을 위로하기 위해 편두콩 죽을 요리하고 있었다." - 바블리 바바 바트라 16ㄴ: 야곱은 관습에 따라 편두콩 죽을 끓여 애도자를 위로하고자 하였다.

"(에사우가 야곱에게) 말하였다. '이 죽은 무슨 일로 (끓였느냐)?' (야곱이) 말하였다. '어르신이(아브라함) 돌아가신 날이어서 (끓였소.)'" - 창세기 라바 63,11

"아브라함은 백일흔다섯 해를 살고 이사악은 백여든 해를 살았다. 거룩하시고 찬미받으실 분께서는 (아브라함의) 생애에서 다섯 해를 보류하셨다. 에사우가 두 가지를 어겼기 때문이다. 에사우는 (들에서) 약혼한 여자에게 들었는데, '그 남자가 약혼한 여자를 들에서 만나 강제로 겁탈한 경우'(신명 22,25)라고 한 대로이다. 그리고 그는 (살인을 저지르고) 지쳐 있었는데, '나는 살인자들 앞에서 지쳐 있었다'(예레 4,31)고 한 대로이다." - 창세기 라바 63,12

25,30 "붉은 것, 그 붉은 것을 좀 삼켜 보자. 내가 지쳐서 그런다." 그래서 그의 이름을 에돔이라 불렀다.

"그는 붉다. 그의 음식도 붉고, 그의 땅도 붉고, 그의 용사들도 붉고, 그의 옷도 붉다. … 그가 붉은 것은 '첫째가 나왔는데 붉었다'(25,25)고 한 대로이다. 그의 음식이 붉은 것은 '붉은 것, 그 붉은 것을 좀 삼켜 보자'(30절)고 한 대로이다. 그의 땅이 붉은 것은 '에돔(붉은) 지방인 세이르 땅으로'(32,4)라고 한 대로이다. 그의 용사들이 붉은 것은 '그의 용사들의 방패는 붉다'(나훔 2,4)고 한 대로이다. 그의 옷이 붉은 것은 '군사들은 자주색

옷을 입었다'(2,4)고 한 대로이다." - 창세기 라바 63,12

25,32 에사우가 말하였다. "내가 죽겠는데 이 맏아들 권리가 나한테 무엇이란 말이냐?"

"'에사우가 말하였다. '내가 죽겠다." 레시 라키시가 말하였다. 그는 악담을 하고 모독을 하기 시작했다. '이것이 나에게 무엇이란 말이냐'(למה זה לי)라고 하였기 때문이다. 이는 그가 '이분은 나의 하느님이시다(זה אלי)'(탈출 15,2)라고 한 것을 부정한 것이다. 다른 해석: '내가 죽겠다.' 이는 니므롯이 (에사우를) 죽이려고 하였기 때문이다. (에사우가) 첫 아담의 옷을 (가지고 있었다.) 그가 그 옷을 입고 들에 나갈 때마다 세상의 모든 짐승과 새가 와서 그에게 모여들었다." - 창세기 라바 63,13

25,33 야곱이 말하였다. "지금처럼 나에게 맹세하세요." 에사우는 그에게 맹세하고 자신의 맏아들 권리를 야곱에게 팔았다.

"우리의 조상 야곱은 왜 맏아들 권리에 이토록 목숨을 거는가? 우리는 이렇게 배웠다. 성막이 세워지기 전에는 산당이 허용되었고 맏아들이 (제물을) 바쳤다. 성막이 세워지고 나서는 산당은 금지되고 사제들이 (제물을) 바쳤다. (야곱이) 말하였다. '이 사악한 이가(에사우) 서서 제물을 바치다니….' 그래서 그는 맏아들 권리에 목숨을 건 것이다." - 창세기 라바 63,13

25,34 야곱이 에사우에게 빵과 편두콩 죽을 주었다. … 에사우는 맏아들 권리를 우습게 여겼다.

"이 편두콩이 바퀴처럼 생겼듯이 세상도 바퀴와 같다. 편두콩에 입이 없듯이 애도하는 자도 (입이 없어) 그는 말을 해서는 안 된다. 편두콩에는 애도가 있고 기쁨이 있듯이, 우리의 조상 아브라함이 죽었을 때 (이 죽을 끓여) 애도하였고, 야곱이 맏아들 권리를 얻었을 때 기뻐하였다." - 창세

기 라바 63,14

"랍비 엘리에제르가 말하였다. 편두콩 죽은 슬픔과 애도의 음식이다. 아벨이 살해되었을 때 그의 부모들은 그를 애도하고 슬퍼하며 편두콩 죽을 먹었다. 하란이 칼데아인들의 불에 탔을 때 그의 부모들은 그를 애도하고 슬퍼하며 편두콩 죽을 먹었다. 야곱은 왕국과 주권과 맏아들 권리가 에사우의 것이어서 애도하고 슬퍼하며 편두콩 죽을 먹었다. 그날 그의 할아버지 아브라함이 죽었다. 이스라엘은 성전 멸망과 (유배) 때문에 애도하고 슬퍼하며 편두콩 죽을 먹었다." - 엘리에제르의 어록 35,13-19

"에사우는 배불리 먹었다. 그는 맏아들 권리를 우습게 여겼다. 그래서 에사우의 이름은 에돔이라 불렸다. 야곱이 맏아들 권리의 (대가로) 그에게 준 붉은(아돔) 편두콩 죽 때문이다." - 희년서 24,6-7

"랍비가 말하였다. 이사악은 야곱과 에사우에게 할례를 하였다. '에사우는 맏아들 권리를 우습게 여겼다'(34절)고 한 대로, 에사우는 맏아들 권리를 우습게 여기듯이 할례 계약을 우습게 여겼다. 그러나 야곱은 할례 계약을 고수하며 아들과 손자들에게 할례를 하였다." - 엘리에제르의 어록 29,28

이사악과 아비멜렉과 레베카(26,1-33)

26,1 그 땅에 기근이 들었다. … 이사악은 그라르의 필리스티아 임금 아비멜렉에게 갔다.

"세상에 기근이 열 번 들었다. 한 번은 첫 아담의 시대이니 '땅은 너 때문에 저주를 받으리라'(창세 3,17)고 한 대로이다. 한 번은 라멕의 시대이니 '주님께서 저주하신 땅에서'(5,29)라고 한 대로이다. 한 번은 아브라함의 시대이니 '그 땅에 기근이 들어 아브람은 이집트로 내려갔다'(12,10)고 한 대로이다. 한 번은 이사악의 시대이니 '그 땅에 기근이 들었다'(26,1)고 한 대로이다. 한 번은 야곱의 시대이니 '이 땅에 기근이 든 지 두 해가 되었다'(45,6)고 한 대로이다. 한 번은 판관들이 다스리던 시대이니 '판관들이 다스리던 시대에, 그 땅에 기근이 들었다'(룻 1,1)고 한 대로이다. 한 번은 다윗의 시대이니 '다윗 시대에 기근이 들었다'(2사무 21,1)고 한 대로이다. 한 빈은 엘리야의 시대이니 '내 말이 있기 전에는 앞으로 몇 해 동안 이슬도 비도 내리지 않을 것입니다'(1열왕 17,1)고 한 대로이다. 한 번은 엘리사의 시대이니 '사마리아에 큰 기근이 들었다'(2열왕 6,25)고 한 대로이다. 한 번은 세상에서 돌아다니는 (기근이고) 또 한 번은 장차 닥칠 (기근이니) '내가 이 땅에 기근을 보낸다. 양식의 기근도 아니고 물의 목마름도 아니다. 주님의 말씀을 듣지 못하는 (기근이다)'(아모 8,11)고 한 대로이다." - 창세기 라바 64,2

"랍비 도스타이가 랍비 사무엘 바르 나흐만의 이름으로 말하였다. 왜 그들은 그라르에 있는 거주지가 (부정하다고) 결정했나? 그곳은 (공기가 부정하여) 나쁜 거주지이기 때문이다. 어디까지가 (부정한가?) 랍비 하닌이 말하였다. 이집트의 와디까지다." - 창세기 라바 64,3

26,2 "이집트로 내려가지 말고, 내가 너에게 말한 그 땅에 머물러라."

"'그 땅에 머물러라(שכן).' 이는 그 땅에 셰키나가(שכינה[하느님 현존]) 머무르시게 하라는 (뜻이다.)" - 창세기 라바 64,3

26,3 "너는 이 땅에 체류하여라."

"'너는 이 땅에 체류하여라.' 랍비 호샤야가 말하였다. 너는 흠 없는 번제물이다. 흠 없는 번제물이라도 성전 밖으로 나가면 실격이듯이 너희도 그 땅 밖으로 나가면 실격이다." - 창세기 라바 64,3

26,5 "아브라함이 나의 말을 듣고 나의 지침들, 곧 내 계명들과 내 계약들과 나의 토라를 지켰기 때문이다."

"랍비 하니나와 랍비 요하난이 둘 다 말하였다. 아브라함은 마흔 여덟 살에 창조주를 알았다. 랍비 레위가 레시 라키시의 이름으로 말하였다. 아브라함은 세 살에 창조주를 알았다. 아브라함이 창조주의 목소리를 들었기 때문이다(עקב: 172). '내 계명과 내 법규와 내 율법을 지킬 것이다.'" - 창세기 라바 64,4: 175년을 산 아브라함이 172년 동안 하느님께 순종하였으니 세 살 때 하느님을 알게 된 셈이라는 해석이다.

"우리는 우리의 조상 아브라함이, 그에게 주어지지 않은 것까지 모든 토라를 준수했다는 것을 알 수 있다. '아브라함은 나의 말을 듣고, 나의 지침들, 곧 내 계명들과 내 계약들과 나의 토라를 지켰다'(5절)고 하였기 때문이다." - 미슈나 키두신 4,14

"이 사람은(아브라함) 그것들을(법과 계명) 지켰다. 기록된 것에 따라 가르침을 받지는 않았으나 기록되지 않은 본질이 그에게 열정을 주어, 건전하고 흠 없는 충동이 이끄는 곳으로 따라가게 하였다." - 필론 '아브라함' 46,275

26,8 그가 그곳에서 여러 날 오래 지냈을 때 필리스티아 임금 아비멜렉이 창문에서 내다보니, 이사악이 아내 레베카와 놀고 있었다.

"랍비 요하난이 말하였다. 나쁜 꿈, 나쁜 예언, 부당한 애도는 시간이 지나면 취소된다. 나쁜 꿈과 나쁜 예언은 어떻게 (알 수 있나?) 이스라엘을 두고 예언자에게 '날들이 지나면 모든 환시도 사라진다'(에제 12,22)고 한 대로이다. 부당한 애도는 시간이 길어지면 취소되는데 이는 이사악이 '그곳에 산 지 오래 지나서' 곧바로 '이사악이 자기 아내 레베카와 놀고 있었다'(8절)고 한 대로이다." - 창세기 라바 64,5

26,11 아비멜렉이 온 백성에게 명령하였다. "이 남자와 그의 아내를 해치는 자는 죽음에 처할 것이다."

"랍비 아예부가 말하였다. (아비멜렉이 지시하였다.) '그들에게 자갈 하나도 던지지 마라.' 이는 '함께 모여 엿봅니다. 저의 목숨을 노리면서 그

들이 제 발자국을 살핍니다'(시편 56,7)고 하였기 때문이다." - 창세기 라바 64,7

26,12-13 이사악은 그 땅에 씨를 뿌려, 그 해에 백 배를 거두었다. 주님께서 그를 축복하시어 … 큰 부자가 되었다.

"랍비 엘리에제르가 말하였다. 이사악은 곡식의 씨앗을 뿌린 것인가? 그는 자신의 재물을 가져다 가난한 이들에게 자선을 뿌렸다. '너희 자신을 위해 의로움을(자선) 뿌리고 사랑을 거두어라'(호세 10,12)고 한 대로이다. 그가 십일조한 모든 것에, 거룩하시고 찬미받으실 분께서 백 배의 가치와 축복으로 돌려 주셨다. '그는 그 해에 백 배를 거두었고, 주님께서 그를 축복하신 것이다'(12절)고 한 대로이다." - 엘리에제르의 어록 33,1-4

"랍비 헬보가 말하였다. '그 땅에 … 그 해에 ….' 그 땅은 척박했고 그 해에는 어려웠음에도 (주님 축복으로) 번성하였다. 이보다 더 좋을 수는 없었다." - 창세기 라바 64,6

26,16 "우리 백성에게서 떠나시오. 당신네가 우리보다 훨씬 강해졌소."

"아비멜렉이 그에게 말하였다. '당신이 번성해서 이룬 모든 것은 우리한테서 나온 것이 아니요? 이전에는 당신에게 양 한 마리뿐이었으나, 이제 당신은 양이 많아졌소.'" - 창세기 라바 64,7

26,18 이사악은 다시 자기 아버지 아브라함 시절에 팠던 우물들을 팠다. … 그곳의 이름을 아버지가 부른 그 이름대로 불렀다.

"우리의 조상 이사악은 브에르 세바에서 우물을 몇 개나 팠나? 랍비 유다 벤 시몬이 말하였다. 네 개, 곧 그의 자손들이 광야에서 (동서남북에) 네 개의 깃발을 (세워 집안을 표시한 것에) 해당한다. 랍비들이 말하였다. 다섯 개, 곧 토라의 다섯 책에 해당한다. '그 우물의 이름을 에섹(עסק)이라 불렀다'(20절). 이는 창세기로서 거룩하시고 찬미받으실 분께서 세상을 창조하신 것을 다룬다(נתעסק). '그것의 이름을 시트나라 불렀다'(21절). 이는 탈출기로서 '그들이 혹독한 일로 그들의 삶을 쓰디쓰게 만들었다'(탈출 1,14). '그들은 생수가 (나오는) 우물을 발견하였다'(19절). 이는 레위기로서 많은 법들로 채워져 있다. '그것을 시브아라고 불렀다'(33절). 이는 민수기로서 토라의 일곱 책을 구성한다. … '그는 그곳의 이름을 르호봇이라(רחבות) 불렀다'(창세 26,22). 이는 신명기로서 '주 하느님께서 너의 영토를 넓히셨다(הרחיב)'(신명 12,20)." - 창세기 라바 64,8

26,26 아비멜렉은 자기 친구 아후잣과 군대의 장수 피콜을 (데리고,) 그라르에서 이사악을 찾아왔다.

"이사악은 그 장소의 이름을 브에르 세바라 불렀다. 거기서 아비멜렉과 그의 동료 아후잣과 그의 경호원 피콜과 맹세를(조약) 했기(נשבע) 때문이다. 이사악은 그날 그들과 평화를 이루기 위해 강제로 맹세를 했다는 것을 알았다." - 희년서 24,26: '브에르 세바'(באר שבע)라는 지명은 '일곱 개의 우물' 또는 '맹세의 우물'이라는 뜻이 담긴 이름이다.

26,28 "우리는 주님께서 당신과 함께 계신 것을 보았소(ראו ראינו)."

"이는 '우리는 당신의 일을 (보고[ראו]) 당신 아버지의 일을 보았소(ראינו)'라는 뜻이다." - 창세기 라바 64,10: '보다' 동사가 두 번(ראו ראינו) 반복된 것에 대한 해석이다.

26,31 그들은 아침 일찍 일어나 서로 계약을 맺었다.

"그들이 말하였다. '우리는 거룩하시고 찬미받으실 분께서 장차 당신 후손에게 이 모든 땅을 주신다는 것을 알았소. 이스라엘이 필리스티아 땅을 차지하지 않을 것임을 맹세하고 우리와 계약을 맺읍시다.' … (이사악은) 자신이 타고 있던 나귀의 굴레에서 한 암마를 잘라 그것을 맹세와 계약의 표시로 그에게 주었다." - 엘리에제르의 어록 36,104-107

에사우의 히타이트 아내들(26,34-35)

26,35 (에사우의 히타이트 아내들은) 이사악과 레베카의 영을 고달프게 하였다.

"(그때에) 레베카가 그의 아들 야곱을 불러 말하였다. '나의 아들아, 너는 가나안 여자들에게서 아내를 구하지 마라. 에사우는 둘씩이나 가나안 후손에서 아내를 구했다. 그들은 온갖 부정한 행위로 내 영혼을 고달프게 하였다. 하는 짓마다 불륜과 욕정이고 그들에게는 의로움이란 없이 오로지 악하다. 나의 아들아, 나는 너를 몹시 사랑하여 나의 마음과 자비가 언제나 너를 축복했고 밤에도 너를 지켰다. 나의 아들아, 이제 내 말을 듣고 네 어미의 뜻을 따라다오. 이 땅의 여자들에게서 아내를 구하지 마라. 네 아버지 집안과 네 아버지의 가족들에게서, 곧 내 아버지 집안에서 아내를 구한다면, 지극히 높으신 분께서 너를 축복하시고 네 자손들은 의로운 세대가 되며 네 후손들은 거룩해지리라.'" - 희년서 25,1-3

아버지의 축복을 받은 야곱(27,1-29)

27,1 이사악은 늙고 눈도 침침하여 보는 것이 어려워지자, 큰아들 에사우를 불러 말하였다.

"'악인을 무죄라 하는 자, 의인을 유죄라 하는 자, 주님께서는 둘 다 역겨워하신다'(잠언 17,15). 랍비 여호수아 벤 레위가 말하였다. 레베카가 이런 일을 한 것은 단지 에사우보다 야곱을 더 사랑해서가 아니다. (레베카는) 말하였다. '(에사우가) 들어가지 못하게 하고 노인을(이사악) 속이자.' 그래서 '주님께서는 둘 다 역겨워하신다.' (이사악은) 악인을 무죄라 하였기 때문에 눈이 어두워졌다. '이사악은 늙고 눈도 침침하여 보는 것이 어려워졌다'(1절)고 한 대로이다." - 창세기 라바 65,6

"(이사악의 눈이 침침해진 것은) 그가 어마어마한 광경을 보아서다. 우리의 조상 아브라함이 제단 위에서 자기 아들을 묶을 때, 시종 천사들은 울었다. '보라, 아리엘 주민들이 거리에서 울고, 평화의 천사들이 슬피 운다'(이사 33,7)고 한 대로이다. 그들의 눈물이 이사악의 눈에 떨어져 자국을 남겼다. 그래서 그가 늙어 눈이 침침해진 것이다." - 창세기 라바 65,10

"랍비 시메온이 말하였다. 이사악이 (모리야산에서 제물로) 묶였을 때 그는 눈을 위로 들어 셰키나를 보았다. '내 얼굴을 보지 못한다. 그는 살 수 없다'(탈출 33,20)고 하였는데 그는 죽는 대신 눈이 침침해졌다. '이사악은 늙고 눈도 침침하여 보는 것이 어려워졌다'(창세 27,1)고 한 대로이다. 여기서 소경은 죽은 것과 같다는 것을 알 수 있다." - 엘리에제르의 어록 32,30-34

27,2 이사악이 말하였다. "나는 늙고 죽을 날이 (언제일지) 모른다."

"랍비들이 가르쳤다. 일곱 가지가 사람들에게 숨겨졌는데, 그것들은 이러하다. 곧 죽을 날, 위로의 날, 정의의 깊이를 (모르며,) 사람은 다른 사람의 마음을 모르고, (다른 사람이) 얼마를 버는지 모른다. 또한 다윗 가문의 왕조가 언제 회복될지, 사악한 왕국이(로마) 언제 끝날지 (모른다.)" - 바블리 프사힘 54ㄴ

27,4 "내가 좋아할 만한 별미를 만들어 나에게 오너라. 내가 먹고, 죽기 전에 너를 축복하겠다."

"파스카날 저녁이 되어 이사악이 큰아들 에사우를 불러 말하였다. '아들아, 오늘 밤 온 세상이 찬양을 외치고, 오늘 밤 이슬 창고들이 열릴 것이다. 이날 이슬의 축복이 내린다. 나를 위해 맛있는 것을 만들어라. 내가 아직 살아 있을 때 너를 축복하겠다.'" - 엘리에제르의 어록 32,35-38

"랍비 엘아자르가 랍비 요세 바르 지므라의 이름으로 말하였다. 첫 아담이 먹은 나무를 두고 세 가지를 말한다. 곧 먹기 좋은 것, 눈에(보기에) 좋은 것, 지혜를 더해 주는 것이다. 이 세 가지를 한 구절에서 말하였으니,

'그 나무는 먹기 좋다'(창세 3,6) 곧 먹기 좋은 것이고, '보기에 탐스럽다'(6절) 곧 눈에(보기에) 좋은 것이며, '그 나무는 똑똑해지는 데 좋다'(6절) 곧 지혜를 더해 주는 것이다. '에즈라 사람 에탄의 (노래인) 마스킬'(시편 89,1)이라고 한 대로이다. 그래서 이사악은 '내가 좋아할 만한 별미를 만들어라'(창세 27,4) 하고 말한 것이다. 그는 그에게 말하였다. '먼저 보는 것이 즐거웠다. 그러나 이제는 맛을 보는 것이 즐겁다.' 솔로몬이 '재산이 많으면 그것을 먹어 치우는 자들도 많다. 눈으로 그것을 바라보는 것밖에 그 주인에게 무슨 소용이 있으랴?' 하고 말한 대로이다. 여기서 눈먼 이는 배부르지 않음을 알 수 있는데, 빈 광주리를 보고 배고픈 이와 가득 찬 광주리를 보고 배부른 사람은 비슷하지 않다." - 창세기 라바 65,13

27,5 레베카는 이사악이 아들 에사우에게 한 말을 들었다. 에사우는 사냥하여 가져오고자 들로 나갔다.

"이사악이 먹을 것을 사냥하러 에사우를 보낼 때 그 말이 레베카에게 거룩한 영으로 알려졌다. 그래서 레베카가 야곱에게 '네 아버지가 네 형 에사우와 말하는 것을 들었다'(6절)고 한 것이다." - 탄후마 톨돗 10(36)

"랍비 하까이가 랍비 이사악의 이름으로 말하였다. 어머니 조상들은 예언자들이고, 레베카는 어머니 조상들 가운데 한 분이다." - 창세기 라바 67,9

"(에사우가 사냥하러 나가) 그가 (사냥감을) 찾으면 다행이지만 그것을 찾지 못하면 훔치거나 강도짓을 해서 '가져와야' 한다." - 창세기 라바 65,13

27,6-8 레베카가 아들 야곱에게 말하였다. "네 아버지가 네 형 에사우와 말하는 것을 들었다. … 아들아, … 내가 너에게 시키는 대로 하여라."

"레베카가 야곱에게 말하였다. '아들아, 오늘 밤 이슬 창고들이 열리고, 오늘 밤 높은 곳에 있는 이들이 찬양을 올릴 것이다. … 아버지를 위해 맛있는 것을 만들어라. 아직 그가 살아 있는 동안 너를 축복할 것이

다.'" - 엘리에제르의 어록 32,40

27,9 "가축에게 가서 좋은 새끼 염소 두 마리를 나에게 가져 와라."

"'좋다'(טובים). 랍비 헬보가 말하였다. 이는 '너에게' 좋다는 것이다. 네가 그것들을 통해 축복을 받기 때문이다. 이는 '너의 자손들에게' 좋다는 것이다. 그들이 그것들을 통해 속죄일에 용서를 받기 때문이다. '이날 너희 위에서 (죄를) 덮는다'(레위 16,30)고 한 대로이다." - 창세기 라바 65,14

"이 구절에서는 '새끼 염소'라 하였다. 그러나 보통 아무 언급 없이 '새끼'라 한 곳에서는 송아지나 새끼 양을 가리킬 수 있다." - 바블리 훌린 113ㄴ

"(야곱은) '새끼 염소 두 마리'를 가져왔다. 두 마리는 이사악을 위한 것인가? 그는 하나는 파스카를 위해서, 다른 하나는 (이사악이) 먹을 별미를 만들기 위해서 (가져왔다.)" - 엘리에제르의 어록 32,43-45

27,10-12 야곱이 … 말하였다. "… 아버지가 저를 만져보시고 그분 보시기에 제가 놀린 것처럼 되면, 축복은 고사하고 저주를 받을 것입니다."

"야곱은 토라에 능통하여, 그의 마음은 아버지의 저주가 두려웠다. 어머니가 그에게 말하였다. '아들아, 축복은 너와 네 후손에게 내리고, 저주가 (내린다면) 나와 내 영에게 내리리라.'" - 엘리에제르의 어록 32,41-42

"랍비 레위가 말하였다. 이는 타작마당에 서 있는, 머리숱이 많은 사람과 대머리인 사람에 비유할 수 있다. 머리숱이 많은 사람에게 왕겨가 올라가면 머리에 달라붙는 반면, 대머리인 사람에게 왕겨가 올라가면 그는 머리에 손을 얹어 그것을 없애버린다. 마찬가지로 사악한 에사우는 일 년 내내 잘못을 저질러 용서받을 수 없었다. 한편 야곱은 일 년 내내 잘못을 저질렀으나 속죄일이 되어 용서받을 수 있었다. '이날 너희 위에서 (죄를) 덮는다'(레위 16,30)고 한 대로이다." - 창세기 라바 65,15

"'놀린 것처럼 된다.' 이는 죽은 것처럼, (주님의 길에서) 벗어난 것처럼,

이방신을 섬기는 것처럼 (된다는 말이다.) '축복은 고사하고 저주를 받는다.' 이는 '장차 나에게 주어질 축복 하나조차도 나에게 주시지 않을 것'이라는 말이다." - 창세기 라바 65,15

27,15 레베카는 집에 있는 큰아들 에사우의 값진 옷을 가져다 작은아들 야곱에게 입혔다.

"라반 시메온 벤 가믈리엘이 말하였다. 나는 평생 아버지를 봉양했다. 그러나 에사우가 그의 아버지를 봉양한 것에 백분의 일에도 못 미친다. 나는 아버지를 봉양할 때 더러운 옷을 입고 봉양했고 길에 나갈 때는 깨끗한 옷을 입고 나갔다. 그러나 에사우는 아버지를 봉향할 때 임금의 옷을 입고 봉양했다. 그는 '아버지의 명예는 임금의 옷을 입고 봉양하는 것뿐이다'고 여겼기 때문이다." - 창세기 라바 65,16

"거룩하시고 찬미받으실 분께서 아담에게 대사제복을 입히셨다. 그가 세상의 맏아들(첫 사람)이었기 때문이다. 그것은 노아에게 와 (셈에게 넘겨졌고) 아브라함에게 넘어갔다. 아브라함은 이사악에게 주었으며, 이사악은 맏아들인 에사우에게 주었다. 그런데 에사우는 자기 아내들이 이방 신을 숭배하는 것을 보고 그것을 어머니 레베카에게 맡겼다. 야곱이 맏아들 권리를 에사우에게서 얻어내어 그는 이 옷을 입게 되었다. '레베카는 … 에사우의 값진 옷을 가져다 작은아들 야곱에게 입혔다'(15절)고 한 대로이다." - 탄후마 톨돗 12(부버)

"(레베카는) 입구까지 그를 따라가 말하였다. '여기까지는 내가 너와 (함께)해야 했지만 이제부터는 너의 창조주께서 너를 세우실 것이다.'" - 창세기 라바 65,17

27,20 "아들아, 어찌 이리도 빨리 찾았느냐?" … "아버지의 하느님이신 주님께서 제 앞에 (그런 일이) 일어나게 하셨습니다."

"이는 '아들아, 어찌 이리도 빨리 축복을 찾았느냐? 너의 아버지는 일

흔다섯 살에 축복을 받았는데 너는 예순세 살이다'라는 말이다." – 창세기 라바 65,19

"랍비 요하난이 말하였다. … 이사악이 말하였다. '나는 에사우가 거룩하시고 찬미받으실 분의 이름을 언급하지 않는다는 것을 안다. 그분을 언급한 이는(주님께서 … 일어나게 하셨습니다.) 에사우가 아니라 야곱이다.'" – 창세기 라바 65,19

27,21 "가까이 오너라, 아들아! … 너를 만져봐야겠다."

"랍비 여호수아가 말하였다. 이사악이 '가까이 오너라, 아들아! 내가 너를 만져봐야겠다'고 말하였을 때, 야곱의 정강이 위에 물이(땀) 흘렀고 그의 마음은 밀랍처럼 흐물흐물해졌다. 거룩하시고 찬미받으실 분께서 당신의 오른쪽과 왼쪽에서 하나씩 두 천사들을 그에게 보내시어, 그들은 그가 쓰러지지 않도록 그의 팔꿈치를 붙잡았다. '나 너와 함께 있으니 두려워하지(תשתע) 마라'(이사 41,10)고 한 대로, 이는 밀랍처럼(תשׁוע) 되지 말라는 뜻이다." – 창세기 라바 65,19

27,22 "목소리는 야곱의 목소리인데 손은 에사우의 손이구나."

"목소리는 현인의 목소리요, 손은 죽은 것들을 벗기는 이들의 것이다." – 창세기 라바 65,20

"이 (목소리는) 천상의 것들과 지상의 것들을 침묵시키는 목소리다." – 창세기 라바 65,21

27,23 그의 손이 형 에사우의 털 많은 손 같아서 알아차리지 못하였고, 그를 축복하였다.

"그는 (야곱을) 알아차리지 못하였다. 하늘의 섭리로 그의 영이 나갔기 때문이다. 이사악은 몰랐다. 그의 손이 에사우의 손 같았기 때문이다. 그는 (야곱을) 축복하였다." – 희년서 26,18

27,25 야곱이 가까이 가져가니 그가 먹었고, 포도주를 드리니 마셨다.

"그는 포도주를 어디에서 가져왔나? 그의 어머니가 포도주를 주지는 않았다는 것을 알 수 있다. … 누가 포도주를 가져다주었나? 미카엘 천사가 에덴 동산에서 그에게 포도주를 가져다주었다. 우리의 조상들이 말하였다. '이 경우와 아브라함의 경우에만 포도주의 축복이 이루어진다.' '살렘 임금 멜키체덱도 빵과 포도주를 가지고 나왔다. 그는 아브라함에게 축복하였다'(14,18)고 한 대로이다." – 탄후마 톨돗 16(부버)

"랍비 여호수아 벤 레위가 말하였다. 이것은 엿새 동안의 창조 때부터 그 포도들에 보존된 포도주이다. (그래서 아무도 마신 적이 없어 그 포도주의 품질을 평가할 수 없었다.)" – 바블리 산헤드린 99ㄱ

"우리는 레비아탄의 축제에 참석해 세상이 창조되던 날 이래, 포도에 보존된 오래된 포도주를 마실 것이다. 의인들을 위하여 에덴 동산에서 마련된 석류들과 과일들에서 (나온 것이다.)" – 성문서 타르굼 아가 8,2

27,26 "가까이 와서 나에게 입을 맞추어라, 아들아!"

"(이사악이) 그에게 말하였다. '너는 무덤에서 나에게 입을 맞추리라. 그러나 다른 이는 무덤에서 나에게 입을 맞추지 않으리라.'" – 창세기 라바 65,22: 야곱은 이사악이 묻힌 막펠라에 함께 묻히게 되나 에사우는 그곳에 묻히지 않음을 암시하는 해석이다.

27,27 그는 옷 냄새를 맡고 그에게 축복하며 말하였다. "보아라, 내 아들의 냄새는 주님께서 축복하신 들의 냄새와 같구나."

"랍비 요하난이 말하였다. 염소에서 벗긴 가죽 냄새보다 더 지독한 냄새는 없다. 그런데도 '그는 옷 냄새를 맡고 그에게 축복한다.' 이는 우리의 조상 야곱이 자기 아버지에게 들어갔을 때 에덴 동산이 그와 함께 들어갔고, … 에사우가 자기 아버지에게 들어갔을 때는 게힌놈이 함께 들어간 것이다. '오만이 오면 수치도 온다'(잠언 11,2)고 한 대로이다." – 창

세기 라바 65,22

"야곱이 들어갔을 때 에덴 동산이 그와 함께 들어갔다. … 거룩하시고 찬미받으실 분께서 야곱의 옷에 장차 성전에서 바칠 향기로운 향을 불어넣으셨다. … 에사우가 들어갔을 때는 게힌놈이 그와 함께 들어갔다. … 에사우가 도착하자 이사악은 집안이 뜨거워지는 것을 보고 게힌놈을 알게 되었다. 이사악은 몹시 두려워 떨었다(33절)." - 탄후마 톨돗 22(부버)

"거룩하시고 찬미받으실 분께서 그에게 세워졌다가 무너지고 다시 세워진 성전을 보여 주셨다. '보아라, 내 아들의 냄새', 이는 세워진 성전이다." - 창세기 라바 65,23

27,28 "하느님께서 너에게 하늘의 이슬과 땅의 기름진 것을 주시고, 곡식과 포도주를 풍성히 주시리라."

"그분께서 너에게 주시고 또 주실 것이다. 그분께서 너에게 축복을 주시고 고난을 주실 것이다. 그분께서 너에게 너의 것을 주시고 네 아버지의 것을 주실 것이다. 그분께서 너에게 너의 것을 주시고 네 형제의 것을 주실 것이다. … '하늘의 이슬', 이는 만나를 말한다. '주님께서 모세에게 말씀하셨다. '이제 내가 하늘에서 너희에게 양식을 비처럼 내려주겠다''(탈출 16,4)고 한 대로이다. '땅의 기름진 것', 이는 그들을 위해 매우 살진 물고기를 길어올리는 샘을 말한다. '풍성한 곡식', 이는 총각들을 말한다. '곡식이 총각들을 피어나게 하리라'(즈카 9,17)고 한 대로이다. '햇포도주', 이는 처녀들을 말한다. '햇포도주가 처녀들을 (피어나게 하리라)'(즈카 9,17)고 한 대로이다. 다른 해석: '하늘의 이슬', 이는 시온을 말한다. '시온의 산들 위에 흘러내리는 헤르몬 이슬 같아라'(시편 133,3)고 한 대로이다. '땅의 기름진 것', 이는 제물을 말한다. '기름진 번제물을 당신께 봉헌하오리다'(66,15)고 한 대로이다. '풍성한 곡식', 이는 첫 열매를 말한다. '햇포도주', 이는 헌주를 말한다. 다른 해석: '하늘의 이슬', 이는 미크라를(성경) 말한다. '땅의 기름진 것', 이는 미슈나를 말한다. '풍성한 곡식', 이는 탈무드

를 말한다. '햇포도주', 이는 아가다를(설화) 말한다." - 창세기 라바 66,3

"랍비 유다가 말하였다. 이사악은 야곱을 하늘의 이슬과 땅의 곡식과 관련하여 열 가지 축복으로 축복하였다. 이는 세상이 창조된 열 가지 말씀에 해당된다. … 야곱이 아버지 이사악 앞에 나갈 때 신랑과 신부처럼 면류관을 쓰고 나갔다. 하늘에서 이슬이 그 위에 내려 기운을 돋우고 그의 뼈를 회복시켜, 그도 힘센 영웅이 되었다. '이는 야곱의 장사의 손, 이스라엘의 바위요 목자 덕분이다'(창세 49,24)라고 한 대로이다." - 엘리에제르의 어록 32,48-54

27,29 "민족들이 너를 섬기고 나라들이 너에게 절하리라. 너는 네 형제들의 지도자가 되고 네 어머니의 아들들이 너에게 절하리라. 너를 저주하는 이는 저주를 받고 너를 축복하는 이는 복을 받으리라."

"'민족들이 너를 섬기리라.' 이는 일흔 민족을 가리킨다. '나라들이 너에게 절하리라.' 이는 이스마엘과 크투라의 자식들이다. … '너는 네 형제들의 지도자가 되리라.' 이는 에사우와 그의 족장들을 말한다." - 창세기 라바 66,4

"여기서는 '네 어머니의 아들들이 너에게 절하리라'고 한 반면, 다른 데서는 '네 아버지의 아들들이 너에게 절하리라'(49,8)고 하였다. 이는 야곱이 네 여자 곧 레아, 라헬, 질바, 빌하와 혼인하여 (아버지의 모든 아들을 가리키고자) '네 아버지의 아들들'이라 한 것이고, 이사악은 레베카와만 혼인하여 (한 어머니에게서 나온 형제 에사우만을 가리키므로) '네 어머니의 아들들'이라 한 것이다." - 창세기 라바 66,4

"다른 (성경 구절에서) '너를 축복하는 이는 복을 받고 너를 저주하는 이는 저주를 받으리라'(민수 24,9)고 하였다. 이는 원수인 발라암은 축복으로 시작해 저주로 끝나고, 사랑받는 이사악은 저주로 시작해 축복으로 끝난다는 말이다. 랍비 이사악 바르 히야가 말하였다. 사악한 이들은 처음에는 편하다가 마지막에 고통을 겪기 때문에, 축복으로 시작해 저주로 마친다. 그러나 의인들은 처음에 고통을 겪고 마지막에는 편안해지기 때문에, 저주로 시작해 축복으로 마친다." - 창세기 라바 66,4

아버지의 축복을 빼앗긴 에사우(27,30-40)

27,30 이사악이 야곱에게 축복을 끝냈을 때 야곱은 아버지 이사악 앞에서 나오고, 형 에사우는 사냥에서 돌아왔다.

"랍비 아예부가 말하였다. 우리의 조상 이사악의 천막은 양쪽이 열려 있어, 한 사람은 이쪽으로 들어오고 (동시에) 다른 사람은 저쪽으로 나갈 수 있다. 랍비들이 말하였다. 경첩 같은 것이 있어서 문들이 뒤로 접힌다. 야곱은 에사우가 들어올 때까지 문 뒤에 서 있다가 나갔다. … 그는 나간 것처럼 보였으나 (사실) 나가지 않은 것이다." - 창세기 라바 66,5

27,33 이사악은 몹시 두려워 떨며 말하였다. "그가 사냥한 것을 나에게 가져와 네가 오기 전에 다 먹고 그를 축복하였는데, 그럼 그는 누구냐? 그가 복을 받을 것이다."

"랍비 요하난이 말하였다. … 에사우가 아버지에게 들어갔을 때, 게힌놈이 그와 함께 들어갔다." - 창세기 라바 67,2

"에사우가 들어오자 게힌놈이 (이사악에게) 열렸다. 그래서 '이사악은 몹시 두려워 떨었다.' 이사악은 놀라 마음속으로 말하였다. '나는 게힌놈을 보았다. 에사우가 그것에 불을 지폈다.'" - 탄후마 톨돗 11(36)

"랍비 여호수아 벤 레위가 말하였다. 에사우는 하루 종일 영양을 사냥하고 그것들을 묶었다. 그런데 천사가 와서 그것들을 풀어주었다. 새들을 (잡아) 묶었으나 천사가 와서 그것들을 날려 보냈다. 왜 그랬을까? '게으른 자는 제가 사냥한 것도 굽지 않는다'(잠언 12,27)고 한 대로이다. 세상의 영광인 야곱이 와서 세상 창조 때부터 그를 위해 정해진 축복을 받기 위해서다." - 창세기 라바 67,2

“랍비 유다가 말하였다. (‘그가 사냥한 것을 다 먹었다’고 한 것은) 한처음에 엿새 동안 창조된 모든 것을 (먹었다는 말이다.) 랍비 느헤미야가 말하였다. 다가올 미래에 (의인을 위해) 준비된 좋은 것을 모두 (먹었다는 말이다.) (에사우가) 물었다. ‘그가 (아버지께) 무엇을 드시라고 주었습니까?’ (이사악이) 대답하였다. ‘모르겠다. 그런데 빵의 맛, 고기의 맛, 생선의 맛, 메뚜기의 맛, 세상에 있는 맛있는 모든 것의 맛이 났다.’ 랍비 베레크야가 말하였다. 고기 맛을 언급하자 마자 (에사우는) 울면서 말하였다. ‘나는 그가 나에게 먹으라고 준 편두콩 죽 한 그릇에 맏아들 권리를 넘겼는데, 그가 고기를 드시게 한 (아버지께서야) 오죽하실까!’ 랍비 레위가 말하였다. 우리의 조상 이사악은 두려워하며 말하였다. ‘내가 잘 한 것 같지는 않구나. 맏아들이 아닌 이를 맏아들로 만들다니.’ 그러나 (에사우가) ‘그가 저의 맏아들 권리를 가져갔어요’(36절)라고 말하자, (이사악이) 말하였다. ‘내가 축복한 것은 옳다.’” - 창세기 라바 67,2

27,40 “너는 … 네 동생을 섬기리라. … 그의 멍에를 벗으리라.”

“라브 후나가 말하였다. (이사악이 말하였다.) ‘(야곱이) 의롭다면 너는 그를 섬겨야 하고, 그렇지 않다면 너는 그를 멸하게 되리라.’ … 랍비 요세 바르 할라프타가 말하였다. ‘만일 네가 네 동생 야곱이 자기 목에서 토라의 멍에를 벗어버리는 것을 본다면, 너는 그에게 파멸을 선고하고 그를 지배하게 되리라.’” - 창세기 라바 67,7

하란으로 피신하는 야곱(27,41—28,5)

27,41 에사우는 … 야곱에게 원한을 품어, 마음속으로 생각하였다. ‘아버지를 애도할 날도 가까우니 (그때) 동생 야곱을 죽여야겠다.’

“‘에사우는 야곱에게 원한을 품었다.’ 랍비 엘아자르 벤 랍비 요세가 말하였다. 그는 (야곱에 대한) 미움, 적대감, 앙심으로 가득 찼다. … ‘에사우가 마음속으로 생각하였다.' 악한 이들은 자기들 마음에 지배된다. '어리석은 자는 마음속으로 말한다'(시편 14,1), … '예로보암은 마음속으로 생각하였다'(1열왕 12,26)고 한 대로이다. 그러나 의인들은 자기들 마음을 지배한다. '(한나가) 마음속으로 말하였다'(1사무 1,13), '다윗은 마음속으로 말하였다'(27,1), '다니엘은 마음속으로 다짐하였다'(다니 1,8)고 한 대로이다. 이들은 창조주와 비슷하다. '주님께서 마음속으로 생각하셨다'(창세 8,21)고 한 대로이다." - 창세기 라바 67,8

"랍비 유다가 말하였다. 에사우는 신중하게 행동하며 말하였다. '내가 왜 아버지를 (슬프게 할 일을) 결정하겠는가? 아버지를 애도할 날이 가까우니 (그때) 그를 죽여야겠다.' … 랍비들이 말하였다. (에사우가 말하였다.) '내가 그를 죽이면 셈과 에베르가 나를 법정에 앉히고 나에게 말할 것이다. '왜 네 아우를 죽였느냐?' 그러니 나는 가서 이스마엘의 사위가 되어야겠다. 그럼 그가 와서 맏아들 권리를 두고 (야곱과) 논쟁하다가 그를 죽일 테고, 그럼 내가 고엘로서 그에 맞서 일어나 그를 죽이고는 두 가문의 상속자가 되는 것이다.' '이 두 민족과 이 두 나라는 내 것이 된다. 우리가 그 땅을 차지하게 될 것이다'(에제 35,10)고 한 대로이다." - 창세기 라바 67,8

"랍비 레위가 말하였다. … 에사우가 말하였다. '카인이 아버지가 살아 계시는 동안은 동생 아벨을 죽인 것은 어리석다. 아버지가 살아 계시는 동안 그가 자식을 낳고 번성하리라는 것을 모르다니. 나는 그렇게 하지 않으리라. 대신 '아버지를 애도할 날이 가까우니 그때 동생 야곱을 죽여야겠다.''" - 탄후마 에모르 13(39)

27,42 큰아들 에사우의 계획이 레베카에게 알려져 그는 작은아들 야곱을 불러 말하였다. "네 형 에사우가 분풀이로 너를 죽이려 한다."

"누가 (레베카에게) 말하였는가? 랍비 하까이가 랍비 이사악의 이름으로 말하였다. 어머니 조상들은 예언자였다. 레베카는 어머니 조상이다. 랍비 브레크야가 랍비 이사악의 이름으로 말하였다. 평범한 사람도 고랑

안에 고랑을 갈지는 않는다. 하물며 예언자들이 고랑 안에 고랑을 갈겠는가? '나의 기름부음받은이들을 건드리지 말고 나의 예언자들을 괴롭히지 마라'(시편 105,15)고 한 대로이다." – 창세기 라바 67,9

"(레베카가) 그에게 말하였다. '이 악한 이는 너를 죽은 사람처럼 (여겨) 황폐하게 할 것이다. 죽은 사람처럼 너에게 조의를 표한다. 이미 그는 너를 위한 애도의 잔을 마셨다.'" – 창세기 라바 67,9

27,43-44 "아들아! … 라반에게로 달아나라. 네 형의 분노가 가라앉을 때까지 잠시 그와 지내라."

"랍비 후나가 말하였다. 그의 어머니는 정당하게 말하였다. '네 형의 분노가 가라앉을 때까지'라고. 그러나 (에사우는) 그렇게 하지 않고 '끊임없이 화를 내고 계속 분노를 품었다'(아모 1,11). 레시 라키시가 말하였다. (에사우의) 분노와 격분이 그의 입술에서 떠나지 않았다." – 창세기 라바 67,10

"'야곱은 라헬을 얻으려고 칠 년 동안 일을 하였다. 이것이 그에게는 며칠로밖에(잠시) 여겨지지 않았다'(창세 29,20). 랍비 하니나 바르 파지가 말하였다. 여기서도(27,44) '잠시', 다른 데서도(29,20) '잠시'라고 하였으니, 다른 데서의 '잠시'가 칠 년을 가리키므로 여기서의 '잠시'도 칠 년을 말한다." – 창세기 라바 67,10

"야곱이 어머니 레베카에게 말하였다. '아버지는 늙고 그의 눈이 무거워 보지 못하시는 것을 아는데, 제가 떠나는 것이 그분 보시기에 나쁠 것입니다. 제가 그를 떠나고 (두 분에게서) 가버린다면 아버지는 분노하여 저를 저주하실 것입니다. 저는 가지 않겠습니다. (아버지가) 저를 보내시면 그때 가겠습니다.' 레베카가 야곱에게 말하였다. '내가 가서 아버지에게 말하여 너를 보내게 하겠다.'" – 희년서 27,6-7

28,1 이사악이 야곱을 불러 축복하고 그에게 명하였다. "가나안의 딸들

가운데에서는 아내를 얻지 마라."

"랍비 아바후가 말하였다. (사실 야곱의 축복은) 그의 손이 주저하여 (약하였다.) 그럼 (그의 축복이) 언제 그의 손에서 강해졌나? 여기 '이사악이 야곱을 불러 축복하였다'(28,1)고 한 데서다. 랍비 엘아자르가 말하였다. 증서의 유효성은 그것의 서명으로 성립된다. 야곱이 자기 아버지를 속이지 않았다면 그 축복을 받지 못하였다. 그래서 성경은 말한다. '이사악이 야곱을 불러 축복하였다.' 랍비 베레크야가 말하였다. 금 한 리트라를 얻으려고 아버지를 위해 땅을 파는 임금의 아들에 비유할 수 있다. 그가 그에게 말하였다. '왜 이것이 비밀이냐? 와서 공개적으로 가져 가거라.'" - 창세기 라바 67,12

"히즈키야가 말하였다. 우리의 조상 야곱이 축복을 받았을 때 예순여섯 살이었다. 그는 십사 년을 더 있으면서 에베르의 학교에서 (수학하며) 숨어 지냈다. 그는 라헬을 위해 일하면서 칠 년을 더 일했다. 그는 여든네 살에 혼인하였고 에사우는 마흔 살에 혼인하였다. 거룩하시고 찬미받으실 분께서 의인의 (행복은) 미루시고 악인의 (행복은) 서두르셨음을 알 수 있다." - 창세기 라바 68,5: 야곱이 나그네 살이한 백삼십 년(창세 41,46) 가운데 라반에게서 지낸 백십육 년을 빼면 십사 년의 행적이 비는데, 이 햇수를 야곱이 토라를 공부하는 시간으로 채워 해결한다.

"('가나안의 딸들'이란) 아네르, 에슈콜, 마므레의 딸들로서 그들과 (혼인하는 것을 두고) 경고한 것이다." - 창세기 라바 67,12

28,5 이사악은 야곱을 떠나보냈다. 야곱은 파딴 아람의 아람 사람 … 레베카의 오라버니 라반에게로 떠났다.

"야곱이 일어나 파딴 아람으로 간 다음 레베카의 영은 슬퍼져 떠나는 아들 뒤에서 울었다. 이사악이 레베카에게 말하였다. '누이여, 내 아들 야곱 일로 울지 마시오. 그는 무사히 갔다가 무사히 돌아올 것이오. 지극히 높으신 분께서 그를 모든 악에서 지키실 것이고 그와 함께하실 것이오.

그를 사는 동안 내내 버리지 않으실 것이오. 나는 그가 우리에게 다시 무사히 돌아올 때까지 그가 다니는 내내 그의 길을 주님께서 성공시키시리라는 것을 알고 있소. 그러니 누이여, (야곱) 때문에 걱정 마시오. 그의 길은 바르고 그는 온전한 사람이며 신실하니 쓰러지지 않을 것이오. 울지 마시오.' 이사악은 야곱을 두고 레베카를 위로하며 그를 축복하였다." - 희년서 27,13-18

이스마엘의 딸과 혼인한 에사우(28,6-9)

28,9 에사우는 … 이스마엘의 딸이자 느바욧의 누이인 마할랏을 아내로 삼았다. 그에게는 (이미) 아내들이 있었다.

"랍비 여호수아 벤 레위가 말하였다. 그분께서 그에게 개종할 마음을 주셨다. '마할랏'(מחלת), 이는 거룩하시고 찬미받으실 분께서 그의 모든 죄를 용서하셨다는(מחל) 뜻이다. '바스맛'(בשמת: 36,3), 이는 그의 마음이 (좋은 향수로[בשם]) 안정되었다는 뜻이다." - 창세기 라바 67,13

28,10—32,3 פרשת ויצא
그가 떠났다(와예체)

야곱의 꿈(28,10–22)

28,10 야곱은 브에르 세바를 떠나 하란으로 갔다.

"랍비 호사야가 말하였다. 이미 (성경에서) '야곱이 아버지와 어머니의 말을 따라 파딴 아람으로 갔다'(7절)고 하였다. 그런데 왜 '브에르 세바를 떠났다'(10절)고 하는가? (야곱이) 말하였다. '아버지는 그 땅에서 밖으로 떠나시고자 할 때 어디서 승인을 받으셨을까? 브에르 세바가 아닐까? 그래서 나도 브에르 세바로 간다. 만일 그가 허락한다면 나는 떠날 것이고 그렇지 않다면 나는 떠나지 않으리라.' 그래서 성경은 '야곱은 브에르 세바를 떠났다'고 해야 했다." - 창세기 라바 68,5

"그때 (야곱만) 거기서 떠났는가? 얼마나 많은 말들이, 얼마나 많은 낙타들이 (그와 함께) 떠났겠는가! '야곱은 브에르 세바를 떠났다'고 한 대로이다. 랍비 아자르야가 랍비 유다 벤 랍비 시몬의 이름으로, 랍비 하닌이 랍비 사무엘 바르 라브 이사악의 이름으로 말하였다. 의인이 그 성읍에 있었을 때 그의 빛, 그의 영광이 있었다. 그가 거기서 떠나자 그의 빛, 그

의 영광이 떠났다." - 창세기 라바 68,6

"랍비 유단이 말하였다. (야곱은) 맹세의 우물에서(브에르 세바) (떠나) 말하였다. '나는 아비멜렉이 나에게 와서 '당신의 할아버지가 나에게 맹세하였듯이 맹세하시오'라고 말하게 두지 않을 것이다. 나는 나의 자손들의 기쁨을 일곱 대 동안 미룰 것이다.' 랍비 후나가 말하였다. (야곱은) 맏아들 권리의 우물에서 (떠나) 말하였다. '나는 에사우가 나에게 와서 맏아들 권리를 두고 따지며 '너는 나를 속이고 맏아들 권리를 빼앗았다'고 말하게 두지 않을 것이다. 나는 맹세를 잃을 것이다.' 랍비 베레크야가 말하였다. (야곱은) 축복의 우물에서 (떠나) 말하였다. '나는 에사우가 나에게 와서 '너는 나를 속이고 맏아들 권리를 빼앗았다'고 말하게 두지 않을 것이다. 나는 내 어머니가 수고한 노고를 잃을 것이다.'" - 창세기 라바 68,7

"랍비들이 말하였다. 그는 그날로 (하란에 도착했다.) 랍비 브레크야가 랍비 이사악의 이름으로 말하였다. 이는 인간들이 말하는 방식으로서, '아무개가 카이사리아로 갔고 아직까지 가는 중이다' 하는 식이다. (곧 아직 하란에 도착하지는 않았다.)" - 창세기 라바 68,8

"야곱은 일흔일곱 살 때 아버지의 집을 떠났다. 우물이 그의 앞에 갔다. 브에르 세바에서 모리야산까지는 이틀 거리였는데, 그는 정오에 그곳에 이르렀다. 거룩하시고 찬미받으실 분께서 그에게 오셨다. '그는 어떤 곳에(מקום) 이르러 해가 지자 거기서 묵었다'(28,11)라고 한 대로이다. 어찌하여 그분 이름이 마콤이라(מקום) 불리는가? 의인들이 있는 모든 장소에(מקום) 그분께서 그들과 함께 계시기 때문이다. '내가 내 이름을 언급하는 모든 곳에서(מקום)'(탈출 20,24)라고 한 대로이다. 거룩하시고 찬미받으실 분께서 야곱에게 말씀하셨다. '빵이 너의 주머니에 있고 샘이 네 앞에 있으니 이 장소에서(מקום) 먹고 마시고 묵어라.'" - 엘리에제르의 어록 35,28-38

28,11 그는 어떤 곳에 이르러 해가 지자 거기서 묵었다. 그는 그곳의 돌

들을 가져다 베개로 삼고 그곳에 누웠다.

"'이르렀다'는 것은 무엇인가? 기도했다는 뜻이다. '어떤 곳', 곧 성전에서 기도하였다. 랍비 여호수아 벤 레위가 말하였다. 첫 성조들이 세 가지 기도를 만들었다. 아브라함이 아침 기도를 만들었다. '아브라함은 아침 일찍 일어나 자기가 주님 앞에 서(עמד) 있던 곳으로(מקום) 갔다'(창세 19,27). 서는 것은(עמידה) 기도이다. '피느하스가 서서 기도하였다'(시편 107,30)고 한 대로이다. 이사악이 점심 기도를 만들었다. '저녁 무렵 이사악은 하소연하러(לשוח) 들에 나갔다'(창세 24,63). 하소연은(שיח) 기도이다. '나는 그분 앞에 나의 하소연을(שיח) 쏟아붓는다'(시편 142,3)고 한 대로이다. 야곱이 저녁 기도를 만들었다. '그는 어떤 곳에 이르렀다(ויפגע)'(창세 28,11). 조름은(פגיעה) 기도이다. '너는 기도하지 마라. … 나에게 조르지도(תפגע) 마라'(예레 7,16)고 한 대로이다.'" - 창세기 라바 68,9

"랍비들이 말하였다. 거룩하시고 찬미받으실 분께서 때가 안 된 해를 (일찍) 지게 하셨다. 우리의 조상 야곱과 비밀리에 말씀하시기 위해서다. 이는 가끔 방문하는 한 임금의 친구에 비유할 수 있다. 임금이 말하였다. '불을 꺼라. 나는 친구와 비밀리에 이야기하고 싶다.' 마찬가지로 거룩하시고 찬미받으실 분께서 때가 안 된 해를 (일찍) 지게 하셨다. 우리의 조상 야곱과 비밀리에 말씀을 나누시기 위해서다.

랍비 피느하스가 치포리의 랍비 하닌의 이름으로 말하였다. (야곱은) 시종 천사들이 말하는 소리를 들었다. '해가 져라(와라[בא]), 해가 져라(와라[בא])!' 요셉이 '해와 달이 … 나에게 절을 하였습니다'(창세 37,9) 하고 말하였을 때, 야곱은 '누가 내 이름이 태양임을 드러냈는가?'라고 말하였다. 그가 아버지 집을 떠날 때 거룩하시고 찬미받으실 분께서 해가 저물게 하신 그 두 시간을 언제 그를 위해 되돌리셨나? 그가 아버지 집에 돌아올 때이다. '해가 그의 위로 떠올랐다'(32,32)고 한 대로이다. 거룩하시고 찬미받으실 분께서 그에게 말씀하셨다. 너는 너의 자손들에게 징표이다. 네가 떠날 때 나는 너를 위해 해를 저물게 하였고, 네가 돌아올 때 나는 너를 위해 해를 되돌렸다. 너의 자손들도 마찬가지다. 그들이 떠날 때는, '일곱 아이를 낳은 여자는 기력이 다하여 숨을 헐떡였다. 그의 해는 아직 낮인데도 저물었다'(예레 15,9)고 한 대로이다. 그들이 돌아올 때는, '나의 이름을 경외하는 너희에게는 의로움의 태양이 날개에 치유를 싣고 떠오르리라'(말라 3,20)고 한 대로이다." - 창세기 라바 68,10

"야곱은 자기 아버지 이사악이 묶인 제단에서 돌 열두 개를 가져다 베개로 삼았다. 이는 장차 그에게서 열두 지파가 일어날 것임을 가리킨다. 그것들 모두 하나의 돌이 되었다. 이는 장차 모두가 그 땅에서 한 민족이 될 것임을 가리킨다. '누가 하나의 민족인 너의 백성 이스라엘과 같은가?'(1역대 17,21)라고 한 대로이다." - 엘리에제르의 어록 35,41-44

"랍비 유다가 말하였다. (야곱은) 돌 열두 개를 가져오며 말하였다. '거룩하시고 찬미받으실 분께서는 열두 지파를 세우시기로 선언하셨다. 아브라함이 그들을 세우지 않았고 이사악이 그들을 세우지 않았다. 그럼 나는 (어떤가?) 만일 이 열두 개의 돌이 서로 합쳐지면 내가 열두 지파를 세우리라는 것을 나는 알게 되리라.' 열두 개의 돌들이 합쳐지자 그는 자신이 열두 지파를 세우게 됨을 알았다. 랍비 느헤미야가 말하였다. 그는 돌 세 개를 가져오며 말하였다. '거룩하시고 찬미받으실 분께서는 당신 이름을 아브라함과 결합하셨고, 거룩하시고 찬미받으실 분께서는 당신 이름을 이사악과 결합하셨다. 그럼 나는 (어떤가?) 만일 세 개의 돌이 서로 합쳐지면 거룩하시고 찬미받으실 분께서 당신 이름을 나와 결합하시리라는 것을 나는 알게 되리라.' (돌들이 서로) 합쳐지자 그는 거룩하시고 찬미받으실 분께서 당신 이름을 그와 결합하심을 알았다. 랍비들이 말하였다. 그는 돌을 조금 곧 두 개 가져오며 말하였다. '아브라함 그에게서 쓰레기 곧 이스마엘과 크투라의 아들들이 나왔고, 이사악 그에게서 에사우와 그의 옹호자들이 나왔다. 그럼 나는 (어떤가?) 만일 두 개의 돌이 서로 합쳐진다면 나에게서는 쓰레기가 나오지 않으리라는 것을 나는 알게 되리라.' …

랍비 유다가 말하였다. 그는 이곳에 누워 잤다. 그러나 그는 에베르의 학교에서 수학한 열네 해 동안은 내내 잠을 자지 않았다. 랍비 느헤미야가 말하였다. 그는 이곳에 누워 잤다. 그러나 라반의 집에서 보낸 이십 년 동안은 내내 잠을 자지 않았다. 그는 무엇을 노래했나? 랍비 여호수아 벤 레위가 말하였다. 시편에 있는 '순례의 노래' 열다섯 곡이다. '다윗의 순례의 노래, 주님께서 우리를 위하지 않으셨던들, 이스라엘은 이렇게 말하여라'(시편 124,1)고 한 대로, 이는 이스라엘의 조상들에 (해당된다.) 랍비 사무엘 바르 나흐만이 말하였다. 그는 모든 시편을 노래했다. 이유는 무엇인가? '당신은 거룩하신 분, 이스라엘의 찬양 위에 좌정하신 분'(22,4)이라고 한 대로, 이는 이스라엘의 성조들에 (해당된다.)" - 창세기 라바 68,11

28,12-13 그가 꿈을 꾸었다. 사다리가 땅에 세워져 있고 그 꼭대기가 하늘에 이르러, 하느님의 천사들이 그것을 오르락내리락하였다. 주님께서 그 위에 서서 말씀하셨다.

"바르 카파라가 가르쳤다. '꿈'을 두고는 아무 해석이 없다. '사다리가 있었다.' 이는 계단을 말한다. '땅에 세워져 있다.' 이는 제단이며, '나를 위하여 흙 제단을 만들어라'(탈출 20,24)고 한 대로이다. '꼭대기가 하늘에 이르렀다.' 이는 제물로서 그 냄새가 하늘로 올라간다는 말이다. '하느님의 천사들', 이는 대사제들이다. '그것을 오르락내리락한다.' 이는 그들이 계단을 오르락내리락한다는 말이다. '주님께서 그 위에 서 계셨다.' 이는 '나는 주님께서 제단 옆에 서 계신 것을 보았다'(아모 9,1)고 한 대로이다. 랍비들은 그것을 시나이와 (관련하여) 해석하였다. '꿈을 꾸었는데, 사다리가 있었다.' 이는 시나이를 가리킨다. '땅에 세워져 있다.' 이는 '그들은 산 아래에(산기슭) 섰다'(탈출 19,17)고 한 대로이다. '꼭대기가 하늘에 이르렀다.' 이는 '그 산은 하늘 한가운데까지 치솟는 불길에 휩싸였다'(신명 4,11)고 한 대로이다. '하느님의 천사들이 있었다.' 이는 '하느님의 수레는 수만 수천. 주님께서 오신다, 시나이에서 성소로'(시편 68,18)를 위해서다.

다른 해석: '하느님의 천사들이 있었다.' 이는 모세와 아론을 말한다.

우리는 천사들로 불린 예언자들을 알고 있다. '주님의 사자(천사) 하까이는 주님의 말씀을 백성에게 전하였다'(하까 1,13)고 하였다. '올라갔다'는 '모세가 올라갔다'(탈출 19,3), '내려갔다'는 '모세가 그 산에서 내려갔다'(14절)고 한 대로이다. '주님께서 그 위에 서 계셨다.' 이는 '주님께서 시나이 산 위로 내려오셨다'(20절)고 한 대로이다. … 이스라엘 땅에서는 천사들이 그와 동행하나 이스라엘 땅 밖에서는 그와 동행하지 않는다. '올라갔다' 이는 이스라엘 땅에서 그와 동행한 (천사들이다.) '내려갔다' 이는 그 땅 밖에서 그와 동행한 이들이다. 랍비 레위가 랍비 사무엘 바르 나흐만의 이름으로 말하였다. 시종 천사들이 거룩하시고 찬미받으실 분의 비밀들을 누설하여 백삼십팔 년 동안 관할 구역에서 추방되었기 때문이다. … 랍비 하마 벤 랍비 하니나가 말하였다. 그들이 자랑하며 (소돔에서) '우리는 지금 이곳을 파멸시킬 것이오'(창세 19,13)라고 말하여 (올라오지 못했다.) 그들은 언제 돌아왔나? (야곱의 일로 돌아와) 이제는 올라가고 다음에 내려온다." - 창세기 라바 68,12

"'주님께서 그 위에 서 계셨다.' … (랍비 히야가) 말하였다. '그 위'는 사다리 위이다. (랍비 얀나이가) 말하였다. '그 위'는 야곱의 위이다. '그 위'가 사다리 위라는 말은 맞다. 그러나 '그 위'가 야곱의 위라는 말은 (어떤가?) 그분께서 (그를 보호하기 위해) 그 위에 서셨다는 뜻일 것이다. 랍비 요하난이 말하였다. 악인들은 자기들 신들 위에 선다. '파라오가 꿈을 꾸었는데, 그는 나일강 위에 서 있었다'(창세 41,1)고 한 대로이다. 그러나 의인들은 그들의 하느님께서 그들 위에 서신다. '주님께서 그 위에(야곱) 서 계셨다'(28,13)고 한 대로이다. 랍비 시메온 벤 라키시가 말하였다. 조상들은 (하느님의) 마차이다. '하느님께서 아브라함 위에서 올라가셨다'(17,22), '하느님께서 그 위에서(야곱) 올라가셨다'(35,13), '주님께서 그 위에 서 계셨다'(28,13)고 한 대로이다." - 창세기 라바 69,3

"랍비 레위가 말하였다. 그날 밤 거룩하시고 찬미받으실 분께서 모든 징표를 그에게 보여 주셨다. 그분께서 땅에서 하늘까지 서 있는 사다리를 보여 주셨다. … 시종 천사들이 그것을 오르락내리락하면서 야곱의 얼굴을 보고 말하였다. '이 얼굴은 영광의 어좌에 계신 하야의(חיה) 얼굴과 비슷하구나.' (야곱의 얼굴을 보려고) 이 천사들은 올라가고 저 천사들은 내려갔다. '하느님의 천사들이 오르락내리락하였다'(12절)고 한 대로이다." - 엘리에제르의 어록 35,34-48

"랍비 하니나가 랍비 피느하스의 이름으로 말하였다. 조상들은 토라에서 열여덟 번 언급된다. 그래서 현인들은 열여덟 축복문을 기도로 제정했다. 만일 어떤 사람이 너에게 '그들은 열아홉 번 언급된다' 하고 말한다면 그에게 말하여라. '주님께서 그 위에 서서 말씀하셨다. '나는 네 아버지 아브라함의 하느님이자 이사악의 하느님인 주님이다." 이 구절은 그것들에 (속하지) 않는다고. 그리고 어떤 사람이 너에게 '열일곱 번이다' 하고 말한다면 그에게 말하여라. '나의 이름과 내 조상 아브라함과 이사악의 이름이 그들에게서 불리리라'(48,16). (이 구절을) 하나 더 그것들에 (보태야 한다고.)" - 창세기 라바 69,4

28,14 "너의 후손은 땅의 먼지처럼 되고 너는 서쪽과 동쪽, 북쪽과 남쪽으로 퍼져 나갈 것이다."

"'너의 자손은 땅의 먼지와 되리라.' 땅의 먼지가 오로지 물로만 축복을 받듯이, 너의 자손들은 오로지 물에 비유되는 토라 덕분에 축복을 받으리라. 땅의 먼지가 쇠로 된 모든 기구들을 닳게 하고 영원히 존재하듯이, 너의 자손들도 세상 모든 민족들을 닳게 하고 영원히 존재하리라. (땅의) 먼지가 뒹굴듯이 너희 자손들도 뒹굴리라." - 창세기 라바 69,5

28,17 그는 두려워 말하였다. "이곳은 얼마나 두려운 곳이란 말인가! 이곳은 다름 아닌 하느님의 집이다. 곧 하늘의 문이다."

"랍비 엘아자르가 랍비 요세 벤 지므라의 이름으로 말하였다. 이 사다리는 브에르 세바에 서 있고, (사다리) 경사의 (끝이) 성전까지 이른다. 이유가 무엇인가? '야곱이 브에르 세바를 떠나 … 어떤 곳에 이르렀다'(10-11절)고 해서이다. 랍비 유다 벤 랍비 시몬이 말하였다. 이 사다리는 성전에서 있고, (사다리) 경사의 (끝이) 베텔에까지 이른다. 이유가 무엇인가? '그는 두려워 말하였다. '이곳은 얼마나 두려운 곳이란 말인가!'(17절) … 그리고 그곳의 이름을 베텔이라 불렀다'고 해서이다." - 창세기 라바 69,7

"'이곳은 다름 아닌 하느님의 집이다. 곧 하느님의 문이다'(17절). 랍비 아하가 말하였다. (하느님께서 그에게 말씀하신다.) '이 문은 장차 너와 같은 많은 의인들에게 열릴 것이다.' 랍비 시메온 벤 요하이가 말하였다. 천상의 성전은 지상의 성전보다 열여덟 마일 높을 뿐이다. 왜 그러한가? '여기가(וזה) 하늘의 문이다'에서 '웨제'(וזה)의 숫자 값이 (열여덟이기) 때문이다." - 창세기 라바 69,7

"야곱은 일어나 몹시 두려워하며 말하였다. '이 장소에 거룩하시고 찬미받으실 분의 거처가 있구나.' … 이로써 이 장소 곧 예루살렘에서 기도하는 이는 누구나 영광의 어좌 앞에서 기도하는 것이나 마찬가지임을 알 수 있다. 하늘의 문이 그곳에 있고 이스라엘의 기도를 듣기 위하여 열려 있기 때문이다. '여기가 바로 하늘의 문이다'(17절)고 한 대로이다." - 엘리에제르의 어록 35,58-63

28,18 야곱은 아침 일찍 일어나 머리맡에 둔 돌을 가져다 그것을 세워 꼭대기에 기름을 부었다.

"야곱은 돌아와 돌들을 모았다. 그는 그것들 모두가 하나의 돌로 (바뀐) 것을 발견하고 그 장소 한가운데에 기둥울 세웠다. 하늘에서 기름이 내려와 그는 (기둥) 위에 (기름을) 부었다. '그가 그 꼭대기에 기름을 부었다'(18절)고 한 대로이다. 거룩하시고 찬미받으실 분께서 무엇을 하셨겠는가? 그분께서는 (그것에) 오른발을 얹으시고 돌을 아래 깊은 곳으로 가라앉히셨다. 아치에 쐐기돌을 박는 사람처럼 그것을 땅의 쐐기돌로 삼으셨다. 그것은 주춧돌이라 불리며 땅의 배꼽으로서 거기서 온 땅이 뻗어

나와 그 위에 하느님의 성전이 서게 되었다. '내가 기둥으로 세운 돌이 주님의 집이 되리라'(22절)고 한 대로이다." - 엘리에제르의 어록 35,64-70

28,19 그리고 그곳의 이름을 베텔이라 불렀다. 그 성읍의 처음 이름은 루즈였다.

"랍비 아바 바르 카하나가 말하였다. 왜 그곳의 이름이 루즈라(לוז) 불리게 되었나? 그곳에 들어오는 이들 모두 호두나무처럼(כלוז) 계명을 (실천하고) 선행을 베풀었기 때문이다. 랍비들이 말하였다. 호두에는 입이 없다. 마찬가지로 그 성읍에는 입구가 (없어서) 아무도 서 있을 수 없었다. 랍비 시몬이 말하였다. 호두나무가 동굴 입구에 서 있었는데 이 호두나무는 속이 비어 있어, 사람들이 이 호두나무를 통해 동굴로 들어갔고 동굴을 통해 그 성읍으로 들어갔다. '정찰꾼들이 그 성읍에서 어떤 사람이 나오는 것을 보고 말하였다. '성읍으로 들어가는 길을 우리에게 알려 주시오. 그러면 우리가 그대에게 은혜를 베풀겠소.' 그러자 그 사람이 성읍으로 들어가는 길을 알려 주었다. 그래서 그들은 그 성읍을 칼로 치면서도, 그 사람과 그의 가족은 모두 살려 보냈다'(판관 1,24-25)고 한 대로이다." - 창세기 라바 69,8

28,20-21 야곱은 서원하였다. "주 하느님께서는 저와 함께 계시면서 … 이 길에서 저를 지켜 주시고 저에게 먹을 빵과 입을 옷을 주시며, 제가 무사히 아버지의 집에 돌아오게 하신다면, …"

"바빌론 사람 랍비 이사악이 말하였다. '곤경 속에서 제 입술이 말씀드립니다'(시편 66,14). 곤경의 때에 하는 맹세는(서원) 칭찬할 일이다. 무엇을 (맹세하며) 말하였는가? (다음) 세대들에게 곤경의 때에 맹세하라고 말하였다. 야곱이 먼저 맹세의(서원) 말을 하였기에 맹세한 사람은 모두 그 맹세를 그에게 돌려야 한다." - 창세기 라바 70,1

"네 (사람이) 맹세(서원)하였다. 두 (사람은) 맹세하고 손해를 봤고 두

(사람은) 맹세하고 이익을 얻었다. 야곱은 맹세하고 손해를 봤고 입타도 맹세하고 손해를 봤다. 한나는 맹세하고 이익을 얻었고 이스라엘도 맹세하고 이익을 얻었다. '이스라엘은 주님께 맹세하였다. … 주님께서 이스라엘의 소리를 들으시고 가나안족을 넘겨주셨다'(민수 21,2-3)고 한 대로이다." - 창세기 라바 70,3

"랍비 아바후가 말하였다. '하느님께서 저와 함께 계시고 이 길에서 저를 지켜 주십니다.' 이는 중상모략에서 (지켜 주신다는 말이다.) '그들은 자기들 혀를 활처럼 구부려 거짓말을 한다'(예레 9,2)고 한 대로이다. '저에게 먹을 빵을 주십니다.' 이는 간통에서 (보호하신다는 말이다.) '그는 자기가 먹는 빵 말고는 아무것도 신경 쓰지 않았다'(창세 39,6)고 한 대로이다. '제가 무사히 아버지의 집에 돌아오게 하십니다.' 이는 무고한 피흘림에서 (보호하신다는 말이다.) '주님께서 저의 하느님이 되실 것입니다.' 이는 이방신 숭배에서 (구하신다는 말이다.)" - 창세기 라바 70,4

28,22 "제가 기둥으로 세운 이 돌은 하느님의 집이 될 것이고, 저는 당신께서 저에게 주신 모든 것에서 십일조를 하겠습니다."

"그 돌은 주춧돌이라 불렸다. 그곳이 세상에 배꼽이고 그곳에서 온 세상이 열렸으며, 주님의 집이 그 위에 있다. … 야곱은 그 돌 앞에서 땅에 엎드려 주님 앞에 기도하였다. '세상의 주인이신 주님, 제가 이곳에 무사히 돌아오면, 당신 앞에 감사 제물과 번제물을 바치겠습니다.'" - 시편 미드라시 91,7

"시크닌의 랍비 여호수아가 랍비 레위의 이름으로 말하였다. 한 쿠티인이(사마리아인, 이방인) 랍비 메이르에게 질문하였다. '당신들은 야곱이 진실하다고 말하지 않습니까? '당신께서는 야곱을 성실히 대하신다'(미카 7,20)고 한 대로.' (랍비 메이르가) 말하였다. '그렇소.' (쿠티인이) 말하였다. '(야곱은) '당신께서 저에게 주신 모든 것에서 십일조를 하겠습니다'고 하지 않았습니까?' (랍비 메이르가) 말하였다. '그렇소.' (쿠티인이) 말하였다.

'(야곱은 열 지파의) 십분의 일인 레위 지파를 따로 떼어 (하느님께 바쳤는데,) 왜 다른 두 (지파의) 십분의 일은 따로 떼지 았았습니까?' (랍비 메이르가) 말하였다. '열두 (지파이지만) 열네 (지파가) 아니요? '에프라임과 므나쎄는 르우벤과 시메온처럼 내 아들이 된다'(창세 48,5)고 하지 (않았소?)' (쿠티인이) 말하였다. '그러니까 더욱 (십일조가 아니지 않습니까?) 물을 추가하면 밀가루도 추가해야 합니다.' (랍비 메이르가) 말하였다. '당신은 네 분의 어머니 조상을 인정하지 않소?' (쿠티인이) 말하였다. '그렇습니다.' (랍비 메이르가) 말하였다. '네 어머니 조상의 네 맏아들은 (열넷에서) 빼야 합니다. 맏아들은 거룩하니, 거룩한 것은 거룩한 것을 면제하지 않소?' (쿠티인이) 말하였다. '당신은 행복합니다. 또한 당신이 함께 사는 당신 백성은 행복합니다.'" - 창세기 라바 70,7: 거룩한 네 맏아들은 십일조에서 면제되어, 열 지파만으로 십일조를 셈하면 된다는 말이다.

"야곱은 주춧돌 앞에서 얼굴을 땅에 대고 엎드려, 거룩하시고 찬미받으실 분 앞에 기도하며 아뢰었다. '세상의 주인이신 주님, 제가 이곳에 무사히 돌아오면 당신 앞에 감사 제물과 번제물을 바치겠습니다.'" - 엘리에제르의 어록 35,71-74

야곱과 라헬의 첫 만남(29,1-14)

29,1 야곱은 발걸음을 떼고 동쪽 사람들의 땅으로 갔다.

"랍비 아하가 말하였다. '평온한 마음은 몸의 생명이다'(잠언 14,30). 좋은 소식이 전해지자 (야곱의) 마음이 발걸음을 움직였다. 사람들은 말한다, '뱃속이 발을 움직인다.'" - 창세기 라바 70,8

"그는 우물을 떠나려고 거기서 발을 떼자 눈 깜짝할 사이에 하란에 이르렀다. '야곱이 발걸음을 떼자'(29,1) '브에르 세바를 떠나 하란으로 갔다'(28,10)고 한 대로이다." - 엘리에제르의 어록 35,75-77

29,2-3 그는 들에 우물이 있고 그곳 한쪽에 양 떼 세 무리가 누워 있는 것을 보았다. 그 우물에서 가축들은 물을 마시는데, 큰 돌이 우물 입구에 놓여 있었다. 그곳에 가축들이 다 모이면 우물 입구에서 돌을 굴려 양 떼에게 물을 먹이고는 우물 입구 제자리에 돌을 돌려놓곤 한다.

"랍비 하마 벤 랍비 하니나가 여섯 가지 방식으로 이를 풀이하였다. '들에 우물이 있는 것을 보았다.' 이는 (말 그대로) 우물을 말한다. '양 떼 세 무리가 누워 있었다.' 이는 모세와 아론과 미르얌을 가리킨다. '그 우물에서 가축들이 물을 마셨다.' 거기서 저마다 기준에 따라 지파와 가족을 위해 물을 길었다는 말이다. '큰 돌이 우물 입구에 놓여 있었다.' 랍비 하니나가 말하였다. 이는 구멍으로 가득 찬 작은 체와 같다. '그곳에 가축들이 모여 … 굴렸다.' 이는 그들이 천막을 쳤을 때이다. '그들은 우물 입구 제자리에 돌을 돌려 놓았다.' 이는 이동하는 동안 (우물이) 원래 상태로 돌아간다는 말이다.

다른 해석: '들에 우물이 있는 것을 보았다.' 이는 시온을 가리킨다. '양 떼 세 무리가 누워 있었다.' 이는 세 순례 축제를 가리킨다. '그 우물에서 가축들이 물을 마셨다.' 거기서 그들이 거룩한 영을 길어 올린다는 말이다. '큰 돌이 우물 입구에 놓여 있었다.' 이는 (물을) 긷는 집의 기쁨을 말한다. 랍비 여호수아가 말하였다. 왜 (물을) 긷는 집이라 불렀나? 거기서 거룩한 영을 길어 올리기 때문이다. '그곳으로 가축들이 모였다.' 하맛 어귀에서 이집트 마른내까지 그들이 온다는 말이다. '그들은 돌을 우물 입구 제자리에 돌려 놓았다.' 이는 다음 순례 축제를 위해 둔다는 말이다.

다른 해석: '들에 우물이 있는 것을 보았다.' 이는 시온을 가리킨다. '양 떼 세 무리가 누워 있었다.' 이는 세 법원을 가리킨다. 그곳에 세 법원이 있었는데, 하나는 성전산에, 하나는 에즈라의 문에, 하나는 깍은 돌의 방에 있다. '그 우물에서 가축들이 물을 마셨다.' 거기서 그들은 판결을(법) 듣는다는 말이다. '큰 돌이 우물 입구에 놓여 있었다.' 이는 깍은 돌의 방에 있는 대법원을 말한다. '그곳으로 가축들이 모였다.' 이는 이스라

엘 땅에 있는 법원들을 말한다. '그들은 우물 입구에서 돌을 굴려 양 떼에게 물을 먹였다.' 거기서 그들은 판결을(법) 듣는다는 말이다. '그들은 돌을 우물 입구 제자리에 돌려 놓았다.' 거기서 (법을) 명확히 세울 때까지 토론한다는 말이다.

다른 해석: '들에 우물이 있는 것을 보았다.' 이는 시온을 가리킨다. '양 떼 세 무리가 누워 있었다.' 이는 첫 세 왕국을 가리킨다. '그 우물에서 가축들이 물을 마셨다.' 이는 그들이 (성전의) 방들에서 숨겨진 거룩한 보물들로 부유하게 되었다는 말이다. '큰 돌이 우물 입구에 놓여 있었다.' 이는 성조들 덕분이라는 말이다. '그곳으로 가축들이 모였다.' 이는 세상 모든 민족들에게서 세금을 받은(군대를 징집한) 로마 왕국을 말한다. '그들은 우물 입구에서 돌을 굴려 양 떼에게 물을 먹였다.' 이는 그들이 (성전의) 방들에서 숨겨진 거룩한 보물들로 부유하게 된다는 말이다. '그들은 돌을 우물 입구 제자리에 돌려 놓았다.' 다가올 미래에 성조들의 공로가 세워진다는 말이다.

다른 해석: '들에 우물이 있는 것을 보았다.' 이는 산헤드린을 말한다. '양 떼 세 무리가 누워 있었다.' 이는 현인들 앞에 앉아 있는 제자들의 세 줄을 말한다. '그 우물에서 가축들이 물을 마셨다.' 거기서 그들은 할라카를 듣는다는(배운다) 말이다. '큰 돌이 우물 입구에 놓여 있었다.' 이는 할라카를 결정하는 법원의 특별 의원을 말한다. '그곳으로 가축들이 모였다.' 이는 이스라엘 땅에 있는 현인들의 제자들을 가리킨다. '그들은 우물 입구에서 돌을 굴려 양 떼에게 물을 먹였다.' 거기서 그들은 할라카를 듣는다는(배운다) 말이다. '그들은 돌을 우물 입구 제자리에 돌려 놓았다.' 거기서 그들은 (법을) 명확히 세울 때까지 토론한다는 말이다.

다른 해석: '들에 우물이 있는 것을 보았다.' 이는 회당을 말한다. '양 떼 세 무리가 누워 있었다.' 이는 (율법을 읽는) 세 독서자들을 말한다. '그 우물에서 가축들이 물을 마셨다.' 거기서 그들은 토라를 듣는다. '큰 돌이 우물 입구에 놓여 있었다.' 이는 악한 성향을 말한다. '그곳으로 가축들이

모였다.' 이는 대중을 말한다. '그들은 우물 입구에서 돌을 굴려 양 떼에게 물을 먹였다.' 거기서 그들은 토라를 듣는다는 말이다. '그들은 돌을 우물 입구 제자리에 돌려 놓았다.' 그들이 (회당에서) 나오자 악한 성향이 그곳으로 돌아온다는 말이다." - 창세기 라바 70,8

"랍비 요하난이 시나이와 관련하여 이를 풀이하였다. '들에 우물이 있는 것을 보았다.' 이는 시나이를 가리킨다. '양 떼 세 무리가 누워 있었다.' 이는 사제들, 레위인들, 이스라엘 사람들을 가리킨다. '그 우물에서 가축들이 물을 마셨다.' 거기서 그들은 십계명을 들었다는 말이다. '큰 돌이 우물 입구에 놓여 있었다.' 이는 셰키나를 가리킨다. '그곳으로 가축들이 모였다.' 크파르 아코 사람 랍비 시메온 벤 유다가 랍비 사무엘의 이름으로 말하였다. 이스라엘이 오직 하나만 부족했다면 토라를 받지 못했다. '그들은 돌을 굴렸다.' 거기서 그들은 (그분) 목소리를 듣고 십계명을 들었다는 말이다. '그들은 돌을 … 제자리에 돌려 놓았다.' '너희는 내가 하늘에서 너희와 함께 이야기하는 것을 보았다'(탈출 20,22)고 한 대로이다." - 창세기 라바 70,9

29,9 야곱이 그들과 아직 말하고 있는데 라헬이 아버지의 양 떼와 왔다. (라헬은) **목자였다.**

"랍비 시메온 벤 가믈리엘이 말하였다. 마을과 마을 사이의 차이를 보아라. 다른 데서는(탈출 2,16) 일곱 명이었는데(미디안 사제의 일곱 딸) 목자들이 와서 그들을 쫓아내려고 하였다. '목자들이 와서 그들을 쫓아내었다'(탈출 2,17)고 한 대로이다. 그러나 여기서는 한 명인데 아무도 그를 건드리지 않는다. '주님의 천사가 그분을 경외하는 이들 둘레에 진을 치고 그들을 구출하였다'(시편 34,8)고 하였듯이, (주님을) 경외하는 이들 주변에서는 (안전하다는 말이다.)" - 창세기 라바 70,11

"랍비 후나가 말하였다. 모든 것이 거룩하시고 찬미받으실 분 앞에서 예견되었다. 야곱이 하란에 오기 전에, 거룩하시고 찬미받으실 분께서 무슨 일을 하셨을까? 그분께서는 라반의 양들에게 재앙을 보내시어, 그 많은 것들에서 몇 마리만 살아남아 라헬이 그것들을 돌보았다. '라헬이 아버지의 양 떼와 왔다. 그는 목자였다'(9절)고 한 대로이다. 많은 것들에서 몇 마리만 살아남은 것은 어디서 알 수 있나? '야곱은 라반의 남은 양 떼를 쳤다'(30,36)고 한 대로이다. 재앙에서 살아남은 라반의 양 떼를 야곱의 발 아래에서 번성하고 늘어나게 하기 위해서다. 이로써 (현인들은), 사람의 발이 집안에 복을 가져오기도 하고 사람의 발이 집안을 무너뜨리기도 한다고 말한다. '주님께서 저의 발걸음대로 당신을 축복하셨다'(30절)고 한 대로이다. 그래서 라반이 말하였다. '주님께서 자네 때문에 나에게 복을 주셨네'(27절)." - 엘리에제르의 어록 36,10-17

29,11 야곱은 라헬에게 입을 맞추고 소리 높여 울었다.

"모든 입맞춤은 외설적이다. 단 세 가지 경우는 예외다. 큰 (징표의) 입맞춤, (반가움을 표시하는) 잠깐의 입맞춤, 작별의 입맞춤이다. 큰 (징표의) 입맞춤은 '사무엘은 기름병을 가져다가 사울의 머리에 붓고 입을 맞추었다'(1사무 10,1)고 한 대로이다. 잠깐의 입맞춤은 '(아론은) 길을 떠나 하느님의 산에서 모세를 만나 그에게 입을 맞추었다'(탈출 4,27)고 한 대로이다. 작별의 입맞춤은 '오르파는 시어머니에게 작별을 고하며 입을 맞추었다'(룻 1.14)고 한 대로이다." - 창세기 라바 70,12

29,12 야곱은 라헬에게 자신이 (라헬) 아버지의 친족 곧 레베카의 아들이라고 … 알렸다.

"'(야곱은) 아버지의 친족이다(형제)'(12절). … 야곱이 말하였다. '나는 사기꾼으로서 (라반의) 형제요(친족).' 라헬이 말하였다. '의인이 사기와 연루되는 것이 허용되나요?' 그가 말하였다. '그렇소. (사기꾼을 대할 때는 허용되오.)' '깨끗한 이에게는 깨끗하신 분으로 대하시지만 그릇된 자에게는 비뚤어지신 분으로 당신을 드러내십니다'(2사무 22,27)라고 한 대로이다.'" - 바블리 메길라 13ㄴ: '사기꾼 라반'의 근거는 '아람인 라반'(25,20) 이라는 칭호에서, 곧 '아람인'(ארם)과 '사기꾼'(רמאי)의 철자가 유사한 데서 비롯한 말놀이로 보인다.

29,14 라반이 그에게 말하였다. "너는 정말로 내 뼈요 살이다." 야곱은 그와 함께 한 달을 살았다.

"랍비 요세가 말하였다. 토라는 예의를 가르친다. 사람은 얼마나 자기 친족을 돌봐야 하는가? 한 달이다." - 창세기 라바 70,14

야곱의 혼인(29,15-30)

29,15 "아무리 자네가 내 친족이어도(אחי) 내 일을 거저 할 수야 있겠나?"

"(직역하면 '너는 나의 형제다[אחי]'인데 야곱이 라반의) 형제인가? 그는 누이의 아들이(조카) 아닌가? 이는 어떤 사람의 누이의 아들은 그의 형제나 마찬가지고, 어떤 사람의 형제의 아들도 그의 형제나 마찬가지임을 알려 준다. 어디에서 알 수 있나? 우리의 조상 아브라함에게서다. '아브람이 롯에게 말하였다. '… 시비가 있어서는 안 된다. … 우리는 형제들이다(אחים)''(13,8)고 한 대로이다. (롯이 아브라함의) 형제인가? 그는 그의 형제의 아들이(조카) 아닌가? 이는 어떤 사람의 형제의 아들은 그의 아들과 마찬가지임을 알려 준다. 어떤 사람의 아들의 아들은(손자) 그의 아들이나 마찬가지다. 어디에서 알 수 있나? 야곱에게서다. (야곱이 요셉에게) 말하였다. '에프라임과 므나쎄는 르우벤과 시메온처럼 나의 것이다'(48,5)라고 한 대로이다. 그들이 (야곱의) 아들인가? 그들은 아들의 아들들이(손자들) 아닌가? 이는 어떤 사람의 아들의 아들은 그의 아들이나 마찬가지임을 알려 준다. 어떤 사람의 딸의 아들은(외손자) 그의 아들이나 마찬가지다. 어디에서 알 수 있나? 라반에게서다. '라반이 야곱에게 대답하였다. '딸들은 내 딸들이고 아들들은 내 아들들이다''(31,43)고 한 대로이다. 그들이 (라반의) 아들들인가? 그들은 그의 딸들의 아들들이(외손자) 아닌가? 이는 어떤 사람의 딸들의 아들은 그의 아들이나 마찬가지임을 알려 준다." - 엘리에제르의 어록 36,19-23

"(거저 일하는 것이) 가능할까? (라반은 야곱의) 노동력이 열 폴레론짜리이면(פולרין: 작은 동전) 다섯 폴레론을 주고, (야곱의) 운반비가 여섯 폴레론이면 세 폴레론을 주었다. (야곱이) 말하였다. '제가 돈을 원해서 (여기) 왔다고 생각하십니까? 저는 두 딸 때문에 (왔습니다.)'" - 창세기 라바 70,14

29,16 라반에게는 두 딸이 있었는데 큰딸 이름은 레아이고 작은딸 이름은 라헬이었다.

"(이 두 딸은) 세상 끝에서 끝을 가르는 큰 기둥과 같다. 저마다 지휘관들을 세우고, 임금들을 세웠다. 그들에게서 사자를 죽인 이들이 나오고, 예언자들이 나오고, 판관들이 나오고, 땅의 정복자들이 나오고, 땅을 나눈자들이 나왔다. 이들의 아들이 바친 제물이 안식일보다 우위에 있었다. 저마다 이틀 밤이 주어졌으니, 레아에게는 파라오의 밤과 산헤립의 밤이, 라헬에게는 기드온과 모르도카이의 밤이 주어졌다. '그날 밤 임금은 잠이 달아났다'(에스 6,1)고 한 대로이다." - 창세기 라바 70,15

29,17 레아는 눈이 약하고 라헬은 얼굴도 예쁘고 모습도 아름다웠다.

"'약하다'는 것이 무슨 뜻인가? 울어서 눈이 약해진 것이다. 사람들이 '큰딸은(레아) 큰아들에게(에사우), 작은딸은(라헬) 작은아들에게(야곱)' (정해졌다고들) 말하였기 때문이다. 그래서 (레아는) 울면서 기도하곤 하였다. '제발 사악한 남자에게 제가 제비 뽑히지 않게 해 주세요.' 랍비 후나가 말하였다. 결정을 취소시킨 이 기도는 참 대단하다. (게다가) 그는 자기 동생을 앞지르기까지 하였다." - 창세기 라바 70,16

"왜 레아는 미움을 받았는가? 그가 라헬보다 추해서가 아니다. 실제로 그는 라헬만큼 아름답다. … 레베카는 에사우와 야곱을 낳았고 라반에게는 두 딸, 레아와 라헬이 있었다. 그들은 서로에게 전갈을 보내, 에사우는 레아를, 야곱은 라헬을 맞이하기로 그들 사이에 뜻을 맞췄다. 레아는 에사우의 행실에 대해 알아보니 그의 행실이 사악하다는 것을 들었다. 그는 매일 울며 말하였다. '내 제비가 사악한 이에게 떨어지다니.' 그래서 그의 눈이 약해진 것이다." – 탄후마 와예체 12(부버)

"'약하다'(רכות)는 것이 무엇인가? 문자 그대로 (그의 눈이) 약하다고 말할 수 있나? 부정한 동물들에게조차 이런 경멸의 표현을 쓰지 않는데, 하물며 이 구절에서 의로운 이를 경멸하는 뜻으로 말했을까? 랍비 엘아자르가 말하였다. (이 말은) 그의 선물들이 오래 지속된다(ארוכות)는 뜻이다." – 바블리 바바바트라 123ㄱ

"레아는 눈이 약하였으나 모습만은 잘생겼다. 라헬은 눈도 예쁘고 모습과 외모가 매우 아름다웠다." – 희년서 28,5

29,21 야곱이 라반에게 말하였다. "제가 날을 채웠으니 제 아내를 주십시오. 제가 그에게 들 것입니다."

"랍비 아예부가 말하였다. 방종한 사람조차 이런 언어로 말하지는 않는데 야곱이 그렇게 말하였을까, '제 아내를 주십시오. 제가 그에게 들 것입니다'라고? 그는 말하였다. '거룩하시고 찬미받으실 분께서 나에게 말씀하셨다. '내가 열두 지파를 세울 것이다.' 그런데 나는 여든네 살인데, 내가 지금 (열두 지파를) 세우지 않으면, 언제 세운단 말인가? ' 그래서 성경은 (이렇게) 말한 것이다. '야곱이 라반에게 말하였다. '제가 날들을 채웠으니 제 아내를 주십시오. 제가 그에게 들 것입니다.''" – 창세기 라바 70,18

29,22 라반은 모든 사람들을 한자리에 모아 잔치를 베풀었다.

"라반이 그곳 사람들을 모두 모아놓고 말하였다. '여러분은 우리에게 물이 몹시 부족했는데 이 의로운 이가 오자 물이 축복을 받아 (풍족해진) 것을 알 것입니다.' 그들이 그에게 말하였다. '당신 생각대로 하시오.' 그가 말하였다. '만일 여러분이 원한다면 나는 야곱을 속여 그에게 레아를 주겠소. 그는 라헬을 더 사랑하므로 여기 여러분 곁에서 다른 칠 년을 더 일할 것이오.' (사람들이 말하였다.) '원하는 대로 하시오.' (라반이) 말하였다. '아무도 (야곱에게) 알리지 않겠다고 저에게 약속해 주십시오.' 그들은 그에게 서약하였고 그는 가서 포도주와 기름과 고기를 그들에게 가져왔다." - 창세기 라바 70,19

29,25 그런데 아침이 되어 보니 그는 레아였다.

"라반이 레아를 데리고 가 (야곱에게 들려고 할) 때 라헬은 생각하였다. '(야곱이 사실을 알게 되면) 언니는 수치스러워할 거야.' 그래서 라헬은 (야곱이 건네 준 정표를 언니에게) 주었다. '아침이 되어 보니 그는 레아였다'(25절)고 한 대로이다." - 바블리 바바바트라 123ㄱ

29,27 "일단 이번 주를 채우게. 다른 칠 년을 다시 내 일을 하겠다면 작은딸도 자네에게 주겠네."

"랍비 야곱 벤 랍비 아하가 말하였다. 여기에서 기쁨을 기쁨으로 섞어서는 안 된다는 것을 (알 수 있다.)" - 창세기 라바 70,19: 기쁜 일을 한꺼번에 하면 기쁨이 줄어든다는 해석이다.

29,29 라반은 자신의 여종 빌하를 딸 라헬의 몸종으로 주었다.

"라반은 라헬에게 질파의 자매인 빌하를 여종으로 주었다." - 희년서 28,9

"라반은 두 여종들을 데려다 두 딸들에게 주었다. (질파와 빌하가) 그의 여종인가? 그들은 그의 딸들이 아닌가? (그곳에서는) 어떤 사람의 소실의 딸들은 여종으로 불린다. '라반은 자신의 여종 빌하를 딸 라헬의 몸종으로 주었다'(29절)고 한 대로이다." - 엘리에제르의 어록 36,30-31

29,30 야곱은 라헬에게도 들었다. 그는 레아보다 라헬을 더 사랑하였다. 그는 다른 칠 년을 다시 (라반과) 함께 일하였다.

"랍비 유다 벤 랍비 시몬이 말하였다. 세상 관습으로는, 노동자가 집 주인을 위해서 두세 시간은 열심히 일하나 마지막에는 그의 일에 게을러진다. 그러나 여기서는 처음에 충실했고 나중에도 충실했다. 랍비 요하난이 말하였다. '야곱은 아람 땅으로 달아났다. 이스라엘은 아내를 얻으려고 종살이하고 또 아내를 얻으려고 양 떼를 돌보았다'(호세 12,13). (예언자가) 그들에게 말하였다. '너희는 너희의 조상 야곱과 같다. 너희의 조상 야곱은 아내를 얻기 전까지 종살이하였고 (아내를) 얻고도 종살이하였다. 너희도 구원자가(모세) 태어나기 전까지 종살이하였고 구원자가 태어나고도 종살이하였다.'" - 창세기 라바 70,20

야곱의 아들들(29,31—30,24)

29,31 레아가 미움 받는 것을 주님께서 보시고 그의 자궁을 열어 주셨다. 그러나 라헬은 임신하지 못하였다.

"랍비 유다 벤 랍비 시메온과 랍비 하난이 랍비 사무엘 벤 랍비 이사악의 이름으로 말하였다. 우리의 조상 야곱은 레아가 자기 동생인 척 속인 행동들을 알고 그와 이혼할 생각이었다. 그런데 거룩하시고 찬미받으실 분께서 아들들로 (레아를) 방문하시자, (야곱이) 말하였다. '내가 이들의 어미와 이혼을 해야 할까?' 결국 그는 이 일을 두고 감사했다. '이스라엘은 침상 머리맡에 엎드려 경배하였다'(창세 47,31)고 한 대로이다. 우리의 조상 침상 머리맡에는 누가 있었겠는가? 바로 레아이다." - 창세기 라바 72,2

"'미움 받는다'는 것이 무엇인가? 문자 그대로 (그가) 미움을 받았다고 말할 수 있나? 부정한 동물들에게조차 이런 경멸의 표현을 쓰지 않는데, 하물며 이 구절에서 의로운 이를 경멸하는 뜻으로 말했을까? 거룩하시고

찬미받으실 분께서는 오히려 에사우의 행동이 미움 받을 만하다고 보셨다." - 바블리 바바바트라 123ㄱ

"'라헬은 임신하지 못하였다(ורחל עקרה).' 이는 (라헬이) 집안의 최고라는(עיקר הבית) 뜻이다. 랍비 시메온 벤 요하이가 가르쳤다. 모든 일들이 라헬에게 달려 있었기 때문이다. 그래서 이스라엘이 (라헬의) 이름으로 불리었다. '라헬이 자기 자식들 때문에 운다'(예레 31,15). (라헬의) 이름뿐 아니라 그의 아들 이름으로도 (불린다.) '만군의 주 하느님께서 요셉의 남은 자들에게 아마도 자비를 베푸시리라'(아모 5,15). 그의 아들 이름뿐 아니라 그의 손자 이름으로도 (불린다.) '에프라임은 나에게 귀한 자식이 아닌가?'(예레 3,20)라고 한 대로이다." - 창세기 라바 71,2

"라헬은 태가 닫혔다. 주님께서 레아가 미움받고 라헬이 사랑받는 것을 보셨기 때문이다." - 희년서 28,12

29,32 레아가 임신하여 아들을 낳고 이름을 르우벤이라 불렀다. "주님께서 나의 고통을 보셨으니 이제 남편이 나를 사랑해 주겠지." 하고 말하였기 때문이다.

"랍비 요세 바르 하니나가 말하였다. 네 가지 방식으로 이름들을 짓는다. 이름은 좋은데 행실이 나쁜 사람이 있고, 이름은 나쁜데 행실이 바른 사람이 있다. 이름도 좋고 행실도 바른 사람이 있고, 이름도 나쁘고 행실도 나쁜 사람이 있다. 이름은 좋은데 행실이 나쁜 사람은, 에사우이다(עשׂו). '그의 이름은 에사우이다'(창세 25,25). 그러나 그는 (하느님의 뜻을) 이루지 않았다(אינו עושה). 이스마엘도(ישמעאל), '그의 이름은 이스마엘이다'(16.11). 그러나 그는 듣지(순종) 않았다(אינו שומע). 이름은 나쁜데 행실이 바른 사람은, 유배에서 (돌아온) 이들이다. '바크부크의 자손, 하쿠파의 자손, 하르후르의 자손들이다'(에즈 2,51). 그들은 올라가서 성전을 세울 권한을 얻었다. 이름도 나쁘고 행실도 나쁜 이들은, 정찰병들이다. '스투르'(민수 13,13), 파괴하는 이라는 뜻이다. '가디'(11절), 맵고 쓰다는 뜻이다.

이름도 좋고 행실도 바른 이들은, 지파들이다. '르우벤'(ראובן), 아들들 중 (뛰어난) 아들을 보라는(ראו בן) 뜻이다. '시메온'(שמעון), 하늘에 계신 아버지의 목소리를 듣는다는(שומע) 뜻이다." - 창세기 라바 71,3

29,34 "내가 아들을 셋이나 낳았으니 이번에는 내 남편이 나에게 묶이겠구나." 그래서 그는 그의 이름을 레위라 불렀다.

"랍비 유단이 말하였다. '레위'(לוי), 이 (아들은) 장차 자손들을 하늘에 계신 그들의 아버지께로 (이끌어) 호위할(ללות) 것이다." - 창세기 라바 71,4

"너는 주님과 연결되어(נלוה ליי) 야곱의 아들 모두에게 사랑받는 이가 되리라." - 희년서 31,16

29,35 그는 또 임신하여 아들을 낳고 말하였다. "이번에는 주님께 감사드리리라." 그래서 그는 그의 이름을 유다라 불렀다. 그리고는 출산이 멈추었다.

"랍비 베레크야가 랍비 레위의 이름으로 말하였다. 타작마당에 내려간 사제에 (비할 수 있다.) 어떤 사람이 그에게 십일조 한 코르를 주었는데, (사제는) 그에게 호의를 보이지 않았다. 다른 이가 그에게 속된 것 한 웅큼을 주었는데, (사제는) 그에게 호의를 보였다. 어떤 사람이 그에게 말하였다. '사제님, 저는 당신에게 한 코르를 주었고 이 사람은 당신에게 한 웅큼을 주지 않았습니까? 그런데 당신은 그에게만 호의를 보이십니까?' (사제가) 그에게 말하였다. '당신은 나에게 내 몫에서 주었소. 그러나 이 사람은 자신의 것에서 나에게 주었소. 그래서 나는 그에게 호의를 보인 것이오.' 마찬가지다. 어머니 조상들은 저마다 셋을 낳을 것이라고 생각하였는데, 레아가 넷째 아들을 낳게 되자 그는 '이번에는 주님께 감사드리리라'(35절)고 말한 것이다." - 창세기 라바 71,4: 십일조는 당연히 사제에게 돌아갈 몫이지만 한 웅큼은 따로 내준 것이기에 사제는 이것에 반응할 수밖에 없다는 비유이다. 레아 역시 다른 아내들처럼 아들 셋을 낳은 것은 당연히 여겼지만 하나 더 낳은 것을 두고는 주님께 감사할 수밖에 없어서 이름을 유다라 지었다는 해석이다.

"'출산이 멈추었다(직역: 그는 출산으로 섰다[תעמד]).' 랍비 아미가 말하였다. 집안에서 여자의 행보는(지위) 누가 세워주나? 그의 아들들이다." - 창세기 라바 71,5

30,1 라헬이 … 야곱에게 말하였다. "나에게도 아들들을 주세요. 그렇지 않으면 나는 죽어 버리겠어요."

"랍비 사무엘이 말하였다. 네 가지 경우일 때 죽은 사람처럼 여긴다. 곧 나병 환자와 눈 먼 자, 자식 없는 자, 가난한 자이다. 자식 없는 자는 라헬의 경우다. '나는 죽어버리겠어요'라고 한 대로이다." - 창세기 라바 71,6

"랍비 여호수아 벤 레위가 말하였다. 자식이 없는 사람은 누구나 죽은 사람처럼 여겨진다. '나에게도 아들들을 주세요. 그렇지 않으면 나는 죽어버리겠어요'라고 한 대로이다. 네 가지 경우에 죽은 사람처럼 여겨진다고 가르친다. 가난한 자, 나병 환자, 눈 먼 자, 자식 없는 자다." - 바블리 느다림 64ㄴ: 바블리 아보다자라 5ㄱ

30,2 야곱은 라헬에게 화를 내며 말하였다. "내가 당신한테서 태의 소생을 막으신 하느님 대신이라도 된다는 말이오?"

"남쪽의 랍비들이 랍비 알렉산드리의 이름으로, 라바나가(라하바) 랍비 요하난의 이름으로 말하였다. '현인이 바람의 지식으로(허풍) 대답하다니'(욥 15,2), 이는 아브라함에게 해당된다. '아브람은 사라이의 말을 들었다'(창세 16,2)고 한 대로이다. '(현인이) 자기 배를 동풍으로(열풍) 채우다니'(욥 15,2), 이는 야곱에게 해당된다. '야곱이 라헬에게 화를 내었다'(창세 30,2)고 한 대로이다. 거룩하시고 찬미받으실 분께서 (야곱에게) 말씀하셨다. '그것이 고통스러워하는 사람한테 할 대답이냐? 장차 너의 아들들이 그의 아들(요셉) 앞에 서게 될 것이다.'" - 창세기 라바 71,7

30,10–11 레아의 몸종 질파가 야곱에게 아들을 낳아 주었다. 레아가 말하였다. "행운이 온다." 그래서 그의 이름을 가드라 불렀다.

"(다른 데서는) 모두 '그가 임신하였다'고 하는데 여기서는 (바로) '낳았다'고 하였다. (질파가) 젊어서 그의 임신을 (다들) 알아차리지 못했기 때문이다." - 창세기 라바 71,9: 사라, 레베카, 레아 등의 경우는 임신했다는 말을 먼저 언급한 뒤 낳았다고 하는데 질파의 경우는 그 말이 빠져 있어, 그 이유를 유추해낸 해석으로 보인다.

"그 집안에 행운이(גדה) 온다. 세상에(유다인들) 행운이(גדה) 온다. 장차 이방인들의 기초를 무너뜨릴(לגדד) 사람이 온다. 그는 엘리야다. 엘리야는 누구에게 속하나? 랍비 엘아자르가 말하였다. (엘리야는) 베냐민 (지파에) 속한다. '야아레스, 엘리야, 지크리는 여로함의 아들들이다'(1역대 8,27)고 한 대로이다. 랍비 네호라이가 말하였다. 가드 (지파에) 속한다. '길앗의 티스베 출신 엘리야가 말하였다'(1열왕 17,1)고 한 대로이다. 랍비 필리피가 랍비 네호라이에게 말하였다. 그렇게 말하는 이유가 무엇인가? 그가 말하였다. '그들의 영토는 야제르, 길앗의 모든 성읍 …이다'(여호 13,25)고 한 대로이다. 랍비 엘아자르는 랍비 네호라이가 말한 '길앗의 티스베 출신'이라는 구절을 어떻게 이해하는가? 그는 다듬은 돌이 있는 방에(성전의 여섯 방 가운데 하나) 앉아 있는 이었다(산헤드린의 일원). 랍비 네호라이는 랍비 엘아자르가 말한 '야아레스, 엘리야, …'라는 구절을 어떻게 이해하는가? 이 (이름들은) 해석들이다. 거룩하시고 찬미받으실 분께서 당신 세상을 뒤흔드실 때 (엘리야가) 조상들의 공로를 일깨워 드렸다. '여로함의 아들들'은, 거룩하시고 찬미받으실 분께서 당신 세상에 자비를 채우셨다는 (뜻이다.) 한번은 우리의 랍비들이 그 일로 (의견이) 갈라졌다. 어떤 이들은 말한다. '가드 (지파) 출신이다.' 다른 이들은 말한다. '베냐민 (지파) 출신이다.' 그는 와서 그들 앞에 서서 그들에게 말하였다. '우리 스승님들, 당신들은 왜 나를 두고 (의견이) 갈라지셨습니까? 나는 라헬의 아들의 후손입니다.'" - 창세기 라바 71,9: 가드 지파 출신의 유명한 인물로 엘리야를 내세우나 엘리야는 다른 지파들과도 연관이 있어, 그의 출신 지파와 관련하여 랍비들 사이에 논쟁이 되는 인물임을 보여 주는 본문이다.

30,12-13 질파가 야곱에게 두 번째 아들을 낳아 주었다. … "얼마나 행복한가! 딸들이(בנות) 나를 복되다고 하네." … 아세르라 불렀다.

"랍비 레위가 말하였다. 아세르는 평생 여관에서 숙박을 하지 않았다. 그는 궁궐이 있는 높은 곳을(산악 지대) 상속받았다. 유다가 상속받지 않은 것이다. '아세르의 아들은 임나, 이스와, 이스위, 브리아이고, 그들의 누이는 세라이다. 브리아의 아들은 헤베르와 말키엘인데, 이 말키엘이 비르자잇의 시조다'(1역대 7,30-31)라고 한 대로이다. … 랍비 레위가 (비르자잇을 두고) 말하였다. 그들의 딸들은(בנות) 아름답다. 그들은 올리브(זית) 기름으로 기름부음받은 사제들과 혼인하였다. 랍비 시몬이 말하였다. 그들은 올리브(זית) 기름으로 기름부음받은 임금들과 혼인하였다." - 창세기 라바 71,10: 아세르 지파의 후손들 가운데 비르자잇이라는(ברזית: 올리브 기름으로 성별된 이) 인물을 사제와 임금과 연관시켜, 아세르 지파가 복되다 칭송받는 이유를 설명하였다.

30,14 밀 수확하는 어느 날에 르우벤이 나가 들에서 합환채를 발견하였다.

"랍비 히야 바르 아바가 말하였다. 이는 만드라화이다. 랍비 이사악이 말하였다. 사이프러스이다(편백과 삼나무의 풀). 랍비 유다 벤 랍비 시몬이 말하였다. 마이시이다(도금양 열매). 이들의 말도 그렇고 저들의 말도 그렇고, 모두 그가 주인 없는 것을 가져왔다는 것을 인정한다. 밀 수확 철에 보리는, 주인 없는 들판과 같다. 이미 보리 수확이 끝났기 때문이다. 수확 때 온갖 과실의 첫 열매가 달릴 때 그는 가서 주인 없는 것만을 가져왔음을 알 수 있다. 그들이 그 땅의 (소출을) 도둑질하는 것에서 지켰다는 것을 알리기 위해서다. 그렇게 그 땅의 (소출을) 도둑질하는 것에서 지켰다면, 모든 도둑질에서 지키는 것이야 오죽하랴." – 창세기 라바 72,2: 합환채가 무엇이든 주인 없는 것을 가져왔음을 강조한다.

30,15 라헬이 말하였다. "언니 아들의 합환채 대신 그가 오늘 밤 언니와 눕게 할게요."

"랍비 시메온이 가르쳤다. (라헬은) 의인을(야곱) 너무 가볍게 대했다. 그래서 (라헬은) 그와 함께 무덤에 들어가지 못했다. (라헬이 레아에게) '그가 오늘 밤 언니와 눕게 할게요' 하고 말한 것은, '그는 언니와 함께 죽을 것이지 나와 함께 죽지는 않을 거예요'라는 뜻이다. 랍비 엘아자르가 말하였다. (레아도) 잃고 (라헬도) 잃었으며, (레아도) 얻고 (라헬도) 얻었다. 레아는 합환채를 잃고 두 지파와 맏아들을 얻었다. 라헬은 합환채를 얻고 지파들과 맏아들을 잃었다. 랍비 사무엘 바르 나흐만이 말하였다. 레아는 합환채를 잃고 지파와 (야곱의) 무덤을 얻었다. 라헬은 합환채를 얻고 지파들과 (야곱의) 무덤을 잃었다." – 창세기 라바 72,3

30,16 저녁에 야곱이 들에서 오자 … 말하였다. "내 아들의 합환채를 (주고) **당신을 빌렸으니 저에게 드세요." 그는 그날 밤 그와 함께 누웠다.**

"레아는 어떻게 야곱이 (들에서) 돌아온 것을 알았나? (야곱이 타고 온) 나귀가 우는 소리를 듣고 그에게 나간 것이다." – 창세기 라바 99,10

"'그는 그날 밤 그와 함께 누웠다.' 이는 거룩하시고 찬미받으실 분께서 그 일을 도우셨음을 가르친다. '이사카르는 튼튼한(גרם) 나귀'(49,14)라고 한 대로, (야곱의) 나귀가 이사카르가 (태어나게 할) 원인이(גרם) 되었다는 말이다." – 바블리 니다 31ㄱ: 하느님께서 나귀가 야곱을 레아에게로 이끌게 하시어 이사카르가 태어날 수 있었다는 것이다. 동음이의어 히브리어를(גרם) 이용하여 유추한 해석이다.

“랍비 아바후가 말하였다. 거룩하시고 찬미받으실 분께서는, (레아의) 의도가 하늘을 위해 오로지 지파를 세우는 것임을 보셨다. 그래서 성경은 ‘하느님께서 레아의 (말을) 들으셨다’고 하였고, ‘(레아가) 말하였다. '저에게 드세요"라고 해야 했다. 랍비 레위가 말하였다. 와서 보아라, 합환채의 중재가 얼마나 잘 됐는지. 합환채를 통해서 이스라엘에 두 지파, 이사카르와 즈불룬 (지파가) 세워졌다. 이사카르는 앉아서 토라를 연구하였고, 즈불룬은 바다로 나가 이사카르의 입 속에 (먹을 것을) 주었다. 그래서 이스라엘에 토라가 많아졌다. ‘합환채는 향기를 내뿜는다’(아가 7,14)고 한 대로이다.” - 창세기 라바 72,5

30,18 “… 하느님께서 내 (몸종의) 품값을 주셨다.” 그래서 그의 이름을 이사카르라 불렀다.

“이사카르는 아홉째 지파이나 임금 다음에 두 번째로 예물을 바친다. ‘둘째 날에는 이사카르의 수장, 추아르의 아들 느탄엘이 예물을 바쳤다’(민수 7,18)고 한 대로이다. 이는 그가 율법을 배웠기 때문이다. ‘이사카르의 자손들은 … 때를 분별할 줄 알고 이스라엘이 무엇을 해야 할지 아는 사람들이었다’(1역대 12,33)고 한 대로이다.” - 창세기 라바 72,5

30,20 “하느님께서 나에게 좋은 선물을 주셨다. … 이번에는 남편이 나를 높여주겠지(יזבלני).” 그래서 그의 이름을 즈불룬이라 불렀다.

“즈불룬(זבלון), 거룩하시고 찬미받으실 분께서 그들 가운데 당신 셰키나를 머무르게 하신다. ‘나를 위해 성소를 만들어라. 내가 그들 가운데에 머무르겠다’(탈출 25,8)고 한 대로이다. 즈불룬은 성전을 가리킨다. ‘제가 당신을 위해 웅장한(זבל) 집을 세웠습니다. 당신께서 영원히 머무르실 장소입니다’(1열왕 8,13)고 한 대로이다.” - 탈출기 라바 1,5

30,21 그러고 나서 그가 딸을 낳고 그의 이름을 디나라 불렀다.

"랍비 아바가 말하였다. 실제로 레아는 아들을 잉태하였으나 라헬의 기도로(22절) 딸로 바뀌었다. '주님께서 나에게 다른 아들을 더해 주셨다'(24절)고 한 대로이다. … 어머니 조상들은 예언자들인데, 라헬도 어머니 조상이다." - 창세기 라바 72,6

"(레아가) 임신하여 쌍둥이로 아들과 딸을 낳았다. (아들의) 이름은 즈불룬이라 부르고 딸의 이름은 디나라 하였다." - 희년서 28,23

"랍비 엘리에제르가 말하였다. … 야곱에게는 칠 년 동안 열한 지파와 딸 하나가 태어났다. 그들은 모두 자기 배우자와 함께 태어났다. 요셉은 예외로서 그의 배우자는 그와 함께 태어나지 않았다. 디나의 딸인 아스낫이 그의 아내로 적합하였다. 디나도 예외로서 그의 배우자는 그와 함께 태어나지 않았다. (레아가) 말하였다. '이 아이는 정의와 공정이니 그의 이름을 디나라 부른다.'" - 엘리에제르의 어록 36,37-40

"'그러고 나서'(ואחר)는 무엇인가? 라브가 말하였다. 레아는 혼자 판단을 하고 나서(לאחר שדנה) 말하였다. '장차 열두 지파가 야곱에게서 나올 텐데, 나에게서 여섯, 여종에게서 넷이 나왔으니 열이다. 이번에도 아들이면 내 동생 라헬은 여종만도 못 하게 된다.' 그는 바로 딸로 바꾸었다. 그래서 그는 '그의 이름을 디나라(דינה) 불렀다'(21절)고 한 것이다." - 바블리 브라콧 60ㄱ

30,22 하느님께서 라헬을 기억하시고 하느님께서 그의 (청을) 들으시어 그의 자궁을 열어 주셨다.

"'주님 당신 백성에 대한 호의로 저를 기억하소서. 당신 구원과 함께 저를 찾아오소서'(시편 106,4). 랍비 엘아자르가 말하였다. 새해 첫날에는 사라와 라헬과 한나가 기억된다." - 창세기 라바 73,1

"'이스라엘 집안을 위하여 당신의 자애와 성실을 기억하셨다. 우리 하느님의 구원을 세상 끝들이 모두 보았다'(시편 98,3). '당신의 자애를 기억하셨다.' 이는 아브라함을 말한다. '아브라함에게 자애를 베풀어 주십시오'(미카 7,20)라고 한 대로이다. '당신의 성실', 이는 야곱을 말한다. '야곱을 성실히 대해 주십시오'(미카 7,20)라고 한 대로이다. '이스라엘 집안을 위하여', 이는 조상 이스라엘을 말한다. 우리의 조상 야곱의 집안은 누구인가? 바로 라헬이다. 다른 모든 이들에게는 이렇게 쓰였다. '레아의 아들은 야곱의 맏아들 르우벤이다'(창세 35,23). '레아의 몸종 질파의 아들은 가드와 아세르이다'(26절). '라헬의 몸종 빌하의 아들은 단과 납탈리이다'(25절). 그러나 라헬은 이렇게 쓰였다. '야곱의 아내 라헬의 아들은 요셉과 벤야민이다'(46,19). 다른 해석: '이스라엘 집안을 위하여 당신의 자애와 성실을 기억하셨다. 우리 하느님의 구원을 세상 끝들이 모두 보았다'(시편 98,3). 이는 '하느님께서 라헬을 기억하시고 그의 (청을) 들어주셨다'(창세 30,22)는 뜻이다." - 창세기 라바 73,2

"그분께서 (라헬의) 무엇을 기억하셨나? 언니에 대한 침묵을 (기억하셨다.) 그들이 레아를 (야곱에게) 주었을 때 이를 알고도 침묵하였다. … 랍비 후나와 랍비 아하가 랍비 시몬의 이름으로 말하였다. '단과 요셉과 벤야민'(1역대 2,2)이라고 하였듯이, 단 덕분에 라헬이 기억되었고 단 덕분에 요셉과 벤야민이 태어났다." - 창세기 라바 73,4

"'그의 자궁을 열어 주셨다.' 랍비 메나하마가 랍비 베바이의 이름으로 말하였다. 세 개의 열쇠가 거룩하시고 찬미받으실 분의 손에 있었다. 무덤의 열쇠와 비의 열쇠와 자궁의 열쇠이다. 무덤의 열쇠는, '나 이제 너희의 무덤을 열겠다'(에제 37,12)고 한 대로이다. 비의 열쇠는, '주님께서 너에게 당신의 곳집을 여시고 … 너희 땅에 비를 주실 것이다'(신명 28,12)고 한 대로이다. 자궁의 열쇠는, '하느님께서 (라헬의) 자궁을 열어 주셨다'(창세 30,22)고 한 대로이다. (이렇게) 말하는 이들이 있다. 양식의 열쇠도 있는데, '당신의 손을 벌리시어 모든 생물을 호의로 배불리신다'(시편 145,15)고 한 대로이다." - 창세기 라바 73,4

30,23 그는 임신하여 아들을 낳고 말하였다. "하느님께서 나의 수치를 거두어들이셨다."

"랍비 레위 바르 즈카르야가 말하였다. 여자가 아이를 낳기 전에는 (모든) 잘못이 (여자에게) 돌아간다. 그러나 아이를 낳고 나면 그의 아들에게 돌아간다. (남편이 묻는다.) '누가 이것을 먹었나?' '당신 아들이오.' '누가 이것을 깨뜨렸나?' '당신 아들이오.'" - 창세기 라바 73,5

30,24 그의 이름을 요셉이라 부르고 말하였다. "주님께서 나에게 다른 아들을 더해 주셨다."

"'주님께서 나에게 다른 아들을 더해 주셨다.' '다른 (아들)'이라고 한 것은 유배에서다. 랍비 유다 벤 랍비 시몬의 이름으로 말하였다. 유다와 베냐민 지파는 열 지파가 유배 간 곳으로 유배 가지 않았다는 말이다. 열 지파는 삼바트욘 강 건너에서 유배하였고 유다와 베냐민 지파는 온 나라에 흩어졌다. '다른 (아들)'이라고 한 것은 분쟁에서다. 랍비 피느하스가 말하였다. 라헬의 기도를 통해서 유다와 베냐민 지파는 (다윗 왕조를 거슬러) 열 지파와 함께 분쟁을 일으키지 않았다는 말이다. '다른 (아들)'이라고 한 것은 그가 여로보암과 그의 동료들과는 다른 행동을 했다는 말이다." - 창세기 라바 73,6: '다른'이라는 낱말을 근거로 남왕국의 두 지파를 나머지 열 지파와 구별하는 해석이다.

야곱의 임금을 떼먹은 라반(30,25-43)

30,25 라헬이 요셉을 낳았을 때 야곱이 라반에게 말하였다. "저를 보내 주십시오. 제 고향, 저의 땅으로 가겠습니다."

"에사우의 반대자인 요셉이 태어나자 '야곱이 라반에게 말하였다. '저를 보내 주십시오. 제 고향, 저의 땅으로 가겠습니다." 랍비 피느하스가 랍비 사무엘 바르 나흐만의 이름으로 말하였다. 에사우가 라헬의 자손들

손에 넘겨진다는 전승이 있다. '양 떼의 새끼들이 그들을 꼭 끌어내리라'(예레 49,20)고 한 대로이다. 왜 그들을 '양 떼의 새끼들'이라 부르는가? 그들이 지파들에서 어리기 때문이다.'" - 창세기 라바 73,7

"요셉이 태어났을 때는 무엇이 달라서 (야곱이 떠날 결심을) 하였나? 우리의 조상 야곱은 에사우의 후손들이 요셉 후손들의 손에 넘겨질 것을 보았다. '야곱 집안은 불이, 요셉 집안은 불꽃이 되고 에사우 집안은 검불이 되리라. 그 불과 불꽃이 검불을 태우고 삼켜버려 에사우 집안에는 살아남은 자가 아무도 없으리라'(오바 1,18)고 한 대로이다." - 바블리 바바 바트라 123ㄴ

30,30 "저 이전에는 장인어른의 것이 보잘것없었으나 (이제는) **아주 많아졌습니다. 제 발걸음대로 주님께서 … 복을 주셨습니다."**

"랍비 유다가 랍비 시몬의 이름으로, 히즈키야의 이름으로 말하였다. '보잘것없다(조금)'는 것은 일흔 (마리를) 말한다. 여기서도 '조금'이지만 다른 곳에서도 '조금'이다. 곧 '몇 안 되는(조금) 사람들이 그곳에(이집트) 머물렀다'(신명 26,5)고 하여 (그들이) 일흔 (명이었으므로), 여기서도 일흔 (마리이다.)" - 창세기 라바 73,8

"의인이 가는 곳마다 축복이 그들과 함께한다. 이사악이 그라르에 내려가자 축복이 그를 따라갔다. '이사악은 그 땅에 씨를 뿌려, 그해에 수확을 백 배나 올렸다. 주님께서 그에게 이렇듯 복을 내리시어, 그는 부자가 되었다'(창세 26,12)고 한 대로이다. 요셉이 포티파르에게 내려가자 축복이 그를 따라갔다. '주님께서 요셉 때문에 그 이집트 사람의 집에 복을 내리셨다'(39,5)고 한 대로이다. 야곱이 라반에게 내려가자 축복이 그를 따라갔다. '제 발걸음대로 주님께서 장인어른에게 복을 주셨습니다'(30,30)라고 한 대로이다." - 창세기 라바 73,8

"르우벤이 집을 요구하고, 시메온이 집을 요구해서 (떠나야 한다는 말이다.)" - 창세기 라바 73,8: 야곱은 아버지로서 그들을 부양해야 하기에 라반에게서 독립해야 했다.

30,34 라반이 말하였다. "알았네. 자네 말대로 하겠네."

"랍비 히야 리바가 말하였다. 라반이 야곱에게 (약속을) 뒤집은 것이 열 번이라는 것에 모두 동의한다. '알았네'(הן לו)라고 한 대로이다. 랍비들이 말하였다. 백 번이다. '당신네 아버지는 나에게 거짓말하였고 내 임금을 열 번이나 바꿔 쳤소'(31,7)라고 한 대로이다. 열 번씩 열 번이다. 민얀(정족수)은 열 이상이다." - 창세기 라바 73,9: 사기꾼 라반이 순순히 받아들이기보다(הן) 야곱의 속임수를 의심했을(לו ⇒ לא) 법하다.

30,36 야곱은 남아 있는 라반의 양 떼를 쳤다.

"레시 라키시가 말하였다. '남아 있는' 것이란 형편없는 것, 불임인 것, 허약한 것을 말한다." - 창세기 라바 73,9

30,37 야곱은 싱싱한 흰 백양나무, 아몬드나무, 버즘나무의 막대를 가져다 흰 껍질을 벗겨 가지 위에 흰 것이 드러나게 하였다.

"우리의 조상 야곱은 물통에 막대들을 넣었다. 가축들이 물을 마시러 오면 그 막대들을 보고 뒤로 물러나 수컷과 짝짓기하였다. (그 가축은 막대와) 비슷한 새끼를 낳았다. 랍비 호샤야가 말하였다. … 어떤 에티오피아인이 한 에티오피아 여자와 혼인하였는데 (피부색이) 흰 아들이 태어났다. 아버지는 아들을 데리고 랍비에게 와서 말하였다. '내 아들이 아닌 것 같습니다.' (랍비가) 말하였다. '당신 집에 (사람) 그림이 있소?' 그가 말하였다. '예.' (랍비가) 말하였다. '(그의 피부색이) 검습니까, 흽니까?' 그가 말하였다. '흽니다.' (랍비가) 말하였다. '그래서 당신 아들 (피부색이) 흰 것이오.' 벳 호론의 랍비 후나가 말하였다. 시종 천사들이 라반의 양 떼들을 가져다 야곱의 양 떼들 속에 넣었다. '눈을 들어 양들 위에 올라가는 수컷들을 보아라'(창세 31,12)고 한 대로이다. 그것들은 억지로 올라갔다. 랍비 탄후마가 말하였다. (수컷을 데려온 것은) 폭우였다. 랍비들이 말하였다. 영광의 구름이었다." - 창세기 라바 73,10

30,43 (야곱은) 매우 큰 부자가 되어 많은 가축 떼와 여종과 남종, 낙타와 당나귀들이 그의 것이 되었다.

"랍비 아바 바르 카하나가 말하였다. 우리의 조상 야곱에게는 백이(십)만 칠천이백 마리의 가축 떼가 있었다." - 창세기 라바 73,11

야곱의 도주(31,1-21)

31,1 야곱은 라반의 아들들이 이렇게 말하는 것을 들었다. "야곱이 … 우리 아버지의 것에서 이 모든 영광을 이루게 되었다."

"히즈키야가 말하였다. 우리의 조상 야곱이 그곳으로 내려가기 전까지 (라반에게는) 아들이 없었다. 우리의 조상 야곱이 그곳으로 내려가고 나서 그에게 아들이 생겼다. '(야곱은) 라반의 아들들이 말하는 것을 들었다'(31,1)고 한 대로이다." - 창세기 라바 73,12

"'이 모든 영광(כבוד)', 시크닌의 랍비 여호수아가 랍비 레위의 이름으로 말하였다. '영광'이란 은과 금을 말한다. '너희는 은을 털어라. 금을 털어라. 보물이 얼마든지 쌓여 있다. 온갖 값진 기물들이 수북이 쌓여 있다(כבד)'(나훔 2,10)고 한 대로이다." - 창세기 라바 73,12

31,2 야곱이 … 보니 (라반이) 어제나 그제처럼 자신을 대하지 않았다.

"시라의 아들이 말하였다. 사람의 마음은 선과 악 사이에서 얼굴을 바꾼다. 거룩하시고 찬미받으실 분께서 (야곱에게) 말씀하셨다. '너의 장인이 너에게 (좋은) 얼굴로 대하지 않았는데(2절) 너는 여기 앉아 있느냐? '네 조상들의 땅으로, 네 고향으로 돌아가라. 내가 너와 함께 있을 것이다'(3절).'" - 창세기 라바 73,12

[31,3] 주님께서 야곱에게 말씀하셨다. "네 조상들의 땅으로, 네 고향으로 돌아가라. 내가 너와 함께 있을 것이다."

"(이는) '너의 아버지가 너를 기다리고 너의 어머니가 너를 기다리며 내가 너를 기다린다'는 말이다. 랍비 아미가 레시 라키시의 이름으로 말하였다. (하느님께서 말씀하셨다.) '(이스라엘) 땅 밖에 있는 재산에는 축복이 없다. 그러나 너의 아버지의 땅으로 돌아갈 때부터 나는 너와 함께 있으리라.' '(조상들의 땅, 고향으로 돌아가면) 내가 너와 함께 있으리라'(3절)고 한 대로이다. 한편 '네가 가는 모든 곳에 너와 함께 있으리라'(2사무 7,9)고 하였다. 이는 다윗이 이스라엘을 부양하기 (위해 이스라엘 밖으로 나갔기) 때문에 그분께서 그에게 '네가 가는 모든 곳에 너와 함께 있으리라'(2사무 7,9)고 하신 것이다. 그러나 야곱은 자기 집안을 부양하기 (위해 이스라엘 밖으로 나갔기) 때문에 그분께서 '네 조상들의 땅으로, 네 고향으로 돌아가라. 내가 너와 함께 있겠다'(13절)고 하신 것이다." – 창세기 라바 74,1

"'어떤 사람이 사자 앞에서 달아나면 곰의 공격을 받게 된다'(아모 5,19). 이 사자는 야곱의 뒤를 쫓는 라반을 가리킨다. 목숨을 노린다. 이 곰은 길가에 서 있는 그의 형과(에사우) 같다. 새끼들이 딸린 어미를 해친다." – 엘리에제르의 어록 37,1-2

[31,4-5] 야곱은 사람을 보내어 라헬과 레아를 부르고 가축 떼가 있는 들로 나가, 그들에게 말하였다.

"라반 시메온 벤 가믈리엘이 말하였다. 나는 세 가지 점에서 동쪽 사람들을(미디안인) 좋아한다. 그들은 (고기를 입으로) 찢어 먹지 않고 잘라 먹는데, 고기를 탁자 위에서만 자른다. 그들은 (입에) 입맞추지 않고 손에다 한다. 그들은 넓은 장소에서 조언을 구한다. '야곱은 사람을 보내어 라헬과 레아를 부르고 들로 나갔다'고 한 대로, 넓은 장소이다. '언덕이 있는 들판에서는 비밀 얘기를 말하지 마라'는 말이 있다." – 창세기 라바 74,2

31,8 "그가 '얼룩이가 자네 임금이네.' 하면 모든 양들이 얼룩이를 낳고, '줄무늬가 자네 임금이네.' 하면 모든 양들이 줄무늬를 낳았소."

"랍비 브레크야가 랍비 하니나의 이름으로 말하였다. 거룩하시고 찬미받으실 분께서는, 라반이 장차 우리의 조상 야곱에게 어떻게 할지 내다보시고, (야곱이) 하는 대로 (양들의) 형태를 만드셨다." - 창세기 라바 74,3

31,11 "꿈에서 하느님의 천사가 나에게 말씀하셨소. '야곱아!'"

"랍비 엘리에제르 벤 야곱이 말하였다. (하느님께서) 그와 그의 후손 세대들에게 (말씀하셨다.) '아브라함과 같은 세대는 없다. 야곱과 같은 세대는 없다. 모세와 같은 세대는 없다. 사무엘과 같은 세대는 없다." - 창세기 라바 74,3

31,14 라헬과 레아가 그에게 대답하였다. "아버지의 집에서 우리에게 올 몫과 유산이 더 있나요?"

"어찌하여 라헬이 먼저 죽었나? 랍비 유다가 말하였다. 그가 언니보다 먼저 말했기 때문이다. 랍비 요세가 말하였다. 누군가 르우벤을 불렀는데 시메온이 그에게 대답하는 것을 본 적이 있나? 그가 라헬을 불렀고 (4절) 라헬이 그에게 대답한 것이 아닌가? 랍비 유다의 견해는 괜찮으나, 랍비 요세의 견해에는 (이견이 있다.) (라헬은) 조상의 저주를 받아 죽었다. '장인어른의 신상이 발견되면 그자는 죽어 마땅합니다'(32절)고 하여 (죽었을 수 있다.)" - 창세기 74,4

31,15 "아버지께야 우리가 이방인으로 생각되지 않으시겠어요? 우리를 팔아넘기셨고 우리 돈도 써버리셨으니 말이에요."

"이것이 가능한가? 이는 (그들이) 좋은 가축이 있으면 가져가고, 맛있는 음식이 있으면 가져갔을 것이라는 뜻이다." - 창세기 라바 74,4

31,19 라반이 양털을 깎으러 가자 라헬은 아버지의 수호신을 훔쳤다.

"(라헬의) 의도는 하늘(의 뜻)을 (따르기) 위해서였다. 그는 말하였다. '이 노인이 잘못하는 것을(이방신 숭배) 놔둔 채 우리가 떠나야 하는구나!' 그래서 성경은 '라헬이 아버지의 수호신을 훔쳤다'고 적어야 했을 것이다." - 창세기 라바 74,5: 아버지의 수호신을 훔친 라헬을 변호하는 해석이다.

"수호신이(תרפים) 무엇인가? 그들이 맏아들인 한 남자를 죽인다. … 그리고 그의 목을 비틀고 소금과 좋은 기름에 절인다. 금 판 위에 부정한 (영의) 이름을 쓰고 그것을 그의 혀 아래에 놓고 그것을 벽에 꽂은 뒤 그 앞에 등을 켠다. 그들은 그것에 절하고 그것은 그들에게 말한다. 트라핌이 어디서 말을 하였나? '집안 수호신들은 헛소리를 말한다'(즈카 10,2)고 한 대로이다." - 엘리에제르의 어록 36,50-53

31,20-21 야곱은 … 알리지 않고, 자신의 것들을 모두 가지고 일어나 달아났다. 그는 강을 건너 길앗 산지로 향하였다.

"라헬이 요셉을 낳았을 때 라반은 양털을 깎으러 갔다. 그들이 (간 곳은) 그에게서 사흘 거리 떨어진 곳이었다. 야곱은 라반이 양털을 깎으러 가는 것을 보고, 레아와 라헬을 불러 라반에 관해 말하면서 자기와 함께 가나안 땅으로 가자고 했다. 그는 꿈에서 본 것과 그가 아버지 집으로 돌아가야 한다고 그에게 전해진 것 모두를 그들에게 설명하였다. 그들이 그에게 말하였다. '우리는 당신이 가는 곳이 어디든 당신과 함께 갈 것입니다.' 야곱은 아버지 이사악의 하느님과 할아버지 아브라함의 하느님을 찬미하였다. 그는 그의 아내들과 아들들을 데리고 모든 재산을 싸짊어지고는 강을 건너 길앗 땅으로 들어갔다. 야곱은 마음속에 있는 것을 라반에게 숨기고 알리지 않았다." - 희년서 29,1-4

라반의 추격(31,22-42)

31,22 사흗째 날에 야곱이 달아났다는 것이 라반에게 알려졌다.

“랍비 엘리에제르가 말하였다. 야곱은 라반에게 오려고 (에사우에게서) 달아났고 (지금은) 라반 때문에 달아났다. 라반에게 오려고 달아난 것은 어디서 알 수 있나? ‘야곱은 아람 땅으로 달아났다’(호세 12,13)고 한 대로이다. 라반 때문에 달아난 것은 어디서 알 수 있나? ‘사흗째 날에 야곱이 달아났다는 것이 라반에게 알려졌다’(창세 31,22)고 한 대로이다. 그는 왜 달아났나? 거룩하시고 찬미받으실 분께서 그에게 말씀하셨다. ‘야곱아, 나의 셰키나는 라반의 집에서 너에게 머무를 수 없다. 네 조상들의 땅으로 돌아가라. … 내가 너와 함께 있겠다’(3절). 그래서 그는 달아났다.” - 엘리에제르의 어록 36,40-44

31,24 하느님께서 아람인 라반에게 그날 밤 꿈에 나오셔서 그에게 말씀하셨다. “야곱에게 좋은 말도 나쁜 말도 하지 않도록 명심하여라.”

“라반은 집안과 성읍의 사람들과 용사들을 모두 데리고 (야곱을) 죽이러 그의 뒤를 따라왔다. 미카엘이 내려와 칼을 뽑으며 (라반을) 죽이려 하였다. 그가 말하였다. ‘야곱에게 좋은 것이든 나쁜 것이든 말하지 마라.’” - 엘리에제르의 어록 36,45-46

“그에게 유익이 되는 말조차 그가 악한 것으로 생각할 수 있다. 그래서 야곱에게 좋은 말도 나쁜 말도 조심하라고 한 것이다.” - 창세기 라바 75,7

“이방인 예언자와 이스라엘 예언자는 무엇이 (다른가?) … 랍비 하마 벤 랍비 하니나가 말하였다. 거룩하시고 찬미받으실 분께서 이방인들에게는 반쪽자리(어설픈) 말로 자신을 드러내셨다. ‘하느님께서 발라암을 (우연히) 만나셨다(ויקר)’(민수 23,4)고 한 대로이다. 크파르 만디의 랍비 이사카르가 말하였다. ‘(우연히) 만나다.’ 이 말은 부정한 말일 뿐이다. ‘너희

가운데 밤에 흘린 것(מקרה) 때문에 정결하지 못한 사람이 있다'(신명 23,11)고 한 것과 같다. 그러나 이스라엘 예언자들에게는 온전한 말, 사랑의 말, 거룩한 말, 시종 천사들이 그분을 칭송하는 말로 말씀하셨다. '저마다 서로 주고 받으며 외쳤다. '거룩하시다, 거룩하시다, 거룩하시다, 만군의 주님!"(이사 6,3). 랍비 요세 벤 랍비 하니나가 말하였다. 거룩하시고 찬미받으실 분께서는, 주로 사람들이 서로 헤어지는 시간에(밤) 이방인들에게 자신을 드러내셨다. '밤의 환시 때문에 생각에 잠겼을 때, 사람들이 깊은 잠에 빠졌을 때'(욥 4,13), '한 마디 말이 내게 남몰래 다다르고 그 속삭임이 내 귓가에 들렸네'(12절)라고 한 대로이다. 랍비 엘아자르 벤 랍비 므나헴이 말하였다. '주님께서는 악인들을 멀리하신다'(잠언 15,29). 이들은 이방인 예언자들이다. 한편 '의인들의 기도는 들어 주신다'(29절). 이들은 이스라엘 예언자들이다. 이스라엘 예언자와 이방인 예언자는 무엇이 (다른가?) … 랍비 하니나 바르 파파가 말하였다. 이는 의자에 (함께) 앉아 있는 임금과 그의 친구에 (비유할 수 있다.) (임금은) 필요할 때마다 친구와 이야기를 나눌 수 있다. 랍비 시몬이 말하였다. 부인과 소실을 둔 임금에 (비유할 수 있다.) 그가 부인에게 갈 때는 솔직하게 (말하고) 가지만, 소실에게 갈 때는 몰래 간다. 마찬가지로 거룩하시고 찬미받으실 분께서는 이방인들에게 밤에 자신을 드러내셨다. '그날 밤 하느님께서 발라암에게 오셨다'(민수 22,20), '그날 밤 꿈에 하느님께서 아비멜렉에게 오셨다'(창세 20,3), '그날 밤 꿈에 하느님께서 아람 사람 라반에게 오셨다'(31,22)고 한 대로이다." – 창세기 라바 75,7: 하느님께서 이방인과 유다인을 구별하여 자신을 계시하신다는 근거들을 모아놓은 본문으로, 이 구절도 포함된다.

31,27 "어찌하여 몰래 달아나 나를 속이고 알리지 않았나? 그럼 손북과 비파로 기쁘게 노래하며 자네를 보냈을 터인데."

"(야곱이 행여) 돌아오지나 않을까 싶어 한 말이다." – 창세기 라바 74,8

31,30 "자네 아버지의 집이 그토록 그립다니 떠나야겠지만, 내 신들은 왜 훔쳤는가?"

"랍비 아예부가 말하였다. 지파들이 이를 듣고 말하였다. '우리 어머니의 아버지가(외할아버지) 노년에 이런 말을, 곧 '너는 나의 신들을 왜 훔쳤는가?'(30절)라고 하셨다는 게 부끄럽다.'" - 창세기 라바 74,8

31,31-32 야곱이 라반에게 대답하였다. "… (장인어른이) 신들을 발견한다면 살아남지 못할 것입니다. … 알아서 찾아가십시오."

"야곱은 이 모든 것을 알지 못하여 (이렇게 말하였다.) … 의인의 말은 천사의 입에서 나온 것과 같다. 그래서 (라헬은) 아이를 낳다가 죽었다." - 엘리에제르의 어록 36,56-58

31,33 라반이 야곱의 천막과 레아의 천막과 두 여종의 천막에 들어갔으나 발견하지 못하였다. 그는 레아의 천막에서 나와 라헬의 천막에 들어갔다.

"야곱의 천막은 라헬의 천막이다. … 그럼 왜 그는 라헬의 천막에 두 번 들어갔나? 그는 (라헬이) 그것에 손댔음을 알아챘기 때문이다." - 창세기 라바 74,9

31,34 라헬은 그 수호신들을 … 낙타의 안장에 얹고 그 위에 앉아 있었다.

"랍비 요하난이 말하였다. (라반은) 수호신을 찾지 못하고 잔을 발견하였다. 수호신이 잔으로 바꿔치기된 것이다. 그래서 라헬을 부끄럽지 않게 하였다." - 창세기 라바 74,9

31,37 "저의 모든 기물을 뒤지셨는데 당신 집의 기물 가운데 무엇이든지 찾으셨으면, … 내놓아 보십시오."

“랍비 시몬이 말하였다. 세상 관습대로라면, 사위가 장인과 함께 살면서 이득을 안 볼 수 있을까? 그릇 하나, 칼 한 자루라도 말이다. 그런데 여기서는 ‘모든 기물을 뒤졌음에도’ 바늘 하나, 고리 하나도 찾지 못하였다고 한다.” - 창세기 라바 74,10

31,39 “찢긴 것을 당신에게 가져간 적 없고 제가 물어냈습니다. 낮에 도둑맞든 밤에 도둑맞든 당신은 저에게 그것을 바로 요구하셨습니다.”

“(‘찢긴 것’이란 들짐승에게) 죽임을 당한 것을 말한다. ‘제가 그것을 물어냈습니다(אחטנה).’ (야곱이 말하였다.) ‘나는 사자에 대해서는 죄를 지었습니다(הייתי חוטה). 거룩하시고 찬미받으실 분께서 사자에게 날마다 라반의 가축에서 다섯 마리를 찢어서 먹어 치우라고 명하셨습니다.’ 다른 목자들 같으면 그것들을 구했을 것이라고 말할 수도 있다. 그러나 ‘사자와 새끼 사자가 먹이를 놓고 으르렁거릴 때 목자들의 무리가 몰려와 소리쳐도 놀라지 않고 소란을 피워도 아랑곳하지 않듯이’(이사 31,4)라고 한 대로이다.” - 창세기 라바 74,11

“‘낮에 도둑맞든 밤에 도둑맞든’, 이는 내가 낮에도 도둑이라, 밤에도 도둑이라 불리었다는 뜻일 수 있다.” - 창세기 라바 74,11: 야곱의 가축이 엄청나게 늘어나자 사람들한테 도둑 취급을 받았다는 해석이다.

“네 가지 종류의 관리인이 있다. 무급 관리인, 임대인, 유급 관리인, 임차인이다. 무급 관리인은 모든 (손실의) 경우에 (맡은 일에 소홀하지 않았음을) 맹세하면 된다. 임대인은 모든 경우에 보상을 해야 한다. 유급 관리인이나 임차인은 가축이 다쳤거나 잡혀갔거나 죽었으면 맹세를 하고, 잃거나 도둑맞은 것은 보상을 해야 한다.” - 미슈나 바바메치아 7,8: 이 손해배상법에 따르면, 잃거나 도둑맞은 것도 보상한 야곱은 보수를 받는 유급 관리인에 해당됨을 알 수 있다.

31,42 “제 조상들의 하느님…께서 제 편이 아니셨다면 장인어른은 저를

지금 빈털터리로 내보내셨을 것입니다. 그러나 저의 수고와 제 손의 노고를 하느님께서 보시고 간밤에 꾸짖으신 것입니다."

"잡디 벤 레위가 말하였다. '아니었다면'(לולי)이 언급되는 곳마다 조상들의 공로가 나온다. 랍비 여호수아가 벤 레위가 말하였다. 그럼 '저희가 이렇게 머뭇거리지 않았더라면'(창세 43,10)이라고 한 것은 뭔가? (잡디 벤 레위가) 말하였다. 그들이 (이집트에서) 돌아오게 된 것도 조상들의 공로이다. 조상들이 아니었다면 그들은 그곳에서 무사히 올라오지 못했을 것이다. … 랍비 여호수아 벤 레위가 말하였다. '아니었다면'(לולי)이 언급되는 곳마다 조상들의 공로가 나오지만, 여기서는 예외다. (잡디 벤 레위가) 말하였다. 여기서도 조상들의 공로가 나온다. 랍비 요하난이 말하였다. 하느님의 거룩하심 덕분이다. 랍비 레위가 말하였다. 믿음 덕분이고 토라 덕분이다. 믿음 덕분인 것은, '제가 당신의 선하심을 보리라 믿지 않았다면'(시편 27,13)이고, 토라 덕분인 것은, '당신의 토라가 제 즐거움이 아니었다면 저는 고통 속에서 사라졌을 것입니다'(119,91)라고 한 대로이다." - 창세기 라바 74,12

"랍비 예레미야가 말하였다. 노고는 조상들의 공로보다 더 귀중하다. 조상들의 공로로 부를 구했다면 노고는 목숨을 구했다. 조상들의 공로로 부를 구한 것은 '제 조상들의 하느님이 아니셨다면'(42절)이고, 노고로 목숨을 구한 것은 '저의 수고와 제 손의 노고를 하느님께서 보시고 간밤에 꾸짖으신 것입니다'(42절)라고 한 것이다." - 창세기 라바 74,12

야곱과 라반의 계약(31,43—32,1)

31,43 라반이 야곱에게 대답하였다. "딸들은 내 딸들이고 아들들은 내 아들들이며 양들은 내 양들이네."

"'딸들은 내 딸들이고 아들들은 내 아들들이다.' 그들이 (라반의) 아들들인가? 그의 딸들의 아들들 아닌가? 사람의 딸들의 아들은(손자) 그의 아

들이나 마찬가지다." - 엘리에제르의 어록 36,23

31,45 야곱이 돌을 가져다 기둥을 세웠다.

"랍비 요하난이 말하였다. 이는 (야곱이 놓은 돌이) 티베리아스의 정상만큼 높다는 말이다." - 창세기 라바 74,13

31,46 야곱이 친척들에게(형제들) 말하였다. "돌을 모아 오십시오."

"(야곱에게는) 형제들이 얼마나 되나? 한 명, (차라리) 묻혔으면 싶은 이다. 이들은(친척들) 그의 아들들로서 거룩한 언어로 '형제들'이라 불린다. 라브 후나가 말하였다. 그들은 (야곱)만큼 용감하고 (야곱)만큼 의롭다. 랍비 유단이 말하였다. 사람이 아버지의 옷을 입으면 그는 (아버지와) 같아진다." - 창세기 라바 74,13

31,47 라반은 그것을 여가르 사하두타라 불렀고, 야곱은 갈엣이라 불렀다.

"랍비 사무엘 바르 나흐만이 말하였다. 시리아어를 가볍게 여기지 마라. 토라와 예언서와 성문서에서 거룩하시고 찬미받으실 분께서 그것에 경의를 표하신다. 토라에서는 '라반은 그것을 여가르 사하두타라 불렀다'(47절) 하였고, 예언서에서는 '너희는 그들에게 이렇게 말하여라'(예레 10,11: 아람어로 쓰임) 하였으며, 성문서에서는 '점성가들이 임금에게 아람어로 아뢰었다'(다니 2,4)고 하였다." - 창세기 라바 74,14

31,49 "우리가 서로 … 숨어 지낼 때 주님께서 … 망을 보실 것이네."

"랍비 아바후가 말하였다. 여기서는 '그가 숨다'(3인칭)가 아니라 '우리가 숨다'(1인칭)이다. 이제까지는 우리가 서로를 보았지만 이제부터는 서로를 보지 못한다." - 창세기 라바 74,14

31,52 "이 돌 더미가 증인이고 그 기둥이 증인이니, 나는 이 돌 더미를 넘어 자네에게 가지 않으며, 자네도 해치러 이 돌 더미와 이 기둥을 넘어 나에게 오지 않기로 하세."

"그날 야곱은 라반에게 맹세하고 라반도 야곱에게 (맹세하였다.) 그들 둘 가운데 하나가 악의로 길앗산을 넘는 경우에 관한 (맹세이다.) 그는 증인으로(עדות) 그곳에 큰 돌 더미를(גל) 만들고 그 장소의 이름을 이 돌 더미처럼 갈엣이라(גלעד) 불렀다. 그러나 처음에는 길앗 땅을 르파임 땅이라 불렀다. 그곳은 르파임의 땅으로서, 르파임 곧 거인들의 키가 열 암마, 아홉 암마, 여덟 암마, 일곱 암마씩 되는 (이들이) 거기서 태어나 (붙여진 이름이다.)" - 희년서 29,7-9

"해치러는 넘어오지 못하나 무역을 하러는 넘어올 수 있다. 다윗이 요압을 아람 나하라임과 아람 초바로 보냈을 때다. (요압이) 에돔 사람들을 만나 공격하려고 하자, 그들은 그들의 돌기둥을 내놓았다. '너희는 이 산 주변을 오랫동안 떠돌아다녔으니, 이제 북쪽으로 발길을 돌려라'(신명 2,3). 그가 모압 사람들을 만나 공격하려고 하자, 그들은 그들의 돌기둥을 내놓았다. '모압을 괴롭히지도 말고 그들을 싸움을 걸지도 마라'(9절). 그때 요압은 다윗에게 사람을 보내어 말하였다. '제가 에돔 사람들을 만나 공격하려 하자 그들이 저에게 돌기둥을 내놓았습니다. '너희는 … 이제 북쪽으로 발길을 돌려라.' 모압 사람들을 (만났을 때) 그들은 저에게 돌기둥을 내놓았습니다. '모압을 괴롭히지도 … 싸움을 걸지도 마라." 그때 다윗은 자신의 왕권을 돌보지 않은 채 일어나 예복과 왕관을 벗고 망토를 걸치고는 산헤드린으로 갔다. (다윗이) 그들에게 말하였다. '스승님들, 나는 가르치러 여기 왔소. 허락해 준다면 내가 가르쳐 보겠소. 나는 요압을 아람 나하라임과 아람 초바로 보냈는데, (요압이) 에돔 사람들을 만나 (공격하려 하자) 그들이 그들의 돌기둥을 내놓았소. … 이는 그들이 먼저 계약을 위반한 것이 아니오? '(에글론은) 암몬과 아말렉의 자손들을 모아 진군해 와서, 이스라엘을 쳤다'(판관 3,13). 또한 모압 사람들을 만나 공격을 하려 하자 그들이 돌기둥을 내놓았소. 이는 그들이 먼저 계약을 위반한 것이 아니오? '(모압 임금 발락은) 브오르의 아들 발라암을 불러오려고 … 사자들을 보내어 말하였다. "… 나를 위하여 그 백성을 저주해 주십시오. 그러면 내가 그들을 무찔러 이 땅에서 몰아낼 수 있을 것입니다"'(민수 22,5-6).' 이는 '믹탐, 다윗의 가르침'(시편 60,1)이라고 쓰여 있다." - 창세기 라바 74,15: 야곱과 라반이 세운 돌기둥을, 다윗 임금 시절 에돔과 모압과의 전쟁과 연결시킨다.

31,53 "아브라함의 하느님과 나호르의 하느님, 곧 그들 조상의 하느님께서 우리 사이를 심판하실 것이네."

"'아브라함의 하느님'은 (참 하느님을 가리키므로) 거룩하시다. '나호르의 하느님', 이는 (이방 신들을 가리키므로) 불경하다. 그래서 '그들 조상의 하느님'은 거룩하기도 하고 불경하기도 하다." - 창세기 라바 74,16

32,1 라반은 아침 일찍 일어나 자신의 손자들과 딸들에게 입을 맞추고 그들을 축복하였다.

"랍비 아예부가 말하였다. 그들은 곤궁하고 궁핍하여, 자신들의 의도와 달리 입으로 하는 선물뿐이었다. '라반은 … 입을 맞추고 그들을 축복하였다'고 한 대로이다." - 창세기 라바 74,16

에사우를 만나러 가는 야곱(32,2-22)

32,2 야곱은 길을 나섰다가 하느님의 천사들을 만나게 되었다.

"야곱은 거룩하시고 찬미받으실 분 앞에 기도하며 아뢰었다. '세상의 주인이신 주님, 당신께서는 저에게 '네 조상들의 땅으로, 네 고향으로 돌아가라. 내가 너와 함께 있겠다'(창세 31,3)고 하지 않으셨습니까?' 거룩하시고 찬미받으실 분께서는 어떻게 하셨겠는가? 그분께서 (야곱을) 구원하

시려고 천사를 보내셨다. 에사우의 손에서 그를 구하시기 위해서다." - 엘리에제르의 어록 37,5-10

32,3 야곱이 그들을 보고 말하였다. "이곳은 하느님의 진영이다." 그래서 그 장소의 이름을 마하나임이라고 불렀다.

"우리 아버지 야곱이 그 땅에 들어갈 때 얼마나 많은 천사들이 앞장섰나? 랍비 후나가 랍비 아예부의 이름으로 말하였다. 육십만의 천사들이 야곱 앞에서 앞장섰다. '야곱이 그들을 보고 말하였다. '이곳은 하느님의 진영이다(מחנה)"(3절)고 한 대로이다. 셰키나는 육십만 이하에는 머무르지 않으신다. 랍비들이 말하였다. 백이십만이다. '그래서 그 장소의 이름을 마하나임이라(מחניים[두 진영]) 불렀다'(3절)고 한 대로이다." - 창세기 라바 74,17: 한 진영일(מחנה) 때 육십만이 머물렀다면, 두 진영일(מחניים) 때는 백이십만이 되는 셈이다.

פרשת וישלח 32,4—36,43
그가 보냈다(와이슐라흐)

32,4 야곱은 에돔 지역 세이르 땅의 형 에사우에게 자기에 앞서 전령들을 보냈다.

"'에돔 지역 세이르 땅', 그는 붉다. 그의 음식도 붉고, 그의 땅도 붉고, 그의 전사들도 붉고, 그들의 옷들도 붉고, 그의 폭도도 붉고, 걸친 것도 붉다. 그가 붉은 것은, '선둥이가 나왔는데 붉었다'(창세 25,25)고 한 대로이다. 그의 음식이 붉은 것은, '허기가 지니 저 붉은 것 좀 먹게 해다오'(30절)라고 한 대로이다. 그의 땅이 붉은 것은, '에돔(붉은) 지역 세이르 땅에 있는 형 에사우'(31,4)라고 한 대로이다. 그의 전사들이 붉은 것은, '전사들이 붉은 갑옷을 입었다'(나훔 2,4)고 한 대로이다. 그의 폭도들이 붉은 것은, '나의 연인은 하얗고 붉다'(아가 5,10)고 한 대로이다. 걸친 것이 붉은 것은, '어찌하여 너의 의복이 붉으냐?'(이사 63,2)고 한 대로이다." - 창세기 라바 75,4

"'자기에 앞서', 이는 (야곱보다) 먼저 (에사우에게) 통치권을 행사할 때가 온다는 말이다. 랍비 여호수아가 말하였다. (야곱은) 자주 옷을(임금 예복) 벗어서 (에사우) 앞에 던졌다. 두 마리의 찌르레기가 한 판자 위에서 잘

수 없다." - 창세기 라바 75,4

"랍비 유단이 말하였다. 그는 이 (진영과) 저 (진영에서) 데리고 와 그들을 전령으로 자기에 앞서 보냈다." - 창세기 라바 74,17

"'전령들(천사)', 이들은 사람 전령을 말한다. 랍비들이 말하였다. 실제로는(문자적 의미로는) 천사들이다. 랍비 하마 벤 랍비 하니나가 말하였다. 하가르는 사라의 몸종이었어도 다섯 천사들이 그에게 왔다. 하물며 그 집안의 귀한 (아들인 야곱이야) 오죽하랴! 그 집안의 종인 엘리에제르는 어떤가? 몇몇 천사들이 그와 동행하였다. 하물며 그 집안의 귀한 아들인 야곱이야 오죽하랴! 랍비 얀나이가 말하였다. 요셉은 지파들에서 가장 어린데도 세 천사들이 그와 동행하였다. '어떤 사람이 그를 찾았다. … 어떤 사람이 그에게 물었다. … 어떤 사람이 말하였다'(창세 37,15.17)고 한 대로이다. 하물며 그들 모두의 아버지인 (야곱이야) 오죽하랴!" - 창세기 라바 75,4

"'야곱이 전령들을(천사) 보냈다.' 솔로몬을 통해 거룩한 영이 말씀하신 것은 이러하다. '의인의 머리에는 축복이 (내리고) 악인의 입은 폭력이 덮힌다'(잠언 10,6). 이 성경구절은 솔로몬이 누구를 두고 한 말인가? 야곱과 에사우를 두고 한 말이다. '의인의 머리에는 축복이', 이는 야곱이고, '악인의 입은 폭력이', 이는 사악한 에사우이다. 땅에서 축복을 받고 하늘에서 축복을 받은 의인들은 행복하다. 이것이 (모든 축복받은 이에 대한) 관행인데, '땅에서 자신을 위해 축복하는 이는 신실하신 하느님께 복을 빈다'(이사 65,16)고 한 대로이며, 이는 이사악이 야곱을 축복한 모든 축복이 위로부터 (내려온) 거룩하시고 찬미받으실 분의 축복임을 가르친다. 이사악이 말하였다. '하느님께서 너에게 하늘의 이슬을 내리시리라'(창세 27,28). 곧 거룩하시고 찬미받으실 분께서 이슬과 비로 축복하셨다. '야곱의 남은 자들은 수많은 민족들 가운데에서 주님의 이슬처럼, 풀 위의 비처럼 되리라'(미카 5,6)고 한 대로이다. 이사악이 말하였다. '땅을 기름지게 하신다'(창세 27,28). 곧 거룩하시고 찬미받으실 분께서 곡식으로 축복하셨다. '그분께서 너희가 밭에 뿌린 씨앗을 위하여 비를 내리시니 밭에서 나는 곡식이 여물고 기름지리라'(이사 30,23)고 한 대로이다. 이사악이 말하였다. '곡식과 술을 풍성히 하시리라'(창세 27,28). 곧 거룩하시고 찬미받으실 분께서 '당신 백성에게 '내가 너희에게 곡식과 햇포도주와 햇기름을 보내 주리라''(요엘 2,19)고 말씀하신 대로이다. 이사악이 말하였다. '뭇 민족이 너를 섬기리라'(창세 27,29). 곧 거룩하시고 찬미받으실 분께서 '임금들이 너의 시종이 되리라'(이사 49,23)고 말씀하신 대로이다. 이사악이 말하였다. '네 형제들의 지배자가 되리라'(창세 27,29). 곧 거룩하시고 찬미받으실 분께서 모세를 통해 말씀하셨다. '너를 모든 민족들 위에 세우시리라'(신명 26,19). 이사악이 아래에서 (야곱을) 축복한 모든 축복이 거룩하시고 찬미받으실 분께서 위에서 그에게 하신 축복이다. (야곱의 어머니) 레베카도 같은 방식으로 그를 축복했다. '지극히 높으신 분의 피신처에 사는 이, 전능하신 분의 그늘에 머무르는 이'(시편 91,1)라고 한 대로이다. (레베카는 야곱에게) 말하였다. '그분께서 당신 천사들에게 명령하시어 네 모든 길에서 너를 지키게 하시리라'(11절). 거룩한 영은 이런 말로 그를 축복하였다. '그가 나를 부르면 나는 그에게 대답하고 환난 가운데 그와 함께 있으며 그를 해방하여 영예롭게 하리라'(15절). 거룩하시고 찬미받으실 분께서 그를 축복하신 뒤에 그의 아버지는 왜 또 그를 축복하며 '이사악이 야곱을 불러 축복하였다'(창세 28,1)고 하였는가? 이사악은 거룩한 영으로, 장차 자기 자손들이 이민족들 사이에서 유배할 것을 내다보며 그에게 말하였다. '내가 유배를 위한 축복을 하여 거룩하시고 찬미받으실 분께서 너를 유배에서 돌아오도록 모으시리라.' 어떻게 축복하였나? '그분께서 여섯 가지 곤궁에서 너를 건져내시고 일곱 번째에는 악이 너를 건드리지 못하리라. … 너는 혀의 채찍에서 보호를 받고 멸망이 닥친다 해도 두려워할 필요가 없다. 또 멸망과 굶주림을 비웃고 야수도 두렵지 않으리라'(욥 5,19-22). 그래서 '의인의 머리에는 축복이 있다'고 한 것이다." - 창세기 라바 75,8: 이사악과 레베카와 거룩한 영을 통해 의인 야곱에게 내린 온갖 축복을 나열한 본문이다.

32,5 "너희는 나의 주인 에사우에게 이렇게 말하여라. '나리의 종 야곱이 이렇게 말합니다. …'"

"야곱은 파딴 아람에서 가져온 재산의 십분의 일을 가져다 그의 종들 손에 보내어 에사우에게 주었다. 그들에게 말하였다. '너희는 그에게 이렇게 말하여라. '나리의 종 야곱이 이렇게 말합니다." 거룩하시고 찬미받으실 분께서 야곱에게 말씀하셨다. '야곱아, 너는 거룩한 것을 더럽히느냐?' 그가 그분께 아뢰었다. '온 세상의 주인이신 주님, 저는 악한 이에게 아첨하여 그가 저를 죽이지 못하게 하렵니다.' 그래서 사람들은 평화를 위해서는 이 세상에서 악한 이들에게 아첨할 수도 있다고 말한다." - 엘리에제르의 어록 37,37-45

32,6 "저에게는 소와 나귀, 양과 염소, 남종과 여종이 있습니다. 은혜를 베풀어 주시길 주인께 알리려고 소식 전합니다."

"랍비 유다가 말하였다. 소 한 마리에서 많은 소들이 나오고 나귀 한 마리에서 많은 나귀들이 나왔다. 랍비 느헤미야가 말하였다. 피조물의 언어이다. 랍비들이 말하였다. '소'는 (마지막) 전쟁을 위해 기름부음받은 이다. '그는 맏이로 난 소, 그에게 영예가 있어라'(신명 33,17)고 한 대로이다. '나귀'는 기름부음받은 임금이다. '그는 겸손하시어 나귀를 타고 오신다'(즈카 9,9)고 한 대로이다. '양'은 이스라엘이다. '너희는 나의 양 떼, 내 목장의 양 떼다'(에제 34,31)라고 한 대로이다. '남종과 여종'은 '남종들의 눈이 제 주인의 손을 향하듯, 여종의 눈이 제 여주인의 손을 향하듯, 그렇게 저희의 눈이 주 저희 하느님을 우러릅니다'(시편 123,2)고 한 대로이다. '은혜를(חן) 베풀어 주시길'은 '은혜를(חן) 베푸소서, 주님, 저희에게 은혜를 베푸소서. 저희가 멸시만 실컷 받았습니다'(3절)고 한 대로이다." - 창세기 라바 75,6

"'소'는 요셉이다. '그는 맏이로 난 소, 그에게 영예가 있어라'(신명 33,17)고 한 대로이다. '나귀'는 이사카르이다. '이사카르는 튼튼한 나귀'(창세 49,14)라고 한 대로이다. 요셉의 손자는 아말렉을 파멸하려 했다. '여호수아는 아말렉과 그의 백성을 칼로 무찔렀다'(탈출 17,13)고 한 대로이다. 이사카르의 손자는 거룩하시고 찬미받으실 분께서 당신 세상에 무엇을 하실지 알았다. '이사카르의 자손들 가운데에서 그들은 때를 분별할 줄 알고 이스라엘이 무엇을 해야 할지 아는 사람들이다'(1역대 12,33)고 한 대로이다. '양'은 이스라엘이다. '너희는 나의 양 떼, 내 목장의 양 떼다. 너희는 사람이요 나는 너희의 하느님이다'(에제 34,31)고 한 대로이다. '남종'은 다윗이다. '저는 당신의 종, 당신 여종의 아들입니다'(시편 116,16)고 한 대로이다. '여종'은 아비가일이다. '당신의 종은 여종일 뿐입니다'(1사무 25,41)고 한 대로이다." - 창세기 라바 75,12

32,7 "나리의 형님 에사우에게 다녀왔습니다. 그분도 나리를 만나러 사백 명의 장정들을 거느리고 오십니다."

"'사백 명의 장정'이란 무엇인가? 랍비 사무엘 벤 나흐만이 말하였다. 왕관을 쓴 임금들 사백 명이 그와 함께 왔다는 말이다. 다른 이가 말하였다. 대표들 사백 명이 그와 함께 왔다는 말이다. 랍비 얀나이가 말하였다. 병사들 사백 명이 그와 함께 왔다는 말이다. 그래서 야곱이 이들 모두가 두려워 자식들 (진영을) 나누어 (보낸) 것이다." - 창세기 라바 75,12

32,8 야곱은 몹시 두렵고 걱정이 되어 같이 있던 백성과 가축 떼와 소와 낙타들을 두 진영으로 나누었다.

"야곱은 죽임을 당하지 않을까 두려웠고 죽임을 당하지 않을까 걱정이었다. 그는 (마음속으로) 말하였다. '그가 나보다 강하면 그가 나를 죽일까? 내가 그보다 강하면 내가 그를 죽일까?' … 그는 (마음속으로) 말하였다. '그동안 그가 이스라엘 땅에 살았으니, 이스라엘 땅에 산 것을 (내세워)

나를 공격하면 어떡하나? 그동안 그가 부모를 공경하였으니, 아버지 어머니를 공경한 것을 (내세워) 나를 공격하면 어떡하나? 그는 '아버지의 죽음을 애도할 날도 멀지 않았으니, 그때에 아우 야곱을 죽여 버려야지'(27,41)라고 하였으니, (행여나) 노인이(이사악) 돌아가시어 그가 나를 죽이러 오면 어떡하나?'" - 창세기 라바 76,2

"토라는 너에게, 사람은 한 모퉁이에 자신의 모든 재산을 두지 않는다는 것을 가르쳐 준다. 누구에게서 배울 수 있나? 야곱에게서다. '(야곱은) 백성을 두 진영으로 나누었다'(8절)고 한 대로이다. 그래서 '저는 주님의 예언자 백 명을 한 동굴에 쉰 명씩 숨겼습니다'(1열왕 18,13)고 한 것이다." - 창세기 라바 76,3

32,9 그는 (속으로) 말하였다. '에사우가 한 진영에 와서 치더라도 남은 진영은 구할 수 있다.'

"'한 진영'은 남쪽에 있는 우리의 형제들이다. '남은 진영'은 유배에 있는 우리의 형제들이다." - 창세기 라바 76,3: 이스라엘의 역사와 연관된 해석으로서, 로마 제국의 침략으로 유다 땅이 황폐해졌음에도 바빌론의 유다인들은 무사했음을 드러낸다.

32,10 야곱이 아뢰었다. "아브라함의 하느님, 아버지 이사악의 하느님! 주님께서는 저에게 말씀하셨습니다. …"

"'아버지 이사악의 하느님'이신데, 에사우에게는 아닌가? (하느님께서 말씀하셨다.) '(조상들의) 길을 선택하여 (조상들의) 행실대로 행하는 사람, 나는 그를 위해 존재한다. (조상들의) 길을 선택하지 않고 (조상들의) 행실대로 행하지 않는 사람, 나는 그를 위해서는 존재하지 않는다.'" - 창세기 라바 76,4

32,11 "당신께서 당신 종에게 베푸신 모든 자애와 친절에 비해 저는 미

천합니다. 저는 제 지팡이 하나로 이 요르단을 건넜으나 이제는 두 진영을 이루었습니다.”

“랍비 아바 바르 카하나가 (‘미천하다’[קטנתי]는 것을 두고) 말하였다. (야곱이 말하였다.) ‘나는 그럴 자격이 없습니다.’ 랍비 레위가 말하였다. ‘나는(야곱) 그럴 자격이 있지만 (지금은) 미천합니다.’” - 창세기 라바 76,5

“랍비 유다 벤 랍비 시몬이 랍비 요하난의 이름으로 말하였다. 토라와 예언서와 성문서에서 우리는 이스라엘 백성이 야곱의 공로로 요르단을 건넜음을 발견할 수 있다. 토라에서는, ‘저는(야곱) 지팡이로 요르단을 건넜습니다’(11절)고 한 대로이다. 예언서에서는, ‘너희는 너희 자손들에게 알려 주어라. '이스라엘이 이 요르단을 마른 땅으로 건넜다''(여호 4,22)고 한 대로이다. 이스라엘은 성조를 말한다. 성문서에서는, ‘바다야, 어찌 도망치느냐? 요르단아, 어찌 뒤로 돌아서느냐?’(시편 113,5)고 한 대로이다.” - 창세기 라바 76,5

32,13 **“내가 꼭 너에게 잘하고(היטב איטיב) 네 후손을 바다의 모래처럼 두어 셀 수 없게 하겠다.”**

“(앞의) ‘잘하다’(היטב)는 너의 공로 때문이고, (뒤의) ‘잘하다’(איטיב)는 네 아버지의 공로 때문이다.” - 창세기 라바 76,7

32,15-16 **암염소 이백 마리와 숫염소 스무 마리, 암양 이백 마리와 숫양 스무 마리, 수유 중인 낙타와 새끼들 서른 마리, 암소 마흔 마리와 황소 열 마리, 암나귀 스무 마리와 수나귀 열 마리다.**

“왜 낙타를 중간에 두었나? (야곱이) 말하였다. ‘형님은 마치 재판석 위에 앉아 계시고 저는 형님 앞에서 심판을 받는 것이라 생각해 주시어, 저에게 자비를 베풀어 주십시오.’” - 창세기 라바 76,7: 키 큰 낙타 앞에 작은 가축들 두 종류, 낙타 뒤에 작은 가축들 두 종류를 차례로 배치한 모습에서, 마치 홀 중앙에 재판석이 높이 자리한 법정의 모습을 상상한 듯하다.

32,17 그는 가축 떼별로 따로따로 종들에게 맡기며 말하였다. "나보다 앞서 가고 가축 떼 사이에 간격을 두어라."

"(야곱은) 왜 (가축들을) 섞어서 보내지 않았나? (에사우가) 자기 선물에 놀라게 하기 위해서다. 왜 그는 한 번에 다 보내지 않았나? 사악한 이의 눈을 홀리기 위해서다. 끝났다고 생각할 때 그는 말한다. '더 받으세요.' 또 끝났다고 생각할 때 그는 말한다. '더 받으세요.'" - 창세기 라바 76,8

"'간격을 두라'는 것은 무엇인가? 야곱은 거룩하시고 찬미받으실 분 앞에 아뢰었다. '세상의 주인이신 주님, 제 아들들에게 고통이 닥친다면 그들에게 겹쳐서 닥치지 않게 하시고, 그들의 고통 사이에 간격이 생기게 해 주십시오.' 그때 야곱이 눈을 들어 보니 에사우가 멀리서 오고 있었다. 그는 눈을 높은 데로 향하며 거룩하시고 찬미받으실 분 앞에 울며 자비를 청했다. 그분께서 그의 기도를 들으시고 그의 공로로 그의 (자손들을) 모든 고통에서 구하시겠다고 약속하셨다. '고통의 날에 주님께서 너에게 응답하시고, 야곱의 하느님 이름이 너를 보호하시리라'(시편 20,2)고 한 대로이다." - 창세기 라바 75,13

32,19 "그것은 당신의 종 야곱이 주인 에사우에게 보내는 예물입니다. 그도 저희 뒤에 따라옵니다."

"랍비와 랍비 요세 벤 랍비 유다가 길을 가고 있었다. 그들은 자기들을 향해 오고 있는 한 이방인을 보았다. 그들이 말하였다. '그는 세 가지를 물을 것이다. '당신들은 누구시오? 직업은 무엇이오? 어디들 가시오?' (그럼 우리는 이렇게 대답할 것이다.) '누구시오? 유다인입니다. 직업은 무엇이오? 상인들입니다. 어디들 가시오? 야브네 곡창에 밀을 사러 갑니다." 랍비가 (이방인 앞에) 섰다. 랍비 요세 벤 랍비 유다는 자신을 숨기고 말하였다. '만약 그가 무언가를 물으면 나는 나중에 말할 것이다.' (랍비가) 말하였다. '그것을 어디에서 알 수 있나?' (랍비 요세가) 말하였다. '우리의 조상 야곱에게서다. '그도 저희 뒤에 따라옵니다'(19절).'" - 창세기 라바 76,8

천사와 겨룬 야곱(32,23-33)

32,23 그는 밤에 일어나 두 아내와 두 여종과 아들 열한 명을 데리고 야뽁 건널목을 건넜다.

"그때 디나는 어디에 있었나? (야곱은 디나를) 궤에 넣고 가두었다. 그가 말하였다. '사악한 이는 눈이 높다. 그가 (디나를) 보고 나한테서 빼앗아 가지 못하게 하자.'" - 창세기 라바 76,9

32,24-25 그는 그들을 이끌어 마른강을 건너게 하고 그의 것들도 건네 보냈다. 야곱은 혼자 남아 있었는데 한 사람이 (나타나) 아침이 될 때까지 그와 씨름하였다.

"야곱은 야뽁 건널목에 혼자 남아 있었는데, 사람 모습을 한 한 천사가 그에게 싸움을 걸며 말하였다. '너는 네가 가진 모든 것에서 십일조를 하겠다고 말하지 않았느냐? 너는 열두 아들과 딸 하나를 두었으면서도 그들을 십일조하지 않았다.'" - 타르굼 차명 요나탄 창세 32,25

"야곱은 (십일조로) 열 지파 가운데 하나인 레위 지파를 따로 떼었다. 왜 남은 두 지파에서는 십일조를 떼지 않았나? 오로지 열두 지파뿐인가? 실제로는 열네 지파이다. '(요셉의 아들인) 에프라임과 므나쎄는 … 내 아들이 된다'(48,5)고 한 대로이다. … 어머니가 넷 있으므로 … (열넷에서) 네 어머니의 맏아들들은 뺀다. 맏아들은 거룩하기 때문이다." - 창세기 라바 70,7: 곧 나머지 열 지파에서 십일조로 레위가 뽑힌 것이다.

"야곱은 그날 밤 베텔에서 묵었다. 레위는 꿈을 꾸었는데, 그들이 그를 임명하여 그와 그의 자손들을 영원토록 지극히 높으신 분의 사제로 삼았다. 그는 일어나 찬미를 드렸다. 야곱은 … 그와 함께 온 모든 것, 사람에서 가축까지, 금에서 온갖 기구들과 옷들까지 십일조를 바쳤다. 모든 것에서 십일조를 바쳤다. 그 당시 라헬이 그의 아들 벤야민을 임신하였다. 야곱이 아들들을 세었는데 … 레위에게 주님의 제비가 떨어졌다. 그

의 아버지는 그에게 대사제복을 입히고 사제로 세웠다." - 희년서 32,1-4

"랍비 후나가 말하였다. 그는 목자의 모습과 비슷하였다. 이쪽도 양 떼가 있고 저쪽도 양 떼가 있으며, 이쪽도 낙타가 있고 저쪽도 낙타가 있었다. 그가 (야곱에게) 말하였다. '당신의 (가축들과 먼저) 건너시오. 그럼 내가 (내 가축들과) 건너겠소.' 그래서 우리의 조상 야곱이 그의 (가축들과) 건넜다. 그리고 (마음속으로) 말하였다. '돌아가서 뭔가를 잊지 않았는지 보아야겠다.' 그가 돌아서자, '그 사람은 그와 씨름하였다'(25절). 랍비 히야 라바와 랍비 시메온 벤 랍비와 라반 시메온 벤 가믈리엘은 사업으로 비단 무역을 하고 있었다. 그들은 티로에 올라가 거래를 했다. 그들은 그곳에서 나와 말하였다. '우리 조상들의 (모범) 기술을 따라해 봅시다. 돌아가서 뭔가를 잊지 않았는지 봅시다.' 그들은 돌아가 비단 한 뭉치를 발견했다. 그들은 말하였다. '어디에서 (배울 수) 있나? 성조 야곱에게서다.' '야곱은 혼자 남았다'(25절)고 한 대로이다." - 창세기 라바 77,2

32,26 그는 야곱을 이길 수 없음을 알고 그의 엉덩이뼈를 쳐서, 야곱은 그와 씨름하다 엉덩이뼈가 빠졌다.

"랍비 하니나 바르 이사악이 말하였다. 거룩하시고 찬미받으실 분께서 말씀하셨다. '(야곱은) 다섯 부적을 가지고 너에게 온다. 곧 (야곱 자신의) 공로와 그의 아버지의 공로와 그의 어머니의 공로와 그의 할아버지의 공로와 그의 할머니의 공로다.'" - 창세기 라바 77,3

32,27 그가 말하였다. "아침이 되었으니 나를 보내다오." 야곱이 말하였다. "저를 축복하시지 않으면 보내드리지 않겠습니다."

"거룩하시고 찬미받으실 분께 찬미의 노래를 바칠 시간이 되었다. (야곱이) 말하였다. '당신 동료들이 찬미하면 되지 않습니까?' 그가 말하였다. '(그렇게) 할 수 없다. 내가 (오늘 못하고) 내일 찬미하러 가면 그들은 '어제 너는 찬미하지 않았으니 오늘도 찬미할 수 없다'고 말할 것이다.' 그래서 야곱이 말한 것이다. '저를 축복하시지 않으면 보내드리지 않겠습니다.' 그리고 (야곱은 더) 말하였다. '아브라함을 방문한 천사들은 그를 축복하고 떠났습니다.' 그가 말하였다. '그들은 그 일을 위해 파견되었고 나는 이 일을 위해 파견되었다.' (야곱이) 말하였다. '됐으니, 끝냅시다. '저를 축복하시지 않으면 보내드리지 않겠습니다."' 랍비 레위가 랍비 사무엘 바르 나흐만의 이름으로 말하였다. 그가 말하였다. '시종 천사들이 거룩하시고 찬미받으실 분의 비밀을 드러내어 백삼십팔 년을 그들 구역에서 쫓겨났다. 나도 네 말을 들었다가 내 구역에서 쫓겨나서야 되겠느냐?' (야곱이) 말하였다. '됐으니, 끝냅시다. '저를 축복하시지 않으면 보내드리지 않겠습니다."' 랍비 후나가 말하였다. 마침내 그가 말하였다. '그에게 드러내야겠다. 만약 거룩하시고 찬미받으실 분께서 나에게 '너는 왜 그에게 다 드러냈느냐?'고 말씀하시면 나는 그분 앞에 아뢸 것이다. '세상의 주인이신 주님, 당신 자녀들이 법령을 만들어도 당신은 그들의 법령을 취소하지 않으십니다. 제가 그들의 법령을 취소할 수 있을까요?"' 그래서 그가 (야곱에게) 말하였다. '장차 그분께서 너에게 베텔에서 나타나실 것이고 네 이름이 바뀔 것인데, (그때) 내가 그곳에 서 있을 것이다.' 이는 '그가 베텔에서 하느님을 만났고 하느님께서 거기에서 그와(우리와) 함께 말씀을 나누셨다'(호세 12,5)고 하였으니, 여기서는 '너와 함께'가 아니고 '우리와 함께 말씀을 나누셨다'고 쓰인 대로이다.'" - 창세기 라바 78,2

"야곱이 말하였다. '당신은 새벽을 두려워하는 도둑이오, 도박꾼이오?' 천사가 말하였다. '나는 천사다. 내가 창조된 날부터 지금까지, (하느님 앞에서 찬미의) 노래를 할 시간이 오지 않았다.'" - 바블리 훌린 91ㄴ

32,29 그가 말하였다. "더 이상 네 이름은 야곱이라 하지 않고 이스라엘이라 부를 것이다. 네가 하느님과 겨루고 사람들과도 (겨루어) 이겼기 때문이다."

"바르 카파라가 말하였다. 아브라함을 아브람이라 부르는 이는 긍정 계명을 어긴 것이다. 랍비 레위가 말하였다. 긍정 계명과 부정 계명을 어긴 것이다. '너는 더 이상 아브람이라 불리지 않을 것이다'(창세 17,5)는 부정 계명이고, '너의 이름은 아브라함이다'(5절)는 긍정 계명이다. 대의회 의원들은 그를 아브람이라 불렀다. '당신은 아브람을 선택하신 … 주 하느님이십니다'(느헤 9,7)라고 하지 않았나? 이는 이야기일 뿐이다. 그가 말하였다. 그가 아직 아브람일 때 그분께서 그를 선택하셨다. 그럼 사라에게 사라이라 부르는 것은 긍정 계명을 어기는 것인가? (사라에) 관한 명령은 (아브라함에게만) 해당된다. 그럼 이스라엘에게 야곱이라 부르는 것은 긍정 계명을 어기는 것인가? (아니다.) 야곱이라는 이름이 없어진다는 것이 아니라 '이스라엘이 너의 이름이 되리라'(창세 35,10), 곧 이스라엘이 주가 되고 야곱이 부가 된다고 가르친다. 랍비 즈카르야가 랍비 아하의 이름으로 (말하였다.) 어쨌든 '너의 이름은 야곱이다' 하고 '이스라엘이 너의 이름이 되리라' 하였으니, 야곱이 주이고 이스라엘은 부이며 보탠 (이름이다.)" - 창세기 라바 78,3

"(그가 말하였다.) '너는 천상의 존재와 겨뤄 그들을 이겼고, 지상의 존재와 (겨뤄) 그들을 이겼다.' 천상의 존재는 천사이다. 랍비 하마 벤 랍비 하니나가 말하였다. 그는 에사우의 수호 천사다. 야곱이 그에게 '제가 당신 얼굴을 하느님을 뵈오듯 뵈었습니다'(창세 33,10)고 말한 것은 그런 의미에서다. '하느님의 얼굴'이 심판을 의미하듯, '당신 얼굴'도 심판을 의미한다." - 창세기 라바 78,3

32,30 "그럼 당신 이름을 알려 주십시오." … "너는 왜 내 이름을 묻느냐?"

"랍비가 아바 요세 벤 도스타이의 이름으로 말하였다. 어떤 구절은 '(그분께서) 별들의 수를 정하시고 모두에게 이름을 불렀주셨다'(시편 147,4)고 하고, 또 어떤 구절은 '(별들의) 군대를 끌어내어 번호를 매기시고 그들 모두의 이름을 부르시는 분이시다'(이사 40,26)고 하였다. 그러나 이는 이름이 바뀐다는 것을 가르친다. 지금 부르는 이름대로 나중에 불리지 않는다는 말이다. '너는 왜 내 이름을 묻느냐? 그것은 신비한 것이다'(판관 13,18)고 한 대로이다. 내 이름이 어떤 이름으로 바뀔지 모른다." - 창세기 라바 78,4

32,32 그가 프니엘을 지날 때 해가 떠올랐다. 그는 엉덩이뼈 때문에 다리를 절었다.

"'한 사람이 아침이 될 때까지 (야곱과) 씨름하였다'(25절). 랍비 이사악이 말하였다. 여기에서 토라 학자는 밤에 혼자 나가지 않는다는 (규정이) 나왔다. … 라브가 말하였다. 여기에서 나왔다. '그가 프니엘을 지날 때 해가 (그를 위해) 떠올랐다'(32절)." - 바블리 훌린 91ㄱ-ㄴ: 이 구절은 야곱이 밤새 그곳에 있다가 아침에 떠났다는 뜻으로, 토라 학자는 밤에 혼자 나가지 않기 때문이다.

"랍비 브레크야가 말하였다. 누구에게는 해가 떠오르지 않나? 이는 (야곱을) 치유하려고 (해가 떠올랐다는 말이다.) 다른 이들을 위해서는 빛을 주려고 (떠오른다.) 랍비 후나가 랍비 아하의 이름으로 말하였다. 해가 우리의 조상 야곱을 치유하였고, 에사우와 그의 지휘관들은 뜨겁게 하였다. 거룩하시고 찬미받으실 분께서 말씀하셨다. '너는 네 자손들의 징표이다. 해가 너는 치유하고 에사우와 그의 지휘관들에게는 뜨겁게 하였듯이, 해가 너의 자손들은 치유하고 이방인들에게는 뜨겁게 할 것이다. (너의 자손들을) 치유하는 것은 '의로움의 태양이 날개에 치유를 싣고 떠오른다'(말라 3,20)고 하였고, 이방인들을 뜨겁게 하는 것은 '보라, 화덕처럼 불붙는 날이 온다. … 그들을 불살라 버리리라'(19절)고 한 대로이다." - 창세기 라바 78,5

"랍비 호샤야 벤 레위가 로마에 갔다. 그는 (돌아와) 아코에 왔는데 랍비 하니나가 그를 맞으러 나와, 그가 엉덩이 때문에 다리를 저는 것을 보고 말하였다. 당신 조상과 닮았습니다. '그가 엉덩이뼈 때문에 다리를 절었다'(32절)고 한 대로이다." - 창세기 라바 78,5: 야곱은 에사우의 수호천사를 만난 뒤에 절뚝거렸다고 여기고, 랍비 호샤야는 로마를 다녀온 뒤에 절뚝거렸다고 한다. 로마와 에사우를 동일시하는 랍비 문헌의 특징을 엿볼 수 있다.

32,33 그래서 오늘까지 이스라엘 자손들은 엉덩이뼈 위의 질긴 힘줄을 먹지 않는다.

"질긴 힘줄은 … 성별되지 않은 동물이든 성별된 동물이든 금지된다. … 이는 가축이나 야생동물에 오른쪽과 왼쪽 엉덩이에 적용된다. … 도살업자가 질긴 힘줄을 제대로 (제거했는지) 믿을 수 없어서다. 랍비 메이르의 말이다." - 미슈나 훌린 7,1

야곱과 에사우의 만남(33,1-11)

33,1 야곱은 … 에사우가 사백 명의 장정들을 거느리고 오는 것을 보았다. 그는 레아와 라헬과 두 여종들에게 자식들을 나누어 맡겼다.

"랍비 레위가 말하였다. 사자가 집짐승과 들짐승에게 화가 나 있었다. 그러자 그들이 말하였다. '누가 (사자를) 달래주러 갈 것인가?' 여우가 그들에게 말하였다. '내가 삼백 가지 이야기를 알고 있으니 내가 그를 달래주러 가겠다.' 그들이 말하였다. '우리도 가자.' 그런데 (여우는) 조금 가다가 멈추었다. 그들이 말하였다. '왜 그러느냐?' (여우가) 말하였다. '백 가지를 잊었다.' 그들이 말하였다. '이백 가지 축복으로도 된다.' (여우는) 조금 가다가 멈추었다. 그들이 말하였다. '왜 그러느냐?' (여우가) 말하였다. '백 가지를 잊었다.' 그들이 말하였다. '백 가지 축복으로도 된다.' 그곳에 이르러 (여우가) 말하였다. '다 잊었다. 그러니 (우리들 다) 저마다 그를 달래야 한다.' 우리의 조상 야곱도 마찬가지다. 랍비 유다 벤 시몬이 말하였다. (야곱은) '나는 그를 위해 기도할 힘이 있다'고 하였다. 랍비 레위가 말하였다. (야곱은) '나는 전쟁을 벌일 힘이 있다'고 하였다. 그러나 그곳에 이르러 '자식들을 나누고'(1절) 말하였다. '저마다 자신의 권리를 갖게 될 것이다.'" - 창세기 라바 78,7: 정작 에사우 앞에서는 각자가 자신을 보호해야 한다는 해석이다.

33,2 여종들과 아들들을 맨 앞에, 레아와 아들들을 두 번째에, 라헬과 요셉을 그들 뒤에 세웠다.

"맨 뒤에 있을수록 사랑받는 이들임을 (알 수 있다.)" - 창세기 라바 78,8

33,3 (야곱은) 그들의 앞을 지나면서 형에게 이를 때까지 땅에 대고 일곱 번 절하였다.

"왜 일곱 번 (절하였는가)? 상징이다. '의인은 일곱 번 쓰러져도 일어난다'(잠언 24,16)고 한 대로이다. … 랍비 하니나 벤 이사악이 말하였다. 야곱은 그분께서 심판을 자비로 바꾸실 때까지 멈추지 않고 엎드려 절하였다." - 창세기 라바 78,8: 곧 야곱은 에사우가 아니라 하느님께 절을 한 것이다.

33,4 에사우는 그의 앞에 달려가 그를 안았다. 그는 고개를 떨구며 입을 맞추고 울었다.

"이 낱말에는 점들이 찍혔다. … 랍비 얀나이가 랍비 시메온 바르 엘리에제르에게 말하였다. 왜 점이 찍혔는가? 에사우는 야곱을 물어뜯고 싶었다. (그러나 야곱의 목은 대리석으로 바뀌어 사악한 이의 치아는 무뎌지고 흔들리게 되었다.) 그래서 '그들은 울었다'(4절). 하나는 그의 목 때문에 울고 다른 하나는 그의 치아 때문에 울었다. '그대의 목은 상아탑'(아가 7,5)이라고 한 대로이다." - 창세기 라바 78,9: 히브리어 성경에서(마소라 본문) '입맞추다'(נשק)라는 낱말 위에 철자마다 찍힌 점들에 대한 해석이다.

"에사우가 말하였다. '나는 야곱을 활과 화살로 죽이지 않고 내 입과 내 이로 죽여 피를 내리라.' … 그러나 야곱의 목은 상아와 같았고(아가 7,5), 사악한 이의 이는 무뎌졌다. 그는 자신의 욕망을 알아채지 못하고 분노하여 이를 갈기 시작하였다. '악인은 이를 보며 울화를 터뜨리고 이를 갈며 스러지는구나'(시편 112,10)라고 한 대로이다." - 엘리에제르의 어록 37: 히브리어 '입맞추다'를 '물다'로 해석하였다.

33,5 "이들은 너에게 누구냐?" … "주님께서 당신 종에게 은총으로 주신 아들들입니다."

"랍비 벤야민 바르 레위가 말하였다. 우리는 열한 지파에 대한 은총을 듣게 된다. 그러나 벤야민 지파에 대해서는 듣지 못하였다. 어디에서 들을 수 있나? '얘야, 하느님께서 너를 어여삐 여겨 주시기를 빈다'(창세 43,30)고 한 데서다." - 창세기 라바 78,10: 아직 벤야민이 태어나기 전이라 그는 이 구절의 '은총으로 주신 아들들' 안에 포함되지 않는다.

33,6-7 여종들과 아들들이 다가와 절하였다. 레아와 그 아들들도 다가와 절하였고, 그다음으로 요셉과 라헬이 다가와 절하였다.

"요셉이 말하였다. '이 사악한 이는 눈이 높아요. 그의 눈이 어머니를 보지 못하게 해 주세요.' 그래서 야곱은 요셉을 그의 키만큼 들어 올려 라헬을 (못 보게) 가렸다. '요셉은 열매 많은 나무, 샘(눈) 위에 있는 열매 많은 나무'(49,22)라고 한 대로이다." - 창세기 라바 78,10: 다른 구절과 달리 자식인 요셉이 어머니 라헬 앞에 언급된 이유를 설명한다.

33,9 에사우가 말하였다. "내 동생아, 나에게도 많다. 네 것은 너를 위한 것이다."

"그날 밤 내내 시종 천사들은 단체별로 무리를 지어 가다가 에사우의 부대와 마주쳤다. (천사들이) 말하였다. 너희는 어디 소속이냐? 그들이 말하였다. '에사우의 소속이오.' (천사들이) 말하였다. '쳐라.' '이사악 아들의 소속이오.' (천사들이) 말하였다. '쳐라.' '아브라함 손자의 소속이오.' (천사들이) 말하였다. '쳐라.' 그들이 말하였다. '우리는 야곱의 형제의 소속이오.' 그러자 (천사들이) 말하였다. '가게 두어라. 우리 편이다.' 그래서 아침에 (에사우가) 말하였다. '내가 마주친 이 진영들은 다 무엇이냐?' (야곱이) 말하였다. '그들이 뭐라고 말했습니까?' (에사우가) 말하였다. '나는 그들에게 짓밟혔다.' '(야곱이) 말하였다. '주인께 호의를 얻고자 한 것입니다"(8절). '에사우가 말하였다. '나에게도 많다. 네 것은 너를 위한 것이다"(9절)." - 창세기 라바 78,11

33,10 야곱이 말하였다. "이제 저에게 은혜를 베푸시어, 제 예물을 제 손에서 가져가십시오. (이토록) 기쁘게 맞아 주시니, 제가 당신 얼굴을 (보는 것이) 하느님의 얼굴을 뵙는 듯합니다."

"하느님의 얼굴을 (뵙는다는 것은 곧) 심판을 뜻하듯이, 당신 얼굴을 (뵙는다는 것도) 심판이다. 하느님의 얼굴을 (뵈올 때) '아무도 빈손으로 내 앞에 나와서는 안 된다'(탈출 23,15)고 하였듯이, 누구도 당신 얼굴을 (뵈올 때) 빈손으로 나와서는 안 된다." - 창세기 라바 78,12

에사우와 헤어진 야곱(33,12-17)

33,13 "주인께서는 저에게 약한 아이들과 새끼 딸린 가축과 소가 있음을 아십니다. 하루만 재촉해도 가축들은 다 죽습니다."

"랍비 베레크야가 랍비 레위의 이름으로 말하였다. '주인께서는 아이들이 약한 것을 아신다.' 이는 모세와 아론을 말한다. '가축과 소'는 이스라엘이다. '너희는 나의 양 떼, 내 목장의 양 떼, 사람이다'(에제 34,31)라고 한 대로이다. 라브 후나가 랍비 아하의 이름으로 말하였다. 거룩하시고 찬미받으실 분의 자비가 아니라면 '하루만 재촉해도' 하드리아누스 시대에 벌써 '가축들은 다 죽었다.' 랍비 베레크야가 랍비 레위의 이름으로 말하였다. '주인께서는 아이들이 약한 것을 아신다.' 이는 다윗과 솔로몬을 말한다. '가축과 소'는 이스라엘이다. '너희는 나의 양 떼, 내 목장의 양 떼, 사람이다'(에제 34,31)라고 한 대로이다. 랍비 후나가 랍비 아하의 이름으로 말하였다. 거룩하시고 찬미받으실 분의 자비가 아니라면 '하루만 재촉해도' 하만 시대에는 벌써 '가축들은 다 죽었다.'" - 창세기 라바 78,13

33,14 "저는 세이르의 주인께 이를 때까지 … 쉬엄쉬엄 끌고 가겠습니다."

"랍비 아바후가 말하였다. 우리는 성경 전체를 찾아보았으나 우리의 조상 야곱이 그의 시대에 세이르산에 에사우에게 갔다는 (기록을) 찾지 못하였다. 진실한 야곱이 (에사우를) 속일 수 있었을까? 그럼 언제 그에게 갔을까? 장차 다가올 (시대에 가게 될 것이다.) '구원받은 이들은 시온산으로 올라와 에사우산을 다스리리라'(오바 1,21)고 한 대로이다." - 창세기 라바 78,14

33,15 "나와 함께 온 사람 가운데 몇을 너에게 남겨두어야겠다." … "왜 그러십니까? 저는 주인의 은혜를 찾을뿐입니다."

"(에사우는 야곱과) 같이 가고 싶었으나 (야곱은) 받아들이지 않았다. 우리의 스승은(랍비 유다 하나시) 제국에(로마) 갈 때 이 본문을 읽고 로마인을 함께 데려가지 않았다. 한 번은 이 본문을 보지 않아 로마인을 함께 데려갔다가, 아코에 이르기도 전에 (그 로마인이) 겉옷을 팔아 넘기기까지 했다." - 창세기 라바 78,15: 이방인과 동행하는 것이 해롭다는 교훈을 이 구절에서 배운다.

33,16 그날 에사우는 가던 길인 세이르로 돌아갔다.

"그와 함께 온 사백 명은 어디 갔는가? 그들은 저마다 사라져 떠나면서 말하였다. '야곱의 불타는 석탄에 타죽을 수는 없지.' 거룩하시고 찬미받으실 분께서는 언제 그들을 보상해 주셨나? '그들 가운데 낙타를 타고 도망친 젊은이 사백 명을 빼고는 아무도 목숨을 구하지 못하였다'(1사무 30,17)고 한 대로이다." - 창세기 라바 78,15: 목숨을 구한 젊은이 사백 명처럼(1사무 30,17) 에사우와 함께 온 사백 명도 야곱에게서 도망쳐 살아남았다는 해석이다.

33,17 야곱은 수콧으로 떠나 자신을 위해 집을 짓고 가축들을 위해 초막을 만들었다. 그래서 그 장소의 이름을 수콧이라 불렀다.

"우리의 조상 (야곱은) 베텔에 얼마나 머물렀나? 랍비 아바 벤 카하나가 말하였다. 열여덟 달이다. 그는 초막에 있다가 집에 있다가 다시 초막에서 지냈다. 베텔에서는 여섯 달을 머물렀다." - 창세기 라바 78,16

스켐의 들을 산 야곱(33,18-20)

33,18 야곱은 파딴 아람에서 나와 가나안 땅 스켐 성읍에 무사히 도착하여, 성읍 앞에 진을 쳤다.

"'그는 집에 들어가 손으로 벽을 짚다가 뱀이 그를 물리라'(아모 5,19). 야곱이 가나안 땅 그의 소유의 땅에서 자기 집에 들어갔다가 뱀이 그를 물었다. 뱀은 누구인가? 하모르의 아들 스켐이다." - 엘리에제르의 어록 38,1-3

33,19 (야곱은) 천막을 친 들의 일부를 스켐의 아버지 하모르의 아들들에게서 백 크시타에 샀다.

"랍비 히야 라바와 랍비 시메온 바르 할리프타는 (성경의) 몇 낱말들 번역을 잊어, 아랍인 가게에 들어가 거기서 배우고자 했다. 그는 어떤 이가 자기 친구에게 쉽게 말하는 것을 들었다. '이 짐을(טעונה) 나한테 매달아라.

이 '야하바'를(יהבה) 나한테 매달아라.' (그래서 그들은 '야하바'가 짐이라는 것을 알게 되었다.) '네 짐을(יהבך) 주님께 맡겨라. 그분께서 너를 붙들어 주시리라. 의인이 흔들림을 결코 내버려 두지 않으시리라'(시편 55,23). '왜 너는 나를 짓밟느냐?(מכסי) 왜 너는 나를 '메아세'(מעסי) 하느냐?' (그래서 그들은 '메아세'가 짓밟다라는 뜻임을 알게 되었다.) '너희는 악인들을 짓밟으리라(ועסותם)'(말라 3,21). … '나에게 보석을(מרגלית) 빌려다오. 나에게 '크시타'를(כסירתה) 빌려다오.' (그래서 그들은 '크시타'가 보석이라는 것을 알게 되었다.) '이 양을(אימרתא) 목초지로 데려와라. 이 '크시타'를(כסירתה) 목초지로 데려와라.' (그래서 그들은 '크시타'가 양이라는 것을 알게 되었다.) 랍비 아바 벤 카하나가 말하였다. (그러므로 '백 크시타'는[במאה קשיטה]) '보석 백 개' 또는 '양 백 마리' 또는 '백 셀라(동전)'를 뜻한다. 랍비 시몬이 말하였다. (קשיטה의) '쿠프'(ק)는 '보석들'(קמיליא), '사멕'(ס)은 '셀라들'(סלעים) '테트'(ט)는 '동전들'(טריון)을 가리킨다." - 창세기 라바 79,7

"랍비 유단 벤 랍비 시몬이 말하였다. 이곳 (스켐은) 세상 민족들이 이스라엘을 비웃으며 '너희가 훔쳤다'고 말할 수 없는 세 장소 가운데 하나이다. 이는 곧 막펠라 동굴과 성전 (터와) 요셉의 무덤 (터이다.) 막펠라 동굴은 '아브라함은 에프론의 말을 듣고 … 에프론에게 무게를 달아 내 주었다'(창세 23,16)고 한 대로이다. 성전 (터는) '다윗은 오르난에게 그 터 값으로 금 육백 세켈을 주었다'(1역대 21,25)고 한 대로이다. 요셉의 무덤 (터는) '(야곱은) 그 들의 땅을 샀다'(창세 33,19)고 한 대로 야곱이 스켐을 샀다." - 창세기 라바 79,7

스켐에서 폭행을 당한 디나(34,1-5)

34,1 레아가 … 낳아 준 딸 디나가 그 땅의 딸들을 보려고 나갔다.

"레시 라키시가 말하였다. … (야곱이) 아뢰었다. '당신은 천상의 하느님이시고 저는 지상의 신입니다.' 랍비 후나가 레시 라키시의 이름으로 말하였다. (하느님께서 말씀하셨다.) '회당 관리자도 스스로 권위를 가지지 않는데 너는 너 스스로 권위를 가지느냐? 내일 너의 딸이 나가서 괴롭힘을 당하리라.' '레아의 딸 디나가 나갔다'(1절)고 한 대로이다." - 창세기 라바 79,8

"야곱의 딸 디나는 천막에 머무르고 밖에 나가지 않았다. 하모르의 아들 스켐이 어떻게 했는가? 그는 거리에서 북을 치며 노는 젊은 여자들을 데려왔다. 디나는 놀고 있는 여자들을 보려고 나갔다. (스켐은) 그를 붙잡아 그와 누웠다. (디나는) 임신하여 아스낫을 낳았다. 이스라엘 사람들은 그를 죽이라고 말하였다. 이제 온 땅에서 (사람들이) 야곱의 천막에 부도덕한 딸이 있다고 말할 것이기 때문이다. 야곱이 어떻게 했겠는가? 그는 금판을 가져다 그 위에 거룩하신 이름을 쓰고 그의 목에 걸어주며 내보냈다. (디나는) 떠났다. 모든 것이 거룩하시고 찬미받으실 분 앞에 드러났다. 미카엘 천사가 내려와 (디나를) 이집트인 포티페라의 집으로 데려갔다. 이는 아스낫이 요셉의 아내로 적합했기 때문이다. 포티페라의 아내는 이제 불임이었고 (디나는) 딸처럼 (아스낫과) 함께 자랐다. 요셉이 이집트에 왔을 때 그는 (아스낫과) 혼인하였다." - 엘리에제르의 어록 38,4-16

"랍비 베레크야가 랍비 레위의 이름으로 말하였다. 이는 자기 손에 고기 한 덩이를 들고 있는 이에 (비할 수 있다.) 그가 그것을 드러내자 새가 내려와 그것을 물어가 버렸다. 마찬가지로 '레아가 야곱에게 낳아 준 딸 디나가 나가면'(1절) 곧바로 '하모르의 아들 스켐이 그를 보게 된다'(2절)." - 창세기 라바 80,5

34,2 그 땅의 우두머리인 히위인 하모르의 아들 스켐이 그를 보고는, 데리고 가서 누워 그를 욕보였다.

"그들은 야곱의 딸 디나를, 그 땅의 우두머리인 히위 사람 하모르의 아들 스켐의 집으로 데려갔다. (스켐은) 그와 눕고 그를 더럽혔다. 그는 열두 살 된 어린 소녀였다. 그는 그의 아버지와 오라비들에게 (디나를) 아내

로 달라고 요청하였다." - 희년서 30,1-2

34,3 그는 야곱의 딸 디나에게 반하고 그 소녀를 사랑하여 소녀의 마음에 말하였다.

"'소녀의 마음에 말하였다.' 사람이 마음에 말을 할 수 있나? 이는 마음에 (편히) 머무르는 말을 뜻한다." - 창세기 라바 80,7

34,5 야곱이 딸 디나가 부정해진 것을 들었다. … 야곱은 (아들들이) 돌아올 때까지 입을 다물었다.

"'슬기로운 사람은 침묵을 지킨다'(잠언 11,12)고 한 대로이다." - 창세기 라바 80,6

하모르와 야곱의 혼인 계약(34,6-24)

34,7 야곱의 아들들이 들에서 와 (소식을) 들었고, … 몹시 분노하였다. … 이는 해서는 안 되는 일이다.

"유다의 아들 이시가 말하였다. 토라의 다섯 성경에는 헤크레아가 없는(문법 구조가[구문론] 적용되지 않는) (낱말 또는 문장들이 있다.) 곧 שאת(창세 4,7), ארור(40,7), מחר(탈출 17,7), משקדים(25,34), וקם(신명 31,16) 등이다. 랍비 탄후마가 말하였다. 이 구절을 첨가해야 한다. '야곱의 아들들이 들에서 와 들었다.' 또는 '그들은 듣고 남자들은 분노하였다.'" - 창세기 라바 80,6

"심지어 세상 민족들도 (그렇게 하지는 않는다.) 홍수 세대에 세상이 뒤집힌 때부터 그들은 치욕에서 자신들을 차단했다." - 창세기 라바 80,6

34,8 하모르가 그들에게 말하였다. "내 아들 스켐이 당신들의 딸에게 반하였으니 그를 아들의 아내로 주십시오."

"레시 라키시가 말하였다. 거룩하시고 찬미받으실 분께서 세 가지 사랑 표현으로 이스라엘을 사랑하셨다. '드비카(충실/집착), 하시카(사랑/끌림), 하피차(기쁨/갈망)'이다. 드비카는(דביקה) '너희는 주님께 충실하였다(הדבקים)'(신명 4,4), 하시카는(חשיקה) '주님께서 너희에게 끌리신(חשק) 것은 모든 민족들보다 너희가 많아서가 아니다'(7,7), 하피차는(חפיצה) '모든 민족들이 너희를 행복하다 하리니, 너희의 땅이 기쁨이(חפץ) 될 것이기 때문이다'(말라 3,12)고 하였다. 우리는 그것들을 이 악한 이의 구절에서도 배운다. 드비카는(דביקה) '그의 영이 집착하였다(ותדבק)'(창세 34,3), 하시카는(חשיקה) '내 아들 스켐이 당신들의 딸에게 반하였소(חשקה)'(8절), 하피차는(חפיצה) '그는 야곱의 딸을 좋아하였다(חפץ)'(19절)고 하였다." – 창세기 라바 80,7

34,13 (스켐이) **그들의 누이 디나를 더럽힌 일로, 야곱의 아들들은 그와 아버지 하모르에게 속임수로 대답하였다.**

"야곱과 그의 아들들은 스켐 사람들한테 화가 났다. 그들이 자신들의 누이를 더렵혔기 때문이다. 그래서 그들은 그들에게 간교하게 속임수로(בערמה ובמרמה) 말하였다." – 희년서 30,3

"랍비 사무엘 벤 나흐만이 말하였다. 무슨 생각이 드는가? 이 말이 속임수 같은가? 아니다. '그가 그들의 누이 디나를 더럽힌 일로'(13절)는 거룩한 영이 말씀하신 것이다." – 창세기 라바 80,8: 이스라엘의 지파 조상들이 어울리지 않게 속임수를 썼다는 사실을 합리화하는 해석이다.

34,14 "할례하지 않은 사람에게 우리의 누이를 주는 이런 일은 할 수가 없습니다. 우리에게는 부끄러운 일이라 그렇습니다."

"랍비 후니야가 랍비 유스티 바르 타밧의 이름으로 말하였다. 어디에서 할례하지 않은 것이 부끄러운 일이라는 것을 찾을 수 있나? 이 구절에서 '우리에게는 부끄러운 일이라 그렇습니다'(14절)고 한 대로이다." – 창세기 라바 80,8

34,22-23 "단지 … 우리 모든 남자들이 할례만 해주면, 그 사람들은 … 한 백성이 되겠다고 합니다. 어차피 그들의 가축들과 재산들과 모든 짐승들은 우리의 것이 되지 않겠습니까? …"

"(스켐 사람들은) 그들을 멸망시킬 작정이었으나 자신들이 망하고 말았다." - 창세기 라바 80, 8

할례를 이용한 복수(34,25-31)

34,25-26 셋째 날 그들에게 (할례의) 통증이 있을 때 … 디나의 오라버니인 시메온과 레위가 칼을 들고 … 남자들을 모두 죽였다. … 하모르와 아들 스켐도 칼로 죽이고 스켐의 집에서 디나를 데리고 나왔다.

"안식일에 아기를 씻길 때 할례 전과 할례 후에 씻겨야 한다. … 랍비 엘아자르 벤 아자르야가 말하였다. (할례한 지) 사흘이 지나고 씻겨야 한다. 그날이 안식일이어도 그러하다. '셋째 날 그들에게 통증이 있을 때'(25절)라고 하였기 때문이다." - 미슈나 샤밧 19,3; 바블리 샤밧 134ㄴ

"랍비 야곱 벤 아하가 말하였다. 랍비 요하난과 랍비 요나탄은 조산사에게 늘 '… 안식일에 (할례한 지) 사흘째이면 안식일이어도 씻겨야 한다'고 말하곤 하였다. 사무엘이 말하였다. (씻기지 않으면) 위험하기 때문이다." - 창세기 라바 80,9

"랍비 하니나 벤 도사가 말하였다. 할례한 이는 셋째 날에 매우 고통스럽다. … 셋째 날에는 아기를 씻겨야 하고 안식일이어도 그러하고, 할례에 필요한 모든 것은 안식일에 하는 것을 허용한다." - 엘리에제르의 어록 29,11-14

"(디나가) 그들 둘의 누이이기만 한가, 모든 지파의 누이가 아닌가? 그들이 (디나를) 위해 목숨을 걸었기 때문에 그들 이름으로 불리게 된 것이다. 마찬가지로 '아론의 누이인 여 예언자 미르얌'(탈출 15,20)이라고 하였다. (미르얌이) 아론의 누이이기만 한가, 그들 둘의(모세와 아론) 누이가 아닌가? 아론이 (미르얌을) 위해 목숨을 걸었기 때문에 그의 이름으로 불리게 된 것이다. '미디안 수장의 딸이자 그들의 누이 코즈비'(민수 25,18)라고 하였다. (코즈비가) 그들의 누이인가, 그들 민족의 딸이 아닌가? (코즈비가) 민족을 위해 목숨을 걸었기 때문에 그의 민족은 그의 이름으로 불리게 되었다." - 창세기 라바 80,10

"우리의 조상 야곱은 그의 아들들이 그렇게 하는 것을 바라지 않았으나, 그의 아들들이 그렇게 했을 때 말하였다. '내 아들들이 세상 민족들 손에 넘어가게 두어야 하는가?' 그는 어떻게 했나? 그는 칼과 활을 들고 스켐 입구에 서서 말하였다. '세상 민족들이 내 아들들을 공격하러 오면 나는 그들에 맞서 싸울 것이다.' 그가 요셉에게 '나는 너에게 내 칼과 활로 아모리족의 손에서 빼앗은 스켐 하나를 더 준다'(창세 48,22)고 한 대로이다." - 창세기 라바 80,10

34,29 (야곱의 아들들은) 그들의 모든 재산과 아이들과 부녀자들을 사로잡고 집안에 있는 것을 모두 약탈하였다.

"주님께서 그들을 야곱의 아들들 손에 넘기시어 칼로 파멸하시고 심판하셨다. 이처럼 이스라엘에서 (더 이상) 이스라엘의 딸들이 더렵혀지는 일이 없게 하시려는 것이다. 자기 딸이나 누이를 이민족의 후손인 사람 누구에게든 주려고 하는 이는 죽을 것이고, 그를 돌로 칠 것이다. 그는 죄를 짓고 이스라엘을 수치스럽게 하였다. 여자는 불에 태워지리라. 아버지 집안의 이름을 더렵혔으니 이스라엘에서 추방되리라." - 희년서 30,6-7

34,30 야곱이 시메온과 레위에게 말하였다. "너희는 … 가나안족과 프리즈족의 이 땅 주민들에게 나를 곤란하게 만들었다. … 그들이 나에 맞서 모여들어 나를 치면, 나와 내 집안은 끝장나리라."

"(야곱은) 가나안족과 프리즈족의 이 땅 주민들을 두려워하였다. 그런데 스켐 주변에 있는 모든 성읍들에 하느님의 공포가 (퍼졌다.) 그들은 야곱의 아들들 뒤를 추격하러 일어나지 않았다. 두려움이 그들 위에 내렸기 때문이다." - 희년서 30,25-26

"이 소식을 들은 야곱은 몹시 두려워졌다. 그는 말하였다. '이제 땅의 모든 백성이 나와서 나에게 맞서 모여들어 나를 죽이면 어쩌나.' 그는 아들들의 분노를 저주하기 시작했다. '그들의 분노는 저주를 받으리라'(49,7)고 한 대로이다. 그리고 그들의 칼도 저주하였다. '그들의 무기는 폭력의 도구이다'(5절)고 한 대로이다. 그 땅의 모든 거주민들이 듣고 몹시 두려워하며 말하였다. '야곱의 두 아들이 이 일을 저질렀다면 모두가 모여 우리를 말살할 것이다.' 거룩하시고 찬미받으실 분의 공포가 그들 위에 떨어졌다. '하느님의 공포가 그들 성읍들 위에 감돌아 그들은 야곱의 아들들을 뒤쫓지 못하였다'(35,5)고 한 대로이다." - 엘리에제르의 어록 38,18-24

야곱의 새 이름 이스라엘(35,1-15)

35,2 야곱이 … 모두에게 말하였다. "너희 안에 있는 이방 신들을 치우고, 몸을 씻고 옷을 갈아입어라."

"랍비 크루스페다이가 랍비 요하난의 이름으로 말하였다. 우리는 우상숭배에 관해서는 우리의 조상 야곱만큼 전문적이지 않다. 해 모양, 달 모양, 용 모양의 물건들을 발견하면 사해에 던져 버려야 한다. 랍비 요하난이 말하였다. 겉옷들은 모두 우상숭배에 속한다." - 창세기 라바 81,3

35,4 그들은 … 이방 신들 모두와 귀에 건 귀걸이들을 야곱에게 내놓았다. 야곱은 그것들을 스켐 근처 향엽나무 아래 파묻었다.

"그들은 이방인의 신들과 귀에 건 것, 목에 건 것, 라헬이 아버지 라반의 집에서 가져온 우상들을 떼어 내어 야곱에게 다 주었다. 그는 그것들을 태우고 깨고 부수어 스켐 땅 향엽나무 아래 파묻었다." - 희년서 31,2

35,5 그들이 출발하는 동안 하느님의 공포가 그들 주변 성읍들에 감돌아 야곱의 아들들을 뒤쫓지 못하였다.

"랍비 사무엘 바르 나흐만이 말하였다. 이방인들이 야곱의 아들들과 진쟁을 하기 위해 세 장소에 모였으나, 거룩하시고 찬미받으실 분께서 그냥 두지 않으셨다. (첫 번째는) '하느님의 공포가 성읍들에게 감돌았다'(5절)고 하였고, (두 번째는) '땅이 흔들리고 하느님의 공포가 퍼졌다'(1사무 14,15)고 하였으며, (세 번째는) '숲이 백성을 많이 삼켜 버렸다'(2사무 18,8)고 하였다. 랍비 엘리에제르가 말하였다. 그들이 달아나고자 하였으나 거룩하시고 찬미받으실 분께서 그들을 그냥 두지 않으셨다. 그들은 어디에서 모였나? 하초르이다. '이스라엘은 여호수아가 불태워 버린 하초르를 제외하고는 언덕 위에 서 있는 성읍들을 하나도 불태우지 않았다'(여호 11,13)고 한 대로이다. 랍비 엘아자르가 말하였다. (여호수아는) 전통에 따라 불태웠다. 거룩하시고 찬미받으실 분께서는 모세에게 말씀하셨고 모세는 여호수아에게 말하였다." - 창세기 라바 81,4

35,6 야곱은 … 온 백성과 가나안 땅 루즈 곧 베텔에 이르렀다.

"왜 그 이름이 루즈라(לוז) 불리나? 랍비 아바 바르 카하나가 말하였다. 그곳에 들어가는 이는 모두 자선과 선행으로 견과나무처럼(כלוז) 꽃피웠다. 랍비들이 말하였다. 견과나무에는 입이 없듯이 사람은 성읍 입구에 설 수 없다. 랍비 시몬이 말하였다. 견과나무는 성읍 입구에 서 있다. 랍비 엘아자르 바르 메롬이 랍비 피느하스 바르 하마의 이름으로 말하였다. 견과나무는 동굴 입구에 서 있고 견과나무에는 구멍이 있어서 견과나무를 통해서 동굴로 들어가고 동굴을 통해서 성읍으로 들어간다. '정찰꾼들이 그 성읍에서 어떤 사람이 나오는 것을 보고 말하였다. '성읍으로 들어가는 길을 우리에게 알려 주시오. 그러면 우리가 그대에게 은혜를 베풀겠소.' 그러자 그 사람이 성읍으로 들어가는 길을 우리에게 알려 주었다. 그래서 그들은 그 성읍을 칼로 치면서도, 그 사람과 그의 가족은 모두 살려

보냈다'(판관 1,24-25)고 한 대로이다." - 창세기 라바 81,4

35,9 야곱이 파딴 아람에서 돌아왔을 때 하느님께서 또 나타나시어 그를 축복하셨다.

"그분께서는 무슨 축복으로 그를 축복하셨나? 랍비 아하가 랍비 요나탄의 이름으로 말하였다. 곡하는(애도) 이의 축복이다." - 창세기 라바 81,5

"'저에게 어지심의 표징을 보이소서. 저를 미워하는 자들이 이를 보고 부끄러워하리니 주님, 당신께서 저를 도우시고 위로하시기 때문입니다'(시편 86,17). 이는 '당신께서 저를 선물로 도우시고 축복으로 위로하신다.'는 말이다. 곧 '당신께서 저를 도우시어 선물로 은총을 주시니, '하느님의 두려움이 감돌아 … 그들이 야곱의 아들들을 뒤쫓지 못하였습니다'(창세 35,5)'고 하였다. (또한) '당신께서 저를 축복으로 위로하시니, '하느님께서 야곱에게 나타나시어 … 축복하셨습니다'(9절)'고 한 것이다." - 창세기 라바 82,1: 하느님의 '선물'로 야곱의 아들들을 뒤쫓지 못하게 도우셨고, '축복'으로 고향으로 돌아오는 야곱을 위로하셨다는 해석이다.

"랍비 요세 벤 랍비 하니나가 말하였다. '또'는 첫 번째의 경우처럼이라는 뜻이다. 첫 번째는 천사를 통해서 (말씀하셨고,) 두 번째도 천사를 통해서 (말씀하신다.) 랍비 아바 바르 카하나가 말하였다. '또'는 다시는 내 이름을 피조물과 결합하지 않겠다는 뜻이다. 랍비 유단이 말하였다. '또'는 다시 한 번 내가 너에게 나타나겠다는 뜻이다. '그를 축복하셨다.' 그분께서는 무슨 축복으로 그를 축복하셨나? 랍비 아하가 랍비 요나탄의 이름으로 말하였다. 곡하는 이의 축복이다." - 창세기 라바 82,3

35,11 하느님께서 그에게 말씀하셨다. "… 민족과 민족들의 회중이 너에게서 생겨나리라. 임금들이 너의 몸에서 나오리라."

"랍비 유단이 랍비 이사악의 이름으로 말하였다. 나는 말하였다. 르우벤이 이미 태어났고 시메온도 이미 태어났으며 벤야민은 이미 (야곱의) 몸에서 나왔으나 아직 어머니 자궁에 있지 않은가? 나는 다시 말한다. '민족'은 벤야민을 가리키고, '민족들의 회중'은 므나쎄와 에프라임을 가리킨다. '(에프라임의) 후손은 많은 민족을 이루리라'(창세 48,19)고 한 대로이다. 랍비 베레크야와 랍비 헬보가 랍비 사무엘 바르 나흐만의 이름으로 말하였다. '임금들이 너의 몸에서 나오리라.' 이는 여로보암과 예후이다. 랍비들이 말하였다. 의로운 사람인 아브네르가 다윗 가문의 왕조에 맞서 갈라지는 것이 가능한가? (아브네르가 이 구절을) 해석하여 이스보셋을 임금으로 세웠으니, '임금들이 너의 몸에서 나오리라'(11절)고 한 대로이다. 이는 사울과 이스보셋이다." - 창세기 라바 82,4

35,13 하느님께서 그와 말씀을 나누신 그 장소에서 위로 올라가셨다.

"랍비 시메온 벤 라키시가 말하였다. 조상들은 전차이다. '하느님께서 아브라함 위에서 올라가셨다'(창세 17,22), '하느님께서 (야곱) 위에서 올라가셨다'(35,13), '주님께서 (야곱) 위에 서셨다'(28,13)고 한 대로이다." - 창세기 라바 37,6

35,14-15 야곱은 그분께서 그와 말씀을 나누신 그 장소에 기둥, 돌기둥을 세웠다. 그리고 제주를 따르고 기름을 부었다. 야곱은 … 그 장소의 이름을 베텔이라 불렀다.

"그때 라헬이 그의 아들 벤야민을 임신하였다. 야곱이 그부터 위로 자기 아들들을 세었더니 주님의 제비가 레위에게 떨어졌다. 그의 아버지는 그에게 사제복을 입히고 그를 사제로 임명하였다. 그달 열닷샛날에 그는 가축들 가운데 황소 열네 마리, 숫양 스물여덟 마리, 가축들 마흔아홉 마리, 어린 양 일곱 마리, 어린 염소 스물아홉 마리를 번제물로 가져와 제단에 주님께서 기뻐하실 향기로운 화제물로 바쳤다. 이는 그가 과일과 제주와 함께 십일조를 바치겠다고 서원한 그의 서원 예물이다." - 희

년서 32,3-6

“랍비 피느하스가 랍비 아바의 이름으로 말하였다. 우리의 조상 야곱은 베텔에서 지낸 여러 해 동안 내내 제주 바치는 것을 멈추지 않았다. 랍비 하난이 말하였다. 야곱이 베텔에서 얼마나 제주를 많이 바쳤는지를 아는 이는 티베리아스 (호수의) 물 양을 잴 수 있다.” - 창세기 라바 78,16: 성전 시대에는 초막절에 제주를 바쳤는데, 랍비 피느하스는 이것이 베텔에서 야곱이 지낸 것에서 기원한다고 주장한다.

벤야민의 출생과 라헬의 죽음(35,16-20)

35,16 … 아직 에프랏에 못 미치는 땅에 이르러 라헬은 산고를 심하게 겪으며 출산하게 되었다.

“랍비 엘리에제르 벤 야곱이 말하였다. (‘못 미치는[כברה] 땅’이란) 그 지역이 체처럼(ככברה) 구멍이 뚫리고 곡식이 자랄 때의 (땅이라는) 뜻이다. 랍비들이 말하였다. 곡식이(בר) 이미(כבר) 자라고 우기가 지났으나 더위는 아직 오지 않았다는 뜻이다.” - 창세기 라바 82,7: 랍비들은 “아직 못 미치는 땅”(עוד כברת־הארץ)에서 히브리어 כברה(거리)를 ‘체’(כברה) 또는 ‘이미’(כבר)에 ‘곡식’(בר)이 합쳐진 낱말로 이해하였다.

“세 사람이 산고를 심하게 겪다가 죽었다. 이들은 라헬과 피느하스의 아내와 사울의 딸 미칼이다. 라헬은 ‘산고를 심하게 겪으며 출산을 하게 되었다’(16절), 피느하스의 아내는 ‘(엘리의) 며느리, 피느하스의 아내는 … 아이 낳을 때가 다 되었는데 … 몸을 웅크린 채 아이를 낳았다’(1사무 4,19)고 한 대로이다. 미칼은 ‘사울의 딸 미칼에게는 죽는 날까지 아이가 없었다’(2사무 6,23)고 하였는데, 이는 그가 죽은 다음에 하나는 있었다는 말이다. ‘여섯째 (아들은) 다윗의 아내 에글라가 (낳은) 이트르암이다’(3,5)에서 왜 그는 에글라라고 불리는가? 랍비 유다가 말하였다. (미칼이) 송아지처럼(에글라) 울다가 죽었기 (때문이다.)” - 창세기 라바 82,7

35,18 라헬이 죽게 되었다. … 아들의 이름을 '내 슬픔의 아들'이라 불렀다. 그러나 그의 아버지는 그를 벤야민이라 불렀다.

"(라헬은) 슬픔의 아들이라는 (뜻으로 '벤 오니'라 불렀으나) … (야곱은) 거룩한 언어로 ('벤야민'이라 불렀다.)" - 창세기 라바 82,9

35,19 라헬은 죽어 에프랏 가는 길에 묻혔다. 그곳은 베들레헴이다.

"야곱은 왜 라헬을 에프랏 가는 길에 묻었나? 우리의 조상 야곱은 장차 유배자들이 그곳을 지나갈 것을 내다보았다. (라헬이 유배 가는) 그들을 위해 자비를 청해 주도록 그곳에 그를 묻은 것이다. '라헬이 자식들을 두고 울고 있다. … 주님께서 말씀하신다. 네 울음소리를 그쳐라. … 네 앞날에는 희망이 있다'(예레 31,15-17)고 한 대로이다." - 창세기 라바 82,10

르우벤의 추행(35,21-22)

35,22 이스라엘이 그 땅에(믹달 에데르) 머무를 때 르우벤이 아버지의 소실 빌하와 누웠다. 이스라엘이 이를 들었다.

"랍비 시몬이 말하였다. 그 장소에서 족보의 사슬을 뿌리뽑는 것은 거룩하시고 찬미받으실 분 앞에서 어렵다. '이스라엘의 맏아들 르우벤의 자손들은 이러하다. 그는 맏아들이면서도 아버지의 잠자리를 더럽혀 그의 맏아들 권리가 이스라엘의 아들 요셉에게 넘어가고 족보에 맏아들로 오르지 못했다'(1역대 5,1)고 한 대로이다. 이는 그가 재산의 맏아들 권리는 빼앗겼지만 족보의 맏아들 권리는 빼앗기지 않았다는 말이다. 랍비 레위와 랍비 시몬은 (의견이 다른데,) 그들 중 하나는 르우벤에게 족보의 (권리가) 없다고 하고, 다른 이는 족보의 (권리는) 요셉이 아니라 르우벤에게 있다고 말한다. 랍비 하까이가 랍비 이사악의 이름으로 말하였다. 심지어 그가 죄를 짓는 순간에도 맏아들 권리는 르우벤에게만 있다. '이스라엘이 그 땅에 머무를 때 … 야곱의 아들은 열둘이다. 레아의 아들들 (가운데)

야곱의 맏아들은 르우벤이다'(창세 35,22-23)고 한 대로이다. 랍비 유단이 랍비 아하의 이름으로 말하였다. 르우벤은 잉태의 맏아들, 출산의 맏아들, 맏아들 권리의 맏아들, 상속재산의 맏아들, 죄의 맏아들, 회개의 맏아들이다. 랍비 아자르야가 말하였다. 또한 예언의 맏아들이다. '호세아를 통해 주님께서 하신 말씀의 시작'(호세 1,2)이라고 한 대로이다." - 창세기 라바 82,11

"르우벤은 라헬의 몸종이자 아버지의 소실 빌하가 씻고 있는 것을 몰래 보고 그를 좋아하게 되었다. (르우벤은) 밤에 숨어 있다가 빌하의 집으로 가서 그가 자기 집에서 혼자 자리에 누워 자고 있는 것을 발견하고는 그와 누웠다. (빌하가) 깨어나 보니 르우벤이 자신과 한 자리에 누워 있었다. 그는 (르우벤의) 옷자락을 들추고 그를 붙잡아 소리를 질렀다. 그가 르우벤인 것을 깨닫고 부끄러워 손을 떼자 (르우벤이) 달아났다. (빌하는) 이 일로 몹시 슬퍼하며 아무에게도 알리지 않았다. 야곱이 돌아오자 그는 그에게 청하며 말하였다. '저는 당신에게 정결하지 못합니다. 부정해졌습니다. 르우벤이 저를 더럽혔기 때문입니다. 그가 밤에 저와 함께 누웠고 저는 잠들어 있어서 그가 제 옷자락을 들추고 저와 누운 것을 몰랐습니다.' 야곱은 르우벤에게 몹시 화가 났다. 그가 빌하와 함께 눕고 아버지의 옷을 들추었기 때문이다. 야곱은 다시는 (빌하에게) 접근하지 않았다. 르우벤이 그를 더렵혔기 때문이다." - 희년서 33,2-9

이사악의 죽음(35,27-29)

35,27 야곱은 마므레 곧 키르얏 아르바에 있는 아버지 이사악에게 갔다. 그곳은 아브라함과 이사악이 머물렀던 헤브론이다.

"야곱과 그의 아들들은 아버지 이사악과 어머니 레베카 근처에 있는 아브라함의 집에 머물렀다. 이들은 야곱의 아들들 이름이다. 레아의 아들인 맏아들 르우벤, 시메온, 레위, 유다, 이사카르, 즈불룬, 라헬의 아들인 요셉과 벤야민, 빌하의 아들인 단과 납탈리, 질파의 아들인 가드와 아세르, 레아의 딸이자 야곱의 외동딸인 디나이다. 그들은 이사악과 레베카에게 가서 절하였다. (이사악과 레베카는) 그들을 보고 야곱과 그의 아들들을 축복하였다. 이사악은 야곱의 아들들, 어린 아들을 보고 매우 기뻐하였다. 그는 그들을 축복하였다." - 희년서 33,21-22

"야곱은 그의 아들들과 손자들과 아내들을 데리고 아버지 이사악이 머무르는 근처인 키르얏 아르바에 갔다. 거기서 이사악의 천막에 머무르는 에사우와 그의 아내들을 발견하였다. 그는 (에사우와 떨어진 곳에) 천막을 쳤다. 이사악은 야곱과 그의 아내들과 아들들과 딸들, 그에게 속한 모든 것을 보고 진심으로 몹시 기뻐하였다. '네 아들의 아들들을 보게 하시리라. 이스라엘에 평화가 있기를!'(시편 128,6)" - 엘리에제르의 어록 38,28-30

35,29 이사악은 늙고 명이 다하여, 숨을 거두고 죽어 자기 백성들에게 소집되어 갔다. 그의 아들 에사우와 야곱이 그를 묻었다.

"이사악이 두 아들 에사우와 야곱을 불렀다. 그들이 오자 그가 그들에게 말하였다. '나의 아들들아, 나는 나의 조상들이 있는 영원의 집으로 조상들의 길을 간다. 너희는 나를 아버지 아브라함의 무덤에 묻어라. 아브라함이 무덤 터로 사놓으신 히타이트 사람 에프론의 들판 이중 동굴이다. 너희는 나를 그곳에 묻어라. … 지극히 높으신 하느님께서는 의로움을 행하는 사람과 그의 후손을 영원히 축복하신다.' (이사악은) 당부와 축복을 마쳤다. 그들은 (이사악) 앞에서 먹고 마셨다. 그는 그들이 한 생각인 것이 기뻤다. 그들은 그에게서 나와 그날은 쉬고 잠들었다. 이사악은 그날 자기 자리에서 잠들며 기뻐하였다. 그는 영원한 잠에 들어 백여든 살에 죽었다. … 두 아들 에사우와 야곱이 그를 묻었다." - 희년서 36,1-2.16-18

"랍비 레위가 말하였다. 이사악이 소집될 때 그는 가축과 재산들과 그에게 있는 모든 것을 두 아들들에게 남겼다. 그래서 그들 둘은 (아버지에게) 자애로 갚았다. '그의 아들 야곱과 에사우가 그를 묻었다'(29절)고 한 대로이다. 에사우가 야곱에게 말하였다. '아버지가 우리에게 남기신 것을 모두 두 몫으로 나누자. 내가 맏아들이니 내가 먼저 선택하겠다.' 야곱이 말하였다. '악한 이는 부에 만족하지 못한다.' 곧 '그의 눈은 부에 만족할 줄 모른다'(코헬 4,8)고 한 대로이다." - 엘리에제르의 어록 38,30-37

가나안 아내에게서 태어난 에사우의 자손(36,1-8)

36,1 이것은 에사우의 족보이다. 그는 에돔이다.

"야곱과 에사우의 아버지 이사악이 죽은 날 에사우의 아들들은, 이사악이 맏아들 권리를 작은 아들인 야곱에 주었다는 것을 듣고 몹시 분노하였다. 그들은 아버지에게 항의하였다. '아버지가 맏아들이고 야곱은 아우 아닙니까? 왜 할아버지는 맏아들 권리를 야곱에게 주시고 아버지를 건너뛰셨습니까?' (에사우가) 그들에게 말하였다. '나는 나의 맏아들 권리를 편두콩 죽 조금에 야곱에게 팔았다. 나의 아버지가 나를 보내시어 그가 드시고 나를 축복하시도록, 내가 사냥하여 잡아다 가져다 드리기로 한 날에, (야곱이) 거짓으로 별미와 마실 것을 가지고 와 나의 아버지가 그를 축복하셨고 나를 그의 손 아래 두셨다. 우리의 아버지는 이제 나와 그에게 맹세하게 하셨다. 곧 우리는 형제에게 서로 악을 요구하지 않고 사랑과 평화로 서로 대하며 우리의 길을 해치지 않기로 했다.'" - 희년서 37,1-4

36,6 에사우는 그의 아내들과 아들딸들과 집안의 모든 사람, … 모든 소유물들을 거느리고 동생 야곱 앞에서 (떠나 다른) 땅으로 갔다.

"랍비 엘리에제르가 말하였다. (에사우는 '아브라함의 후손이 남의 나라에서 나그네살이할 것'이라는[15,13]) 의무를 지켜야 해서 (이를 피하고자 야곱한테서 떠났다.) 랍비 여호수아 벤 레위가 말하였다. (에사우는 자신의 후손들이 부정한 것이) 부끄러워서 (떠났다.)" - 창세기 라바 82,13

"에사우는 아버지가 남긴 것을 모두 가져가고 이스라엘 땅과 이중 동굴은 야곱에게 주었다. 그들은 그들 사이에 영원한 문서를 작성하였다. 에사우는 그의 아내들과 그에게 있는 모든 것을 가지고 갔다.… 야곱은 안전하게 자리를 잡고 고향 땅이자 아버지가 거주한 땅인 가나안 땅에서 평화롭게 지냈다." - 엘리에제르의 어록 38,42-44.50-51

세이르에서 태어난 에사우의 자손(36,9-14)

36,9.12 이것은 세이르 산지 에돔의 조상 에사우의 족보이다. … 팀나는 에사우의 아들 엘리파즈의 소실인데 그가 엘리파즈에게 아말렉을 낳아 주었다.

"랍비 시메온 벤 요하이가 가르쳤다. '팀나는 엘리파즈의 소실이다.'는 무슨 뜻으로 언급되었나? 우리의 조상 아브라함의 집안이 얼마나 위대한지, 왕국들이 얼마나 그와 (혼인) 동맹을 맺고자 하는지를 알리기 위해서다. 로탄은 누구인가? 한 통치자의 아들이다. '족장 로탄'(29절)이라고 한 대로이다. '로탄의 누이는 팀나이다'(22절)고 하였고 '팀나는 소실이다'(12절)고 하였다. (팀나가) 말하였다. '나는 그의 아내가 될 수 없으니 그의 여종이 되겠습니다.' 이는 칼 와호메르이다(קל וחומר). 아버지 공경 딱 한 계명만 지키는 사악한 에사우에게도 임금들이 (혼인) 동맹을 맺고자 이렇게 달려갔는데, 토라 전체를 실천한 야곱에게야 동맹을 맺고자 오죽 (많은 민족들이) 달려오랴!" - 창세기 라바 82,14

세이르의 자손(36,20-30)

36,20.24 이들은 호르인 세이르의 아들들이며 … 아나는 아버지 치브온의 나귀들을 방목하다가 광야에서 온천을 발견하였다.

"불과 잡종은 창조 엿새 동안에는 창조되지 않았다. 그러나 그것들을 창조할 계획은 있었다. 그럼 잡종들은 언제 창조되었나? 아나의 시대이다. '아나는 광야에서 온천(ימם)을 발견하였다'(24절)고 한 대로이다. 랍비 시몬이 말하였다. '예밈'은(ימם) 노새이다. 랍비들이 말하였다. 잡종이다. 랍비 요나가 말하였다. 귀가 얇으면 어미는 말이고 아비는 나귀인 (잡종이고,) 귀가 길면 어미는 암나귀이고 아비는 말인 (잡종이다.) 랍비 마나가 수장의 집에 있는 이들에게 지시하여 귀가 얇은 것을 사게 하였다. 그것의 어미는 말이고 아비는 나귀이기 때문이다. (아나는) 어떻게 했나? 암나귀를 데려다 말과 짝을 지어 주어 거기서 암노새가 나왔다. 거룩하시고 찬미받으실 분께서 그에게 말씀하셨다. '나는 해로운 것은 창조하지 않았는데, 네가 해로운 것을 창조하였구나.'" - 창세기 라바 82,14: '온천'으로 쓰인 히브리어 '예밈'은 노새라는 뜻도 있는데, 말과 나귀의 잡종인 노새가 온천을 발견한 아나의 시대에 생겨났음을 유추해낸다.

에돔의 임금들(36,31-39)

36,31 이들은 임금이 이스라엘 자손들을 다스리기 전, 에돔 땅을 다스리던 임금들이다.

"랍비 요세 벤 랍비 하니나가 말하였다. … (에돔이) 임금을 세웠을 때 (이스라엘은) 판관을 세웠고, (에돔이) 족장들을 세울 때 (이스라엘은) 수장을(נשׂיא) 세웠다. 랍비 여호수아 벤 레위가 말하였다. (에돔이) 여덟 (임금을) 세울 때 (이스라엘은) 여덟 (임금을) 세웠다. 곧 (에돔은) 벨라, 요밥, 후삼, 사믈라, 사울, 하닷, 바알 하난, 하다르를 세웠고, (이스라엘은) 사울, 이스보셋, 다윗, 솔로몬, 르호보암, 아비야, 아사, 여호사팟을 세웠다. 네부카드네자르가 와서 이들 (왕국과) 저들 (왕국을) 전복시켰다. '땅을 사막처럼 만들고 성읍들을 파괴하였다'(이사 14,17)고 한 대로이다. 에윌 므로닥이 와서 여호야킨에게 위대함을 부여하고 아하스에로스가 와서 하만에게 위대함을 부여했다." - 창세기 라바 83,2: 앞으로 이어질 에돔과 이스라엘의 질긴 악연의 역사를 나열한다.

36,39 악보르의 아들 바알 하난이 죽고 그 대신 하다르가 다스렸다. … 그의 아내 이름은 므헤타브엘이며 마트렛의 딸, 곧 메 자합의 딸이다.

"'마트렛의(מטרד) 딸', 이는 (여자를) 남편을 위해 치장을 시킨 후 남편에게서 그를 떠나게 한다는(טורדין) 말이다. '메 자합의(מי זהב) 딸', 이는 그들이 그물 만드는 이들로서 부자가 되어 '무엇이 금이고(זהב) (무엇이) 은이냐?'라고 말한다는 뜻이다." - 창세기 라바 83,4

에돔의 족장들(36,40-43)

36,40.43 이들은 부족들과 지역에 따른 에사우의 족장들 이름들로, 족장 팀나, … 족장 막디엘, 족장 이람이다. … 에사우가 에돔의 조상이다.

"(에사우가) 자기의 모든 것을 가지고 그의 형제 야곱을 떠난 것에 대한 보상으로, 그분께서 그에게 세이르에서 막디엘에 이르기까지 백 개의 지역을 주었다. 막디엘은 로마이다." - 엘리에제르의 어록 38,47-49

"디오클레티아누스가 다스리던 시절에 랍비 아미는 꿈에 환시를 보았는데, 오늘 막디엘이 임금이 되어 말하였다. '에돔에 한 임금이 더 필요하다.' 치포리의 랍비 하니나가 말하였다. 왜 그의 이름은 이람이라(עירם) 불리는가? 장차 그는 임금 메시아를 위해 보물을 모을(לערם) 것이다. 랍비 레위가 말하였다. 로마의 한 통치자의 일이다. 그는 아버지의 보물을 낭비하여 그의 꿈에 엘리야가 나타나 말하였다. '너의 조상들은 모으고 너는 낭비하는구나.' 그는 그것들을 채울 때까지 움직이지 않았다." - 창세기 라바 83,4: 에돔은 보통 로마와 동일시된다.

37,1—40,23 פרשת וישב
그가 자리 잡았다(와예셉)

요셉을 편애한 이스라엘(37,1–4)

37,1 야곱은 가나안 땅, 아버지가 거주한 땅에 자리 잡았다.

"'악인은 쫓기지 않아도 달아나지만 의인은 어린 사자처럼 안전하다'(잠언 28,1). 쫓기지 않아도 달아나는 악인은 (에사우로서), '(에사우는) 동생 야곱 때문에 (다른) 땅으로 갔다'(창세 36,6)고 한 대로이다. … 어린 사자처럼 안전한 의인은 (야곱으로서), '야곱은 … 그 땅에 자리 잡았다'(37,1)고 한 대로이다." - 창세기 라바 84,2

"랍비 아하가 말하였다. 의인들이 이 세상에서 평온히 살고자 했을 때 사탄이 와서 그들을 고발하였다. '그들은 장차 자신들을 위해 다음 세상에 마련될 것에 만족하지 않고 이 세상에서도 평온히 살고자 한다.' (의인에게) 그러하다는 것을 알게 될 것이다. 우리의 조상 야곱은 이 세상에서 평온히 살고자 하였다. 그러나 요셉에게 (닥친) 사탄이 (야곱에게) 연결되었다. '야곱은 … 그 땅에 자리 잡았다'(37,1)고 한 대로이다(이 구절 다음부터 골치 아픈 요셉의 이야기가 나오기 때문이다). '나는 평온하지 않고 조용히 지내지 못하며 쉬지도 못하고 소란스럽기만 하다'(욥 3,26). 평온하지 않은 것은 에사우 때문이다. 조용히 지내지 못하는 것은 라반 때문이다. 쉬지 못하는 것은 디나 때문이다. 소란스럽기만 한 것은 요셉 때문이다." – 창세기 라바 84,3

37,2 이것들은 야곱의 족보이다. 열일곱 살 된 요셉은 형들과 양들을 쳤고, … 아버지에게 그들을 나쁘게 고자질하였다.

"'이것들은 야곱의 족보이다. 요셉 ….' 이 족보는 오직 요셉을 위한 것이다. 그래서 야곱은 라헬을 위해 라반에게 간 것인가? 이 족보는 요셉이 태어날 때까지 기다려졌다. '라헬이 요셉을 낳자 야곱이 라반에게 말하였다. '저를 보내주십시오"(30,25)라고 한 대로이다. 누가 그들을 이집트로 내려가게 하였나? 요셉이다. 누가 그들을 이집트에서 먹여 살렸나? 요셉이다. 그 바다는 오직 요셉을 위해서 갈라졌다. '하느님, 물들이 당신을 보았습니다'(시편 77,17), '당신 팔로 당신 백성을 구원하셨습니다. 야곱과 요셉의 자손들을'(16절)이라고 한 대로이다. 랍비 유단이 말하였다. 요르단 강도 오직 요셉을 위해서 갈라졌다." – 창세기 라바 84,5

"랍비 메이르가 말하였다. (요셉이 야곱에게 고자질하였다.) '(아버지) 자식들이 산 짐승의 (찢긴) 부위를 (먹은 것 같아) 의심스럽습니다.' 랍비 유다가 말하였다. '(형들이) 여종들의(빌하와 질파) 아들들을 모욕하고 종들이라고 부릅니다.' 랍비 시메온이 말하였다. '(형들이) 그 땅의 딸들에게 눈을 돌립니다.' 랍비 유다 벤 랍비 시몬이 말하였다. 세 가지 모두와 관련하여, '올바른 저울과 저울판은 주님의 것이다'(잠언 16,11)고 하였다. 거룩하시고 찬미받으실 분께서 (요셉에게) 말씀하셨다. '너는 그들이 산 짐승의 (찢긴) 부위를 (먹은 것 같아) 의심스럽다고 말한다. 최악의 경우라 하더라도 그들은 (제의적으로) 도살했을 것이다. '그들은 숫염소를 잡았다'(창세 37,31)고 한 대로이다. 너는 그들이 여종들의 아들들을 모욕하고 종들이라고 부른다고 말한다. '요셉은 종으로 팔렸다'(시편 15,17)고 한 대로이다. 너는 그들이 그 땅의 딸들에게 눈을 돌린다고 말한다. '주인의 아내가 요셉에게 눈을 돌렸다'(창세 39,7)고 한 대로이다.'" – 창세기 라바 84,7

37,3 이스라엘은 모든 아들들보다 요셉을 더 사랑하였다. 그가 늙어서 얻은 아들이었기 때문이다. … 줄무늬 옷을 만들어 주었다.

"'늙어서(זקונים) 얻은 아들', 랍비 유다가 말하였다. 이는 그의 모습이(זיו איקונין) (야곱과) 닮았다는 뜻이다. 랍비 느헤미야가 말하였다. 셈과 에베르가 야곱에게 전한 모든 율법을 (요셉에게) 전하였다는 말이다." – 창세기 라바 84,8: 랍비들은 이 히브리어를(זקונים) '이 사람은 지혜를 얻었다'(זה קנה חכמה)는 말의 약어로 이해하기도 한다. 전통적으로 대학자로 여겨지는 셈과 에베르의 지혜가 야곱에게 이어졌고 그 지혜를 늘그막에 요셉에게 전해졌다는 해석이다. 지혜는 토라와 동일시된다.

"랍비 요세 하갈릴리가 말하였다. '노인'(זקן)은 '현인'(חכם)이다." – 바블리 키두신 32ㄴ

"랍비 이스마엘이 말하였다. 늙어서 얻은 아들은 아버지의 사랑을 받는다. … 그런데 (요셉이) 늙어서 얻은 아들인가? 벤야민이 더 늙어서 얻은 아들이 아닌가? 야곱은 예언으로 장차 (요셉이) 통치자가 될 것임을 보고, 그를 모든 아들들보다 더 사랑한 것이다." – 엘리에제르의 어록 38,51-53

"레시 라키시가 랍비 엘아자르 벤 아자르야의 이름으로 말하였다. 사람은 한 아들을 다른 아들들과 구별해서는 안 된다. 우리의 조상 야곱이 요셉에게 만들어준 줄무늬 옷 때문에 '그의 형들은 … 그를 미워하였다'(4절)고 한 대로이다." – 창세기 라바 84,8

37,4 그의 형들은 아버지가 … 그를 더 사랑하는 것을 보고 … 그에게 곱게 말할 수 없었다.

"다른 대목에서, '압살롬은 암논에게 좋게도 나쁘게도 말하지 않았다'(2사무 13,22)고 하였으니 그의 마음에 있는 것이 (계속) 그의 마음에 있다. 한편 여기서는 '곱게 말할 수 없었다'고 하였으니 그의 마음에 있는 것이 그의 혀에 있다는 것이다." - 창세기 라바 84,9

요셉의 꿈(37,5-11)

37,6-7 요셉이 (형들에게) **말하였다. "내가 꾼 꿈 좀 들어 보세요. … 형님들 곡식 단들이 둘러서서 내 곡식 단에게 절을 하였습니다."**

"랍비 레위가 말하였다. (요셉이 형들에게 말하였다.) '형님들은 장차 여로보암의 황소 앞에 말 못하는 우상을 만들어 놓고 말할 것입니다. '이것이 너희 이스라엘의 신이다'(탈출 32,4).' 랍비 아하가 말하였다. (요셉이 형들에게 말하였다.) '형님들은 아버지 앞에서 나에 대한 말들을 숨기며 말할 것입니다. '사나운 짐승이 그를 잡아먹었습니다'(창세 37,33). 무엇이 나를 (다시) 살릴까요? 나의 어머니의 침묵입니다.'" - 창세기 라바 84,10

37,8 형들이 그에게 대답하였다. "너는 우리를 다스릴 임금이라도 되려는 것이냐? 우리를 통치할 통치자라도 되려는 것이냐?" … 그를 더 미워하게 되었다.

"랍비 레위가 말하였다. 그들이 (요셉에게) 악한 눈으로 대답하여 그가 악한 이들을(여로보암과 그의 일당들) 세우게 되었다. 랍비 시몬이 말하였다. 그들이 (요셉에게) 이구동성으로 대답하여 그가 임금들을(여로보암과 예후) 세우게 되었다." - 창세기 라바 84,10

37,10 아버지가 그를 나무라며 말하였다. "… 나와 네 어머니와 형들이 너한테 가서 땅에 대고 절을 한다는 것이냐?"

"야곱이 말하였다. "나와 형들이 간다'고? 그건 그럴 수 있다. '나와 네 어머니가 간다'고? 라헬은 죽었는데 너는 '나와 네 어머니'라고 말하는구나.' 우리의 조상 (야곱은) 그 말들이 라헬의 여종이자 어머니처럼 (요셉을)

기른 빌하를 가리킨다는 것을 알지 못하였다." - 창세기 라바 84,11

37,11 형들은 그를 시기하였고 아버지는 그 일을 간직하였다.

"랍비 레위가 말하였다. 야곱은 펜을 들어 그날, 그 시간과 장소를 기록하였다. 랍비 히야가 말하였다. … 거룩한 영이 말하였다. '그 일을 간직하여라. 장차 그 일들이 이루어지리라.' 랍비 레위가 랍비 하마 바르 하니나의 이름으로 말하였다. 야곱은 실제로 그 일이 임박했음을 내다보고 말하였다. '내 장부를(행실에 대한 기록) 샅샅이 조사받아도 어쩔 수 없겠구나.'" - 창세기 라바 84,12

요셉을 해친 형들과 이집트로 팔려 간 요셉(37,12-36)

37,12-13 이스라엘이 요셉에게 말하였다. "네 형들이 스켐에서 양을 치고 있지 않느냐? 자, 너를 그들에게 보내야겠다." 요셉이 말하였다. "그러겠습니다."

"야곱은 아들들이 스켐에서 늦어지는 것을 보고 마음속으로 말하였다. '스켐 사람들이 그들에 맞서 싸우려고 일어나는 바람에 그들이 늦어지는지도 모른다.'" - 야샤르의 책 41,19: 형제들이 돌아오는 게 늦어지자 그들 아버지는 스켐 사람들이 그들을 공격하지나 않을까 걱정한다.

"랍비 탄훔이 랍비 베레크야의 이름으로 말하였다. (요셉은) 아버지를 존경하며 공경하였다." - 창세기 라바 84,13

37,14 이스라엘이 그에게 말하였다. "가서 네 형들이 무사한지, 양 떼들이 무사한지 보고 소식을 가지고 돌아오너라." 그는 그를 헤브론 골짜기에서 보내어, 요셉은 스켐에 이르렀다.

"야곱이 요셉에게 말하였다. '나는 네 형들이 무사한지, 가축들이 무사한지, 아무 소식도 듣지 못한 지가 여러 날이 되었다.'" - 엘리에제르

의 어록 38,60-61

"'네 형들이 무사한지' (살피라는 것은) 맞는 (말이다.) 그런데 '양 떼들이 무사한지'도 (살펴야 하는가?) 이는 자신에게 이익이 되는 것에는 무사한지 물어야 한다는 말이다." - 창세기 라바 84,13

"요셉이 떠날 때 야곱은 그가 무슨 공부를 하다가 떠났는지 알았다. 요셉이 공부하는 것을 봐 주곤 하였기 때문이다." - 창세기 라바 95,3

"랍비 아하가 말하였다. 야곱은 거룩하시고 찬미받으실 분의 은밀한 권고를 이루기 위하여 (헤브론에) 갔다. (그 권고는) 그분과 헤브론에 묻힌 그분의 소중한 동료(아브라함) 사이에 이루어진 일이다. '그들은 그들의 종살이를 하고 학대를 받을 것이다'(창세 15,13)고 한 대로이다." - 창세기 라바 84,13

37,15 한 남자가 들판에서 헤매고 있는 그를 발견하고 물었다.

"랍비 얀나이가 말하였다. (요셉은) 세 천사들을 만난 것이다." - 창세기 라바 84,14

"그 젊은이는 가다가 길을 잃었고 가브리엘 천사가 그와 마주쳤다. … 그가 (요셉을) 형들에게 데려다 주었다." - 엘리에제르의 어록 38,62-63.65

37,19-20 그들은 서로 형제들에게 말하였다. "꿈쟁이가 오고 있다. … 그의 꿈이 어떻게 되는지 봐야겠다."

"랍비들이 말하였다. (형들이 말하였다.) '보아라. 자기 꿈을 나르는 이가 오고 있다.' 랍비 레위가 말하였다. 이는 장차 그들이 (꿈의) 주인들을 (이집트) 섬기게(종살이) 된다는 말이다." - 창세기 라바 84,14

"거룩하시고 찬미받으실 분께서 말씀하셨다. '너희는 '보자'고 말하였고 나도 '보자'고 말한다. 실제로 우리는 누구의 말이 이루어질지 '볼' 것이다.'" - 창세기 라바 84,14: 곧 꿈의 최종 결과가 중요하다는 뜻이다.

37,22 르우벤이 말하였다. "… 이 구덩이에 던져만 놓자. …" 그는 그를 … 아버지에게 보내려는 것이다.

"르우벤은 어떻게 했겠는가? 그는 가서 산들의 한 곳에 머무르고 있다가, 밤이 되면 내려가 요셉을 구덩이에서 끌어낼 생각이었다." – 엘리에제르의 어록 38,68-69

37,24 그들은 그를 끌어다 구덩이에 던졌다. 그 구덩이는 비어 있고 물이 없었다.

"실제로 그곳에는 물이 없었으나 뱀들과 전갈들이 있었다. 구덩이가 두 개였는데 하나에는 자갈들이, 다른 하나에는 뱀들과 전갈들이 가득하였다." – 창세기 라바 84,16: 24절에서 '구덩이'가 두 번(הברה והבור) 언급된 것에서 두 개의 구덩이라는 해석을 끌어냈다.

"라브 나탄 바르 마니유미가 라브 탄후마의 이름으로 가르친 것을 라브 카하나가 말하였다. 왜 '구덩이는 비어 있고 물이 없었다'(24절)고 하였는가? 구덩이가 비었으면 물이 없는 것이 당연한데, 물이 없는 줄 모를까봐 그랬는가? (굳이) 물이 없다고 언급한 것은, 물은 없지만 뱀들과 전갈들이 있었음을 말하고자 한 것이다." – 바블리 샤밧 22ㄱ

37,25 그들은 앉아서 빵을 먹고 있었는데 … 이스마엘 상인들이 … 낙타들에게 고무와 유향과 반일향을 싣고 이집트로 내려가고 있었다.

"랍비 아흐와 벤 랍비 즈에라가 말하였다. 지파들의 죄는 세상에 기억된다. '그들이 앉아서 빵을 먹고 있었다.' 그래서 요셉이 온 세상 사람들에게 빵을 먹인다." – 창세기 라바 84,17

"랍비 아바 바르 카하나가 말하였다. 이스마엘 사람들은 보통 가죽과 이트란을(송진[수지]의 일종) 싣고 다닌다. 그런데 때마침 거룩하시고 찬미받으실 분께서 이 의인을 위해 그들 배낭에 향신료를 가득 채우시어 (향기로운) 바람이 그에게 불게 하셨다. 아랍인들의 냄새 때문이었다." – 창

세기 라바 84,17

37,26 유다가 형제들에게 말하였다. "우리가 동생을 죽이고 … 우리에게 무슨 득이 되겠느냐?"

"랍비 유다 벤 랍비 일라이가 말하였다. 성경의 세 군데에서 유다를 두고 언급되는데, 유다는 형제들 앞에서 말하고 (형제들은) 그를 자신들의 임금으로 만든다. '유다가 형제들에게 말하였다', '유다와 형제들이 (요셉의 집에) 이르렀다'(44,14), '유다가 (요셉에게) 다가갔다'(18절)고 한 대로이다." – 창세기 라바 84,17

37,28 그런데 미디안 사람들인 상인들이 … 요셉을 이스마엘인들에게 은전 스무 푼에 팔았다. 그들이 요셉과 이집트로 갔다.

"거룩하시고 찬미받으실 분께서 말씀하셨다. '너희는 라헬의 아들을 다섯 셀라에 팔아 넘겼다. 그러니 너희는 저마다 (맏)아들을 위해 티로의 마네인 다섯 셀라를 마련한다.' 랍비 유다 벤 랍비 시몬이 말하였다. 거룩하시고 찬미받으실 분께서 지파들에게 말씀하셨다. '너희는 라헬의 아들을 다섯 셀라에 팔아 넘겼다. 그러니 너희는 저마다 한 베카씩이다.' '머리당 한 베카, 성소 세켈로 반 세켈씩이다'(탈출 38,26)고 한 대로이다." – 창세기 라바 84,18: 요셉의 몸값인 은전 스무 푼을 스무 세켈로 보고 랍비 시대의 셈법에 따라(한 셀라=네 세켈) 다섯 셀라로 계산하였다. 한편 요셉의 몸값 다섯 셀라는, 성경 셈법에 따라(셀라=세켈) 다섯 세켈로서 벤야민 빼고 열 명이니 형들에게 각각 반 세켈씩(=한 베카) 돌아갔다는 계산이다.

"형들이 그를 이스마엘 상인들에게 은전 스무 푼에 팔았다. 그들은 저마다 은전 두 푼짜리 신발을 샀다. '신발 한 켤레를 빌미로 빈곤한 이를 팔아넘겼다'(아모 2,6)고 한 대로이다. … 랍비 얀나이가 말하였다. 요셉을 팔아넘긴 일은 지파들이 죽을 때까지 용서받지 못하였다. '만군의 주님께서 내 귀에 일러주셨다. '이 죄는 너희가 죽기까지 결코 용서받지 못하

리라"(이사 22,14)고 한 대로이다." - 엘리에제르의 어록 38,75-77.87-90

"그들은 (요셉을) 이스마엘 상인들에게 팔았다. (상인들은) 이집트로 내려가 파라오의 신하이자 요리장이며 엘레우 성읍의 사제인 포티파르에게 그를 팔았다." - 희년서 34,11

37,29-30 르우벤이 구덩이로 돌아가 보았으나 구덩이에 요셉이 없었다. 그는 자기 옷을 찢으며, … 말하였다. "아이가 없다. 나는, 나는 어디로 가야 하나?"

"거룩하시고 찬미받으실 분께서 (르우벤에게) 말씀하셨다. '내 앞에서 죄를 짓고 회개한(תשובה) 사람은 없었다. 네가 처음으로 회개를 열었으니, 너의 후손은 일어나 처음으로 회개를 열 것이다. '이스라엘아, 주 너희 하느님께 돌아와라(שובה)'(호세 14,2)'" - 창세기 라바 84,19

37,31 형제들은 … 새끼 숫염소를 잡아 그 피에 옷을 담갔다.

"왜 숫염소인가? 그 피가 사람의 것과 닮아서다." - 창세기 라바 84,19

37,32 "이것이 아버지의 아들 옷인지 아닌지 확인해 보십시오."

"랍비 요하난이 말하였다. 거룩하시고 찬미받으실 분께서 유다에게 말씀하셨다. '너는 네 아버지에게 '확인해 보십시오'라고 말하였다. 맹세컨대, 너는 들을 것이다. '(이것들이 누구의 것인지) 확인해 보십시오'(38,25)'" - 창세기 라바 84,19: 공교롭게도 유다는 타마르의 일로 본인이 뱉은 말을 돌려받게 된다.

37,33 "악한 짐승이 잡아먹었구나. 요셉이 정말 죽었구나."

"랍비 후니아가 말하였다. 거룩한 영이 그 안에서 타올랐다. '악한 짐승이 잡아먹었구나.' 이는 포티파르의 아내를 말한다." - 창세기 라바 84,19

37,34 야곱은 옷을 찢고 … 오랫동안 자기 아들을 애도하였다.

"랍비 피느하스가 랍비 호샤야의 이름으로 말하였다. 지파들은 그들 아버지가 옷을 찢게 하였다. 그들은 어디에서 대가를 치르나? 이집트에서다. '(벤야민의 자루에서 은잔이 나오자) 그들은 자기들 옷을 찢었다'(44,13). 요셉은 지파들에게 옷을 찢게 하여 그의 후손이 대가를 치렀으니, '여호수아는 자기 옷을 찢었다'(여호 7,6). 벤야민은 지파들에게 옷을 찢게 하였다. 그는 어디에서 대가를 치르나? (페르시아의) 도읍 수사에서다. '모르도카이는 자기 옷을 찢었다'(에스 4,1). 므나쎄는 지파들에게 옷을 찢게 하였고, 그래서 그의 상속재산이 갈라져(찢어져), 반은 요르단 건너편에 반은 이스라엘 땅에 있게 되었다." - 창세기 라바 84,20

37,35 그의 아들들과 딸들이 모두 그를 위로하였으나, 그는 위로받기를 거절하고 말하였다. … 그의 아버지는 그를 위해 울었다.

"(야곱은) 딸을 몇 명 두었는가? 하나다. … 그러나 대개 사위를 아들이라, 며느리를 딸이라 불러도 문제가 되지 않는다." - 창세기 라바 84,21

"(야곱이 말하였다.) '죽은 이를 위해서는 위로받을 수 있다. 그러나 산 이를 위해서는 아니다.'" - 창세기 라바 84,21: 요셉이 살아 있다고 믿기에 위로를 거절했다는 말이다.

"(그의 아버지는) 이사악이다. … 랍비 레위가 말하였다. (이사악은) 그의 곁에서 울다가 그를 떠나 씻고 기름 바르고 먹고 마셨다. 왜 (요셉이 살아 있음을) 드러내지 않았나? (이사악이) 말하였다. '거룩하시고 찬미받으실 분께서 그것을 그에게 드러내지 않으셨다. 내가 그에게 알려야 하나?' 랍비 시몬이 말하였다. 모든 애도자들은 애도자와 함께 곡을 해야 하기 때문에 (이사악이 운 것이다.)" - 창세기 라바 84,22: 이사악은 요셉이 살아 있음을 거룩한 영을 통해 알고 있었으나 야곱의 슬픔을 보고 함께 울었다는 해석이다.

"그날 그의 집안 사람 모두가 (야곱과) 함께 있으며 슬퍼하고 하루종일 그와 함께 애도하였다. 그의 아들들과 딸이 그를 위로하기 위해 일어났다. 그러나 그는 그의 아들을 두고 위로받지 않았다. 그날 빌하는 요셉의 임종을 듣고 그를 애도하다 죽었다. 그는 크파르 탑에 머물렀다. (야곱의) 딸 디나는 요셉을 애도한 뒤에 죽었다. 같은 달에 이스라엘에게 세 번의 애도가 닥쳤다. 그들은 빌하를 라헬의 무덤 맞은편에 묻었다. (야곱의) 딸 디나도 그곳에 묻었다." - 희년서 34,13-16

37,36 미디안인들이 이집트에서 … 포티파르에게 요셉을 팔았다.

"(요셉과) 관련하여 몇 개의 (판매) 증서가 쓰였나? … 랍비 유단이 말하였다. 네 개다. 그의 형들이 이스마엘인들에게, 이스마엘인들이 상인들에게, 상인들이 미디안인들에게, 미디안인들이 이집트인들에게 (요셉을 팔았다). 랍비 후나가 말하였다. 다섯 개다. 미디안인들이 이집트인들에게, 이집트인들이 포티파르에게 (팔았다.)" - 창세기 라바 84,22

유다의 며느리 타마르(38,1-30)

38,1 그 당시 유다는 형제들에게서 내려와 이름이 히라인 아둘람 사람에게 붙어살았다.

"'유다가 배신하였다'(말라 2,11). 그분께서 그에게 말씀하셨다. '유다 너는 부인하였고, 유다 너는 잘못하였으니 '이스라엘과 예루살렘에서 역겨운 일이 일어났다'(11절). '유다가 모독하였다'(11절). 곧 유다 너는 '주님께서 사랑하시는 성소를'(11절) 모독했고, '이방인의 딸들과 혼인하였다'(11절).' '그 당시 유다는 형제들에게서 내려왔다'(창세 38,1)고 한 대로이다. … 랍비 사무엘 바르 나흐만이 시작하였다. '나는 너희를 위하여 몸소 마련한 계획을 분명히 알고 있다. 주님의 말씀이다'(예레 29,11). 지파들은 요셉을 파느라 바쁘고, 야곱은 자루옷을 찢고 애도하느라 바쁘며, 유다는 아내를 얻느라 바쁘다. 거룩하시고 찬미받으실 분께서는 기름부음받을

임금의 빛을 창조하신다. '그 당시'라고 한 대로이다." - 창세기 라바 84,1

"랍비들이 말하였다. 여기의 히라는 다윗 시절의 인물이다. '히람이 다윗을 좋아하였기 때문이다'(1열왕 5,15)라고 한 대로이다. 이 사람은 이 지파와 친한 사람이 되는 데 익숙하다. 랍비 유다 벤 랍비 시몬이 말하였다. 히람은 다른 사람이다. 랍비들 견해대로라면 그는 천백 년 가까이 산 셈이고, 랍비 유다의 견해대로라면 그는 오백 년 가까이 산 셈이기 때문이다." - 창세기 라바 85,4

38,2 유다는 … 가나안 사람의 딸을 보고 아내로 삼고 그에게 들었다.

"그 지역(가나안) 사람인 그는 그 지역의 빛이다(지도자)." - 창세기 라바 85,4

38,3 유다는 그의 이름을 에르라 불렀다.

"그가(ער) 세상에서 파괴되었기(הוערה: 벗겨지다) 때문이다." - 창세기 라바 85,4

38,4 유다는 그의 이름을 오난이라 불렀다.

"(오난이[אונן]) 자신에게 슬픔을(אנינה) 가져왔기 때문이다." - 창세기 라바 85,4

38,5 그는 또 아들을 낳아 그의 이름을 셀라라 불렀다.

"(수아는 그뒤 아이 낳는 것을) 멈추었다." - 창세기 라바 85,4

38,7 유다의 맏아들 에르는 주님의 눈에 악하여 주님께서 그를 죽게 하셨다.

"유다는 맏아들 에르에게 아람인의 딸 가운데에서 아내를 얻어 주었다. 그의 이름은 타마르이다. (에르는) 그를 미워하여 그와 눕지 않았다. 그의 어머니가 가나안인의 딸이라 어머니의 친척에서 아내를 삼고 싶었으나 아버지 유다가 허락하지 않았던 것이다. 그 맏아들은 악하여 주님께서 그를 죽게 하셨다. 유다가 자기 아들 오난에게 말하였다. '너의 형의 아내에게 들어 그에게 수숙혼의 의무를 하고 네 형의 후손을 일으켜라.' 오난은 그것이 자신의 후손이 아니라 형의 후손이 된다는 것을 알았다. 그는 형수의 집에 가서 바닥에 씨를 흘렸다. 그것이 주님 보시기에 악하여 그분께서 그를 죽게 하셨다." - 희년서 41,1-5

"에르와 오난은 이례적인 방식으로 (타마르와) 관계를 했다. (그래서 타마르가 임신하지 못하였다.)" - 바블리 예바못 34ㄴ

38,8 유다가 오난에게 말하였다. "너는 형수와 한자리에 들고 형수와 혼인하여라. 그래서 형에게 후손을 세워주어라."

"유다는 수숙혼법을 실행에 옮긴 첫 사람이다. … 랍비 요세 벤 랍비 할랍타는 (자식 없는) 형제의 아내와 혼인하여 다섯 번 관계를 하였는데 천을 씌우고 하였다. 그는 다섯 식물을 심었다. 곧 랍비 이스마엘 벤 랍비 요세, 랍비 엘아자르 벤 랍비 요세, 랍비 므나헴 벤 랍비 요세, 랍비 할랍타 벤 요세, 랍비 압도니무스 벤 요세이다. 랍비 압도니무스 벤 요세는 눈이 검은데 그의 어머니를 닮았다." - 창세기 라바 85,5

38,12 세월이 한참 지나 유다의 아내 수아가 죽었다.

"(셀라가) 다 자랐다. 유다의 아내 밧 수아는 아들 셀라가 혼인하는 것을 허락하지 않았다. 유다의 아내 수아는 죽었다." - 희년서 41,7

38,13 타마르는 "네 시아버지가 양의 털을 깎으러 팀나로 올라가신단다."는 말을 들었다.

"라브가 말하였다. 두 팀나가 있다. 하나는 유다의 (팀나이고) 하나는 삼손의 (팀나이다.) 랍비 시몬이 말하였다. 팀나는 한 군데인데 왜 (한 번은) 올라갔다고 하고 (또 한 번은) 내려갔다고 언급되나? 올라가는 것은 임금으로 세워질 유다에게 (해당되고,) 내려가는 것은 이방인과 혼인하는 삼손에게 (해당된다.) 랍비 아이부 벤 나그리가 말하였다. 그것은 벳 마온과 같다. 그곳은 티베리아에서는 올라가고 크파르 쇼베타이에서는 내려간다." - 창세기 라바 85,6

38,14 그는 과부 옷을 벗고 너울로 덮어 가리고는, 팀나로 가는 길 에나임 어귀에 앉았다.

"두 사람이 너울을 덮었고 쌍둥이를 낳았다. 그들은 곧 레베카와 타마르이다. 레베카는, '너울을 꺼내어 덮었다'(창세 24,65)고 한 대로이다. 타마르는, '과부 옷을 벗고 너울로 덮었다'(38,14)고 한 대로이다." - 창세기 라바 85,7

"랍비 알렉산드리가 말하였다. 이는 그가 우리의 조상 아브라함의 (집) 입구에 가서 앉았다는 말이다. (타마르가 유다가 지나갈 것을 기대하듯이) 모든 눈들이(עינים: 에나임) 그를 보기를 갈망한 장소이다." - 바블리 소타 10ㄱ

"랍비가 말하였다. 우리는 성경에서 이름이 '페타흐 에나임'(פתח עינים: 에나임 어귀)이라는 장소를 찾지 못하였다. 그럼 '페타흐 에나임'은 무엇을 뜻하나? (타마르가) 모든 시선들이 모이는 입구쪽으로 눈을(עיניה לפתח) 들어 (이렇게) 말하였다는 말이다. '제가 빈 손으로 이 집을 떠나지 않게 하소서.' 다른 해석: (타마르가) 눈을 열어(שפתח את העינים) (유다에게) 말하였다. '저는 정결합니다. 저는 혼인하지 않았습니다.'" - 창세기 라바 85,7: '에나임 어귀'라는 히브리어를 눈과 연관지어 해석하여 타마르의 행동을 유추한다.

38,15 유다는 그가 얼굴을 덮고 있는 것을 보고 그를 창녀로 여겼다.

"남자는 아내의 자매들과 여자 친척들에게 익숙해져서 그들 가운데 누구와도 죄에 빠져서는 안 된다. 누구한테서 이를 배울 수 있나? 유다에게서다. '유다는 그를 보고 창녀로 여겼다'고 한 대로이다. 왜 그러한가? 시아버지 집에서 '그가 얼굴을 덮고 있어서이다.' 다른 해석: '유다는 그를 보고' 주의를 기울이지 않았다. 그가 얼굴을 덮고 있어서 (유다는) 말하였다. '창녀이면서 얼굴을 덮고 있다니!' 랍비 요하난이 말하였다. (유다는) 지나가고 싶었으나, 거룩하시고 찬미받으실 분께서 욕망을 담당하는 천사가 그에게 나타나게 하셨다. (천사가) 말하였다. '유다야, 너는 어디 가느냐? 임금들이 어디에 서 있고 구원자들이 어디에 서 있느냐?' 그래서 내키지 않는데도 '그가 길을 돌려 그에게로 갔다.'" - 창세기 라바 85,8: 어떻게든 유다의 허물을 덮고자 한다.

38,18 그 여자가 말하였다. "어르신의 인장과 끈, 손에 든 지팡이입니다." 유다는 (그것들을) 그에게 주고 한자리에 들어 타마르는 그의 (아이를) 임신하였다.

"랍비 후니아가 말하였다. 거룩한 영이 (타마르) 안에서 타올랐다. '인장', 이는 왕권이다. '유다 임금 여호야킴의 아들 콘야, 네가 내 오른손에 낀 인장 반지라 할지라도 나는 너를 빼어 버리겠다'(예레 22,24)고 한 대로이다. '끈', 이는 산헤드린이다. '그들이 그 옷자락 술에 자주색 끈을 달게 하여라'(민수 15,38)고 한 대로이다. '지팡이', 이는 임금 메시아이다. '당신 권능의 왕홀(지팡이)을 시온으로부터 뻗쳐 주시리라'(시편 110,2)고 한 대로이다." - 창세기 라바 85,9

"(타마르가) 그와 같은 용사, 그와 같은 의인들을 (임신하였다는 말이다.)" - 창세기 라바 85,9

38,20 유다는 친구 아둘람인을 통해 새끼 염소를 보내어, 그 여자 손에서 담보물을 가져오려고 하였으나 그를 찾지 못하였다.

"랍비 유다 바르 나흐만이 랍비 시메온 벤 라키시의 이름으로 말하였다. ‘나는 그분 땅의 거주지에서 놀며 … 언제나 그분 앞에서 놀았다’(잠언 8,30.31). 토라는 피조물들을 비웃는다. 거룩하시고 찬미받으실 분께서 유다에게 말씀하셨다. ‘너는 새끼 염소로 네 아버지를 속였다. 맹세컨대 타마르가 새끼 염소로 너를 속일 것이다.’” - 창세기 라바 85,9: 유다가 새끼 염소의 피를 요셉의 옷에 묻혀 야곱에게 거짓으로 요셉의 죽음을 전한 대가를 그대로 받고 있다는 해석이다.

38,24 석 달쯤 되어 유다에게 (이런 소식이) **알려졌다. “당신 며느리 타마르가 창녀짓을 하고 임신도 하였다는군.” 유다가 말하였다. “그를 끌어내어 불에 태워라.”**

“임신이 알려지기까지 얼마나 걸리는가? 숨마코스가 랍비 메이르의 이름으로 말하였다. 석 달이다. 증거는 없지만 ‘석 달쯤 되었다’(38,24)에서 (석 달 뒤에 태아를 감지할 수 있음을) 암시한다.” - 바블리 니다 8ㄴ

“숨마코스가 랍비 메이르의 이름으로 말하였다. 석 달까지는 어머니 배 속의 태아를 감지할 수 없음을 어디서 알 수 있나? 이 구절에서다. ‘석 달쯤 되어 (알려졌다)’고 한 대로이다.” - 창세기 라바 85,10

“랍비 메이르의 제자 에프라임 미크샤아가 랍비 메이르의 이름으로 말하였다. 타마르는 셈의 딸이다. 그래서 ‘사제의 딸이 불륜을 저질러 제 몸을 더럽힐 경우, … 그 여자는 불에 태워야 한다’(레위 21,9)고 한 대로, ‘유다가 말하였다. '그를 끌어내어 불에 태워라'(창세 38,24)’고 한 것이다.” - 창세기 라바 85,10

38,25 (타마르는) **끌려나와 시아버지에게** (사람을) **보내어 말하였다. “저는 이것들이 자기 것인 바로 그 남자의** (아이를) **임신하였습니다.”**

“랍비 유단이 말하였다. ([타마르가] 끌려나왔다[מוצאת].) (타마르는) 그것들을(인장, 끈, 지팡이) 잃어버렸다. 거룩하시고 찬미받으실 분께서 그것들 대신 다른 것들을 찾아내셨다(והמציא). ‘분실물을 찾았다(מצא)’(레위 5,22)고 한 대로이다. 랍비 후나가 말하였다. '(타마르가) 끌려나왔다.' 이상하다. (타마르와 유다가) 나와야 한다. … (유다는) 이를 덮고자 하였다. (타마르가) 그에게 말하였다. '이것들과 관련하여 당신과 당신 창조주께 책임이 있습니다. 이것들은 당신과 당신 창조주의 것들이기 때문입니다.'" - 창세기 라바 85,11: 타마르는 증거들을 잃어버렸으나 하느님께서 찾아주셨으므로, 이 물건들과 관련하여 유다와 하느님께도 책임이 있다고 말한다.

38,26 "그는 나보다 옳다. 내가 그를 내 아들 셀라에게 주지 않아서 그렇게 된 것이다." 그는 더 이상 (타마르를) 알지 못하였다.

"랍비 예레미야가 랍비 사무엘 바르 라브 이사악의 이름으로 말하였다. 거룩하시고 찬미받으실 분께서 세 장소에 나타나셨는데, 셈의 법정과 사무엘의 법정과 솔로몬의 법정에서다. 셈의 법정에서는 '유다가 말하였다. '그가 나보다 옳다''고 하였으니, … 거룩한 영이 말하였다. '나를 통해서 이 일들이 일어났다.'" - 창세기 라바 85,12

"유다는 자기가 행한 며느리와 누운 일이 악하다는 것을 알았고 자기 눈에 혐오스럽게 여겼다. 그는 자신이 죄를 지었고 아들의 옷자락을 들춘 것이 잘못임을 알았다. 그는 슬퍼하기 시작하며 주님 앞에 속죄하였다. 주님께서 꿈에 그를 용서하신다고 그에게 말씀하였다. 그가 몹시 속죄하며 슬퍼하였기 때문이다. 그는 더 이상 이와 같이 하지 않았다. 그분께서 그를 용서하셨다." - 희년서 41,23-24

38,28-30 (타마르가) 출산할 때 하나가 손을 내밀자, 산파가 붙잡아 손에 붉은 실을 묶었다. … 그는 손을 들여놓고 아우가 나왔다. … "네가 스스로 틈을 뚫고 나왔구나!" 그의 이름을 페레츠라 불렀다. 그러고 나서 손에 붉은 실을 묶은 형이 나왔다. 그의 이름을 제라라 불렀다.

"(산파의 말은) 이 사람이(페레츠) 길을 뚫는 이들 가운데 누구보다도 위대하다는 뜻이다. '길을 뚫는 이가 앞장서 올라간다'(미카 2,13)고 한 대로이다." - 창세기 라바 85,14: 페레츠에게서 다윗 왕국과 메시아가 나올 가능성을 내다보는 해석이다.

"여기서(28-30절) (제라의) '손'이 몇 번 나왔나? … 랍비 유단이 말하였다. 네 번이다. 장차 이 손이 네 가지 완전 봉헌물에(חרם) 뻗쳐질 것이다. 곧 아말렉의 완전 봉헌물, 시혼과 옥의 완전 봉헌물, 예리코의 완전 봉헌물, 가나안인들의 완전 봉헌물이다(민수 21,2; 31,54; 신명 2,34; 3,6 참조)." - 창세기 라바 85,14: 장차 광야 시대에 제라의 후손에게서 일어날 일들을 내다보는 해석이다.

사형집행대장의 종이 된 요셉(39,1-6)

39,1 요셉은 이집트로 끌려 내려갔다. 파라오의 신하이자 이집트 사람 포티파르가, … 이스마엘인들 손에서 그를 샀다.

"(요셉이 이집트로 끌려 내려갔다는[הורד] 것은) 그가 (이집트를) 억누른다는 뜻이다. '그가 바다에서 바다까지 가라앉히리라(וירד)'(시편 72,8)고 한 대로이다. 그가 (이집트를) 통치한다는 뜻이다. '그는 전체를 통치하였다(רדה)'(1열왕 5,4)고 한 대로이다. 그가 (이집트인들을) 제거한다는 뜻이다. '그는 손바닥으로 그것을 긁어냈다(וירדהו)'(판관 14,9)고 한 대로이다." - 창세기 라바 86,2: 히브리어 ירד(내려가다) 동사를 철자가 비슷한 רדה(밟다, 긁어내다) 동사로 읽어 해석하였다.

"'이집트로(מצרימה)', 랍비 느헤미야의 이름으로 가르친다. 접두 전치사 라메드(-ל)가 필요한 모든 낱말은 접미사 헤(ה-)로 대체할 수 있다. (예를 들면) 소돔으로(סדומה), 이집트로(מצרימה), 하란으로(חרנה)이다. 그럼 '악인들은 저승으로(לשאולה) 돌아가라'(시편 9,18)고 한 것은 (무엇인가?) 랍비 아바 바르 자브다가 말하였다. 이는(לשאולה) 게힌놈에 있는 가장 낮은 닿을 수 없는 곳으로 (악인들이 내려간다는 말이다.)" - 창세기 라바 86,2: 방향을 가리키는 두 접사를(-ל, ה-) 다 붙여 악인들이 처하게 될 스올이라는 특별한 장소를 설명한다.

"'파라오의 신하(סריס: 내시)', 이는 (포티파르가) 거세한(נסתרס) 사람임을 말한다. 그가 동성애를 목적으로 (요셉을) 산 것이었으므로, 거룩하시고 찬미받으실 분께서 그의 몸을 무력하게(וסירס) 만드셨다. '이집트인', 그는 교활한 사람이다. 그의 교활함을 어떻게 알 수 있나? 그가 말하였다. '모든 곳에서 백인이 흑인을 판다. 그런데 여기서는 흑인이 백인을 팔고 있다니! 그는 종이 아니다.' 그가 그들에게 말하였다. '(그를 훔친 것이 아니라는) 보증을 나에게 달라.' '이스마엘인들 손에서'라는 말이 보증의 말이다. '제가 그의 보증인이 되겠으니 저한테 물으십시오'(43,9)라고 한 대로이다." – 창세기 라바 86,3

"라브가 말하였다. (포티파르는) 자신을 위하여 (요셉을) 샀다. 가브리엘 천사가 와서 그를 거세하였고 가브리엘이 다시 와서 그의 몸을 훼손하였다(פרע, 페라). 그래서 '포티파르'(39,1)가 '포티 페라'(41,45)가 된 것이다." – 바블리 소타 13ㄴ

"'샀다', 이는 아주 잘 산 것이다. 모든 종들은 집 주인에게 손해를 끼치지만 이 (경우는 아니다.) '주님께서 요셉 때문에 이집트인 집안을 축복하셨다'(5절)고 한 대로이다. 모든 종들은 도둑질로 의심받으나 이 (경우는 아니다.) '요셉은 모든 돈을 모아 들여 … 파라오의 집으로 가져갔다'(47,14)고 한 대로이다. 모든 종들은 부도덕함으로 의심받으나 이 (경우는 아니다.) '그는 눕자는 안주인의 말을 듣지 않았다'(39,10)고 한 대로이다. 시크닌의 랍비 여호수아가 랍비 레위의 이름으로 말하였다. 종이(파라오의 신하 포티파르) 그를 사고, 여종의(하가르) 아들이(이스마엘) 그를 팔며, 정작 자유인은(요셉) 그들의 종이 되었다." – 창세기 라바 86,3

39,2 주님께서 요셉과 함께 계시어 그는 다 잘 되는 사람이었다.

"그럼 나머지 지파들은 (주님께서 그들과 함께 계시지) 않는가? 랍비 유단이 말하였다. 이는 포도주를 실은 가축들 열두 마리를 자기 앞에서 몰고 가는 이에 (비할 수 있다.) (가축들 가운데) 한 마리가 이방인의 가게에 들어가면 그는 열한 마리를 두고 그 한 마리를 따라간다. (사람들이) 그에게 말하였다. '너는 왜 열한 마리를 남겨 두고 한 마리를 따라가느냐?' 그가 그들에게 말하였다. '여러 마리가 공공 구역 안에 있기에 나는 누군가 (내 포도주를 가지고) 금지된 포도주를(헌주) 만들지 않을까 걱정하지 않는다. 그러나 이 (한 마리는) 이방인의 가게에 들어갔기에 나는 (이방인이) 금지된 포도주를(헌주) 만들지 않을까 걱정이다.' 마찬가지로 (다른 지파들은) 아버지의 영역 아래서 잘 자라고 있으나 이 (요셉은) 어리고 자기 자신의 영역에 있을 뿐이다. 그래서 '주님께서 요셉과 함께 계시어 다 잘 되는(מצליח) 사람이었다'(2절). 랍비 베레크야가 말하였다. 이는 그가 (도덕적 유혹에서) 빨리 달아난 사람이라는 뜻이다. '그는 임금 앞에서 요르단강을 (빨리 달려) 잘 해냈다(ויצלחו)'(2사무 19,18)고 한 대로이다. 이는 값진 보석과 진주로 치장한 채 거리에 서 있는 암곰에 (비할 수 있다.) 사람들이 말하였다. '누구든지 빨리 달려가서 (저 곰이) 달고 있는 것을 가져와야 할 텐데!' 그러나 그곳의 한 영리한 사람이 말하였다. '당신은 (저 곰이) 달고 있는 것을 보는군요. 나는 (저 곰의) 송곳니를 봅니다.' 랍비 베레크야가 말하였다. 바로 그 곰에서 달아났으니 (이보다 더) 큰 달아남이 또 있을까!" – 창세기 라바 86,4

39,3–4 주인이 보니, 주님께서 그와 함께 계시어 그가 하는 일은 다 주님께서 그의 손으로 잘 되게 하셨다. 요셉은 주인에게 호의를 얻었다.

"랍비 후나가 랍비 아하의 이름으로 말하였다. (요셉은) 들어가면서 (그분 이름을) 속삭였고 나가면서도 (그분 이름을) 속삭였다. 그런데 결국 잊었다. '하느님께서 나의 온갖 쓰라림을 잊게 하셨다'(41,51)고 한 대로이다. 그의 (주인이) 그에게 '뜨거운 걸로 섞어라'고 말하면 뜨거워졌고, '미지근하게 섞어라'고 하면 미지근해졌다. 그가 그에게 말하였다. '… 에프라임에 지푸라기를, 크파르 하니나에 토기들을, 다마스쿠스에 양털을, 이집트에 마술을 (가져와라.) 마술의 본고장에서 마술이라니!' 언제까지 (그는 요셉의 마술을 의심했나?) 랍비 후니아가 랍비 아하의 이름으로 말하였다. 그는 셰키나가 (요셉) 위에 서 계시는 것을 보기 전까지 (의심했다.) '주인이 보니, 주님께서 그와 함께하시어, … 요셉은 주인에게 호의를 얻었다'(3-4절)고 한 대로이다." – 창세기 라바 86,5

39,5 그가 요셉을 임명하여 집안과 그의 모든 것을 맡긴 때부터, 주님께서 요셉 때문에 이집트인 집안을 축복하셨다.

"랍비 시메온 벤 요하이가 가르쳤다. 의인들이 가는 곳마다 셰키나가 그들 위에서 가신다. 이사악이 그라르에 내려갈 때 그 때문에 축복하셨다. '이사악이 그 땅에 씨를 뿌리자 … 주님께서 그를 축복하셨다'(26,12)고 한 대로이다. 야곱이 라반에게 내려갈 때 그 때문에 축복하셨다. '주님께서 저 때문에 당신을 축복하셨습니다'(30,30)고 한 대로이다. 요셉이 포티파르에게 내려갈 때 그 때문에 축복하셨다. '주님께서 요셉 때문에 이집트인 집안을 축복하셨다'(39,5)고 한 대로이다." – 창세기 라바 86,6

요셉을 유혹하는 포티파르의 아내(39,7-20)

39,7-9 안주인이 요셉에게 눈독을 들이며 말하였다. "나와 함께 눕자." 그는 거절하고 안주인에게 말하였다. "보십시오, … 제가 어찌 이토록 큰 악을 저질러 하느님께 죄를 짓겠습니까?"

"(요셉이 안주인에게) 말하였다. '거룩하시고 찬미받으실 분께서 아버지 집안의 사랑하는 이를 번제물로 선택하시곤 합니다. 그분께서 아브라함에게 '네 외아들을 데려와서 … 번제물로 바쳐라'(22,2)고 하셨습니다. 그런데 제가 당신 말을 들어야 할까요? 제가 (혹시) 번제물로 뽑혔다가 (이 죄로) 부정하게 되지 않을까 (두렵습니다.) 다른 해석: … '거룩하시고 찬미받으실 분께서 아버지 집안의 사랑하는 이에게 밤에 나타나시곤 했습니다. 아브라함에게는 '주님의 말씀이 환시로 아브람에게 있었다'(15,1), 이사악에게는 '주님께서 (이사악에게) 나타나셨다'(26,24), 야곱에게는 '그는 꿈을 꾸었는데 사다리가 있었고 … 하느님의 천사들이 오르락내리락하였다'(28,12) 하였습니다. 그런데 제가 당신 말을 들어야 할까요? 거룩하시고 찬미받으실 분께서 저에게 나타나시어 제가 부정하게 된 것을 발견하실까 (두렵습니다.) (요셉이 안주인에게) 말하였다. "보아라, 사람이 … 되었다'(3,22)고 하지 않을까 두렵습니다. 아담은 가벼운 계명을 어기고도 에덴 동산에서 추방되었는데 무거운 (계명을 어기면) 오죽하겠습니까!' 다른 해석: … '저는 제 아버지가 두렵습니다. 르우벤은 빌하와 누워 맏아들 권리를 빼앗기고 저에게 주어졌는데, 제가 당신의 말을 듣고 저의 맏아들 지위를 떨어뜨려야 할까요?' 다른 해석: … '저는 제 주인이 두렵습니다.' (안주인이) 말하였다. '내가 그를 죽이겠다.' (요셉이) 그에게 말하였다. '제가 간음자들 무리에 분류되는 것도 부족해서 살인자들 무리에 분류되어야 되겠습니까? 그래도 당신이 원한다면 '보십시오, 제 주인을'(39,8). 그가 당신 앞에 있습니다.' … 다른 해석: '저는 거룩하시고 찬미받으실 분이 두렵습니다.' (안주인이) 말하였다. '그는 없다.' (요셉이) 말하였다. '주님은 위대하시고 드높이 찬양받으실 분이십니다'(시편 48,2)." - 창세기 라바 87,5

39,10 그는 날마다 요셉에게 졸라댔으나, (요셉은) **그와 눕자, 함께 있자는** (안주인의 말을) **듣지 않았다.**

"'함께 있자'(10절), 이는 다음 세상에 게헨나에서 그와 함께 있자는 것이다. '그는 그의 말을 듣지 않았다.' (요셉은) 성관계는 물론 눕는 것조차 하지 않았다. 마트론이 랍비 요세에게 물었다. 열일곱 살에 젊고 뜨거운 요셉에게 이런 일을 하는 것이 가능했을까? 그는 창세기 책을 가져다 르우벤과 유다의 일을 읽기 시작했다. (랍비 요세가) 말하였다. 형들이고 아버지의 집에 있는 그들도 성경에서는 억누르지 않았는데, 어리고 (이방인의) 집에 있는 요셉이야 오죽했으랴!" - 창세기 라바 87,6

“요셉은 자신의 목숨을 그에게 넘겨주지 않고 주님과 자기 아버지 야곱이 읽어준 아브라함의 말씀들을 기억하였다. 곧 (친구의) 여자나 남편 있는 여자와 간음해서는 안 되는데, 하늘의 지극히 높으신 분 앞에서 죽음의 심판이 그에게 내리고, 그에 관한 죄가 계속 주님 앞에 영원의 책에 기록된다는 것이다. 요셉은 이 말들을 기억하고 그와 눕는 것을 거부했다. (안주인은) 일 년을 그에게 구애했으나 그는 거절하고 듣지 않았다.” - 희년서 39,6-8

“그들이 의인 요셉을 두고 말하였다. 포티파르의 아내가 날마다 말로 그를 유혹하였다. 그를 (유혹하려고) 아침에 입었던 옷을 저녁에는 입지 않았다. 그를 (유혹하려고) 저녁에 입었던 옷을 아침에는 입지 않았다. 어느 날 (안주인이) 말하였다. ‘내 말을 들어라.’ (요셉이) 말하였다. ‘안 됩니다.’ 그가 말하였다. ‘내가 너를 감옥에 가두겠다.’ 그가 말하였다. ‘주님께서는 갇힌 이들을 풀어주십니다’(시편 146,7). (요셉이) 말하였다. ‘내가 너를 꺾어버리겠다.’ 그가 말하였다. ‘주님께서는 꺾인 이들을 똑바로 세우십니다’(8절). ‘나는 너를 눈 멀게 하겠다.’ ‘주님께서는 눈 먼 이들의 눈을 열어 주십니다’(8절). (안주인이) 그에게 은전 천 키카르를 주며 그와 눕자, 함께 있자 하였지만 (요셉은) 그의 말을 듣지 않았다.” - 바블리 요마 35ㄴ

“랍비 후나가 랍비 하나의 이름으로 말하였다. (요셉의) 임무가 (감옥 우두머리인) 그의 주인에게 만족스러웠다. (주인이) 외출하자 (요셉은) 잔들을 닦고 식탁을 정리하며 침대들을 정돈했다. (안주인은) 이 일로 (요셉에게) 말하였다. ‘나는 너를 괴롭힐 것이다. 맹세컨대, 나는 다른 일들로 너를 괴롭힐 것이다.’ (요셉이) 말하였다. ‘그분께서는 억눌린 이들에게 올바른 일을 하십니다’(시편 146,7). (안주인이 말하였다.) ‘나는 너의 식량 배급을 줄이겠다.’ (요셉이) 말하였다. ‘그분께서는 굶주린 이에게 빵을 주십니다’(7절). (안주인이 말하였다.) ‘내가 너를 묶어야겠다.’ (요셉이 말하였다.) ‘주님께서는 붙잡힌 이들을 풀어 주십니다’(7절). (안주인이 말하였다.) ‘내가 너를 꺾고 절하게 만들겠다.’ (요셉이 말하였다.) ‘주님께서는 꺾인 이들을 일으켜 세우십니다'(8절). (안주인이 말하였다.) '내가 너를 눈 멀게 하겠다.' (요셉이 말하였다.) '주님께서는 눈먼 이들의 눈을 열어 주십니다'(8절). 그는 어디까지 (갔을까?) 랍비 후나가 랍비 아하의 이름으로 (말하였다.) 그는 (요셉의) 목 아래 쇠 포크를 둘 정도까지 (갔다.) 그래서 (요셉이) 눈을 들어 (안주인을 바로) 쳐다볼 정도였다. 그럼에도 요셉은 그를 쳐다보지 않았다. '그들이 족쇄를 그의 발에 채우고 쇠사슬을 그의 목에 감았다'(105,18)고 한 대로이다." - 창세기 라바 87,10

39,11 어느 날 일을 하러 집에 들어갔는데 집에 집안 사람들이 아무도 없었다.

"랍비 유다가 말하였다. 그날 나일강을 기념하는 행사가 있어 모두 그것을 보러 갔다. 그러나 요셉은 주인의 장부를 계산하러 집에 갔다. 랍비 느헤미야가 말하였다. 그날 극장에서 공연이 있어 모두 그것을 보러 갔다. 그러나 요셉은 주인의 장부를 계산하러 집에 갔다." - 창세기 라바 87,7

39,12 요셉은 그의 손에 자기 옷을 남겨둔 채 달아나 밖으로 나왔다.

"(요셉은) 그의 손을 뿌리치고 자기 옷을 그의 손에 버려둔 채 문을 부수고 그가 보는 데서 밖으로 달아났다." - 희년서 39,9

"(요셉은) 조상들 덕분에 도약하였다. '(주님의 말씀이 아브람을) 밖으로 데리고 나갔다'(15,5)고 한 대로이다. 키트론 사람 시메온이 말하였다. 요셉의 뼈들 덕분에 바다가 갈라졌다. '바다가 보고 달아났다'(시편 114,3)고 한 것은, '달아나 밖으로 나왔다'(창세 39,12)고 한 (요셉을) 위해서다." - 창세기 라바 87,8

39,20 요셉의 주인은 그를 끌어다 임금의 죄수들을 가두는 곳인 감옥에 보냈다. 요셉은 감옥에서 지냈다.

"(요셉이 달아나자 안주인은) 침대에 계란 흰자를 던져 놓고 집안 사람들을 불러 말하였다. '보아라, 그가 흘린 정액 분비물이다.' … 그러나 요셉의 주인은 그것이 계란 흰자라는 것을 확인한 사제의 조언을 받아들여, 그를 죽이지는 않고 임금의 죄수들을 가두는 곳인 감옥에 보냈다." - 타르굼 차명 요나탄 39,14.20

"계란 흰자는 불에 닿으면 수축하여 굳는 반면에, 정액은 불에 닿으면 이불에 흡수된다. 그들은 이를 시험하여 그의 말대로 (그것이 정액이 아니라 계란 흰자임을) 확인하였다." - 바블리 기틴 57ㄱ

"(주인이 요셉에게) 말하였다. '나는 너에게 죄가 없다는 것을 안다. 그러나 내 자식들이 오명을 쓰지 않게 하려면 (어쩔 수 없이 너를 감옥에 보내야 한다.)'" - 창세기 라바 87,9

시종장들의 꿈을 풀이한 요셉(40,1-23)

40,1 이런 일이 있은 뒤 이집트 임금의 헌작 시종과 제빵 시종이 그들의 주인인 이집트의 임금에게 죄를 지었다.

"랍비들이 말하였다. 헌작 시종장의 (잔에서) 파리가, 제빵 시종장의 과자에서 돌이 나왔다. 곧 '이집트 임금의 헌작 시종과 제빵 시종이 그들의 주인에게 죄를 지었다'(1절)고 한 것은, 주인에 대한 의무에서 (죄를 지었다는 것이다.) 랍비 아비타르가 말하였다. 그들은 임금의 딸을 유혹하고자 하였다. 여기서는 '(그들의 주인에게) 죄를 지었다'고 한 반면, 다른 데서는 '하느님께 죄를 지었다'(39,9)고 하였기 때문이다." - 창세기 라바 88,2

40,2 파라오는 이 두 대신 헌작 시종과 제빵 시종 때문에 화가 났다.

"랍비 유다 벤 랍비 시몬과 랍비 하난이 랍비 요하난의 이름으로 말하였다. '와서 하느님의 업적들을 보아라'(시편 66,5). 그분께서는, 의인들을 위대하게 하시려고 종들이 주인들에게 화를 내게 하셨고, 의인들을 위대하게 하시려고 주인들이 종들에게 화를 내게 하셨다. '파라오는 종들에게 화가 났다'(창세 41,10). 이는 요셉을 위대하게 하시기 위해서였다. 크세르크세스 (임금에게) '빅탄과 테레스는 화가 났다'(에스 2,21). 이는 모르도카이를 위내하게 하시기 위해서였다." - 창세기 라바 88,3

40,9-10.12 헌작 시종장이 … 말하였다. "내 꿈에서 포도나무가 내 앞에 있었는데, 가지가 셋 달린 포도나무였네. 그것은 싹이 돋고 꽃이 피더니 열매가 익어 포도송이가 (되었네.) …" 요셉이 그에게 말하였다. "이것이 그 풀이입니다. '세 가지'는 사흘입니다."

"'포도나무'는 이스라엘을 가리킨다. '그분께서는 이집트에서 포도나무 하나를 뽑으셨다'(시편 80,9)고 한 대로이다. '가지 셋 달린 포도나무'는 모세와 아론과 미르얌이다. '싹이 돋는다'는 것은 이스라엘에 구원의 싹이 돋는다는 말이다. '꽃이 핀다'는 것은 이스라엘에 구원의 꽃이 피어난다는 말이다. '열매가 익어 포도송이가 된다'는 것은 싹이 돋은 포도나무에 바로 꽃이 피고 꽃이 핀 포도송이에 바로 열매가 익는다는 말이다." - 창세기 라바 88,5

"라브가 말하였다. '세 가지'는 이스라엘의 모든 세대에서 나올 세 명의 '훌륭한 지배자들'이다. 둘은 여기에서(바빌론) 하나는 이스라엘에서 나올 때가 있고, 하나는 여기에서 둘은 이스라엘에서 나올 때가 있다. … 라브가 말하였다. 이들 '세 가지'는 세 명의 '이방인 담당 (천사들)'로, 모든 세대에 이스라엘을 위해 간청할 이방인들을 감독한다. … 랍비 엘리에제르가 말하였다. '포도나무'는 세상을, '세 가지'는 아브라함과 이사악과 야곱을 가리킨다. '싹과 꽃'은 어머니 성조들을, '열매와 포도송이'는 열두 지파들을 가리킨다. 랍비 여호수아가 말하였다. … '포도나무'는 토라이고, '세 가지'는 모세와 아론과 미르얌이다. '싹과 꽃'은 산헤드린이고, '열매와 포도송이'는 모든 세대를 살아가는 의인들이다." - 바블리 훌린 92ㄱ

40,13-14 "사흘 뒤에 … 파라오의 손에 그의 잔을 올려 드리게 될 것입니다. … 혹시 제가 기억나시거든 … 저를 기억해 주시고 이 감옥에서 꺼내 주십시오."

"랍비 레위가 말하였다. (11-13절에 네 번 등장하는 잔은) 네 왕국을 가리킨다. 랍비 여호수아 벤 레위가 말하였다. 이는 거룩하시고 찬미받으실 분께서 세상 민족들에게 마시게 할 분노의 네 잔들이다. '주 이스라엘의 하느님께서 나에게 이렇게 말씀하신다. '너는 이 분노의 술잔을 내 손에서 받아라''(예레 25,15), '바빌론은 주님의 손에 들린 금잔'(51,7), '주님의 손에 잔이 들려 있다'(시편 75,9), '타는 듯한 바람이 그들 잔의 몫이 되리라'(시편 11,6)고 한 대로이다. 이와 반대로 거룩하시고 찬미받으실 분께서 다가올 미래에 이스라엘에게 마시게 할 구원의 네 잔들이다. '제가 받을 몫이며 제가 마실 잔이신 주님, 당신께서 저의 제비를 쥐고 계십니다'(시편 16,5), '당신께서 저의 원수들 앞에서 저에게 상을 차려 주시고 제 머리에 향유를 발라 주시니 저의 술잔도 가득합니다'(23,5), '구원들의 잔을 들고서 주님의 이름을 받들어 부르네'(116,13)라고 한 대로이다. '구원의 잔'이 아니라 '구원들의 잔'이다. 하나는 메시아 시대의 것이고 또 하나는 곡과 마곡의 시대의 것이다." - 창세기 라바 88,5

"'제가 기억나시거든 … 저를 기억해 주시어 ….' (요셉이 시종장에게 두 번이나 기억해 달라고 간청하는 바람에) 그의 고생이 두 해가 보태졌다." - 창세기 라바 89,3

40,16 제빵 시종장은 요셉이 잘 풀이하는 것을 보고 그에게 말하였다. "나도 꿈을 꾸었는데, 빵 세 바구니가 내 머리 위에 있었네."

"랍비 후나 벤 랍비 시몬이 말하였다. 네 가지가 '앞'(אף)이라는 낱말로 시작하여 '앞'으로 망하는데 이것들은 다음과 같다. 뱀(창세 3,1: אף כי), 제빵 시종(40,16: אף אני), 코라의 회중(민수 16,14: אף לא), 그리고 하만(에스 5,12: אף לא)이다." - 창세기 라바 88,6: 우연치 않게도 '또한'(אף)이라는 뜻의 히브리어로 시작하는 문장에 등장하는 인물들이 재앙을 입는다.

40,17 "제빵 시종장이 만든 모든 양식이 가장 위의 바구니에 들었는데, 새가 … 먹어버렸다네."

"'빵 세 바구니'는(16절) 첫 세 왕국을 상징한다. '가장 위의 바구니'는(17절) 가장 사악한 왕국을(로마) 상징하며 모든 백성에게서 조세를 거둔다는 뜻이다." - 창세기 라바 88,6

40,23 헌작 시종장은 요셉을 기억하지 못하고 그를 잊었다.

"(하느님께서 요셉을 꾸짖으셨다.) '제빵 시종장은 너를 잊었지만 나는 너를 잊지 않았다. 아브라함과 사라가 늘그막에 아들을 낳을지 누가 기대나 했겠느냐? 지팡이 하나 들고 요르단강을 건넌 야곱이 번성하여 부자가 될지 누가 기대나 했겠느냐? 요셉이 그 고난을 다 겪고 재상이 될지 누가 기대나 했겠느냐? 나일강에 던져진 모세가 이루고자 한 일을 이룰지 누가 기대나 했겠느냐? 개종자 룻이 이스라엘 왕국을 이룩할지 누가 기대나 했겠느냐? 다윗이 세대가 끝날 때까지 임금이 될지 누가 기대나 했겠느냐? 여호야킨이 감옥에서 풀려날지 누가 기대나 했겠느냐? 하난야, 미사엘, 아자르야가 화로에서 탈 없이 나올지 누가 기대나 했겠느냐? 거룩하시고 찬미받으실 분께서 하만의 시대에 이스라엘을 구하실지 누가 기대나 했겠느냐? 유배 간 이들이 명성과 명망을 얻을지 누가 기대나 했겠느냐? 거룩하시고 찬미받으실 분께서 무너진 다윗의 초막을 일으키실지 누가 기대나 했겠느냐?(아모 9,11 참조) 온 세상이 하나로 묶일지 누가 기대나 했겠느냐?(스바 3,11 참조)'" - 창세기 라바 88,7: 하느님께서 이스라엘의 역사 속에서 어떻게 이스라엘을 잊지 않고 기억하시는지 낱낱이 밝히고 있다.

פרשת מקץ 41,1—44,17
끝에(미케츠)

파라오의 꿈(41,1–13)

41,1–2 이 년의 세월이 지나고 파라오가 꿈을 꾸었다. 그는 나일강에 서 있었다.

"'그분께서 어둠의 경계를(끝) 정하셨다'(욥 28,3). 요셉이 감옥에서 지낼 몇 년이 정해졌다. 그 끝에 이르러 파라오가 꿈을 꾸었다. '이 년의 세월이 지났다(끝에 이르렀다)'고 한 대로이다." - 창세기 라바 89,1

"사람은 누구나 꿈을 꾸지 않나? 맞다. 그런데 임금의 꿈은 온 세상을 아우른다." - 창세기 라바 89,4

"사악한 이들은 그들 신들 위에 서 있는다. '(파라오는) 나일강 위에 서 있었다'고 한 대로이다. 한편 의인들은 하느님께서 그들 위에 서 계신다. '주님께서 그 위에 서 계셨다'(28,13)고 한 대로이다." - 창세기 라바 89,4

41,8 아침이 되자 그는 … 이집트의 모든 마술사와 모든 현인들을 불러 모았다. … 아무도 파라오의 꿈을 풀이하지 못하였다.

"시크닌의 랍비 여호수아가 랍비 레위의 이름으로 말하였다. 꿈을 풀이한 이들이 있었지만 (파라오는) 그 풀이들을 받아들이지 않았다. 곧 좋은 소 일곱은 일곱 딸을 낳는다는 뜻이고 나쁜 소 일곱은 일곱 딸을 묻는다는 것이며, 좋은 이삭 일곱은 일곱 도시를 정복할 것이라는 뜻이고 나쁜 이삭 일곱은 일곱 도시가 반란을 일으킨다는 (풀이였다.) '빈정꾼은 지혜를 찾아도 얻지 못한다'(잠언 14,6)고 하였으니 이는 이집트의 마술사들을 가리키고, '슬기로운 이에게는 지식이 쉽게 온다'(16절)고 하였으니 이는 요셉을 가리킨다." - 창세기 라바 89,6

41,13 "그가 풀이한 대로 이루어져, 저는 제 임무에 돌아왔고 (제빵 시종장은 나무에) 매달렸습니다."

"어떤 여자가 랍비 엘리에제르에게 가서 말하였다. '저는 꿈에서 저의 집 다락방이 갈라지는 것을 보았습니다.' (랍비가) 말하였다. '당신은 아들을 임신할 것이오.' 여자는 돌아갔고 그대로 이루어졌다. 그는 두 번째 그런 (꿈을 꾸어) 랍비 엘리에제르에게 가서 말하였다. (랍비가) 말하였다. '당신은 아들을 임신할 것이오.' 그대로 이루어졌다. 그는 세 번째 그런 (꿈을 꾸어) (랍비에게) 갔는데 그를 찾지 못하여 그의 제자에게 말하였다. '저는 꿈에서 저의 집 다락방이 갈라지는 것을 보았습니다.' (랍비의 제자가) 말하였다. 당신은 남편을 묻을 것이오.' 그대로 이루어졌다. 랍비 엘리에제르가 곡 소리를 듣고 (제자들에게) 말하였다. '무슨 일이냐?' (제자들이) 자초지종을 전하였다. (랍비가) 말하였다. '너희가 남자를 죽였다. '그가 풀이한 대로 이루어졌다'(13절)고 하지 않았느냐?'" - 창세기 라바 89,8

섭정관이 된 요셉(41,37-49)

41,38 "우리가 이 사람처럼 하느님의 영을 지닌 이를 찾을 수 있을까?"

"(요셉은) 파라오의 꿈을 해석하였다. 거룩한 영이 그를 도울 때였다."

- 엘리에제르의 어록 39,31

41,40 "그대는 내 집안 위에 있으리니, 그대의 말에 따라 나의 온 백성이 다스려질 것이네."

"'그대의 말에 따라 나의 온 백성이 다스려질(נשק) 것이네.' 이는 '그대 말고는 나에게 아무도 입맞출(נשק) 수 없다'는 뜻이다. … 또는 '그대 말고는 아무도 높은 지위에 오를 수 없다'는 뜻이다." - 창세기 라바 90,2

41,42 파라오는 자기 손에서 인장 반지를 빼 요셉의 손에 끼워주고, 아마 옷을 입히고 그의 목에 금 목걸이를 걸어 주었다.

"랍비 유단이 랍비 벤야민 바르 레위의 이름으로 말하였다. 요셉은 자신의 것만 받았다. 입은 죄에 입맞추지 않았다. '그대의 말에 따라 나의 온 백성이 입맞출 것이네'(40절)라고 한 대로이다. 목은 죄에 기울어지지 않았다. '그의 목에 금 목걸이를 걸어 주었다'(42절)고 한 대로이다. 손은 죄에 이용되지 않았다. '요셉의 손에 그것을 끼워 주었다'(42절)고 한 대로이다." - 창세기 라바 90,3

"요셉은 이집트 온 땅을 다스렸다. 파라오의 모든 신하들과 그의 모든 종들과 임금의 일을 하는 모든 이들이 그를 사랑하였다. 그는 똑바로 걸으며 오만하거나 거만하지 않았다. 그는 편파적이거나 뇌물을 받지 않았다. 그는 그 땅의 모든 백성을 공정하게 심판하였다. 이집트 땅은 요셉 때문에 파라오 앞에서 평화로웠다. 주님께서 (요셉과) 함께하셨으며, 그를 아는 모든 이들과 그에 관해 들은 모든 이 앞에서 그의 모든 후손을 위해서 그에게 은총과 자비를 주셨다. 파라오의 왕국은 잘 정돈되었고 사탄도 없고 악도 없었다." - 희년서 40,8-9

41,44 "나는 파라오네. 그대 없이는 이집트 온 땅에서 누구도 자기 손이나 발을 올려서는 안 되네."

“라브 아다 바르 아바가 말하였다. (권력의 순서는) 예를 들면 임금, 섭정관, 고관, 총독이다.” - 바블리 셰부옷 6ㄴ: 페르시아 시대에 섭정관(אלקפט)은 임금 다음 가는 지위에 해당된다.

“‘손’으로는 (군복의) 휘장을, ‘발’로는 (말안장의) 등자를 (올려서는 안 된다는) 말이다.” - 창세기 라바 90,3: 곧 요셉의 지시가 떨어지기 전에는 무장을 하거나 직무를 수행할 수 없다.

41,45 파라오는 요셉의 이름을 차프낫 파네아라고 부르고, 온의 사제 포티 페라의 딸 아스낫을 아내로 주었다. 요셉은 통치자로서 이집트 온 땅에 나섰다.

“랍비 요하난이 말하였다. (차프낫 파네아는[צפנת פענח]) 그가 숨겨진 것을(צפונות) 드러내어(מופיע) 편안하게(נוחות) 한다는 뜻이다. 랍비 히즈키야가 말하였다. 그는 지식으로 숨겨진 것을(צפונות) 드러내고(מופיע) 피조물의 영을 편안하게(מניח) 한다는 뜻이다.” - 창세기 라바 90,4

“디나가 임신하여 아스낫을 낳았다. … 야곱은 황금판에 거룩한 이름을 쓰고 그것을 디나의 목에 걸어주고 그를 보냈다. 모든 것이 거룩하시고 찬미받으실 분 앞에 드러났다. 미카엘이 내려와 디나를 이집트의 포티 페라의 집에 데려다 주었다. 아스낫은 요셉의 아내가 되기로 되어 있었기 때문이다. 포티 페라의 아내는 아이를 못 낳아 아스낫을 딸로 키웠다. 요셉이 이집트로 왔을 때 그와 혼인하였다. ‘파라오가 … 포티 페라의 딸 아스낫을 아내로 주었다’(45절)고 한 대로이다.” - 엘리에제르의 어록 38,4-16

41,48 그는 일곱 해 동안 이집트 땅에서 거둔 모든 양식을 모아 그 양식을 성읍들에 두었다. 성읍 주변의 밭에서 난 것도 그 속에 두었다.

“랍비 유다가 말하였다. 티베리아 지역에서 난 것은 티베리아에 저장하였고 치포리 지역에서 난 것은 치포리에 저장하였다. 각 지역마다 그곳의 농산물을 보존하는 것이 (좋기) 때문이다. … 랍비들이 말하였다. 티베리아 사람들이 모두 모여 티베리아 지역에서 난 것을 소비하고 치포리 사람들 모두가 치포리 지역에서 난 것을 소비한다면, 그들은 한 줌도 얻지 못할 것이다. 축복은 창고에 주어진다." - 창세기 라바 90,5: 축복이 창고에서 나온다는 말은, 곡식을 다 소비하지 않고 저장해 두어야 모두에게 충분히 골고루 돌아간다는 뜻이다.

"랍비 탄훔이 말하였다. 요셉이 명령하여 그들은 성읍마다 창고들을 세우고 그 땅의 수확물들을 각 창고에 모아들였다. 이집트인들은 (요셉을) 비웃으며 말하였다. '이제 벌레들이 요셉의 모든 창고를 먹어치울 것이다.' 그러나 벌레가 그곳을 지배하지 못하였고, 그가 죽을 때까지 축나지 않았다. 양식의 기근 때 그가 그 땅을 부양하였다(כלכל). 그래서 그의 이름은 칼콜(כלכל)이라 불렸다." - 엘리에제르의 어록 39,45-52

기근이 든 일곱 해(41,53-57)

41,54 요셉이 말한 대로 기근의 일곱 해가 닥치기 시작하였다. 온 땅에 기근이 들었는데 이집트 온 땅에는 빵이 있었다.

"(기근이 든) 세 땅은 페니키아와 아라비아와 팔레스티나이다." - 창세기 라바 90,6

41,55 파라오가 온 이집트인들에게 말하였다. "요셉에게 가라. 그가 너희에게 말하는 대로 하여라."

"랍비 아바 바르 카하나가 말하였다. (요셉은) 그들이 할례하게 만들었다. 랍비 사무엘이 말하였다. … '당신이 우리를 살리셨습니다'(창세 47,25). 이는 '당신이(요셉이) 이 세상과 다음 세상에서 우리에게 생명을 주셨습니다'라는 뜻이다." - 창세기 라바 90,6

41,56-57 기근이 온 땅 위에 들자 요셉은 … 모든 것을 열어 이집트인들

에게 팔았다. … 온 땅이 이집트로 가 요셉에게 양식을 사고자 하였다.

“모든 언어를 쓰는 이들이 양식을 사고자 왔다. 그들은 요셉에게 (양식을) 얻으려고 조공과 선물을 가져왔다. 그는 민족들마다 그들의 언어로 말하였다. 그래서 그는 투르게만이라(통역자) 불렸다.” - 엘리에제르의 어록 39,40-42

곡식을 사러 이집트로 내려간 요셉의 형들(42,1-5)

42,1 야곱은 이집트에 곡식이 있다는 것을 알았다. 야곱이 아들들에게 말하였다. “너희는 어찌 보고만 있느냐?”

“요셉이 유괴되던 날 거룩한 영이 (야곱에게서) 떠나 (요셉에게 옮겨 갔기 때문에), 야곱은 (앞날을) 보아도 보지 못하고 들어도 듣지 못하였다. … ‘이집트에 곡식이 있다’(1절)에서 שבר는 ‘곡식’이 아니라 ‘희망’(סבר)이다. 그는 이집트에 자신의 희망이 있음을 거울로 보았다. ‘희망’은 곧 요셉이다.” - 창세기 라바 91,6

“야곱이 아들들에게 말하였다. ‘손에 빵을 든 채 나가지 마라. 모두가 한 개의 문으로 들어가지 마라. 보는 눈 때문이다.’” - 창세기 라바 91,2

“야곱이 아들들에게 말하였다. ‘너희는 강하고 잘 생겼다. 한 문으로 들어가지 말고 한 곳에 서 있지 마라. 악한 눈이 너희를 지배하지 않게 하여라.’” - 탄후마 미케츠 8(50)

“‘너희는 어찌 보고만 있느냐?’(1절) 야곱이 아들들에게 말하였다. ‘너희는 배부를 때 서로 쳐다보지 마라. 특히 에사우와 이스마엘 (집안) 앞에서는 안 된다. 그들이 너희가 (배부른 것을) 질투할 수도 있다.’” - 바블리 타아닛 10ㄴ

42,2 “이집트에는 곡식이 있다고 들었다. 그리로 내려가 우리를 위해 사오너라. 우리도 살자. (이대로) 죽을 수는 없다.”

"'그리로 내려가라(רדו).' 랍비 아바 바르 카하나가 말하였다. (야곱은) 장차 그들이 그곳에서 이백십 년을(ר: 200 + ד: 4 + ו: 6) 보내리라는 것을 그들에게 알렸다." - 창세기 라바 91,2

42,3 요셉의 형들 열 명이 이집트에 곡식을 사러 내려갔다.

"성경에서는 (보통) '야곱의 아들들'이라 하는데, (여기서는) 왜 '요셉의 형들'이라 하였나? 그들이 처음에는 그를 형제로 대하지 않고 팔아넘겼지만 결국 후회하였다. 그래서 날마다 그들은 말하였다. '우리가 가서 그를 찾아와 그의 아버지에게 돌려보내자.' 그래서 야곱이 그들에게 이집트에 내려가라고 말했을 때는 그들 모두 진심으로 (요셉을) 형제로 여겼다." - 창세기 라바 91,6

"(형제들이) 말하였다. '우리 흩어져서 가자. 몰려다니다가 계산서가 징수될 수도 있다(요셉을 팔아넘긴 것에 대한 대가).' 거룩하시고 찬미받으실 분께서 말씀하셨다. '열 사람이 도둑질하다 발각되었을 때 그들 중 한 사람만 붙잡을 수는 없다.' 그래서 (훔친) 잔이 발견되었을 때 그들은 말하였다. '하느님께서 당신 종들의 죄를 찾아내셨다'(창세 44,16). 랍비 이사악이 말하였다. 빚진 자는 빚을 계산할 (기회를) 찾는다." - 창세기 라바 85,2

형들을 알아본 요셉(42,6-24)

42,6 요셉은 그 나라의 통치자였고, 그 나라의 모든 백성에게 곡식을 파는 이였다. 요셉의 형들은 그에게 와서 땅에 엎드려 절하였다.

"랍비 유다 벤 랍비 시몬이 말하였다. 요셉은 그의 형들이 이집트로 내려올 것을 알았다. 그가 무엇을 했겠는가? 그는 열 개의 문에 보초를 세우고 들어오는 모든 이의 이름을 적게 하였다. 저녁에 그들이 이름 목록을 그에게 가져왔다. 야곱의 아들 르우벤, 야곱의 아들 시메온, 야곱의 아들 레위, 야곱의 아들 유다 등을 읽어 (내려갔다.) (요셉이 보초들에게) 말하였다. '모든 창고들을 닫고 하나만 열어라.' 그는 (형들) 이름을 그 창고 관리자에게 주면서 말하였다. '여기 적힌 사람들이 오면 나에게 데려오너라.'" - 창세기 라바 91,6

"(요셉은) 세 가지 법령을 선포하였다. 곧 종은 들어오지 말 것, 한 사람이 나귀 두 마리를 데리고 들어오지 말 것, 아버지 이름과 할아버지 이름을 쓰지 않는 이는 들어오지 말 것이다. (요셉의 아들) 므나쎄가 그곳에 있으면서 서류를 받았다." - 창세기 라바 91,4

"며칠이 지나도 그들은 오지 않았다. (요셉은) 그들 뒤를 쫓다가 사창가에서 그들을 찾았다. 그들은 거기서 뭘 하고 있었나? 그들은 (속으로) 말하였다. '(요셉이) 외모가 잘 생겨서 (매춘) 천막에 붙들려 있을지도 모른다.' 그들이 (형들을) 붙잡아 요셉에게 데려갔다." - 창세기 라바 91,6

"사흘이 지났지만 그들이 나타나지 않자 요셉은 일흔 명의 왕실 근위병들을 모아 시장에 풀고 그들을 찾았다. 근위병들은 매춘부들이 사는 지역에서 그들을 찾았다. 왜 형들은 매춘부들이 사는 곳에 갔을까? 그들은 서로 이렇게 말하였던 것이다. '우리 아우 요셉이 잘 생기고 멋져서 아마 남창이 되었을 것이다.' 근위병들은 형들을 붙잡아 요셉에게 데려갔다." - 탄후마 미케츠 8(50)

42,8 요셉은 형들을 알아봤으나 그들은 그를 알아보지 못하였다.

"랍비들이 말하였다. (형들에게) 수염이 있을 때 (요셉이) 떠났다. 그래서 '요셉은 형들을 알아봤다.' 그러나 요셉은 수염이 없을 때 떠났다. 그래서 '(형들은) 그를 알아보지 못했다.'" - 창세기 라바 91,7

"랍비 히스다가 말하였다. 이는 (요셉이) 수염이 자라지 않았을 때 떠났다가 수염이 자란 상태로 돌아와서 (형들이 알아보지 못했다는 말이다.)" - 바블리 예바못 88ㄱ

42,9 요셉은 그들에 관해 꾸었던 꿈을 기억하고 그들에게 말하였다. "너

희는 첩자들이다. 이 땅의 치부를 살피러 왔다."

"(요셉은 형들에게) 낯선 이처럼 대하였다. 그는 잔을 들어 치더니 그들에게 말하였다. '너희는 첩자들이다.' 그들이 말하였다. '저희는 정직한 사람입니다'(11절). (요셉이) 말하였다. '너희가 정직하다면 어찌하여 하나의 문으로 들어오지 않았느냐?' 그들이 말하였다. '저희 아버지가 시키셨습니다.' '그럼 무슨 용무로 사창가에 있었느냐?' '저희는 잃어버린 것이 있어서 그것을 찾는 중이었습니다.' (요셉이) 그들에게 말하였다. '나는 잔에서 너희들 가운데 둘이 큰 도시를 파괴하고 너희가 동생을 아랍인들에게 팔아넘긴 것을 보고 있다.' 그러자 그들은 두려워 떨며 그에게 말하였다. '저희는 열두 (형제입니다.)' '그럼 둘은 어디 있느냐?' 그들이 그에게 말하였다. '하나는 죽었고 하나는 아버지 곁에 있습니다.' (요셉이) 그들에게 말하였다. '그를 나에게 데려오너라.' 그들은 아버지에게 가서 그들에게 닥친 모든 일을 말하였다. (야곱이) 그들에게 말하였다. '시메온은 어니 있느냐?' 그들이 말하였다. '그는 우리 대신 붙잡혀 있습니다.' (야곱이) 그들에게 말하였다. '너희는 나에게 슬픔을 보태는구나.' '그들의 아버지 야곱이 그들에게 말하였다. '너희가 나에게서 (아들을 또) 빼앗는구나. ….' 르우벤이 말하였다. '제 두 아들을 죽이셔도 됩니다. …''(42,36-37). (야곱이) 그에게 말하였다. '네 아들은 내 아들이나 (마찬가지) 아니냐?' 유다가 (형제들에게) 말하였다. '집에 빵이 떨어질 때까지 노인을 기다립시다.' (빵이) 떨어지자 유다가 (아버지에게) 말하였다. '벤야민이 가면 그는 붙잡히든지 붙잡히지 않든지 할 것이지만, 그가 우리와 함께 가지 않으면 우리는 모두 (굶어) 죽을 것입니다. 의심스러운(함께 갔을 때 일어날) 일은 피하면서 확실한 (함께 가지 않았을 때 일어날) 일에 뛰어드는 것은 바람직하지 않습니다.' (야곱이) 말하였다. '누가 그를 보증할 것이냐?' (유다가 말하였다.) '제가 보증하겠습니다.' '제가 보증을 서겠습니다'(43,9)라고 한 대로이다. (야곱은) 바로 그를 보냈다. 요셉은 (벤야민을) 보고 기뻐하였다. 어머니가 같았기 때문이다." - 창세기 라바 91,6

42,13 "당신의 종들은 열두 형제입니다. 저희는 … 한 사람의 아들들입니다. 어린 아우는 오늘 아버지와 있고 다른 아우는 없어졌습니다."

"(요셉이) 그들에게 말하였다. '그는 어디 있느냐?' 그들이 (요셉에게) 말하였다. '우리가 그를 팔았습니다.' '얼마에 그를 팔았느냐?' 그들이 말하였다. '다섯 셀라입니다.' '만약 어떤 사람이 너희에게 '나에게 다섯 셀라를 주면 그를 당신들에게 돌려주겠소'라고 하면 너희는 그렇게 할 것이냐?' 그들이 (요셉에게) 말하였다. '예.' '만약 그가 너희에게 '두 배로 주시오'라고 하면 너희는 줄 것이냐?' 그들이 말하였다. '예.' '만약 그가 너희에게 '아무리 당신들이 많이 주어도 그를 돌려줄 수 없소'라고 한다면 너희는 어떻게 할 것이냐?' '저희는 어짜피 (그를 찾기 위해) 죽이거나 죽임을 당하거나 하려고 내려왔습니다.' '(요셉이) 그들에게 말하였다. '내가 너희에게 말한 대로 너희는 첩자이다"(14절)." - 창세기 라바 91,7

42,14-15 "… 너희는 첩자들이다. … 파라오를 걸고 맹세하건대, 너희가 … 오직 어린 아우를 데려오는 것뿐이다."

"그는 거짓으로 맹세하고 싶을 때 '파라오를 걸고 맹세한다'(15절)." - 창세기 라바 91,7

42,17 그는 그들을 사흘 동안 유치장에 모아두었다.

"거룩하시고 찬미받으실 분께서는 절대 곤경에 빠진 의인들을 사흘 이상 그냥 두지 않으신다." - 창세기 라바 91,7

42,21 "… 그가 고통스러워하며 우리한테 자비를 간청하는 것을 보고도 들어주지 않아서, 우리에게 이런 고통이 닥치게 된 것이다."

"랍비 레위가 랍비 요하난 바르 실라의 이름으로 말하였다. 요셉이 (그 당시) 열일곱 살이었는데 형들이 자신을 파는 것을 보고 조용히 있을 수 있었을까? 그는 (형들) 하나하나의 발에 (엎드려) 쳐다보며 자비를 간청했

었다. 그러나 아무도 동정하지 않았다." - 창세기 라바 91,8

42,23-24 그들은 그들 사이에 통역이 있어서 요셉이 듣는 줄 몰랐다. 요셉은 … 그들 가운데 시메온을 끌어다 그들 보는 데서 묶었다.

"(통역을 맡은 이는 요셉의 아들) 므나쎄이다." - 창세기 라바 91,8

"(요셉은) 시메온을 데려다 그들 보는 데서 묶었다. 자신을 구덩이에 밀어 넣은 것이 그였기 때문이다. 그리고 레위를 떼어 놓았다. 그들이 요셉을 거슬러 뭔가를 꾸미지 못하게 하려는 것이다." - 창세기 라바 91,6

"랍비 하까이가 랍비 이사악의 이름으로 말하였다. (요셉은) 그들 보는 데서 (시메온을) 묶었다. 그들이 떠나자마자 그는 그를 데리고 나와 먹을 것과 마실 것을 주고 목욕을 시켜 기름을 발라 주었다." - 창세기 라바 91,8

집에 돌아온 형들(42,25-38)

42,28 그들은 … 서로 형제들에게 말하였다. "하느님께서 우리에게 이런 일을 하시다니, 대체 무슨 일인가?"

"'사람은 미련하여 길을 망치고서도 마음속으로는 도리어 주님께 화를 낸다'(잠언 19,3). … '그들은 … 서로 형제들에게 말하였다. '하느님께서 우리에게 이런 일을 하시다니, 대체 무슨 일인가?'(창세 42,28)라고 한 대로이다.'" - 바블리 타아닛 9ㄱ

42,37-38 르우벤이 아버지에게 말하였다. "제가 그를 아버지께 데려오지 못하면 제 아들 둘을 죽이십시오. …"

"랍비가 말하였다. (야곱이 말하였다.) '(르우벤) 이 바보 같은 맏아들 보게나. 네 아들은 내 아들이나 (마찬가지) 아니더냐!'" - 창세기 라바 91,9

벤야민을 데리고 이집트로 간 형들(43,1-14)

43,5 "아버지께서 보내주시지 않으면 저희는 내려가지 못합니다."

"(유다가 아버지에게) 말하였다. '그는 우리에게 진실로 말하였으나, 우리는 그에게 (여행 중에 변을 당할까봐 못 데려왔다는) 구차한 변명들로 대답해야 합니다.'" - 창세기 라바 91,10

43,6 "어쩌자고 아우가 더 있다고 알려 나한테 이 걱정을 시키느냐?"

"랍비 레위가 랍비 하마 벤 랍비 하니나의 이름으로 (말하였다.) 우리의 조상 야곱은 여기 말고는 절대 허투른 말을 하지 않았다. 거룩하시고 찬미받으실 분께서 말씀하셨다. '나는 그의 아들을 이집트 임금으로 세우느라 바쁘다. 그런데 그가 '어쩌자고 … 나한테 이 걱정을 시키느냐?'고 말하다니!' '야곱아, 네가 어찌 이런 말을 하느냐? 이스라엘아, 네가 어찌 이렇게 이야기하느냐?'(이사 40,27)고 한 대로이다." - 창세기 라바 91,10

43,7 "그 사람이 저희와 가족관계에 대해 자세히 물었습니다. '너희 아버지는 아직 살아 계시냐? 너희에게 형제가 있느냐?'"

"랍비 아바가 말하였다. '그는 우리에게 심지어 침대의 나무에 대해서까지 (자세히 물었습니다)'는 뜻이다." - 창세기 라바 91,10

43,8 유다가 … 말하였다. "그 아이를 저희와 보내십시오. 저희가 일어나 떠나야, 저희도 아버지도 저희의 아이들도 … 죽지 않습니다.

"(유다가 말하였다.) '한 사람의 목숨이 위험한 것이 낫습니다. 모두가 (위험해지는 것은) 당연히 안 됩니다.'" - 창세기 라바 91,10

43,11 "이 땅에서 최고의 토산물을 너희 그릇에 (담아) 가지고 내려가 그 사람에게 예물로 드려라."

"(최고의 토산물은) 사람들이 세상에서 칭찬하는 것들로서, 포도주와 몰약, 올리브 기름과 포도 꿀이 있다." - 창세기 라바 91,11

43,14 "엘 샤다이께서 … 다른 너희 형제와 벤야민을 풀어주실 것이다. 내가 자식을 잃었던 것처럼 (또 잃어야 한다면) **잃을 수밖에."**

"(야곱이 말하였다.) '나는 요셉을 잃듯이 시메온을 잃었다. 시메온을 잃듯이 더 이상은 잃지 않겠다.'" - 창세기 라바 92,3

다시 만난 요셉과 형제들(43,15-34)

43,16 요셉은 … 자기 집안을 (관리하는) **이에게 말하였다. "이 사람들을 집으로 데려가고, 짐승을 잡아 준비하여라."**

"'짐승을 잡아라.' (요셉은 명하였다.) '도살할 (짐승의 목의) 부위를 그들에게 보이거라.' '준비하여라.' 이는 (요셉이) 그들 보는 데서 허벅지 힘줄이 제거되었음을 (알게 하도록 지시하였다는 말이다.) (이는 토라가 있기 전 야곱의 아들들이 아직 노아의 후손일 때) 허벅지 힘줄이 금지되었다고 말하는 이에 따른 것이다." - 바블리 훌린 91ㄱ: 율법의 도살 규정을 잘 지켜 식사를 준비하도록 요셉이 배려하였음을 보여 준다.

43,20 그들이 말하였다. "나리, 예전에도 저희는 양식을 사러 내려왔었습니다."

"(그들이 말하였다.) '(예전에는) 저희를 위해서 내려왔습니다. 우리나라에서는 저희가 다른 이들을 돕기 때문입니다. 지금은 나리의 도움이 필요합니다.'" - 창세기 라바 92,4

43,27 요셉은 그들에게 안부를 묻고 말하였다. "너희가 말한 연로하신 너희 아버지는 안녕하시냐? 지금도 살아 계시냐?"

“(바빌론 출신인) 랍비 히야가 (이스라엘에 머무르고 있는) 한 바빌론 사람을 만나, 그에게 말하였다. ‘나의 아버지는 어떠시오?’ 그가 말하였다. ‘(바빌론에 계신) 당신의 어머니가 당신에 대해 물으셨소.’ (랍비 히야가) 말하였다. ‘나는 당신에게 나의 아버지의 안부를 물었소. 그런데 당신은 다른 것을 대답하는군요.’ 그가 말하였다. ‘사람들은 산 이의 안부를 묻지, 죽은 이의 안부를 묻지는 않소.’ 그러므로 ‘너희 아버지는 안녕하시냐?’고 한 것은 야곱을 가리키고, ‘너희가 말한 연로하신 분’은 이사악을 가리킨다.” - 창세기 라바 92,5

43,33 그들은 그 앞에 앉았다. 형들은 형들대로, 아우들은 아우들대로 앉게 되자 저마다 서로 놀랐다.

“(요셉은) 잔을 들고 냄새를 맡는 척했다. 그리고 말하였다. ‘임금이 될 유다는 첫 자리에, 맏아들인 르우벤은 둘째 자리에 앉아라.’ 그리고 말하였다. ‘나에게는 어머니가 안 계시는데 이 아이에게도 어머니가 없구나. 그를 낳다 죽었다. 그러니 그는 이리 와서 내 옆에 앉아라.’ 그래서 ‘그들은 저마다 놀랐다’(33절)고 한 것이다.” - 창세기 라바 92,5

43,34 (요셉은) 자기 앞에서 몫을 나누었는데, 벤야민의 몫이 모두의 몫보다 다섯 몫이 더 많았다. 그들은 그와 마시고 취하였다.

“요셉이 한 몫을 (벤야민에게) 주고, 아스낫이 하나, 므나쎄가 하나, 에프라임이 하나를 주었다. 그리고 형제들에게도 한 몫씩을 주었다.” - 창세기 라바 92,5

“그들은 (요셉) 앞에서 먹었다. 그는 그들 모두에게 한 몫씩을 주었으나 벤야민의 몫은 모두의 몫보다 그들의 일곱 배나 많았다.” - 희년서 42,23

“그들은 (요셉과 함께) 술을 마셨다. 그러나 그와 떨어져서는 마시지 않았다. 랍비 레위가 말하였다. 그들은 (요셉을) 보지 못한 스물두 해 동

안 포도주를 맛보지 않았고, (요셉을) 만날 때까지 포도주를 맛보지 않았다." - 창세기 라바 92,5

요셉의 은잔(44,1–17)

44,1 "히브리 사람들의 꾸러미에 … 곡식을 가득 채워라. 꾸러미 입구에 저마다 돈을 넣어라."

"요셉은 그들 사이에 평화의 생각이 있는지 그들 마음을 알고자 계획을 짰다. 그래서 집 관리인에게 말하였다. '그들 꾸러미마다 양식을 가득 채우고 돈은 … 돌려주며 내가 마시는 은잔을 막내의 꾸러미에 넣어 보내라.'" - 희년서 42,25: 형제들이 평화롭게 이 난관을 해결하는지 떠보려고 요셉이 이런 계획을 세웠다는 것이다.

44,10 그가 말하였다. "좋다. 너희의 말대로 하자. 그것이 발견된 이는 나의 종이 되고 너희는 무죄다."

"(요셉이 말하였다.) '… 너희 가운데에 (그것이) 발견된 그 사람 한 명이 도둑질을 했는데 모두가 갇혀서야 되느냐? 나는 그렇게 하지 않겠다. '그것이 발견된 이는 나의 종이 되고 너희는 무죄다'(10절).'" - 창세기 라바 92,8

44,13 그들은 자기 옷들을 찢고 저마다 나귀에 짐을 실은 뒤 성읍으로 돌아왔다.

"랍비 피느하스가 랍비 호사야의 이름으로 말하였다. 지파들은 그들의 아버지가 자신의 옷을 찢게 하였다(37,34). 그들은 어디에서 이를 갚나? 이집트에서다. '그들은 자기 옷을 찢었다'(44,13)고 한 대로이다. 요셉은 지파들이 자기 옷을 찢게 하였고, 그의 후손이 이를 갚았다. '여호수아가 자기 옷을 찢었다'(여호 7,6)고 한 대로이다. 벤야민은 지파들이 자기 옷을 찢게 하였다. 그는 어디에서 이를 갚나? 수산 궁에서다. '모르도카이가 자기 옷을 찢었다'(에스 4,1)고 한 대로이다. 므나쎄는 지파들이 자기 옷을 찢게 하였다. 그래서 그의 상속재산이 찢어져(갈라져) 반은 요르단 건너편, 반은 이스라엘 땅을 받았다." – 창세기 라바 92,8

"저마다 한 손에 짐을 들고 나귀에 실었다. … 랍비 헬보가 말하였다. 그곳은 대도시가 아닌데도 '성읍으로 돌아왔다'(13절)고 말한다. 이는 그들에게는 그곳이 더 이상 열 명이 사는 마을보다도 중요하지 않다는 말이다." – 창세기 라바 92,8

44,16 유다가 말하였다. "저희가 나리께 무슨 말을 하고 무슨 변명을 하며 무슨 수로 무죄라 하겠습니까?"

"'저희가 나리께 무슨 말을 하겠습니까?' 이는 첫 번째 돈 때문이다. '저희가 무슨 변명을 하겠습니까?' 이는 두 번째 돈 때문이다. '저희가 무슨 수로 무죄라 하겠습니까?' 이는 잔 때문이다. '저희가 주님께(나리께) 무슨 말을 하겠습니까?' 이는 타마르 일 때문이다. '저희가 무슨 변명을 하겠습니까?' 이는 빌하 때문이다. '저희가 무슨 수로 무죄라 하겠습니까?' 이는 디나 때문이다. '저희가 가나안의 아버지께(나리께) 무슨 말을 하겠습니까?' 이는 요셉 때문이다. '저희가 무슨 변명을 하겠습니까?' 이는 시메온 때문이다. '저희가 무슨 수로 무죄라 하겠습니까?' 이는 벤야민 때문이다." – 창세기 라바 92,9

44,17 요셉이 말하였다. "그러지 않아도 된다. 잔이 발견된 사람이나 나의 종이 되고 너희는 너희 아버지께 무사히 올라가라."

"랍비 요하난이 말하였다. 요셉이 벤야민을 붙잡고 말하였다. '잔이 발견된 사람이나 나의 종이 되고 너희는 … 올라가라.' 유다가 말하였다. '나리께서 벤야민을 붙잡아 두시는데 아버지 집에 평화가 있을까요?' 유다는 화가 나서 큰 소리로 외치니 그 소리가 사백 파라상을 (퍼져) 가 단의 아들 후심까지 듣고 유다에게 달려왔다. 둘이 함께 외치자 온 이집트 땅이 뒤집히려 하였다. 욥이 이를 두고 말하였다. '사자의 포효, 새끼 사자의 울부짖음도 그치고 힘센 사자의 이빨도 부러진다네'(욥 4,10). '사자의 포효'는 유다를 가리키고 … '새끼 사자의 울부짖음'은 단의 아들 후심을 가리킨다. … '힘센 사자의 이빨도 부러진다'고 한 것은 요셉의 용사들을 말한다. 유다가 분노하자 그들 모두의 이빨이 부러진 것이다. 랍비 여호수아 벤 레위가 말하였다. 요셉의 형들도 유다가 분노한 것을 보았을 때 열불이 나서 바닥에 도장을 찍고 고랑을 만들었다. '수사자는 먹이가 없어 쓰러진다'(욥 4,11)고 한 것은 벤야민을 위해 자신을 내준 유다를 가리킨다. (유다가) 말하였다. '거룩하시고 찬미받으실 분께서 아버지를 속이고 '제가 그를 꼭 데리고 올게요'라고 말한 내 죄를 용서해 주시지 않을까?' '암사자의 새끼들은 흩어져 버린다'(욥 4,11)고 한 것은 그의 형들을 말한다. 그때 그들은 요셉 때문에 열불이 났다. (요셉은) 유다가 분노했다는 표시를 보고 바로 무서워 떨며 말하였다. '이를 어쩌나, 그가 나를 죽이지는 않을까?' 이 표시들은 무엇인가? 실로 학파 학자들이 말하였다. 그의 두 눈에서 피가 흘렀다는 뜻이다. 어떤 이는, 그가 옷을 다섯 벌을 입고 있다고 말하였다. 그는 가슴에 털이 있어서 화가 나면 그것들 모두가 뚫고 나온다는 것이다. 요셉은 그 시간에 무엇을 하였는가? 그는 앉아 있던 돌기둥을 발로 차 산산조각을 내 돌더미를 만들었다. 그러자 유다는 놀라 말하였다. '그분은 우리처럼 강하시구나.' 그때 유다는 칼을 잡고 칼집에서 꺼내려 했으나 뽑히지 않았다. 유다가 말하였다. '이분은 분명 하느님을 두려워하는 분이시다.' '지혜는 현인을 강하게 만든다'고 한 대로이다." - 창세기 라바 93,7

44,18—47,27 פרשת ויגש
그가 다가갔다(와이가시)

벤야민 대신 종이 되겠다고 나선 유다(44,18-34)

44,18-20 유다가 그에게 다가가(נגש) 말하였다. "나리, 부디 당신의 종이 나리의 귀에 아뢰게 해 주시고, 당신의 종에게 크게 분노하시지 않기를 바랍니다. … 나리께서 당신의 종에게 물으셔서 … 저희가 나리께 아뢰었습니다. '연로하신 아버지가 계시고 그분이 늘그막에 얻은 어린 아들이 있습니다. 그의 형은 죽고 그의 어머니한테서는 그 혼자 남아 아버지께서 그를 아끼십니다.'"

"랍비 유다가 말하였다. 그는 전쟁하러 나아갔다(נגש). '요압과 그의 군대가 아람인들과 싸우러 나아갔다'(2사무 10,13)고 한 대로이다. 랍비 느헤미야가 말하였다. 그는 조정하러 찾아갔다(נגש). (여호수아와) 조정하기 위해서 '유다의 자손들이 길갈에 있는 여호수아를 찾아갔다'(여호 14,6)고 한 대로이다. 랍비들이 말하였다. 기도하러 다가갔다(נגש). '곡식 제물을 바칠 때가 되자 엘리야 예언자가 앞으로 나아갔다'(1열왕 18,36)고 한 대로이다. 랍비 엘아자르는 그것들을 합쳤다. 나는 전쟁하러 나아가고, 조정하러 찾아가며, 기도하러 다가갔다. … 랍비 시몬이 말하였다. (유다가 요셉에게 간청하였다.) '저희 율법에 따르면 '(도둑질한 자는) 배상해야 한다. 그가 가진 것이 없으면, 제 몸을 팔아 도둑질한 것을 갚아야 한다'(탈출 22,2)고 하였습니다. (벤야민은) 배상할 수 있습니다.' … (유다가) 말하였다. '제 말이 당신 귀에 들어가게 해 주십시오. 파라오가 그의 할머니를(사라) 끌고가자 하룻밤 동안 그의 집안은 재앙에 사로잡혔습니다. 그래서 '주님께서 파라오와 그 집안에 큰 재앙을 내리셨습니다'(창세 12,17). 그러니 나병에 걸리지 않도록 조심하십시오. (벤야민의) 어머니는(라헬) 그의 아버지의(야곱) 저주 때문에 죽었습니다. '당신의 신들을 발견한다면 누구든지 살아남지 못할 것입니다'(31,32). 그러니 저주가 당신에게 내려 죽지 않도록 조심하십시오. 우리 가운데 둘이 큰 고을에 들어가 그곳을 파괴하였습니다. 거기서는 한 여자를(디나) 위해서였는데, 여기서는 거룩하시고 찬미받으실 분이 사랑하시는 한 남자를(벤야민) 위해서입니다. '주님께서 사랑하시는 그는 주님 곁에서 평안히 삽니다. 주님께서 언제나 그를 보호하시니 그는 그분의 어깨 사이에서 삽니다'(신명 33,12).' … (유다가 말하였다.) '파라오가 법령을 내리고 실행하지 않았듯이 나리도 법령을 내리고 실행하지 않으셨습니다. 파라오가 남자를 갈망하듯이 나리도 남자를 갈망하십니다. 파라오가 임금이시고 나리가 이인자이듯이 가나안 땅에서는 저희 아버지가 임금이고 제가 이인자입니다. 만약 제가 칼을 당기면 나리부터 시작하여 파라오로 끝날 것입니다.' 한편 (요셉이) 말하였다. '나는 파라오부터 시작하여 너로 끝날 것이다.' 그는 그를 혼자 두었다. 그가 '나리부터 시작하여'라고 말할 때 므나쎄에게 표시를 주어 그는 바닥에 도장을 찍었고 온 궁전이 흔들렸다. (유다가) 말하였다. '이는 아버지 집안에서 나온 도장이다.' 그는 일이 이렇게 된 것을 보고 부드러운 말로 말하기 시작했다. '나리께서 물으셔서 … 저희가 나리께 아뢰었습니다'(19-20절)." - 창세기 라바 93,6

"유다가 그에게 말하였다. '나리께서는 처음부터 저희에게 (혐의를 찾을) 핑계를 가지고 오셨습니다. 많은 나라들이 양식을 구하러 내려오고 있는데, 그들 모두에게도 저희에게 질문하신 것을 질문하셨습니까? 저희가 나리의 딸과 혼인하기를 바랐나요, 아니면 나리가 저희의 (딸들을) 원하시기를 했나요? 그렇지 않음에도 저희는 나리께 하나도 숨기지 않았습니다.'" - 창세기 라바 93,8

"어떻게 유다처럼 분명한 사람이 확실하지 않은 말을 할 수가 있을까? '그의 형은 죽었습니다'라고 말이다. 그러나 유다는 말하였다. '만일 내가 그에게 그가(요셉) 살아 있다고 말하면, 그는 벤야민의 경우처럼 그를(요셉) 데려오라고 할 것이다.' 그래서 (유다는) 그에게 '그의 형은 죽었습니다' 하고 말한 것이다." - 창세기 라바 93,8

44,27 "당신의 종인 아버지가 저희에게 말하였습니다."

"랍비 이스마엘이 말하였다. 야곱의 아들들은 요셉에게 열 번 '당신의 종인 우리 아버지'라고 말하였다. 요셉은 이 말을 듣고 침묵하였다. 침묵은 동의한다는 뜻이다. 그래서 (요셉의) 세월이 십 년 줄었다." - 엘리에제르의 어록 39,11-13

44,29-30.34 "'너희가 이 아이도 나에게서 데려가 그에게 재앙이 닥치면 너희는 슬퍼하며 나의 백발을 스올로 내려가게 할 것이다.' (아버지의) 목숨이 (아이의) 목숨에 묶여 있는데 … 어떻게 제가 아이 없이 아버지께 올라가겠습니까?"

"우리의 조상 야곱이 말하였다. '처음에 벤야민이 내 곁에 있을 때는 그의 형과 그의 어미를 (잃은 슬픔이) 누그러졌다. 그러나 이제 나는 너희가 그들 셋을 한꺼번에 빼앗은 것과 비슷해졌다.' 우리의 조상 야곱에게 벤야민은 무엇에 비할 수 있나? 세 개의 입을 가진 등잔에 (비할 수 있다.) 어떤 이가 그것들 가운데 하나를 끄려고 해도 그 등잔은 다 꺼지게 된다." - 창세기 라바 93,8

"(야곱이) 말하였습니다. '아! 라헬과 그의 후손은 길에서 끝나도록 정해졌구나. (라헬은) 길에서 죽고 요셉도 길에서 죽었다. 이제 이 (아이) 역시 길에서 죽으면 나는 슬픔 속에서 그를 따라 죽으리라.' 요셉이 (유다에게) 말하였다. '유다, 왜 네가 대변을 하느냐? 여기에 너보다 더 큰 형들이 있지 않느냐?' 그가 말하였다. '그렇긴 한데 모두에게는 책임이 없습니다. 그러나 저는 괴로워 장이 꼬입니다.' (요셉이) 말하였다. '왜 그러하냐?' (유다가) 말하였다. '제가 그의 보증인이라서 그렇습니다.' (요셉이) 말하였다. '어쩌다가 그의 보증인이 되었느냐? 은전이냐? 내가 그것을 너에게 주겠다. 금전이냐? 내가 그것을 너에게 주겠다.' (유다가) 말하였다. '은전도 아니고 금전도 아닙니다. 제가 (아버지에게) 이렇게 말씀드렸습니다. '제가 다음 세상에서 추방되겠습니다. 평생 말입니다." '제가 그를 당신께 데려와 당신 앞에 세우지 못하면, 저는 평생 당신께 죄인이 되겠습니다'(43,9)고 한 대로이다. (유다가) 말하였다. '나리께서는 벤야민에게서 무엇을 원하십니까? 탁월함입니까? 제가 그보다 더 탁월합니다. 강함입니까? 제가 그보다 더 강합니다. 아버지를 고통스럽게 하느니 제가 그 대신 종이 되는 것이 더 낫겠습니다.' '어떻게 제가 아이 없이 아버지께 올라가겠습니까?'(34절)라고 한 대로이다." - 창세기 라바 93,8

형들에게 정체를 드러낸 요셉(45,1-15)

45,1 요셉은 사람들이 다 서 있는데 억제할 수가 없어 소리쳤다. "다들 나한테서 내 보내라." 그래서 … 그의 곁에는 아무도 서 있지 않았다.

"랍비 하마 벤 랍비 하니나가 말하였다. 요셉은 신중하게 행동하지 않았다. 그들 가운데 하나가 그를 쳤다면 바로 죽었을 것이기 때문이다. 랍비 사무엘 벤 나흐만이 말하였다. 그는 잘 신중하게 행동했다. 그는 형제들의 의로움을 알고 말하였다. '형님들이 피를 쏟는 일로(살인) 의심받지 않도록 막아 주시길 ….'" - 창세기 라바 93,9

“요셉은 모두의 마음이 똑같이 서로를 선으로 대하는 것을 보고 억제할 수가 없었다.” - 희년서 43,14: 요셉은 자신을 해쳤던 형들이 완전 딴판으로 변한 것을 확인한다.

45,2 그가 소리 내어 울어 이집트인들이 … 파라오의 집안이 들었다.

“요셉이 울면서 형들과 화해한 것처럼, 거룩하시고 찬미받으실 분께서도 울 때 이스라엘을 구원하실 것이다. ‘그들은 울면서 오리니 내가 그들을 위로하며 이끌어 주리라. 내가 그들을 물이 있는 시냇가를 걷게 하고 넘어지지 않게 곧은길을 걷게 하리라’(예레 31,9)고 한 대로이다.” - 창세기 라바 93,12

45,3 요셉이 형들에게 말하였다. “나는 요셉입니다. 아버지는 아직 살아 계십니까?” 그의 형들은 그에게 대답할 수 없었다.

“랍비 시메온 벤 엘아자르가 랍비 엘아자르 벤 아자르야의 이름으로 말하였다. … 심판의 날에 우리에게 화가 있으리라. 책망의 날에 우리에게 화가 있으리라. 발라암은 현명한 이방인었다. 그러나 나귀의 책망을 견디지 못하였다. "내가 언제 당신을 위험에 빠뜨린 적이 있습니까?' 그가 말하였다. '없었다"(민수 22,30)고 한 대로이다. 요셉은 지파들에서 가장 젊다. 그러나 그의 형들은 그의 책망을 견디지 못하였다. ‘그의 형들은 그에게 대답할 수 없었다’(창세 45,3)고 한 대로이다. 거룩하고 찬미받으실 분께서 오실 때 저마다에게 그가 한 대로 꾸짖으실 것이다. ‘내가 너를 벌하리라. 네 눈앞에 네 행실을 펼쳐 놓으리라’(시편 50,21)고 한 대로이다.” - 창세기 라바 93,10

45,4 “나에게 가까이 오십시오.” … “내가 형님들이 이집트로 팔아넘긴 요셉입니다.”

“랍비 엘아자르 벨 아자르야가 말하였다. 심판의 날에 우리에게 화가 있으리라. 책망의 날에 우리에게 화가 있으리라. 의로운 요셉은 살과 피일(인간) 뿐이나 그가 형들을 책망하자 그들은 그의 책망을 견딜 수 없었다. 하물며 심판자이자 고발자이신 거룩하시고 찬미받으실 분이 심판석에 앉아서 심판하시면 오죽하랴! 모든 살과 피는 그분의 책망을 견딜 수 없다." - 창세기 라바 93,11

"'내가 … 요셉입니다.' (요셉은) 그들에게 자신이 할례한 것을 보여 주었다." - 창세기 라바 93,10

45,8 "(하느님께서는) **나를 파라오의 아버지이자 그의 집안 모두의 주인이며 이집트 온 땅의 통치자로 삼으셨습니다."**

"'파라오의 아버지'는 임금의 보호자를, '집안 모두의 주인'은 지도자를, '온 땅의 통치자'는 총독을 말한다." - 창세기 라바 93,10

45,12.14 **"형님들과 내 아우 벤야민은 여러분에게 말하고 있는 내 입을 직접 보고 있습니다. …"** (요셉은) **아우 벤야민의 목에** (고개를) **숙이고 울었다. 벤야민도 그의 목에** (고개를 숙이고) **울었다.**

"요셉은 그들과 히브리어로 말하면서 고개를 숙이며 울었다." - 희년서 43,15

"요셉은 두 가지 멸망을 두고 울었다. 첫 (성전의) 멸망과 둘째 (성전의) 멸망이다." - 창세기 라바 93,10

"'(요셉은) 아우 벤야민의 목에서(צוארי) 울었다'(14절). 벤야민은 두 개의 목을 지녔나? 랍비 엘아자르가 말하였다. (요셉은) 거룩한 영을 통하여 장차 두 성전이 벤야민의 몫에(땅) 세워지고 또 파괴되리라는 것을 내다보았다. '벤야민도 그의 목에서(צואריה) 울었다'(14절). (벤야민은) 실로의 성막이 요셉의 몫에(땅) 세워지고 또 파괴되리라는 것을 보았다." - 창세기 라바 93,12: 히브리어 '목'이 복수형으로 쓰인 것에서 유추해낸 해석이다.

집에 돌아온 형제들(45,21-28)

45,23 아버지에게는 … 이집트의 좋은 것을 싣고, … 곡식과 아버지를 위한 여행 양식과 빵을 실어 보냈다.

"'이집트의 좋은 것'은 무엇이냐? … 그는 그에게 노인들이 기뻐할 만한 오래된 포도주를 보냈다." - 바블리 메길라 16ㄴ

45,24 그는 … (형들에게) 말하였다. "길 가다 화내지 마십시오."

"(요셉이) 그들에게 말하였다. '서둘러 걷지 말고, 토라 공부를 멈추지 말며, 해지기 전에 성읍에 들어가십시오.'" - 창세기 라바 94,2

"랍비 엘리에제르가 말하였다. 요셉은 형들에게 당부하였다. '길 가다 화내지 마시고 할라카(율법) 문제로 논쟁하지 마십시오.'" - 바블리 타아닛 10ㄴ

45,25-26 그들은 … 야곱에게로 갔다.… "요셉이 지금 살아 있습니다. 그가 이집트 온 땅의 통치자였습니다." 그러나 야곱은 믿기지 않아 그의 마음은 냉담하였다.

"랍비 히야가 가르쳤다. 거짓말쟁이의 특징은 무엇인가? 그가 진실을 말해도 아무도 믿지 않는다는 것이다." - 창세기 라바 94,3

45,27-28 그는 요셉이 … 보낸 수레들을 보았다. 아버지 야곱의 영이 살아나자, 이스라엘은 말하였다. "됐다. 내 아들 요셉이 아직 살아 있다니. 어서 가서 죽기 전에 그를 보아야겠다."

"그들의 아버지는 믿지 못하였다. 그의 마음은 두려웠기 때문이다. 그런데 요셉이 보낸 수레들을 보고 회복이 되어 그의 영이 살아났다. 그가 말하였다. '요셉이 살아 있다니 나에게는 그것으로 충분하다. 어서 가서 죽기 전에 그를 보아야겠다.'" - 희년서 43,24

"파라오가 그를 모셔오라고 보낸 수레에는 우상이 새겨져 있었다. 유다는 서서 그것들을 태웠다. 이 지파는 우상을 잘 태우는 편으로 알려졌다." - 창세기 라바 94,3

"(야곱이) 말하였다. '내 아들 요셉의 힘이 막강하구나. 그는 많은 고통을 겪었으나 여전히 의로움을 지켰다. 나는 그보다 더 많이 말하였다. '나의 길은 주님께 숨겨져 있다'(이사 40,27). 이제 나는 '크신 당신의 선하심'(시편 31,20)에 나의 것이 있음을 확신한다.'" - 창세기 라바 94,3

이집트로 떠나는 야곱에게 하신 하느님의 약속(46,1-7)

46,1 이스라엘은 자신의 모든 것을 가지고 떠났다. 그는 브에르 세바에 이르러 아버지 이사악의 하느님께 제물을 바쳤다.

"랍비 여호수아 벤 레위가 말하였다. 나는 남쪽에 사는 하가다 스승들을 찾아다니며 이 구절에 대해 물어보았다. 그러나 아무도 나에게 설명해 주지 않았다. 내가 벤 하카파르의 누이의 아들인 유다 벤 프다야를 만날 때까지 말이다. 그가 말하였다. 스승과 제자가 길을 걸어가면 먼저 제자에게 인사를 하고 그다음 스승에게 인사를 한다. (마찬가지로 야곱도 아브라함보다 먼저 이사악의 하느님에게 제사를 지낸 것이다.) 랍비 후나가 말하였다. 랍비 여호수아 벤 레위가 티베리아에 왔을 때 랍비 요하난과 레시 라키시에게 물었다. 랍비 요하난이 말하였다. 사람은 할아버지를 공경하는 것보다 아버지를 더 공경해야 한다. 레시 라키시가 말하였다. (이스라엘은) 지파들의 계약을 두고 제사를 바친 것이다." - 창세기 라바 94,5

46,4 "나는 너와 함께 이집트로 내려갔다가, 반드시 너를 다시 올라오게 하리라. 요셉이 자기 손으로 너의 눈을 감겨줄 것이다."

"(주님께서 말씀하셨다.) '너와, 그리고 너처럼 의로운 이들 모두와 함께 (내려가겠다.)'" - 창세기 라바 94,6

“야곱이 속으로 생각하며 말하였다. ‘내가 아버지의 땅이자 나의 고향이요 내 조상들이 살던 땅이며 거룩하시고 찬미받으실 분께서 계신 이 땅을 버리고, 하늘을 경외하지 않는 부정한 땅으로 갈 수 있을까?’ 거룩하시고 찬미받으실 분께서 그에게 말씀하셨다. ‘내가 너와 함께 이집트에 내려갔다가, 반드시 너를 다시 올라오게 하리라’(4절).” - 엘리에제르의 어록 39,1-5

“야곱은 베텔에서 꾼 꿈을 떠올렸다. 이집트로 내려가는 것이 두려웠다. 그는 요셉에게 오라고 전갈을 보낼까 생각하며 내려가지 않았다. 혹시라도 그가 남을지 내려갈지를 두고 환시를 볼까 싶어 거기서 칠 일을 머물렀다. … (주님께서) 그에게 말씀하셨다. ‘나는 너의 조상들의 하느님, 아브라함과 이사악의 하느님이다. 두려워하지 말고 이집트로 내려가라. 거기서 너를 큰 민족으로 만들겠다. 내가 너와 함께 내려가고 너를 이 땅으로 올라오게 하겠다. 너는 이 땅에 묻힐 것이고 요셉이 너의 눈에 자기 손을 놓을 것이다. 두려워하지 말고 이집트로 내려가라.’” - 희년서 44,2-3.5-6

46,7 그의 아들들과 손자들, 그의 딸들과 손녀들, 곧 그의 모든 자손들이 그와 함께 이집트로 갔다.

“랍비 유다 벤 랍비 일라이가 말하였다. 손녀들은 자식들과 같으나 외손자들은 아들들과 같지 않다.” - 창세기 라바 94,6: 아들들의 딸들은(손녀들) 언급되나 딸들의 아들들은(외손자들) 언급되지 않은 것에 대한 해석으로 보인다.

이집트에 들어간 이스라엘의 자손(46,8-27)

46,10 시메온의 아들들은 여무엘, 야민, 오핫, 야킨, 초하르, 가나안 여자의 아들 사울이다.

"랍비 요하난이 말하였다. 지므리는 이름이 다섯 개다. 지므리, 살루의 아들, 사울, 가나안 여자의 아들, 추리사따이의 아들 슬루미엘이다. '지므리'(זמרי)는 그가 (풍기가 문란하여) 썩은(המוזרת) 계란 같다 하여, '살루(סלוא)의 아들'은 가족의 죄들을 떠오르게(הסליא) 하였다 하여, '사울'(שאול)은 죄짓는 일에 자신을 빌려주었다(השאיל) 하여, '가나안 여자의 아들'은 (음탕하기로 유명한) 가나안 사람처럼 행동하였다 하여 (그렇게 불렀다.) (또) 그의 이름은 무엇인가? '추리사따이의 아들 슬루미엘'(민수 1,6)이 그의 이름이다." - 바블리 산헤드린 82ㄴ

46,13 이사카르의 아들들은 톨라, 푸와, 야숩, 시므론이다.

"이사카르의 자손들 가운데에서는 우두머리 이백 명이 그들의 명령을 따르는 형제들을 모두 거느리고 갔다. 이들은 때를 분별할 줄 알고 이스라엘이 무엇을 해야 할지 아는 사람들이었다." - 1역대 12,33

"이사카르는 토라에 헌신하는 이다. … (때를 분별할 줄 안다고[1역대 12,33]) 하였는데 '때'가 무엇인가? 랍비 탄후마는 계절을 이해하는 것이라 하고, 다른 이는 윤달을 계산하는 것이라 하였다. … 그리고 이사카르가 이백 명의 산헤드린 위원들을 세웠다." - 창세기 라바 72,5

"랍비 메이르가 사마리아인을 만나 그에게 말하였다. '당신은 어디 출신이오?' 그가 말하였다. '요셉 (가문) 출신입니다.' 그가 말하였다. '아니오.' '그럼 어디입니까?' (랍비 메이르가) 말하였다. '이사카르 (가문) 출신이오.' 그가 말하였다. '왜 그렇습니까?' (랍비 메이르가) 말하였다. '이사카르의 아들은 톨라, 푸아, 야숩, 시므론인데(13절) (시므론이) 사마리아를 가리키오.' 그러자 그는 그들의 수장에게 가서 말하였다. '유다인들의 스승이 저에게 놀라운 사실을 말해 주었습니다.' (수장이) 말하였다. '그것이 무엇이냐?' '그가 저에게 당신들은 어디 출신이냐고 하여, 제가 요셉 (가문) 출신이라 하였더니, 그가 저에게 이사카르 (가문이라) 하면서 이사카르의 아들은 톨라, 푸아, 야숩, 시므론이라고 하였습니다.' (수장이) 말하였다. '세상에! 그는 너를 요셉 (가문에서) 제외시키고는 이사카르 (가문에) 올리지도 않았다.'" - 창세기 라바 94,7: 사마리아인들은 유다인이 아니니 두 가문에 다 속하지는 않으나, 에프라임(요셉 가문) 지파의 영역에 살고 있어서 그들은 요셉의 후손이고 싶어한다.

46,14 즈불룬의 아들들은 세렛, 엘론, 야흘엘이다.

"이 모든 것이 어디에서 이사카르에게 오는가? 무역에 종사하면서, 토라에 헌신하는 이사카르를 부양하는 즈불룬의 것에서 나온다." - 창세기 라바 72,5

46,15 이들은 레아가 파딴 아람에서 야곱에게 낳아 준 아들들이고, 딸 디나도 있다. 그의 아들들과 딸들은 모두 서른세 명이다.

"야곱의 딸들은 아들들의 아내들을 말한다. 야곱의 모든 후손은 그들의 누이들과 혈족에게서 (아내를) 얻었다." - 엘리에제르의 어록 39,6-7

46,21 벤야민의 아들들은 벨라, 베케르, 아스벨, 게라, 나아만, 에히, 로스, 무핌, 후핌, 아르드이다.

"요셉이 벤야민과 함께 있을 때 그에게 말하였다. '아들이 있느냐?' 그가 말하였다. '있습니다.' (요셉이) 말하였다. '몇이나 두었느냐?' 그가 말하였다. '열 명입니다.' '그들 이름은 무엇이냐?' 그가 말하였다. '저에게 형이 하나 있었는데 그의 행실은 착하고 반듯했습니다. 그는 포로가 되어 저에게서 떠나, 저는 그에게 일어난 사건대로 (제 아들들 이름을) 붙였습니다. 민족들한테 삼켜졌다(נתבלע) 하여 벨라(בלע), 맏아들이라(בכור) 하여 베케르(בכר), 포로가 되었다(נשבה) 하여 아스벨(אשבל), 나그네가(גר) 되었다 하여 게라(גרא), 그의 행실이 착하고(נאים) 반듯하다(נעימים) 하여 나아만(נעמן), 그는 사실 나의 형이므로(אחי) 에히, 나의 우상이었고(ראש) 최고이므로(ראש) 로스(ראש), 모든 것에서 가장 아름답다(יפה) 하여 무핌(מפים), 내

혼례 천막에서(חופתי) 그를 보지 못했고 나도 그의 혼례 천막을(חופתו) 보지 못했다 하여 후핌(חופים), 그는 장미꽃과도(וורד) 같아 아르드라(ארד) 불렀다." - 창세기 라바 94,8

"벨라는(בלע) (요셉이) 민족들 사이에서 삼켜졌다 하여, 베케르는(בכר) (요셉이) 그의 어머니의 맏아들이었다 하여, 아스벨은(אשׁבל) 하느님께서 (요셉을 이집트에) 포로로 보내셨다 하여, 게라는(גרא) (요셉이) 이민족의 땅에 머물렀다 하여, 나아만은(נעמן) (요셉이) 매우 기뻐했다 하여, 에히와(אחי) 로스는(ראשׁ) (벤야민이 요셉에게) 나의 형이자 우두머리라고 (말하였다) 하여, 무핌과(מפים) 후핌은(חפים) (요셉이) 내 혼인 캐노피를 보지 못하였고 내가 그의 캐노피를 보지 못하였다고 (벤야민이 말하였다) 하여, 아르드는(ארד) (요셉이) 세상 민족들의 (땅으로) 내려갔다 하여 (붙여진 이름들이다)." - 바블리 소타 36ㄴ

46,27 이집트에서 태어난 요셉의 아들들은 두 명이다. 그래서 이집트로 들어간 야곱 집안 사람은 모두 일흔 명이다.

"랍비 레위가 랍비 사무엘 벤 나흐만의 이름으로 말하였다. … 어떻게 그들을 일흔 명으로 세었는가? 이집트에 들어간 이스라엘의 수를 채운 것은 요케벳이다. … 요케벳은 가나안 땅에서 잉태되어 이집트에서 태어났다. '아므람의 아내 이름은 레위의 딸 요케벳인데, 그는 이집트에서 레위가 낳은 딸이다'(민수 26,59)고 한 대로이다. … 거룩하시고 찬미받으실 분께서는 아직 어미 뱃속에 있는데도 지파의 수로 세신다." - 창세기 라바 94,9

"랍비 하마 바르 하니나가 말하였다. (일흔 명 가운데 빠진 이는) 요케벳이다. 그는 (야곱 집안이 이집트로) 여행하던 중에 잉태되었고, 벽들 사이에서 태어났다. … 그의 출생은 이집트이나 그를 임신한 것은 이집트가 아니다. " - 바블리 바바바트라 123ㄴ: 그래서 야곱 집안은 이집트에 도착하자마자 일흔 명이 되나, 이집트로 내려간 목록에는 요케벳이 포함되지 않는다.

"그들이 이집트 경계에 이르렀을 때 남자들은 모두 예순여섯 명과 요셉과 두 아들까지 등록되어 총 예순아홉 명이었다. 그런데 '너의 조상들 일흔 명이 이집트로 내려갔다'(신명 10,22)고 쓰여 있다. 거룩하시고 찬미받으실 분께서 어떻게 하셨겠는가? 그분께서 그들과 함께 들어가시어, 일흔 명이라는 숫자가 되었다. '나는 너와 함께 이집트로 내려가겠다'(창세 46,4)고 하신 것을 이루신 것이다." - 엘리에제르의 어록 39,7-11

가족과 재회한 요셉(46,28-34)

46,28 이스라엘은 자기보다 먼저 유다를 요셉에게 보내어, 자기보다 먼저 고센으로 이끌게 하였다.

"성경에 따르면, '에프라임의 질투는 사라지고 ... 에프라임은 유다를 질투하지 않으리라'(이사 11,13)고 하였다. 우리의 조상 야곱은 유다가 (피 묻은) 옷을 가져왔을 때 그가 요셉을 죽였다고 생각했기 때문에 이렇게(유다를 먼저 보내게) 하였다. '내 아들의 저고리다. 사나운 짐승이 잡아먹었구나'(창세 37,33)라고 한 대로이다. '사나운 짐승'은 유다를 가리킨다. '유다는 어린 사자'(49,9)라고 한 대로이다." - 창세기 라바 95,2

"'자기보다 먼저'는 장차 (유다보다) 먼저 왕국을 받을 이다. 소가 공격하면 사자가 구하러 오지만 사자가 공격하면 소가 구하러 오지 않는다. 유다와 요셉 중에서 요셉이 임시로 (먼저 왕국을) 받고 그러고 나서 유다가 영원히 (왕국을 받는다.) 이리가 공격하면 사자가 구하러 오지만 사자가 공격하면 이리가 구하러 오지 않는다. 유다와 벤야민 중에서 벤야민이 임시로 (먼저 왕국을) 받고 그러고 나서 유다가 영원히 (왕국을 받는다.) 실로와 영원한 집(성전) 중에서 실로가 임시로 (먼저 거룩함을) 받고 그러고 나서 영원한 집이(성전) 영원히 (거룩함을 받는다.) 이스라엘과 세상 민족 중에서 세상 민족이 임시로 (먼저 주권을) 받고 그러고 나서 이스라엘이 영원히

(주권을 받는다.) 이 세상과 다음 세상 중에서 이 세상이 (먼저 주권을) 받고 그러고 나서 다음 세상이 영원히 (주권을 받는다.)" - 창세기 라바 95(1231)

"이스라엘은 … 브에르 세바에서 일어나 이집트 땅으로 갔다. 이스라엘은 아들 유다를 자기 앞에 고센 땅을 살펴보러 요셉에게 보냈다. 요셉이 자기와 가까운 곳에 머무르도록 형제들에게 그곳으로 오라고 말했기 때문이다. 이곳은 이집트 땅에서 가장 비옥하고 (요셉과) 가까우며 모두와 가축에게도 (적당하였다.)" - 희년서 44,8-9

"'이끌다'가(להורת: 가르치다) 무엇인가? 랍비 느헤미야가 말하였다. (야곱은 고센에서) 토라를 가르치고 지파들이 토라를 배울 학교를 마련했다는 것이다." - 창세기 라바 95,3

"랍비 하니나 바르 랍비 아하와 랍비 하마 벤 랍비 하니나가 (토론하였다.) 하나가 말하였다. (고센으로 이끈 것은) 그의 거처를 마련하기 위해서다. 다른 이가 말하였다. 모임 장소를 마련하기 위해서다. … '고센', 이는 열매가 크고 빨리 익는 땅이다. 랍비 여호수아 벤 레위가 말하였다. 그 열매는 상수리나무 열매와 비슷하다." - 창세기 라바 95(1232)

46,30 이스라엘이 요셉에게 말하였다. "이제 내가 죽게 되더라도 네 얼굴을 본 다음이니 (괜찮다.) **지금까지 네가 살아 있었으니 말이다."**

"이스라엘이 요셉에게 말하였다. '너를 보았으니 지금 죽어도 (여한이 없다.) 이제 이스라엘의 주 하느님, 아브라함과 이사악의 하느님께서는 찬미받으소서. 당신 종 야곱에게 자비와 자애를 거두지 않으셨다. 내가 아직 살아서 너의 얼굴을 보았으니 그것으로 나에게는 충분하다. 베텔에서 본 환시가 사실이었구나. 영원에서 영원까지 주 하느님께서는 찬미받으소서. 그분의 이름은 찬미를 받으소서.'" - 희년서 45,3-4

요셉의 가족을 환대한 파라오(47,1–12)

47,2 그는 형제들을 끝에서부터 다섯 사람을 데리고 파라오 앞에 세웠다.

"성경은 왜 '끝에서부터'(מקצה)라고 하였나? 그들이 용사들이 아님을 알려 주기 위해서다. 이 다섯 명은 누구인가? 르우벤, 레위, 벤야민, 시메온, 이사카르이다. 왜 의로운 요셉은 형제들 가운데 이 다섯을 골랐나? 그는 형제들 가운데 누가 강한지 알기에, 지혜롭게 대처하며 말한다. '내가 만약 파라오 앞에 용사들을 세웠으면 그는 그들을 보고 전사로 삼았을 것이다.' 그래서 그는 용사가 아닌 이들 다섯 사람을 세운 것이다. 그들이 용사가 아님은 어떻게 (알 수 있나?) 우리의 스승 모세의 축복에서 그것들을 찾을 수 있다. 그의 축복에서 이름이 반복되는 사람은 다 용사이고 반복되지 않은 사람은 다 용사가 아니다. 유다는 이름이 반복되어 용사이다. '이는 유다에 관한 것으로 그가 말하였다. 주님, 유다의 소리를 들으십시오'(신명 33,7). 그래서 그는 파라오 앞에 그를 세우지 않았다. 납탈리도 마찬가지다. '납탈리에 관해서 그가 말하였다. '은총이 충만하고 주님의 복이 가득한 납탈리''(23절). 아세르도 마찬가지다. '아세르에 관해서 그가 말하였다. '아들들 가운데 복을 받은 아세르''(24절). 단도 마찬가지다. '단에 관해서 그가 말하였다. '단은 바산에서 뛰어노는 사자 새끼다''(22절). 즈불룬도 마찬가지다. '즈불룬에 관해서 그가 말하였다. '즈불룬아, 길을 나설 때 기뻐하여라''(18절). '가드에 관해서 그가 말하였다. '가드의 (땅을) 넓히시는 분은 찬미받으소서''(20절). 그래서 그는 그들을 파라오 앞에 세우지 않았다. 나머지는 그들 이름이 반복되지 않아 용사가 아니다. 그래서 그들을 파라오 앞에 세웠다." – 창세기 라바 95,4

"라바가 라바 바르 마리에게 말하였다. (성경에서) '그는(요셉) 형제들 … 다섯 사람을 골랐다'(2절)고 하였다. 이 다섯 명은 누구인가? … 랍비 요하난이 말하기를, 이는 (모세의 축복[신명 33장]에서) 이름이 두 번 언급되

는 이들이다." - 바블리 바바카마 92ㄱ

47,5-6 파라오가 요셉에게 말하였다. "… 그대 앞에 있는 이집트 땅에서 비옥한 땅에 … 머무르게 하게."

"랍비 아하봐 벤 랍비 즈이라가 말하였다. 처음에는 달고 끝에 가서 쓴 상추처럼 이집트도 이스라엘에게 처음에는 달지만 끝에 가서 쓰다. 처음에 단 것은 '그대 앞에 이집트 땅이 있네'(6절)라고 한 데서, 끝에 쓴 것은 '그들의 삶을 쓰디쓰게 하였다'(탈출 1,14)고 한 데서 알 수 있다." - 창세기 라바 95(1233)

47,7 요셉이 아버지 야곱을 모시고 와 파라오 앞에 세웠다. 야곱은 파라오를 축복하였다.

"(야곱이) 무슨 축복을 하였나? 랍비 여호수아 벤 카르하가 말하였다. (야곱은) '나의 해가 파라오의 해에 더해질 것이다' 하고 (축복하였다.) 랍비 시메온 벤 요하이가 말하였다. (야곱은) '나일강이 나를 위해 올라와 이집트 온 땅을 적실 것이다' 하고 (축복하였다.)" - 창세기 라바 95(1233)

요셉의 양곡 관리(47,13-26)

47,21 그는 백성을 성읍에서 성읍까지, 이집트의 경계 이 끝에서 저 끝까지 옮기게 하였다.

"'그는 백성을 성읍에서 성읍까지 옮기게 하였다.' 무슨 일인가? (그래서 이집트인들은) 그의 형제들을 유배자들이라 부르지 않게 되었다." - 바블리 훌린 60ㄴ: 이집트인을 방방곡곡으로 다 이주시켜 요셉의 형제들이 유배자들이라 무시 당하지 않게 했다는 것이다.

"랍비 시메온 벤 요하이가 가르쳤다. 무슨 말인가? … (이집트인들이) 이스라엘을 조롱하며 '너희는 유배자들이며 뜨내기들이 아니냐?'고 말하지 않게 하려고, 이곳에서 데려다가 저곳을 주고 저곳에서 데려다가 이곳을 주어 (이집트인들도 뜨내기들이 되게 하였다.)" – 창세기 라바 95(1234)

47,22 그는 사제의 땅만은 사지 않았다.

"랍비 아바 바르 카하나가 말하였다. (요셉은) 사제들의 세습 재산은 샀지만 그들이 직접 사들인 것은 사지 않았다." – 창세기 라바 95(1234)

47,24 "수확 때 오분의 일은 파라오에게 바치고 네 몫은 여러분의 것이오."

"시크닌의 랍비 여호수아가 랍비 레위의 이름으로 말하였다. 파라오는 세상에서 아무것도 그의 것이 없다. 그런데도 '수확 때 오분의 일을 파라오에게 바치'라고 하였다. 그러나 세상의 모든 것이 그분의 것인 거룩하시고 찬미받으실 분께서는 (단지) 십분의 일을 떼어 바치라고 하시지 않는가?" – 창세기 라바 95(1234)

47,25 "나리께서 저희를 살리셨으니 … 저희는 파라오의 종이 될 것입니다."

"랍비 아바 바르 카하나가 말하였다. 그는 그들에게 할례할 것을 요구하였다. 랍비 사무엘 바르 나흐만이 말하였다. '나리께서 저희를 살리셨습니다.' 이는 '나리께서 이 세상에서도 저희를 살리셨고 저 세상에서도 살리셨다'는 말이다." – 창세기 라바 95(1234)

야곱의 유언(47,27–31)

47,27 이스라엘은 이집트 땅의 고센 땅에 머물렀다. 그들은 그곳을 소유하고 (자손들이) 불어나 매우 번성하였다.

"랍비 하마 바르 랍비 하니나가 말하였다. 우리의 조상들 시대부터 예시바가(토라 학교) 있었다. 이집트에 있을 때에도 예시바가 있었다. … 그들이 광야에 있을 때에도 예시바가 있었다." - 바블리 요마 28ㄴ

"랍비 느헤미야가 말하였다. (야곱은 고센에서) 토라를 가르치고 지파들이 토라를 배울 학교를 마련하였다." - 창세기 라바 95,3

47,28—50,26 פרשת ויחי
그가 살았다(와예히)

47,28 야곱은 이집트 땅에서 십칠 년을 살아, 야곱이 산 세월은 백사십칠 년이 되었다.

"우리의 스승 (랍비 유다 하나시는) 치포리에서 십칠 년을 살았다. 그리고 (야곱이 이집트에서 십칠 년을 살았다는) 이 구절을 자신에게 적용하였다." - 창세기 라바 95(1234)

"랍비 사무엘 바르 나흐만이 랍비 요나탄의 이름으로 말하였다. 그들의 햇수는(수명) 그들 조상들의 기간에 이르지 못하였다. 아브라함은 백칠십오 년을 살았고 이사악은 백팔십 년을 살았는데, 야곱은 백사십칠 년을 살았음을 볼 수 있다. 그의 햇수가 그의 조상들의 기간에 이르지 못한 것이다. 레위는 백삼십칠 년을 살았고 크핫은 백 삼십삼 년을 살았으며 아므람은 백삼십칠 년을 살았는데, 모세는 백이십 년을 살았음을 볼 수 있다. 그의 햇수가 그의 조상들의 기간에 이르지 못한 것이다. 보아즈, 오벳, 이사이는 (합해서) 오백 년 가까이 살았으나 다윗은 칠십 년을 살았다. '저희의 햇수는 칠십 년'(시편 90,10)이라고 한 대로이다. 이렇게 그들의 햇수는 그들 조상들의 기간에 이르지 못하였다." - 창세기 라바 96(1236):

아브라함과 이사악에 비해 야곱의 수명이 짧고 레위, 크핫, 아므람에 비해 모세의 수명이 짧으며, 보아즈, 오벳 등에 비해 다윗의 수명이 짧음을 관찰하였다.

47,29 이스라엘에게 죽을 날이 다가와 그는 아들 요셉을 불러 말하였다. "이제 … 네 손을 내 넓적다리 아래에 얹어라. 나에게 자애와 진실을 베풀어 나를 이집트에 묻지 말아 다오."

"'날이 다가온다'는 것은 족장의 선택, 예언자의 선택, 임금의 선택과 관련이 있다. 족장의 선택은 야곱의 경우이다. '주님께서 야곱을 당신 것으로, 이스라엘을 당신 소유로 선택하셨'고(시편 135,4), 그에게 날이 다가온다고 하였다. '이스라엘에게 죽을 날이 다가왔다'(창세 47,29)고 한 대로이다. 예언자의 선택은 모세의 경우이다. '당신께서 선택하신 모세가 아니라면 그들을 없애버리겠다고 하셨'고(시편 106,23), 그에게 날이 다가온다고 하였다. '주님께서 모세에게 말씀하셨다. '자, 네가 죽을 날이 다가왔다"(신명 31,14)고 한 대로이다. 임금의 선택은 다윗의 경우이다. '당신 종 다윗을 뽑으셨'고(시편 78,70), 그에게 날이 다가온다고 하였다. '다윗에게 죽을 날이 다가왔다'(1열왕 2,1)고 한 대로이다." - 창세기 라바 96(1236)

"왜 (야곱은) 르우벤이나 유다에게 유언하지 않았나? 르우벤은 맏아들이고 유다는 임금인데 그는 그들을 무시하고 대신 요셉을 불렀다. 그는 그 시기에 힘이 있는 사람에게 경의를 표해야 함을 가르치려고 그렇게 하였다. 요셉에게는 그의 바람을 이루어줄 힘이 있었다." - 탄후마 와예히 3(56)

"토라를 받기 전에 고대인들은 할례 계약을 걸고 맹세하였다. '네 손을 내 넓적다리 아래에 얹어라'(29절)고 한 대로이다." - 엘리에제르의 어록 39,56

"그는 '자애와 진실'이라 하였는데 거짓 자애도 있나? 왜 그렇게 (말하고 있나?) 속담에서 말한다. '친구의 아들이 죽으면 (함께) 슬퍼하고 친구가 죽으면 (슬픔을) 던져버려라.' 그래서 (야곱이 요셉에게) 말한 것이다. '내가 죽을 때와 죽은 다음에 나에게 자애를 베푼다면 이는 정녕 진실한 자애다.'" - 창세기 라바 96,5

"죽음 이후에 베푸는 자애는 진실이다(진짜다). 자기 아버지를 공경하는 사람은 때로는 두려움 때문에 때로는 부끄러움 때문에 (섬긴다.) 그러나 죽음 이후에 베푸는 이 자애야말로 진실이다(진짜다). (야곱이 요셉에게 말하였다.) '토라에서 말한 것을 너는 나에게 해야 한다. '아버지와 어머니를 공경하여라'(탈출 20,12), '너희 아버지와 어머니가 기뻐하게 하여라'(잠언 23,25). 거룩하시고 찬미받으실 분께서 말씀하신 것을 너는 나에게 해야 한다. '주님은 진실의 하느님이시다'(예레 10,10). 그분께서 말씀하셨다. '요셉이 그의 손으로 너의 눈을 감겨줄 것이다'(창세 46,4). 네가 나를 위해 이 것을 하면 이는 나에게 신의를 베푸는 것과 같다.'" - 창세기 라바 96(1239)

"왜 (이집트에 매장하지 말라고) 하였나? (야곱이 말하였다.) '이집트는 결국 해충에 감염되어 그것이 내 몸 주위에서 우굴거리게 될 것이다.' … 야곱이 이집트에 묻히는 것을 바라지 않은 다른 이유는 그들이 자신을 우상숭배의 (도구로) 만들지 않을까해서이다. 우상숭배자들이 벌을 받듯이 그들의 우상도 벌을 받을 것이다. '이집트의 신들을 모조리 벌하겠다'(탈출 12,12)고 한 대로이다. … 왜 모든 조상들은 그렇게 걱정을 하며 이스라엘 땅에 묻히고 싶어 하는가? 랍비 엘아자르가 말하였다. 그럴 만한 이유가 있다. 랍비 하니나가 랍비 여호수아 벤 레위가 말한 것을 말하였다. 그럴 만한 이유가 무엇인가? '나는 주님 앞에서 산 이들의 땅에서 걸어가리라'(시편 116,9)고 한 대로이다." - 창세기 라바 96,5: 랍비 하니나에 따르면, 조상들은 이스라엘 땅만이 산 이들의 땅이라고 여겨 그곳에 묻히려 했다는 것이다.

47,30 "내가 조상들과 함께 자리에 들 때 나를 이집트에서 옮겨 그들 무덤에 묻어 다오." 요셉이 말하였다. "아버지 말씀대로 하겠습니다."

"육신이 무슨 상관인가? 세상의 조상들은 묻히는 것을 두고 왜 걱정하나? … 랍비 시메온 벤 라키스가 말하였다. 그 땅의(이스라엘) 죽은 이들이 메시아 시대에 가장 먼저 살아날 것이다. … 랍비 시마이가 그에게 말하였다. 그렇다면 유배지에 있는 우리 스승들은 (그곳을) 잃게 되는가? (랍비 시메온 벤 라키스가) 말하였다. 이는, 그 땅은 구멍이 뚫려 그들이 박처럼 굴러서 이스라엘 땅에 이를 것이고 그들은 살아날 것임을 가르친다. '내가 너희 안에 내 영을 넣어 주어 너희는 살아날 것이다'(에제 37,14)고 한 대로이다." - 창세기 라바 96(1239)

"랍비 이사악이 말하였다. 종은 종답게 행동하고, 자유인은 자유인답게 행동한다. 종이 종답게 행동하는 것은, '그 종은(엘리에제르) 주인 아브라함의 샅에 제 손을 넣고 (맹세하였다)'(창세 24,9)고 한 대로이고, 자유인이 자유인답게 행동하는 것은, '(요셉이) 아버지 말씀대로 하겠습니다'(47,30)고 한 대로이다." - 창세기 라바 96(1240)

47,31 그가 말하였다. "나에게 맹세하여라." 요셉이 맹세하였다. 이스라엘은 침상 머리맡에서 절하였다.

"우리의 조상 야곱은 레아가 동생인 척 속인 것을 보고 이혼하려고 하였다. 그런데 거룩하시고 찬미받으실 분께서 (레아에게) 아들들을 점지해 주셨다. (야곱이) 말하였다. '내가 (아이들 어미와) 이혼을 할 수는 없지.' 결국 그는 그 일에 감사하며 '이스라엘은 침상 머리맡에 절하였다'(31절). 우리의 조상 야곱의 침상 머리맡에 누가 있는가? 레아다." - 창세기 라바 96(1241)

요셉의 아들 에프라임과 므나쎄를 아들로 삼은 야곱(48,1-22)

48,2 어떤 이가 야곱에게 알려 말하였다. "당신의 아들 요셉이 왔습니다." 이스라엘은 힘을 내어 침상 위에 앉았다.

"누가 (야곱에게) 말하였나? 어떤 이는 벤야민이라고 하고, 또 어떤 이는 거룩한 영이라고 한다." - 창세기 라바 97(1242)

"(요셉이 오자 야곱이 침상 위에서 일어난 것은) 그 나라에 경의를 표하기 위해서다. 랍비 여호수아 벤 레위의 손자 미야사가 나라에서 (직책을) 요청받았다. 그가 집에 들어갈 때 그의 할아버지가 그 앞에 섰다. 나라에 경의를 표하기 위해서였다." - 창세기 라바 97(1242)

48,7 "내가 파딴에서 나올 때 라헬이 도중에 가나안 땅에서 죽었다. … 나는 그곳 에프랏으로 가는 길에 그를 묻었다. 그곳은 베들레헴이다."

"랍비 요하난이 말하였다. (야곱이 말하였다.) '라헬의 죽음은 나에게 닥친 모든 고통들 가운데 가장 힘든 것이었다.'" - 창세기 라바 97(1243)

"우리의 조상 야곱은 왜 라헬을 에프랏 가는 길에 묻었나? 우리의 조상 야곱은 장차 유배자들이 그곳을 지나가게 될 것을 내다보았다. 그곳에 그를 묻어 (라헬이 유배자들을) 위해 자비를 청하게 하려는 것이다. '라마에서 소리가 들린다. … 라헬이 자식들을 위하여 운다. … 주님께서 말씀하신다. 네 울음소리를 그치고 네 눈에서 눈물을 거두어라. 네 노고가 보상을 받아 그들이 원수의 땅에서 돌아오리라'(예레 31,15-16)고 한 대로이다." - 창세기 라바 97(1243)

48,12 요셉은 (아들들을) 그의 무릎에서 물러나게 하고는 … 절하였다.

"'그의 무릎에서', 이는 (요셉이) 할례하였듯이 그의 아들들도 할례하였다는 뜻이다." - 창세기 라바 97(1243)

48,14 이스라엘은 오른손을 뻗어 동생인 에프라임의 머리에 얹고, 왼손은 므나쎄의 머리에 얹었다.

"랍비 유다가 말하였다. 우리의 조상 야곱의 손은 교차되었다(שכל). 맏아들 권리를 므나쎄에게 주지 않기 위해서다. 랍비 느헤미야가 말하였다.

우리의 조상 야곱의 손은 지혜로워졌다(שכל). 맏아들 권리를 에프라임에게 주기 위해서다. 랍비 사무엘 바르 나흐만이 말하였다. 거룩하시고 찬미받으실 분께서 거룩한 영에게 말씀하셨다. '어서 가서 야곱에게 맏아들 권리를 에프라임에게 주라고 말하여라.' '내가(거룩한 영) 에프라임에게 걸음마를 가르쳐 주었다'(호세 11,3)고 한 대로이다." - 창세기 라바 97(1244)

48,15 "나의 조상 아브라함과 이사악을 당신 앞에서 걸어가게 하신 하느님 …"

"랍비 요하난이 말하였다. ('당신 앞에서 걸어가게 하신 하느님'은) 서서 가축들을 바라보는 목자와 같다. 레시 라키시가 말하였다. 자기 앞에 원로들을 앞세워 걸어가는 지도자와 같다. 랍비 요하난의 견해에 따르면 우리는 그분을 경외해야 하고, 레시 라키시에 따르면 그분은 우리의 경외를 받으셔야 한다는 말이다." - 창세기 라바 97,2

48,15-16 "제가 생겨날 때부터 오늘까지 저의 목자가 되어 주신 하느님, 모든 악에서 저를 구하신 천사님, 이 아이들을 축복하소서. … 그들이 땅 속에서 많은 수로 불어나게 되리이다."

"랍비 요하난이 말하였다. 사람의 양식을 대는 것이 구원보다 더 어렵다. 구원에 관해서는 '모든 악에서 저를 구하신 천사님'(16절)이라고 하여 천사만으로 세상을 (구원할 수 있다고 하였고,) 반면 양식에 관해서는 '저의 목자가 되어 주신 하느님'(15절)이라고 하여 (하느님만이 생계를 책임지실 수 있다고 하였기 때문이다.)" - 바블리 프사힘 118ㄱ

"랍비 엘아자르가 말하였다. 구원은 생계와 같고 생계는 구원과 같다. 구원이 두 배이듯이 생계도 두 배이다. 생계를 (위해) 매일 (벌어야 하듯이) 구원을 (위해서도) 매일 (힘써야 한다.) 랍비 사무엘 바르 나흐만이 말하였다. (생계가) 구원보다 더 위대하다. 구원은 천사를 통해 오고 생계는 거룩하시고 찬미받으실 분을 통해 온다. 구원이 천사를 통해 오는 것은 '저를 구하신 천사님'(16절)이라고 한 대로고, 생계가 거룩하시고 찬미받으실 분을 통해 오는 것은 '당신 손을 벌리시어 모든 생물을 배불리신다'(시편 145,15)고 한 대로이다." - 창세기 라바 97,3

"랍비 하니나의 아들 랍비 요세가 말하였다. '그들이 땅(세상) 속에서 많은 수로 불어나게(דגה) 되리이다'(16절). 이는 물이 바다의 물고기를(דג) 덮어 악한 눈이 그들을 지배하지 않듯이, 요셉의 후손도 악한 눈이 그들을 지배하지 않는다는 뜻이다." - 바블리 브라콧 20ㄱ: 히브리어 '불어나다'(דגה)와 철자가 닮은 '물고기'(דג)에서 유추해낸 해석이다.

"이스라엘 여자들은 하룻밤에 아이들을 육십만 명이나 임신하였다. 그들은 모두 나일강에 던져졌으나 모세 덕분에 올라왔다. '저를 둘러싼 백성은 걸어서 행진하는 사람만 육십만 명입니다'(민수 11,21) 하고 모세가 말한 대로이다." - 창세기 라바 97,3

48,19 "나도 안다. 아들아, 나도 안다. … 동생이 그보다 더 불어나 그의 후손은 다수의 민족이 될 것이다."

"('나도 안다'고 한 것은) '나는 르우벤과 빌하의 일과 유다와 타마르의 일을 안다. 그 일들이 너에게는 드러나지 않았어도 나에게는 드러났다. 하물며 너도 알고 있는 이 일이야 오죽하겠느냐! (나도 누가 맏아들인지 안다.)" - 창세기 라바 97,4

48,20 그분께서 에프라임을 므나쎄 앞에 두셨다.

"여기서 (에프라임이) 앞섰듯이 모든 곳에서 그가 앞섰다. 족보에서 앞섰는데 먼저 '이 족보는 에프라임의 자손들'이라 하고, 그러고 나서 '이 족보는 므나쎄의 자손들'이라 한다. (이렇게) 족보에서(민수 1,32) 그러하고 … 상속재산(여호 16,8), … 부대(민수 2,18.20), … 수장(민수 7,48.54), … 판관, … 임금, … 축복(창세 48,20), … 맏아들 권리(20절)에서 (에프라임이 므나쎄에) 앞섰다." - 창세기 라바 97,5

48,21-22 "나는 죽는다. … 나는 네 형제들보다 너에게 스켐 하나를 더 준다. 내가 칼과 활로 아모리족의 손에서 빼앗은 것이다."

"야곱이 칼과 활로 몫을 차지했다는 말인가? '정녕 저는 제 화살을 믿지 않습니다. 제 칼이 저를 구원하지도 않습니다'(시편 44,7)라고 하지 않았나? 오히려 '칼'은 '기도'를, '활'은 '간청'을 가리킨다." - 바블리 바바바트라 123ㄱ

"야곱은 아들들이 그렇게 행동하는 것을(칼을 들고 거침없이 성읍으로 들어간 것) 탐탁치 않게 여겼다. 그의 아들들이 그런 일을 저질렀을 때 그가 말하였다. '내가 아들들을 이방인들 손에 넘어지게 두어야 하나?' 그는 칼과 활을 들고 스켐 입구에 서서 외쳤다. '만약 이방인들이 내 아들들을 공격하러 온다면 나는 그들과 싸울 것이다.' 이는 그가 요셉에게 말할 때(48,21) 암시되어 있다. … 우리의 조상 야곱은 어디에서 칼과 활을 들었는가? 스켐에서다." - 창세기 라바 80,10; 97,6

야곱의 축복(49,1-28)

49,1 야곱이 자기 아들들을 불러 말하였다. "다들 모여 보거라. 뒷날 너희에게 닥칠 일을 너희에게 알려 주겠다."

"'나는 지극히 높으신 하느님께 부르짖는다'(시편 57,3). 이는 야곱을 가리킨다. 그의 아들들이 축복을 받으러 들어올 때 그는 그들에게 우선권을 분배하기 시작했다. 거룩하시고 찬미받으실 분께서 그를 인정하셨음을 어디서 (알 수 있나?) 모세가 축복하듯이 우리의 조상 야곱이 지파들을 축복한 것에서 찾을 수 있다. 거룩하시고 찬미받으실 분께서 각 축복마다 인정하셨다는 것에서 알 수 있다. 언제인가? (야곱이) 세상을 떠날 때이다. '야곱이 자기 아들들을 불러 말하였다'(1절)고 한 대로이다." - 창세기 라바 96(1203)

"랍비 피느하스 하코헨 바르 하마와 랍비 유다 하레위 벤 랍비 샬롬이 말하였다. '모여라'(האספו)는 무슨 뜻인가? '정결하게 하라'는 뜻이다. '그를 이레 동안 진영 밖에 격리하고 그 뒤에(정결하게 한 뒤) 모이게(תאסף) 하여라'(민수 12,14)고 한 대로이다." - 창세기 라바 96(1204)

"랍비 아하가 말하였다. '모여라'는 '너희 자신을 정결하게 하라'는 말이다. '그들은 모여들어(ויאספו), … 자신들을 정결하게 하였다'(느헤 12,28.30)고 한 대로이다." - 창세기 라바 98,2

"'뒷날(마지막 때) 너희에게 닥칠 일을 너희에게 알려 주겠다.' … 랍비 시몬이 말하였다. 그분께서 그들에게 곡과 마곡의 멸망을 보여 주셨다. … 랍비 유다가 말하였다. 그분께서 그들에게 성전 재건립을 보여 주셨다. … 랍비들이 말하였다. 그분께서 마지막 때의 (메시아의 구원을) 보여 주시려고 오셨으나 그것을 숨기셨다. 랍비 유다가 랍비 엘아자르 바르 아비나의 이름으로 말하였다. 두 사람에게 마지막 때가 드러났으나 다시 숨겨졌다. 그들은 야곱과 다니엘이다. 다니엘은 '다니엘아, 너는 마지막 때까지 이 말씀을 비밀에 부치고 이 책을 봉인해 두어라'(다니 12,4)고 한 대로이다. 야곱은 '뒷날 너희에 닥칠 일을 … 알려 주겠다'(창세 49,1)고 한 대로이다." - 창세기 라바 98,2

"그는 왜 (아들들을) 불렀나? 그들에게 끝을(메시아의 구원) 보여 주기 위해서다. '그분께서는 신뢰받는 이들에게서 언변을 앗아 버리시고 원로들에게서 판단력을 거두어 버리신다'(욥 12,20)고 하였다. 신뢰받는 이와 원로는 누구인가? 이사악과 야곱, 아론과 모세이다. 모세를 두고는 '그는 나의 온 집안을 충실히 맡고 있다'(민수 12,7), 아론을 두고는 '그의 입에 진실의 법이 있다'(말라 2,7)고 한 대로이다. 그러나 그들은 '들어라, 이 반란자들아!'(민수 20,10) 하고 말하여, 그들의 언변 때문에 벌을 받았다. '너희는 이 회중과 들어가지 못할 것이다'(12절)고 한 대로이다. 그래서 '그분께서는 신뢰받는 이들에게 언변을 앗아 버리셨다'고 한 것이다. '노인들에게서 판단력을 거두어 버리신다'고 한 것은 이사악과 야곱을 두고 한 말이다. 이사악은 거룩하시고 찬미받으실 분께서 싫어하는 에사우를 좋아하였다. 그는 그에게 말하였다. '맛있는 것을 만들어 오너라'(창세 27,4). 그를 축복하고 끝을 보여 주고 싶어서였다. 거룩하시고 찬미받으실 분께서 어떻게 하셨는가? 그분께서는 그에게서 판단력을 거두어 가셨다. 그는 몰랐으나 떨기 시작하였다. '이사악은 깜짝 놀라 몸을 떨었다'(33절)고 한 대로이다. 그는 무슨 말을 해야 할지 몰라 말하였다. '그가 축복을 받을 것이다'(33절). 야곱도 아들들에게 끝을 보여 주고 싶었다. '다들 모여 보거라. 뒷날 너희에게 닥칠 일을 … 알려 주겠다'(49,1)고 하였으나, 거룩하시고 찬미받으실 분께서 그에게도 숨기셨다. 그래서 그는 '르우벤은 나의 맏아들'(3절)이라고 말하기 시작하였다. '원로들에게서 판단력을 거두어 버리신다'고 한 대로이다." - 창세기 라바 99,5

"야곱은 마지막 때를 자식들에게 알리고자 하였으나 … 세키나가 그를 떠나셨다." - 바블리 프사힘 56ㄱ

49,2 "야곱의 아들들아, 모여서 들어 봐라. 아버지 이스라엘의 말을 들어라."

"랍비 베레크야가 … 말하였다. 이는 그들이 흩어졌으나 천사가 내려와 그들을 모아들였다는 말이다. 랍비 탄후마가 말하였다. 이는 그들이 흩어졌으나 (야곱이) 거룩한 영을 통하여 그들을 모아들였다는 말이다." - 창세기 라바 98,3

"이는 그가 그들을 원로로 임명하였다는 뜻이다. '이스라엘의 원로들 일흔 명을 모아라'(민수 11,16)고 한 대로이다. '모이라'(창세 49,1)고 하였고 '모여서 들으라'(2절)고 하였다. 곧 그는 그들이 두 번 유배살이할 것을 그들에게 알려 주었다." - 창세기 라바 99,6

"랍비 유단이 말하였다. ('아버지 이스라엘의 말을 들으라'는 것은) '너희 아버지 이스라엘의 하느님의 말을 들어라'는 뜻이다. 랍비 피느하스가 말하였다. 하느님은 너희 아버지 이스라엘이다. 거룩하시고 찬미받으실 분께서 세상을 창조하셨듯이 너희 아버지도 세상을 창조하였다. 거룩하시고 찬미받으실 분께서 세상을 갈라놓으셨듯이 너희 아버지도 세상을 갈라놓았다." - 창세기 라바 98,3: 랍비들은 종종 세상이 야곱과 같은 의인들을 위해 창조되었고 그들이 하느님과 함께 세상 창조에 관여했다고 여긴다.

49,3 "르우벤은 나의 맏아들, 너는 나의 힘, 내 정력의 첫 열매이다. 너는 영광이 넘치고 힘이 넘친다."

"랍비가 말하였다. 이 안에는 칭찬의 말과 책망의 말이 담겨 있다. 곧 '너는 맏아들이지만 에사우도 맏아들이었다'는 뜻이다." - 창세기 라바 98,4

"랍비 유다 하레위 벤 랍비 샬롬이 말하였다. ('내 정력의 첫 열매'는) 그들의 아버지 야곱이 르우벤이 태어날 때까지 여든두 해 동안 밤의 부정을(קרי) 하지 않았다는 말이다." 창세기 라바 97(1204)

"아바이가 말하였다. … '너는 나의 힘, 내 정력의 첫 열매'(3절)라고 한 것은, 야곱이 그동안 정액을 분출한 적이 없다는 말이다." - 바블리 예바못 76ㄱ

"('내 정력의 첫 열매'는) '내 힘의 시작, 내 슬픔의 시작'이라는 뜻이다." - 창세기 라바 98,4: '나의 정력'(אוֹנִי)을 '애도, 슬픔'(אוֹנִי)으로 읽은 듯하다. 르우벤의 죄로 야곱이 슬퍼하였음을 암시한 것일 수도 있다.

"'너에게 세 가지 왕관이 주어졌다. 사제, 임금, 맏아들의 (왕관이다.) '영광'은 사제직을 … '힘'은 왕권이다. 맏아들의 (왕관은) '너는 나의 맏아들'에 쓰여 있다. 그러나 너는 그것들을 다 잃었다'는 것이다." - 창세기 라바 99,6

"이는 '맏아들 권리와 사제직과 왕권이 너의 것이었으나 이제 너는 죄를 지어 맏아들 권리는 요셉에게, 사제직은 레위에게, 왕권은 유다에게 넘어갔다'는 말이다." - 창세기 라바 98,4

"르우벤은 맏아들이면서도 … 그의 맏아들 권리가 이스라엘의 아들

요셉의 아들들에게 넘어가고, 족보에 맏아들로 오르지 못하였다." - 1역대 5,1

"맏아들 권리는 처음에 르우벤에게 속하였으나 그는 이를 빼앗겨 (그 권리가) 요셉에게 주어졌다." - 차명 요나탄 신명 33,17

49,4 "그러나 너는 물처럼 무모하여 남아 있지 못하리라. 네가 아버지 침상에 올라갔기 때문이다. 너는 내 잠자리를 더럽혔고 올라갔다."

"물이 (쏟아지면) 이곳에서 저곳으로 (흘러) 풀려나듯이 너의 (특권도) 너에게서 풀려났다." - 창세기 라바 98,4

"'너는 물처럼 무모하여 남아 있지 못하리라.' 한 사람이 물병을 손에 들고 있다가 쏟으면 그 안에 아무것도 남지 않는다. 그러나 그것이 기름이나 꿀이 (든 병이었다면) 그 안에 (기름이나 꿀이) 남았을 것이다. 그래서 '너는 물처럼 남아 있지 못하리라'고 한 것이다." - 창세기 라바 99,6

"'내 잠자리를 더럽혔고 올라갔다.' 이는 '내 잠자리를 더럽혔지만 치유되었다(עלה: 올라가다)'는 말이다. 그의 아버지가 그에게 말하였다. '내 아들아, 성경에 '모세가 하느님께 올라갔다(עלה)'(탈출 19,3)고 한 대로 (모세가) 올 때까지 너에게 치유란 없다.' 모세가 와서 에발산에 올라가 섰을 때 르우벤 지파를 저주에(신명 27,13) 앞서 임명하였다. 르우벤 지파는 입을 열어 '아버지의 아내와 동침하는 자는 저주를 받는다'(20절)고 외친 것이다. 그러자 모든 이스라엘은 르우벤이 죄가 없어지고 치유되었으며 거룩하시고 찬미받으실 분께서 그를 용서하셨음을 알게 되었다." - 창세기 라바 97(1205)

"(야곱이 말하였다.) '네가 합환채를 가져왔을 때 네 어머니가 여동생에게 말하였다. '너는 내 남편을 가로챈 것도 부족하냐?'(창세 30,15) 그러고 나서 너는 내 침상에 올라가 내 잠자리를 더럽혔다. 네가 그것을 더럽혔기 때문에 모세가 올 때까지 거부당했다. '모세가 올라와(עלה)'(탈출 19,3) 그가 너를 사면하고 되돌려 놓았다.' '르우벤은 죽지 않고 살리라'(신명 33,6)

고 한 대로이다." - 창세기 라바 99,6

49,5 "시메온과 레위는 형제, 그들의 칼은 폭력의 도구이다."

"그들은 디나의 형제이지 요셉의 형제는 아니다." - 창세기 라바 98,5: 어머니가 다르기도 하지만, 디나를 위해서는 복수를 하고 요셉에게는 음모를 꾸며 곤궁에 빠뜨렸기 때문이다.

"'시메온과 레위는 형제,' 타락한 형제들이다. 그들이 형제라면 디나에게는 형제이다. '디나의 오라버니인 야곱의 두 아들 시메온과 레위가 칼을 들고 (성읍으로 들어갔다)'고 한 대로이다. 그러나 그들이 팔아넘긴 요셉에게는 형제가 아니다. … 그들 둘이 (요셉을) 팔아넘겼다. 그래서 그들이 이집트에 내려갔을 때 (요셉은) 시메온을 끌어냈다. '(요셉은) 그들 가운데 시메온을 끌어다 그들 보는 데서 묶었다'(42,24)고 한 대로이다. 이렇게 그들 둘은(시메온과 레위) 하나처럼 불렸다." - 창세기 라바 99,5

"'폭력의 도구'가 무엇인가? (야곱이) 그들에게 말하였다. '그들은(스켐인들) 너희 손에 도난당했다. 그들은 너희의 것이 아니라 에사우의 것이다.' '너는 칼에 의지하여 살리라'(27,40)고 한 대로이다. 그들은 폭력의 도구이다. 폭력은 에사우를 말한다. '네 형제 야곱에게 저지른 폭력'(오바 1,10)이라고 한 대로이다." - 창세기 라바 99,7

49,6 "그들이 비밀 모의할 때 나는 가지 … 않으리라. 그들은 격분하여 사람을 살해하고 그들은 내키는 대로 소를 못 쓰게 만들었다."

"'그들이 비밀 모의할 때 나는 가지 않으리라.' 지므리가 일어나 코즈비와 일을 저질렀을 때 거기에 내 이름을 언급하지 마라. '처형된 이스라엘 사람의 이름은 살루의 아들 지므리였고 시메온 지파에 속하는 집안의 수장이었다'(민수 25,14)고 한 대로이다. '그들이 모일 때 나는 가담하지 않으리라.' 코라가 회중을 소집하여 분열을 일으켰을 때 그들과 내 이름을 결부시키지 마라. '이츠하르의 아들, 크핫의 손자, 레위의 아들인 코

라'(16,1)라고 한 대로 야곱의 아들이라 하지 않았다." - 창세기 라바 99,7

"'격분하여 사람을 살해했다.' 이는 스켐의 아버지 하모르를 가리킨다. '내킬 때 소를(שׁוֹר) 못 쓰게 만들었다.' 이는 '너희가 이방인들의 성벽을(שׁוּר) 허물었다'는 뜻이다." - 창세기 라바 98,5: 히브리어 '소'를(שׁוֹר) 철자가 같은 '성벽'으로(שׁוּר) 읽어 유추해낸 해석이다. 여기서 '이방인'은 성문에 나와 할례한 스켐 남자들을 가리킨다(창세 34,24).

"그들은 한 사람을 살해했나? '그들은 남자들을 모조리 죽였다'(34,25)고 하였다. 그러나 거룩하시고 찬미받으실 분 앞에서는 '모조리'도 한 사람일 뿐이다. '보라, 민족들은 두레박에서 떨어지는 물 한 방울과 같다'(이사 40,15)고 한 대로이다. 여기서 '보라'는(הֵן) 그리스어로 하나이다(ἕν). 그래서 그는 말하였다. '너는 한 사람을 치듯 미디안족을 칠 것이다'(판관 6,16), '그분께서 기마와 기병을 바다에 처넣으셨다'(탈출 15,1). 기마와 기병이 하나인 것처럼 (그렇게 하셨다.)" - 창세기 라바 99,7

49,7 "그들의 격분은 강하고 그들의 분노는 거세였으니 저주를 받으리라. 나는 그들을 야곱에게서 갈라놓고 이스라엘에서 흩어지게 하리라."

"그들은 스켐과 하모르와 온 성읍 사람들을 죽일 때 그들 아버지의 지시를 받지 않았다. (그래서 야곱은) 몹시 거센 그들의 분노를 저주하였다. '그들의 분노는 거세었다'(7절)고 한 대로이다. 그들의 격분과 분노가 심하여 '나는 그들을 야곱에게서 갈라놓겠다'(7절)고 한 것이다. 이는 시메온에게서 서기관들을 회당에 세우고, 레위 지파에서 학생들과 미슈나 선생들을 학교에 (세워) 토라를 연구하게 한다는 뜻이다." - 창세기 라바 97(1206-7)

"시메온의 지파들 가운데 이만사천 명이 지므리 일로 쓰러져 과부 이만사천 명이 남았다. 이들은 지파들마다 이천 명씩 흩어졌다. '나는 그들을 야곱에게서 갈라놓겠다'(7절)고 한 대로이다. … 돌아다니며 문앞에서

서성이는 이들은 다 시메온 지파 출신이다. 거룩하시고 찬미받으실 분께서 말씀하셨다. '레위도 서성거리고 다니느냐?' 거룩하시고 찬미받으실 분께서 어떻게 하셨겠는가? 그분께서는 그에게 생계를 깔끔하게 제공하셨나. 야곱의 선언이 이루어진 것이다. 거룩하시고 찬미받으실 분께서 그를 높이시고 그에게 십일조를 주셨다. 그런데 (레위는) 서성거리고 다니며 말하였다. '저에게 제 몫을 주십시오.' 그래서 '나는 그들을 야곱에게서 갈라놓겠다'고 한 것이다." - 창세기 라바 99,7

"땅의 모든 주민들이 (이 소식을) 듣고 매우 두려워하며 말하였다. '만약 야곱의 두 아들이(시메온과 레위) 이 일을 했다면, 그들이 힘을 합쳐 세상을 파괴할 수도 있겠다.'" - 엘리에제르의 어록 38,22-23

49,8 "유다야, 네 형제들이 너를 찬양하리라. 너의 손은 네 원수들의 목덜미를 (잡으리라.) 네 아버지의 아들들이 너에게 절하리라."

"유다는 야곱이 타마르의 일을 언급하지나 않을까 두려웠다. … 거룩하시고 찬미받으실 분께서 말씀하셨다. '너는 타마르의 일을 고백하였다. 너희 형제들은 네가 자신들의 임금이라는 것을 고백하리라.'" - 창세기 라바 99,8: '유다'(יהודה)라는 히브리어는 '찬양하다, 고백하다'(ידה) 동사와 어근이 비슷하여, 타마르 사건을 고백한 것과 형제들이 그를 (임금으로) 찬양하게 될 일을 연관시켜 풀이하였다.

"너는 (주님께) 고백하고 네 형제들은 이 세상과 다음 세상에서 너를 칭송한다. 그의 아버지 야곱의 축복에 따라 서른 명의 임금이 그에게서 나온다. '이것이 페레츠의 족보이다. … 이사이는 다윗을 낳았다'(룻 4,18-22)고 한 대로이다." - 창세기 라바 97(1207)

"랍비 탄후마 바르 하닐라이가 말하였다. 야곱이 아들들 시메온과 레위를 책망하자 유다의 얼굴이 하얘졌다. 그는 타마르의 일로 책망을 받을까 두려웠던 것이다. 그러자 (야곱이) 그를 불러 안심시키며 말하였다. '네 형제들이 너를 찬양하리라.' 이는 무슨 뜻인가? 야곱이 그에게 말하였다. '내 아들 유다야, 네가 요셉을 죽음에서 구하였다. 너 아니었으면 시메온과 레위가 그를 죽였을 것이다. (이 일이) 거룩하시고 찬미받으실 분 앞에 드러나고 알려졌다. 이제 너는 다음 세상에서 네 형제들에게 칭송을 받으리라. 네가 그들이 피를 쏟을 뻔 한 것을 구하여, 네 형제들이 게힌놈에 놓이지 않게 되었다. 이 세상에서도 너는, 네가 유다로 불리듯이 온 지파들이 네 이름에 따라 유다인이라 불리는 특권을 얻으리라.'" - 창세기 라바 97(1217)

"'네 형제들이 너를 찬양하리라.' 이는 '네 형제들이 너를 칭송하고 네 어머니가 너를 칭찬하며 나도 너를 칭찬한다'는 뜻이다. 랍비 시메온 벤 요하이가 말하였다. '네 형제들은 모두 네 이름으로 불리리라. 사람들은 '나는 르우벤인, 나는 시메온인'이라고 말하지 않고 '나는 유다인'이라고 하리라.' 랍비 유다 바르 시몬이 말하였다. 이는 열두 아들을 둔 한 임금에 비유할 수 있다. 한 (아들이) 있었는데 그가 그들 가운데서 더 사랑을 받았다. 그래서 (임금은) 그에게 자신의 몫을 하나 주고 형제들과 함께 (또) 한 몫을 주었다." - 창세기 라바 98,6

"'너의 손은 네 원수들의 목덜미를 (잡으리라.)' 이는 너에게서 나온 다윗을 말한다. '당신께서 저의 적들이 저에게 목덜미를 내 주게 하셨습니다'(2사무 22,41)고 한 대로이다." - 창세기 라바 99,8

"전쟁을 하다가 손으로 목덜미를 잡는다니 이는 무슨 말인가? 활을 사용한다는 말이다." - 바블리 아보다자라 25ㄱ

"여기서는 '네 아버지의 아들들이 너에게 절하리라'고 하였다. 그런데 다른 데서는 '네 어머니의 아들들이 너에게 절하리라'(창세 27,29)고 하였다. 이사악은 아내를 한 명만 두었기에 '네 어머니의 아들들'이라 하였고, 야곱은 아내를 네 명 두어 '네 아버지의 아들들'이라 한 것이다." - 창세기 라바 98,6

49,9 "유다는 어린 사자 내 아들아, 너는 먹잇감에서 자랐다. 그가 사자

처럼, 암사자처럼 웅크리고 엎드리리라. 누가 그를 일으켜 세우랴?"

"'유다는 어린 사자', 랍비 하마 벤 랍비 하니나가 말하였다. 이는 두 지파에서 나올 다윗의 후손 메시아를 가리킨다. 그의 아버지는 유다로부터 그의 어머니는 단으로부터이다. 그들 둘 다 사자라 쓰여 있다. '유다는 어린 사자'(49,8), '단은 바산에서 뛰어나오는 어린 사자'(신명 33,22)라고 한 대로이다." - 창세기 라바 97(1218)

"('유다는 어린 사자'라 한 것은) 그가 유다에게 사자의 강함과 새끼의 대담함을 부여했다는 말이다." - 창세기 라바 98,7

"보라, 유다 지파에서 난 사자, 곧 다윗의 뿌리가 승리하여 일곱 봉인을 뜯고 두루마리를 펼 수 있게 되었다." - 묵시 5,5

"'너는 먹잇감에서(찢겨진 것) 자랐다(올라왔다).' 너는 요셉이 찢겨질 뻔 한 일에서 (그를) 일으켜 네 자신이 들어 올려졌고, 타마르가 찢겨질 뻔 한 일에서 (그를) 일으켜 네 자신이 들어 올려졌다." - 창세기 라바 98,7

"(유다는) 요셉의 먹잇감에서 (자랐다.) '우리에게 무슨 이득이 있느냐?'(창세 37,26)고 그가 말했기 때문이다. 다른 해석: '타마르의 먹잇감에서 너는 네 사람을 구했다. 너 자신과 타마르와 그의 두 아들이다. 거룩하시고 찬미받으실 분께서 말씀하셨다. '너는 넷을 구했다. 나도 네 자손들 넷을 구할 것이다. 다니엘, 하나니야, 미샤엘, 아자리야이다.''" - 창세기 라바 99,8

"페레츠부터 다윗까지 '웅크리고 엎드리리라'(민수 24,9). 다윗부터 시드키야까지 '웅크리고 엎드리리라.' 사람들은 말한다. 페레츠부터 시드키야까지 '웅크리고 엎드리리라.' 시드키야부터 메시아 임금까지 '웅크리고 엎드리리라.' 이 세상에서 '웅크리고 엎드리리라.' 장차 다음 세상에서 '웅크리고 엎드리리라.' 그에게 적들이 없을 때 '웅크리고 엎드리리라.' 모든 적들이 없을 때까지 '웅크리고 엎드리리라.'" - 창세기 라바 98,7

"웅크리고 엎드린 모습이 수사자 같고 암사자 같으니 누가 그들을 일으켜 세우랴?" - 민수 24,9

49,10 "왕홀이 유다에게서, 지휘봉이 그의 다리 사이에서 떠나지 않으리라. 그가 실로에 올 때까지 그러하리니, 민족들이 그에게 순종하리라."

"'왕홀이 유다에게서 떠나지 않으리라.' 이는(왕홀) 바빌론 유배자들의 수장들을 가리킨다. 그들은 주로 지팡이로 이스라엘 백성에게 지시한다. '지휘봉이 그의 다리 사이에서'(10절), 이는(지휘봉) 랍비 집안의 지도자들을(נשיא) 가리킨다. 그들은 이스라엘 땅에서 랍비들에게 토라를 가르쳤다. '왕홀이 유다에게서 떠나지 않으리라.' 이는(왕홀) 다윗의 후손 메시아를 가리킨다. 그는 장차 지팡이로(왕홀) 왕국을 지휘하리라. '너는 쇠지팡이로 그들을 치리라'(시편 2,9)고 한 대로이다." - 창세기 라바 97(1219)

"이는(왕홀) 처벌을 내리고 질서를 잡는 산헤드린이다. '지휘봉이 그의 다리 사이에서'는 판관들의 두 서기관들로서 하나는 왼쪽, 다른 하나는 오른쪽에 그들 앞에 서 있다." - 창세기 라바 98,8

"'왕홀이 유다에게서 떠나지 않으리라.' 이는 왕좌이다. '하느님, 당신의 왕좌는 영원하고 당신의 왕국의 왕홀은 공정의 홀입니다'(시편 45,7)라고 한 대로이다." - 창세기 라바 99,8

"'그가 실로에(실로가) 올 때까지', 이는 임금 메시아이다. '민족들이 그에게 순종하리라(יקחת).' 이는 (메시아가) 와서 우상숭배자들의 이를 무디게 한다는(מקח) 말이다." - 창세기 라바 98,8

"라브가 말하였다. 세상은 다윗을 위해 창조되었다. 사무엘이 말하였다. 모세 덕분이다. 랍비 요하난이 말하였다. 메시아 덕분이다. 그의 이름은 무엇인가? … 실로가 그의 이름이다. '실로가 올 때까지'(10절)라고 한 대로이다." - 바블리 산헤드린 98ㄴ

"'민족들이 그에게 순종하리라(יקחת).' 이는 예루살렘으로서, 장차 세상 민족들의 이를 무디게(להקחות) 하리라. '그날 나는 모든 민족들에게 예루살렘이 돌이 되게 하리라'(즈카 12,3)고 한 대로이다." - 창세기 라바 97(1220)

49,11 "그는 제 어린 나귀를 포도 넝쿨에, 새끼 나귀를 좋은 포도나무에 묶는다. 포도주로 제 옷을, 포도의 붉은 즙으로 제 겉옷을 빤다."

"'포도 넝쿨'은 이스라엘이다. '당신께서는 이집트에서 포도 넝쿨 하나를 뽑아 오시어 민족들을 쫓아내시고 그것을 심으셨습니다'(시편 80,9)고 한 대로이다. '어린 나귀'는 거룩한 도성이다. '나는 좋은 포도나무로 … 너를 심었다'(예레 2,21)고 한 대로이다. '새끼 나귀'는 그들이 (성전에) 대문 입구를 세울 것임을(에제 40,15) 뜻한다." - 탄후마 와예히 10(59)

"'그는 제 어린 나귀를 포도 넝쿨에 묶는다.' (그분께서는) 포도 넝쿨이라 불리는 온 이스라엘을 모으시는 분이시다. '당신께서는 이집트에서 포도 넝쿨 하나를 뽑으셨습니다'(시편 80,9)라고 한 대로이다. '새끼 나귀를 포도나무에'는 '그분은 겸손하시어 나귀를, 새끼 나귀를 타고 오신다'(즈카 9,9)고 한 대로이다." - 창세기 라바 99,8

"랍비 여호수아가 말하였다. … '포도 넝쿨'은 토라이며, '세 가지'는 모세와 아론과 미르얌이고, '싹이 돋자 피어오른 꽃'은 산헤드린, '잘 익은 포도송이들'은 모든 세대의 의인들을 가리킨다." - 바블리 훌린 92ㄴ

"'포도주로 제 옷을 빤다.' 그가 그들을 위해 토라의 말씀을 쓴다는 말이다. '포도의 붉은 즙으로 제 겉옷을 빤다.' 그가 그들을 위해 그들의 잘못을 회복시킨다는 말이다." - 창세기 라바 98,9

"먹을 포도송이도 없고 … 경건한 이는 이 땅에서 사라지고 … 올곧은 이는 하나도 없구나." - 미카 7,1.2

49,12 "그의 눈은 포도주보다 검고 그의 이는 우유보다 희다."

"산헤드린의 대다수는 유다 (지파에서) 나왔다. 왜 그러한가? '그의 눈은 포도주보다 검고 그의 이는 우유보다 희다'(12절)고 한 데서이다. 우유처럼 깨끗하게 나올 때까지, 앉아서 그들 이로(입) 토라의 말씀을 토론한다." - 창세기 라바 98,10

"여기서 그 지역에 포도주가 많다는 것을 알 수 있다. 이는 자기 친구에게, '포도주를 한 잔 주시오. 다시 주시오. 당신 입맛이 나에게 맛있소. 달콤한 게 딱 내 입맛이오.' 하고 말하는 사람과 같다." - 창세기 라바 99,8

49,13 "즈불룬은 바닷가에 살면서 배들의 항구가 되고 그의 경계는 시돈에 이르리라."

"(즈불룬은) 자신의 상품으로, 이사카르는 자신의 가르침으로 그들은 서로 이 세상과 다음 세상에서 동업자가 된다. … 다른 해석: 야곱이 즈불룬을 축복하고 그다음에 이사카르를 (축복하였다.) 이사카르가 그보다 더 형이니 이사카르를 먼저 축복해야 하지 않나? 그는, 장차 성전이 파괴되고 산헤드린이 유다 지파에서 없어져, 즈불룬의 몫인 (곳에) 결정될 것임을 내다보았다. 산헤드린이 처음에 (예루살렘에서) 추방되어 야브네에 자리 잡고 야브네에서 우사에, 우사에서 샤프람, 샤프람에서 벳 스아림, 벳 스아림에서 치포리로 (옮겨가는데,) 치포리는 즈불룬의 몫에(상속재산) 해당된다. 그러고 나서는 티베리아로 추방되었다. 그래서 이사야는 말하였다. '그분께서는 (높은 곳을) 낮게 하시되 땅까지 낮게 하셨다'(이사 26,5)고 한 대로이다." - 창세기 라바 97(1220)

"이사카르가 즈불룬보다 형인데 즈불룬이 이사카르 앞에 온다. 그들의 가족관계는 이사카르, 즈불룬 순인데, 왜 그렇게 (순서가 바뀌었나?) 즈불룬은 생업에 종사하고 이사카르는 토라 연구에 종사했기 때문에 즈불룬이 와서 그의 양식을 (제공하였다.) 그래서 그가 앞선다. '생명의 나무가 (지혜를) 붙잡는 이에게 있다'(잠언 3,18)고 한 대로이다. 이사카르는 (지식을) 모았고 즈불룬은 (상품을) 배에 가져와 팔고 필요한 것을 모두 구해 왔다. 그래서 모세는 말하였다. '즈불룬아, 너는 집을 나설 때 기뻐하여라'(신명 33,18)." - 창세기 라바 99,9

"('그의 경계는 시돈에 이르리라.') 랍비 엘아자르가 말하였다. (시돈이 아니라) 갈릴래아의 자붓이다. 랍비 요하난이 말하였다. 믹달 디오이다." - 창세기 라바 98,11: 시돈은 아세르 지파에 속하므로 즈불룬 지파의 경계는 다른 곳이어야 한다.

"즈불룬이 거룩하시고 찬미받으실 분 앞에서 아뢰었다. '세상의 주인이신 주님, 제 형제들에게는 밭과 포도밭을 주셨는데 저에게는 산과 언덕들을 주셨습니다. 제 형제들에게는 땅을 주셨는데 저에게는 바다와 강을 주셨습니다.' 하느님께서 그에게 말씀하셨다. '모두가 힐라존(기도 수건을 염색할 때 염료의 재료가 되는 바다 생물) 때문에 너를 필요로 할 것이다.' 그래서 '그들은(즈불룬과 이사카르) … 바다의 풍요와 모래 속에 감추어진 보화를 누리기 때문이다'(신명 33,19)라고 한 것이다." - 바블리 메길라 6ㄱ

"즈불룬이 그분께 아뢰었다. '세상의 주인이신 주님, 누가 저에게 알려줄까요?'(힐라존의 주인이 저라는 것을 어떻게 알 수 있을까요?) 그분께서 말씀하셨다. '너에게서 (힐라존을) 훔쳐 (염색 상품을 만든) 이에게는 모두 그의 상품이 아무것도 되지 않을 것이다.'" - 시프레 신명기 354(417): 즈불룬은 다른 지파들처럼 육지에서 상속재산을 차지하지 못했지만 바다에서 나는 것으로 풍요를 누릴 것이며, 귀한 염료인 힐라존을 즈불룬 말고는 아무도 차지하지 못할 것이라는 약속이 주어진다.

49,14 "이사카르는 튼튼한 나귀, 가축우리들 사이에 엎드린다."

"'이사카르는 튼튼한 나귀', 나귀가 뼈와 해골을 부수듯이 이사카르 지파도 이스라엘을 할라카로(율법 규정) 부수리라. '이사카르의 자손들 가운데에는 때를 분별할 줄 아는 이들이 있다'(1역대 12,33). 곧 그의 지파가 산헤드린의 이백 명을 세운다는 뜻이다." - 창세기 라바 97(1222)

"'이사카르는 튼튼한 나귀', 이는 나귀의 뼈가 (커서) 분명히 볼 수 있듯이 이사카르의 학식도 그에게 명료하다는 뜻이다. '가축우리들 사이에 엎드린다.' 이는 현인들 앞에 세 줄로 앉아 있는 학생들을 말한다. … '이사카르는 튼튼한 나귀', 이는 그의 땅을 말한다. 나귀가 이쪽이 낮고 저쪽이 낮으며 가운데가 높듯이, (이사카르의 땅도) 이쪽이 평야이고 저쪽이 평야이며 가운데가 산지이다. '가축우리들 사이에 엎드린다.' 이는 두 평야,

아크슬로 평야와 이즈르엘 평야를 가리킨다. … '이사카르는 튼튼한 나귀', 이는 이사카르의 (수확물의) 열매가 크다는 말이다. 이사카르 지파가 그것들을 가지고 바다 항해를 할 때면 세상 민족들이 그것들을 보고 놀랐다. 이스라엘 사람들이 그들에게 말하였다. '여러분은 이것이 놀랍습니까? 율법 연구에 매진하는 이들을 봤다면, 여러분은 그들에게 놀랄 것입니다.'" - 창세기 라바 98,12

"이사카르는 나귀에 (실어 짐을) 가져오고, 즈불룬은 배로 가져왔다. '(즈불룬은) 배들의 항구가 되었다'(13절)고 한 대로이다. … 나귀가 짐을 지듯이 이사카르는 토라의 (짐을) 진다." - 창세기 라바 99,10

"'가축우리들 사이에 엎드린다.' 이는 현인들 앞에서 바닥에 앉아 있는 제자들 (모습을) 가리킨다. '너희는 가축우리 사이에 누워 있다'(시편 68,14)고 한 대로이다." - 창세기 라바 99,10

"랍비 요하난이 랍비 시메온 벤 요하이의 이름으로 말하였다. '물길이 닿는 곳마다 씨를 뿌리고 소와 나귀를 놓아 기를 수 있으리니 너희는 행복하여라'(이사 32,20)고 하였는데 이는 무슨 뜻인가? 토라를 연구하고 신의를 실천하는 이는 두 지파 (요셉과[소] 이사카르의[나귀]) 상속재산을 얻게 된다는 뜻이다." - 바블리 바바카마 17ㄱ

"(랍비 엘리에제르가) 랍비 하니나에게 말하였다. 이집트 탈출 당시 (나귀가) 이스라엘을 도왔다. 이스라엘 백성 가운데 누구도 누비아산 나귀 아흔 마리가 없는 사람이 없어서, 이집트인들의 은과 금들을 실어 날랐다." - 바블리 브코롯 5ㄴ

49,15 "그는 안식처가 좋고 그 땅이 아름다운 것을 보았다. 그러나 어깨를 펴 짐을 지고 강제 노동을 하게 되었다."

"'좋은 안식처', 이는 토라이다. '내가 너희에게 좋은 것을 주었으니 나의 가르침을(토라) 저버리지 마라'(잠언 4,2)고 한 대로이다. '강제 노동을 하게 되었다.' '노동'은 무엇인가? 이는 할라카이다. (사람들이) 잘못을 저지르면 (이사카르의 스승들에게 도움의) 손길을 청하였다는 뜻이다. ‘(이사카르는) 골짜기로 돌진했다’(판관 5,15)고도 하였으니, 이는 할라카의 골짜기인 것이다.” – 창세기 라바 99,10

49,16 “단은 이스라엘 지파들의 하나로서 제 백성을 정의로 심판하리라.”

“랍비 요하난이 말하였다. (단 지파의 후손인) 삼손은 하늘에 계신 그들의 아버지처럼 이스라엘을 심판하였다(דן). ‘단은(דן) 이스라엘 지파들의 하나처럼 제 백성을 (정의로) 심판하리라(ידין)’(16절)고 한 대로이다.” – 바블리 소타 10ㄱ

“랍비 여호수아 바르 느헤미야가 말하였다. (단은) 가장 특별한 지파 (유다와) 합치지 않았다면 그는 자신이 세운(배출한) 그 판관마저도 세우지 못했을 것이다. 그는 누구인가? 마노아의 아들 삼손이다.” – 창세기 라바 98,13

“지파들 가운데 특별한 지파 곧 유다처럼 (그러하리라.)” – 창세기 라바 99,11

49,17 “단은 길 위의 뱀, 오솔길 위의 독사, 말의 뒤꿈치를 물어 그 위에 탄 사람이 뒤로 떨어진다.”

“‘단은 길 위의 뱀’, 뱀이 여자들 사이에 나타나듯이 마노아의 아들 삼손도 여자들 사이에 나타났다. 뱀이 맹세로 묶였듯이 마노아의 아들 삼손도 맹세로 묶였다. ‘삼손이 그들에게 말하였다. '나에게 맹세해 주시오.''(판관 15,12)라고 한 대로이다. 뱀의 힘이 오직 머리에 있듯이 삼손도 그러하다. ‘내 머리털을 깎으면 힘이 나에게서 빠져나갈 것이다’(16,17)고 한 대로이다. 뱀이 죽은 뒤에도 그 독이 스며들듯이 (삼손도) 그러하다. ‘삼손이 죽으면서 죽인 사람이, 그가 사는 동안 죽인 사람보다 더 많았다’(30절)고 한 대로이다.” – 창세기 라바 98,14

"'단은 길 위의 뱀', 이는 삼손을 가리킨다. 야곱은 그가 두 기둥 사이에 서 있는 것을 내다보고 그에게 힘을 주시라고 기도하였다. '주 하느님, 저를 기억해 주소서'(판관 16,28)." - 창세기 라바 97(1222)

"'단은 길 위의 뱀', 모든 짐승이 짝을 지어 다니는데 뱀은 혼자서 다닌다." - 창세기 99,11

"삼손은 두 다리를 절었다. '오솔길 위의 독사(שפיפן)'(17절)라고 한 대로이다." - 바블리 소타 10ㄱ: 히브리어 '독사'가(שפיפן) '절뚝거리다'(שפי) 동사와 철자가 유사하여 유추해낸 해석이다.

49,18 "주님, 제가 당신의 구원을 기다립니다."

"우리의 조상 야곱은 (삼손을) 보고 그가 메시아라고 생각하였다. 그러나 그가 죽은 것을 보고는 말하였다. '그도 죽는구나! '주님, 제가 당신의 구원을 기다립니다'(18절).' … 랍비 이사악이 말하였다. 모든 것이 기다림이다(희망[קוה]). 시련도 기다림이고 주님 이름의 성별도 기다림이며 조상들의 공로도 기다림이고 다음 세상의 소원도 기다림이다. '당신의 판결에 따라 걷는 길에서도 주님, 저희는 당신께 희망을 겁니다(기다립니다[קוה])'(이사 26,8). 이는 시련을 말한다. '당신 이름'(8절)은 주님 이름의 성별을, '당신의 기억'(8절)은 조상들의 공로를, '영혼의 소원'(8절)은 다음 세상의 소원을 말하기 때문이다." - 창세기 라바 98,14

49,19 "가드는 적군이 그를 공격하리라. 그러나 그가 (그들의) 뒤꿈치를 공격하리라."

"'가드는(גד) 적군이(גדוד) 그를 공격하리라(יגוד).' 이는 가드 지파로서, 그들은 전쟁에 나가 이기고 (적들을) 죽이며 머리와 팔까지 잘랐다. ('가드는 암사자처럼 자리 잡고서 먹이의 팔과 머리를 찢는다'[신명 33,20]고 한 대로이다.)" - 창세기 라바 97(1223)

"'가드는 적군이 그를 공격하리라.' 이스라엘이 그 땅을 정복하고 나눌 때 르우벤과 가드 지파가 그들과 함께하였다(1역대 5,18-22). 그들이 (땅을 정복하고 분배하는 동안) 어린 자녀들을 남겨두고 (떠났는데,) 열 살에 남겨진 아이를 스물네 살에 찾았고, 스무 살에 남겨진 아이를 서른네 살에 찾았다. (땅을 성복하고 분배하는 데 십사 년이 걸린 것이다.) 악한 세 가족이 그들을(가드의 자손들) 공격했다. 여투르, 나피스, 케드마이다(창세 25,15; 1역대 1,31; 5,19). '그들은 사울의 시대에 하가르인들과 전쟁을 벌였다'(1역대 5,10)고 한 대로이다. 랍비 여호수아 벤 랍비 느헤미야가 말하였다. '사울 시대', 이는 여호수아를 가리킨다. … 랍비들이 말하였다. 군대가 그들을 약탈하러 올 것이나 그들이 그 군대를 약탈하리라. 랍비 레위가 말하였다. 이는 여호수아가 '너희 원수들에게서 빼앗은 전리품을 형제들과 함께 나누어라'(여호 22,8)고 한 대로이다." - 창세기 라바 98,15: 1역대 5,10.18-22의 전쟁에 비추어 가드에 관한 축복을 해석한다.

49,20 "아세르에게는 양식이 넉넉하여 그는 임금이 즐기는 것들을 바치리라."

"'아세르에게는 양식이 넉넉하다(שמנה)'(20절), 그의 땅은 기름지고(שמנה) 그의 양식은 넉넉하여(שמנה), 그는 여덟(שמונה) 가지 옷을 (입는 사람을[대사제]) 세우리라. '임금이 즐기는 것'은 숭어와 설익은 올리브 기름이다." - 창세기 라바 98,16

"'양식이 넉넉하다(שמנה).' 그들이 도유용 기름을(שמן המשחה) 공급한다는 말이다." - 창세기 라바 97(1223)

"'아세르에게는(אשר) 양식이 넉넉하다.' 그의 딸들이 아름답다는 말이다. 그래서 '여자들이(딸들) 나를 행복하다고(אשר) 한다'(창세 30,13), 그의 딸들 때문에 '(아세르는) 형제들이 좋아하는 이'(신명 33,24)라고 한 것이다. '그는 임금이 즐기는 것을(מעדני־מלך) 바치리라.' 이는 그의 딸들이 임금들에게 어울린다는 말이다. '(그는) 너희에게 장식 달린(עם ערנים) 진홍색을 옷을 입혀 주는 이'(2사무 1,24)라고 한 대로이다." - 창세기 라바 99,12: 히브리어 철자가 비슷한 낱말에서(מעדני, עדנים) 유추해낸 해석이다.

49,21 "납탈리는 풀려난 암사슴, 사랑스러운 새끼들을 낳는다."

"'납탈리는 풀려난 암사슴', 이는 그가 암사슴처럼 이집트로 뛰어 올라 그의 아버지를 묻을 수 있는 (막펠라) 동굴의 (매매) 증서를 가져왔음을 알려준다. 그가 가는 동안 귀가 먼 단의 아들 후심이 왔다. 그는 에사우가 우리의 조상 야곱을 매장하는 것을 막는 것을 보고는 (에사우의) 목을 손으로 찌르고 그의 머리를 쳤다. 그랬더니 그의 두 눈이 우리의 조상 야곱의 관 위에 떨어졌다. (야곱은) 눈을 뜨고 복수를 보고 기뻐하였다. '의인은 복수를 보며 기뻐한다'(시편 58,11)고 한 대로이다. 이렇게 레베카의 예언이 이루어진 것이다. '어찌 내가 한 날에 너희를 둘 다 잃겠느냐?'(창세 27,45)고 한 대로이다." - 창세기 라바 97(1223)

"'그는 사랑스러운 새끼들을 낳는다.' 이는 납탈리 지파의 말이 토라에서처럼 달콤하였다는 뜻이다." - 창세기 라바 97(1223): 히브리어 '사랑스러운 새끼들'을(אמרי־שפר) '아름다운(שפר) 말(אמר)'로 이해한 결과이다.

"'납탈리는 풀려난 암사슴', 이는 그의 땅을 말한다. 모두 물이 필요한 들판이다. '킨네렛에서 아라바 바다까지이다'(신명 3,17)라고 한 대로이다. '킨네렛'은 (여러 랍비들에 따르면) … 겐네사렛 … 벳야레 … 벳스안 … 티베리아 호숫가 전체를 킨네렛이라 부른다. … 우리의 조상 야곱을 매장하러 (막펠라 동굴에) 갔을 때 헷 사람들이 그의 무덤을 두고 문제를 일으키자, 납탈리가 사슴처럼 달려가 이집트에서 매매 증서를 가져와 자신들의 권리를 입증하였다." - 창세기 라바 98,17

"'납탈리는 풀려난 암사슴', 이는 암사슴처럼 빨리 열매를 익히는 겐네사렛 골짜기를 말한다. '그는 사랑스러운 새끼들을(אמרי־שפר) 낳는다.' 이는 그의 땅이 축복을 받았다는 말이다. '주님의 복이 가득한 납탈리'(신명 33,23)라고 한 대로이다. 그들은 열매들을 빨리 익혀 임금들에게 바치고 아름다운 말들을(משפרין דבריהם) 한다. 만약 (임금들이) 마음이 (안 좋으면)

그들을 기쁘게 해 준다." - 창세기 라바 99,12

49,22 "요셉은 열매 많은 나무, 샘가의 열매 많은 나무, 그 가지들이 담 너머로 넘어 간다."

"'요셉은 열매 많은 나무', 이는 악한 눈이 그들을 지배하지 못한다는 말이다." - 창세기 라바 97(1224)

"'요셉은 열매 많은(פרה) 나무', 이는 형제들에게 (신의를) 저버린(הפר) 이, 형제들이 (신의를) 저버린(הפר) 이, 여주인을 저버린(הפר) 이, 여주인이 저버린(הפר) 이라는 말이다." - 창세기 라바 98,18: 히브리어 철자가 비슷한 낱말에서(פרה, הפר) 유추해낸 해석이다.

"'요셉은 열매 많은 나무(בן פרת: 포랏의 아들)', '포랏'이(פרת) 요셉을 낳았다는 말인가? 그럼 '포랏의 아들'(בן פרת)이라는 말은 무엇인가? (요셉이 파라오가 꿈에서 본) 암소들을(פרות) 통해 위대해졌다는 말이다." - 창세기 라바 99,12

"요셉이 이집트를 통치하러 왔을 때, 임금들의 딸들이 격자창으로 그를 내다보고 팔찌, 목걸이, 귀걸이, 반지 들을 그에게 던졌다. 요셉은 그들을 보려고 눈을 들었으나 그들을 보지는 않았다. 거룩하시고 찬미받으실 분께서 그에게 말씀하셨다. '너는 눈을 들어 그들을 보아서는 안 된다. 네가 살아 있는 동안 네 딸들에게 토라에 있는 장신구를 주겠다.' 장신구가 무엇인가? 파라샤이다(פרשה)." - 창세기 라바 98,18: '파라샤'는 1년 주기로 주간마다 할당된 성경의(오경) 주간 독서이다.

"요셉이 마차를 타고 이집트의 온 경계를 지나가면 이집트 여자들이 그를 보려고 벽에 올라가 금반지들을 던졌다. 그래서 그는 그들의 미모가 얼마나 빼어난지 볼 수 있었으나 누구의 눈도 그를 모욕하지 않았다. 그는 모두의 눈에 존경스러워 보였기 때문이다. '요셉은 열매 많은 나무 … 그 가지가(בנות: 또는 딸들) 담장 너머로 뻗어 간다'(22절)고 한 대로이다." - 엘리에제르의 어록 39,35-39

"절제 있는 요셉이 칭송을 받은 것은 이 때문인데, 곧 정신력으로 욕구를 극복하였기 때문이다." - 4마카 2,2

49,23 "궁수들이 그를 못살게 굴고 활을 쏘며 그에게 원한을 품었다."

"'그들이 그를 못살게 굴었다(מרר).' 이는 형제들을 괴롭힌(המר) 이, 형제들이 괴롭힌(המר) 이, 여주인을 괴롭힌(המר) 이, 여주인이 괴롭힌(המר) 이라는 뜻이다." - 창세기 라바 98,19: 히브리어 철자가 비슷한 낱말에서 (מרר, המר) 유추해낸 해석이다.

49,24 "그의 손의 팔뚝들은 민첩하였으니, (이는) 야곱의 강하신 분의 손에서, 이스라엘의 목자요 바위이신 분의 이름에서 (왔다.)"

"세 사람이 조물주 앞에서 피조물들을 정복하였다. 그들은 요셉과 보아즈와 라이스의 아들 팔티(1사무 25,44)이다. 열두 지파가 요셉에게서 세워져야 함이 맞다. '그의 손의 팔뚝들은(זרעי: 또는 후손) 민첩하였다'(24절)고 한 대로이다. 그러나 두 (지파) 곧 므나쎄와 에프라임이 남았다." - 엘리에제르의 어록 39,22-27

"요셉은 (이스라엘의) 목자가 될 자격이 있다. '이스라엘의 목자시여, 귀를 기울이소서, 요셉을 양 떼처럼 이끄시는 분이시여'(시편 80,2)라고 한 대로이다." - 바블리 소타 36ㄴ

49,25 "샤다이, 그분께서 너를 축복하시리라. 곧 위로는 하늘의 복, 아래에 놓여 있는 심연의 복, 가슴과 자궁의 복이다."

"랍비 아바 바르 주트라가 말하였다. 우리의 조상 야곱이 얼마나 라헬을 사랑했는지 보아라. 라헬의 아들을 축복할 때조차 그는 요셉을 라헬에게 종속시킨다. '가슴과 자궁의 복이다.' 곧 젖을 물린 가슴과 그가 나온 자궁은 복을 받으리라고 하였다." - 창세기 라바 98,20

"선생님을 배었던 모태와 선생님께 젖을 먹인 가슴은 행복합니다."

– 루카 11,27

49,26 "네 아버지의 복이 … 우세하니 (그 복이) **요셉의 머리 곧 그의 형제들의 나지르인의 정수리에 있으리라."**

"나의(요셉) 아들들아, 내가 내 형제들을 수치스럽게 하지 않으려고 견뎌 낸 모든 것을 너희는 안다." – 요셉의 유언 17,1

"'(아버지의 복이) 요셉의 머리 곧 그의 형제들의 나지르인의 정수리에 있으리라.' 그의 형제들이 그를 멀리 보내 그를 나지르인으로 만들었다. 막달라의 랍비 이사악이 말하였다. '너는 네 형제의 왕관이다.' 랍비 레위가 말하였다. 그는 실제로 나지르인이다. 형제들이 그를 보지 못한 이십이 년 동안 그는 포도주를 맛보지 않았고 그들도 그를 만날 때까지 포도주를 맛보지 않았다. '그들은 그와 마시며 즐거워하였다'(창세 43,34)고 한 대로, 그와 함께는 마셨지만 그가 아니면 마시지 않았다." – 창세기 라바 98,20

49,27 "벤야민은 먹이를 잡는 늑대, 아침에는 (잡은) **먹이를 먹고 저녁에는** (잡고 남은) **노획물을 나누리라."**

"'벤야민은 먹이를 잡는 늑대', 이는 거대하고 강한 지파라는 뜻이다. … 이리가 (먹이를) 잡듯이 벤야민 지파도 그렇게 (여자를) 잡는다. '보다가 실로의 여자들이 나오면 … 한 사람에 여자 하나씩 잡아 벤야민 땅으로 돌아가시오'(판관 21,21)라고 한 대로이다. 이는 그들이 자손들을 위해 여자들을 붙잡아 갔다는 말이다. 이스라엘 사람들이 그들에게 여자를 주지 않겠다고 맹세하였기 때문이다." – 창세기 라바 97(1224): 벤야민 지파와 관련하여 판관 20—21장의 내용을 암시하는 해석이다.

"랍비 아키바는 이 구절을 지파들과 연결시켰다. 솔로몬이 성전을 세우려고 할 때, 지파들이 달려와 서로 경쟁하며 말하였다. '내 지역에 세웁시다.' '내 지역에 세웁시다.' 거룩하시고 찬미받으실 분께서 그들에게 말씀하셨다. '지파들아, '어찌하여 흘겨보느냐?'(시편 68,17) 너희는 의로우나 오만하다. … 너희는 모두 요셉을 판 일에 참여하였다. 그러나 벤야민은 요셉을 판 일에 끼지 않았다.' '(벤야민의 구역에) 정녕 주님께서 거기에 영원히 머무시리라'(17절)고 한 대로이다." - 창세기 라바 99,1

"'벤야민은 먹이를 잡는 늑대', 이는 그의 판관을 말한다. 늑대가 약탈하듯이 에훗이 에글론의 마음을 약탈하였다. '에훗은 시원한 윗방에 홀로 앉아 있는 에글론에게 다가갔다'(판관 3,20)고 한 대로이다. … 이는 그의 임금을 말한다. 늑대가 약탈하듯이 사울이 왕국을 약탈하였다. '사울은 이스라엘의 왕권을 차지하였다'(1사무 14,47)고 한 대로이다. … 이는 그의 왕비를 말한다. 늑대가 약탈하듯이 에스테르가 왕궁을 약탈하였다. '에스테르도 왕궁으로 들어갔다'(에스 2,8)고 한 대로이다. … 이는 땅을 말한다. 늑대가 약탈하듯이 벤야민의 땅이 그 (땅의) 수확을 약탈하였다. '아침에는 (잡은) 먹이를 먹는다'(창세 49,27)고 한 것은 첫 열매인 예리코이고, '저녁에는 (잡고 남은) 노획물을 나눈다'(27절)고 한 것은 마지막 열매인 베텔이다. … 랍비 피느하스는 (이 구절을) 제단으로 풀이하였다. 늑대가 약탈하듯이 제단이 제물을 약탈하였다. '아침에는 (잡은) 먹이를 먹고 저녁에는 (잡고 남은) 노획물을 나눈다'고 하였으니, '어린 숫양 한 마리는 아침에 바치고, 다른 한 마리는 저녁 어스름에 바쳐라'(민수 28,4)고 한 대로이다." - 창세기 라바 99,3

"사랑하는 이가(솔로몬) 와서 사랑하는 것을(성전) 사랑하는 이의 구역에(벤야민) 사랑하는 분을(하느님) 위하여 세울 것이다. 그리고 사랑하는 이들과(이스라엘) 사랑하는 이의(아브라함) 자손들이 와서 그 안에 들어갈 것이다." - 시프레 신명기 352(409): '사랑하시는 이(것)' 또는 '친구'라고 한 것에는 여섯 가지가 있는데, 거룩하시고 찬미받으실 분(이사 5,1), 벤야민(신명 33,12), 솔로몬(2사무 12,25), 이스라엘(예레 12,7), 성전(시편 84,2), 아브라함(예레 11,15)이라고 소개한다.

49,28 이는 그들의 아버지가 그들을 축복하며 말한 것으로서, 그들을 저마다의 복에 따라 축복하였다.

"그가 '그를' 축복했다고 하지 않고 그가 '그들을' 축복했다고 한 것은 어째서인가? 유다에게는 사자의 용기를, 요셉에게는 황소의 힘을, 납탈리에게는 암사슴의 날쌤을, 단에게는 뱀의 따끔거림을 주었다. 너는 어떤 것이 다른 것보다 더 우수하다고 말할 것이다. 그러나 그는 마지막에 한 번에 '그들을 저마다의 복에 따라 축복하였다'(28절) 하고 말한 것이다." - 탄후마 와예히 16(61)

"어찌하여 그는 '그들을 저마다의 복에 따라 축복하였다'고 하였나? 그가 유다는 사자와, 단은 뱀과, 납탈리는 암사슴과, 벤야민은 늑대와 비교하면서 그들을 저마다 축복하였기 때문이다." - 창세기 라바 99,4

"여기서는 야곱이라 하지 않고 '그들의 아버지'라 하였다. 이는 '장차 어떤 사람이(모세: 이스라엘의 아버지) 나처럼 너희를 축복할 것인데 내가 멈춘 곳에서 시작할 것'임을 (암시한다.) '이는 … 축복이다'(신명 33,1)라고 한 대로이다. 모세가 일어나 '이는'이라고 시작하였다. '이는 … 축복이다'라고 한 대로이다. (야곱이 아들들에게) 말하였다. '나는 너희에게 말한다. 이 축복들이 언제 너희에게 다다를까? 너희가 토라를 받아들일 때이다.' '이는 … 토라이다'(4,44)라고 한 대로이다. '이는 그들의 아버지가 그들을 축복하며 말한 것이다'(창세 49,28). 그들의 아버지 야곱이 그들에게 마친 것을 모세가 그들에게 시작했다. 모세가 말하였다. '제가 노인들보다 현명합니다'(시편 119,100). 이사악이 야곱을 축복하며 말하였다. '엘 샷다이께서 너를 축복하신다'(창세 28,3). 그는 무슨 말로 마쳤나? '이사악은 야곱을 불러들였다'(1절). 그래서 야곱도 그의 아버지가 멈춘 곳에서 시작하였다. '야곱이 그의 아들들을 불러들였다'(49,1)고 한 대로이다. 그는 그들을 축복하며 '이는'으로 마쳤다. '이는 … 축복이다'라고 한 대로이다. 그가 멈춘 곳에서 모세가 시작하였다. '이는 … 축복이다'(신명 33,1). 모세는 무슨 말로 마쳤나? '이스라엘아, 너는 행복하다'(29절). 다윗도 찬미드리러 와서 모세가 멈춘 곳에서 시작하였다. '… 사람은 행복하다'(시편 1,1). '제가 노인들보다 현명합니다'(시편 119,100)라고 한 대로이다." - 창세기 라바 100,12

야곱의 죽음(49,29-33)

49,31 "그곳에 아브라함과 그의 아내 사라가 묻히셨고, 그곳에 이사악과 그의 아내 레베카가 묻히셨으며, 나는 그곳에 레아를 묻었다."

"(야곱의) 아내 레아가 … 죽었다. 그는 (레아를) 아버지의 어머니인 사라의 무덤 왼쪽에, 어머니 레베카의 (무덤) 근처에 있는 이중 동굴에 묻었다. (레아의) 모든 아들과 (야곱의) 모든 아들이 와서 그와 함께 그의 아내인 레아를 위해 울며 (레아를) 애도하는 (야곱을) 위로했다. (야곱은) 라헬이 죽은 뒤 (레아를) 정말 사랑하였다. (레아는) 흠이 없고 모든 면에서 올바랐다. 그는 야곱을 존중하고 그와 함께 있는 내내 그의 입에서 험한 말을 듣지 못하였다. (레아는) 다정하고 정직하고 온화하며 고결했다. 그는 (레아가) 살아 있는 동안 행한 모든 행적들을 기억하며 온 마음과 정신을 다해 그를 애도하였다." - 희년서 36,21-24

49,33 야곱은 아들들에게 명령을 마치고 나서 침상에서 다리를 모았다. 그는 숨을 거두어 자기 백성들에게 소집되었다.

"(야곱은) 그들에게 무엇을 명하였나? 그는 그들에게 말하였다. '셋은 동쪽에서, 셋은 서쪽에서, 셋은 북쪽에서, 셋은 남쪽에서 관을 옮겨야 한다. 가나안 여자에게서 난 손자들은 아무도 나의 관을 옮겨서는 안 된다.' 그들은 아버지의 명령을 받아들였다. 그의 축복은 완전한 사랑이었다. '그들을 저마다의 복에 따라 축복하였다'(28절)고 한 대로이다. 그의 축복은 영원히 지속될 것이다. '너희는 주님께 복을 받으리라, 하늘과 땅을 만드신 그분께'(시편 115,15)라고 한 대로이다. (이렇게 그는) 하나하나에게 저

마다의 이름에 따라 열두 사람의 축복을 마쳤다." - 창세기 라바 97(1226)

"'(야곱의) 아들들은 그가 그들에게 명령한 대로 하였다'(창세 50,12). 첫 번째 (명령은) 우상숭배에 대한 것이다. '그는 헛것을(우상숭배) 뒤쫓으려고 하였다'(호세 5,11)고 한 대로이다. 두 번째는 하느님 모독에 관한 것이다. '주님의 이름을 모독한 자는 사형을 받아야 한다'(레위 24,16)고 한 대로이다. 세 번째는 관을 옮기는 것에 관한 것이다. 그가 그들에게 말하였다. '너희는 할례하지 않은 이가 내 관을 옮기지 못하게 하여 셰키나가 나를 떠나시지 않게 하여라. 이 순서를 지켜라. (너희 가운데) 셋은 북쪽에서, 셋은 남쪽에서, 셋은 동쪽에서, 셋은 서쪽에서 나를 옮겨라. 너희가 나를 위해 하였듯이 장차 광야에서 셰키나를 가운데 모시고 네 개의 깃발을 만들게 될 것이다.'" - 창세기 라바 100,2

"이스라엘은 죽기 전에 아들들을 축복하며 그들에게 이집트 땅에 일어날 모든 일들을 알려 주었다. 마지막 날에 그들에게 닥칠 것과 모든 것을 그들에게 알려 주었다. 그리고 요셉에게는 그 땅에서 두 몫을 주었다. 그는 조상들과 함께 잠들었다. 그는 그의 조상 아브라함 근처, 가나안 땅의 이중 동굴에 묻혔다. 그가 자신을 위해 헤브론 땅의 이중 동굴에 파 놓은 무덤들이다. 그는 자신의 책들과 조상들의 책들을 아들 레위에게 넘겨 주었다. 오늘날까지 그것들을 갱신하기 위해서다." - 희년서 45,14-16

야곱의 장례(50,1-14)

50,2 요셉은 … 아버지를 방부 처리하도록 명하였다.

"요셉은 왜 형제들보다 먼저 죽었나? … 랍비가 말하였다. 그가 아버지를 방부 처리했기 때문이다. 거룩하시고 찬미받으실 분께서 그에게 말씀하셨다. '내가 나의 의인을 지킬 수 없느냐? 내가 그에게 '두려워하지 마라, 벌레 같은 야곱아'(이사 41,14) 하고 말하지 않았느냐?' 이는 '벌레야 야곱을 두려워하지 마라'는 뜻이다. 랍비들이 말하였다. (요셉에게) 방부 처리하라고 명한 이는 (야곱이다.) '(야곱의) 아들들은 그가 그들에게 명령한 대로 하였다'(창세 50,12)고 하였기 때문이다." - 창세기 라바 100,3

50,3 그를 위해 사십 일이 걸렸다. 방부 처리하는 데 걸리는 날이 그러하였다.

"랍비들이 말하였다. (본디 기근은) 사십이 년 동안이었다. … 랍비 요세 벤 하니나가 말하였다. 이 년간 기근이 지속되다가 우리의 조상 야곱이 그곳에 내려오자 기근이 끝났다. 언제 다시 (이집트에 기근이) 돌아왔는가? 에제키엘 시대다. '나는 이집트 땅을 … 가장 황폐한 곳으로 만들어 버리리니, 사십 년 동안 그 성읍들은 … 가장 황폐한 곳이 될 것이다'(29,12)고 한 대로이다." - 창세기 라바 89,9

50,4 애도의 날들이 지나고 요셉은 파라오의 집안에게 말하였다. "여러분이 나에게 은혜를 베풀어 파라오 앞에 전해 주십시오."

"여기서는 '애도의 날들이 지났다'고 하는데 다른 데서는 '모세를 애도하는 애도의 날들이 끝났다'(신명 34,8)고 하였다. 모세는, 그를 위해 울어 줄 사람들이 없었기 때문에 '끝났다'고 한 것이나, 야곱은 그를 위해 울어 줄 사람들이 있어서 '지났다'고 한 것이다." - 창세기 라바 100,4

"(요셉은 파라오의 집안) 누구에게 말하였나? 여종에게 하였다. 그가 왕비를 달래고 왕비가 임금을 달랬다. (요셉은) 왜 (직접) 들어가지 않았나? 시크닌의 랍비 여호수아가 랍비 사무엘의 이름으로 말하였다. 애도자는 임금의 궁에 들어갈 수 없기 때문이다." - 창세기 라바 100,4

50,5 "내가 죽으면 내가 가나안 땅에 파 놓은 나의 무덤에 묻어라."

"야곱이 에사우와 함께 섰을 때 말하였다. '돈과 묘지(막펠라 동굴 소유권) 중에 무엇을 더 원하십니까?' (에사우가) 말하였다. '사람에게 묘지가 무슨 (대수냐?) 나에게는 돈을 주고 네가 묘지를 가져가라. 그러나 너는 많은 돈을 내야(תכרה) 한다.' 그래서 '내가 파 … 놓은(כריתי) 무덤'이라고 한 것이다." - 창세기 라바 100,5: 히브리어 철자가 같은 두 낱말을(כרה) 연결시킨 해석이다.

50,7 요셉은 아버지를 묻으러 올라갔다. 파라오의 신하들 모두, 곧 그 집안의 원로들과 이집트 땅의 모든 원로들이 그와 함께 올라갔다.

"왕국의 모든 사람들이 그와 함께 (야곱을) 장사 지내러 올라가서 그의 아버지 야곱에게 자애를 베풀었다. … 거룩하시고 찬미받으실 분께서 그들에게 말씀하셨다. '너희가 나의 종 야곱에게 자애를 베풀었으니 나도 이 세상에서 너희와 너희 자손들에게 상을 주겠다.' 모든 이집트인들이 갈대바다에서 죽을 때 물 속에 있지 않고 땅에 묻혔다. 거룩하시고 찬미받으실 분께서 말씀하셨다. '너희가 심판에 승복하였으니 나도 너희에게 무덤 장소를 제공하겠다.' '당신께서 오른팔을 뻗으시어 땅이 그들을 삼켰습니다'(탈출 15,12)고 한 대로이다." - 엘리에제르의 어록 39,58-63

50,8-9 요셉의 집안 모두와 형제들과 아버지 집안이 (올라갔고,) … 또한 병거와 기병도 그와 함께 올라가, 진영이 매우 컸다(כבד).

"랍비 이사악이 말하였다. 세상에서 가장 위대하신 분이 그곳에 계셨다. 누군가 말하였다. 온 세상의 생명의 영광이(כבד) 그곳에 계셨다." - 창세기 라바 100,5

50,10 그들은 요르단 건너 고렌 아탓에 이르러 매우 크고 장대하게 곡을 하였다. 그는 이레 동안 아버지를 애도하였다.

"'그들은 고렌 아탓에(גרן האטד) 이르렀다.' 랍비 사무엘 벤 나흐만이 말하였다. 성경 전체를 찾아봐도 아탓이라는 이름의 장소를 발견할 수 없다. 가시의(האטד[아탓]) 타작마당이라는(גרן[고렌]) 것이 있을 수 있나? 이는 가나안 사람들을 암시하여, 그들이 가시처럼 짓밟힐 만함을 말해 준다.

그들은 무슨 공로로 구원되었나? 그들이 우리의 조상 야곱에게 베푼 자애 덕분이다. 그들이 무슨 자애를 베풀었나? 랍비 엘아자르가 말하였다. 그들은 (애도의 뜻으로) 허리에서 띠를 풀었다. 레시 라키시가 말하였다. 그들은 어깨에서 끈을 풀었다. 랍비 유다 바르 샬롬이 말하였다. 그들은 손가락으로 (야곱의 관을) 가리키며 외쳤다. '이것이 이집트인들의 장엄한 애도로구나'(11절). 랍비들이 말하였다. 그들은 (경의의 뜻으로) 똑바로 섰다. 이는 칼 와호메르이다(קל וחומר). 그들이 (애도하러) 손과 발로 가지 않고 손가락 하나 가리킨 것으로도 처벌에서 구원되었는데, 하물며 손과 발로 어른과 아이들에게 자애를 베푼 이스라엘은 얼마나 더 하겠는가?" - 창세기 라바 100,6

"가시의(האטד[아탓]) 타작마당이라는(גרן[고렌]) 것이 있는가? 이 절은 가나안 사람들을 암시하는데, 그들이 왕관을 들고 와 야곱의 상여에 올려놓았다. 게다가 그들은 야곱의 상여를 보고는 허리띠를 풀고 그에게 존경을 표하였다." - 탄후마 와예히 17(61)

"아탓에 타작마당이 있나? 랍비 아바후가 말하였다. 가시로 둘러싸인 이 타작마당처럼 그들이 왕관으로 야곱의 관을 둘러쌌다. 에사우의 자손들과 이스마엘의 자손들과 크투라의 자손들이 모두 야곱의 장례에 왔기 때문이다." - 바블리 소타 13ㄱ

"어디에서 이레 동안의 애도를 알 수 있나? 우리의 스승들이 말하길, '이레 동안 만남의 천막 어귀 바깥으로 나가서는 안 된다'(레위 8,33)고 한 데서이다. 왜 이레 동안 애도하나? 이레 동안의 축제에 상당한다. 거룩하시고 찬미받으실 분께서 말씀하셨다. '너희는 이 세상에서 의인을 위해 이레 동안 애도하나 장차 다음 세상에서는, '나는 그들의 슬픔을 기쁨으로 바꾸고 그들을 위로하며 근심 대신 즐거움을 주리라'(예레 31,13). 나는 시온과 폐허를 위로하리라. '주님께서는 시온을 위로하시고 그 모든 폐허를 위로하신다. 그 광야를 에덴처럼, 그 황무지를 주님의 동산처럼 만드시니, 그 안에는 기쁨과 즐거움이, 감사와 찬미 노랫소리가 깃들리라'

(이사 51,3)고 한 대로이다.'" – 탄후마 와예히 17(61); 창세기 라바 97(1229)

50,13 그의 아들들은 가나안 땅으로 그를 옮겨, … 마므레 맞은편 들판의 막펠라 동굴에 그를 묻었다.

"그들이 막펠라 동굴에 왔을 때 에사우가 세이르산에서 그들에게 와 시시비비를 따지며 말하였다. '막펠라 동굴은 내 것이다.' 요셉이 어떻게 했겠는가? 그는 납탈리를 … 보내 그가 이집트로 내려가 그들 사이의 영원한 문서를 가져왔다. '납탈리는 풀려난 암사슴'(49,21)이라고 한 대로이다. 귀가 먼 단의 아들 후심이 말하였다. '무엇 때문에 여기에 앉아 있습니까?' 그들이 그에게 말하였다. '이 사람은(에사우) 우리가 우리의 아버지 야곱을 매장하지 못하게 한다.' … 그러자 그는 칼을 뽑아 들고 에사우의 머리를 베고는 막펠라 동굴로 가져갔다. 그들은 그의 몸을 세이르산에 있는 그의 소유의 땅으로 보냈다." – 엘리에제르의 어록 39,63-70

형들을 안심시킨 요셉(50,15-21)

50,15 "요셉이 우리에게 적개심을 품어 우리가 그에게 저지른 모든 악을 우리에게 돌려주지 않을까?"

"랍비 이사악이 말하였다. (형제들은) (요셉이) 식사에 초대하지 않아 (두려웠다.) 랍비 탄후마가 말하였다. (요셉은) 하느님을 위해서 한 일이었다. (요셉은) 말하였다. '전에 아버지께서 나를 임금인 유다 위에, 맏아들인 르우벤 위에 앉히셨습니다. 그러나 이제는 나에게 그들보다 위에 앉을 자격이 없습니다.' 그런데 그들은 그렇게 생각하지 않고, '요셉이 우리에게 적개심을 품었다'고 여겼다. 랍비 이사악이 말하였다. (형제들은) (요셉이) 가서 (그를 빠뜨린) 구덩이를 들여다볼까 (두려웠다.) 랍비 탄후마가 말하였다. (요셉은) 하느님을 위해서 한 일이었다. 그런데 그들은 그렇게 생각하지 않고, '요셉이 우리에게 적개심을 품었다'고 여겼다." – 창세기

라바 100,8

50,16–17 "자네 아버지께서 당부하셨네. … 그러니 … 종들이 지은 죄를 용서해 주게나." 요셉은 그들이 말한 것을 (듣고) 울었다.

"랍비 시메온 벤 가믈리엘이 말하였다. 평화는 위대하다. 지파들도 요셉과 지파들 사이에 평화를 이루기 위해 거짓말을 지어냈다. '그들이 요셉에게 당부하였다. '자네 아버지께서 당부하셨네." (야곱이) 언제 (그렇게) 당부했나? 우리는 그가 당부한 것을 찾을 수 없다." - 창세기 라바 100,8

"(요셉이) 말하였다. '형제들이 나를 의심하는구나!'" - 창세기 라바 100,8

50,18 "우리는 자네의 종이네."

"(형제들이) 말하였다. '자네는 (우리 중) 한 명이 자네 종이 되길 바라겠지만, 보게나, 우리 모두가 자네 종이네.'" - 창세기 라바 100,8

50,21 그는 그들을 안심시키고 그들의 마음에 말하였다.

"마음으로 말하는 사람이 있는가? (요셉은) 마음을 위로하는 말들을 하였다. 그가 그들에게 말하였다. '(형님들은) 땅의 먼지에 비할 수 있습니다. 땅의 먼지가 무엇입니까? 누가 땅의 먼지를 없앨 수 있겠습니까? (형님들은) 들짐승에 비할 수 있습니다. 누가 들짐승을 없앨 수 있겠습니까? (형님들은) 별들에 비할 수 있습니다. 누가 별들을 없앨 수 있겠습니까? 열 개의 별이 한 개의 별을 파괴하고자 하였으나 그 별을 당해낼 수 없었습니다. 내가 세상의 자연스러운 이치를 바꾸어 열두 개의 별을 (파괴할 수 있을까요)? 이 열둘은 낮의 열두 시간이요 하늘의 열두 성좌를 가리킵니다.'" - 창세기 라바 100,9: 요셉이 제자리로 돌아감으로써 서열이 정리된다.

요셉의 죽음(50,22-26)

50,22 요셉과 그 아버지의 집안이 이집트에서 살았다. 요셉은 백십 년을 살았다.

"랍비 피느하스가 말하였다. 거룩한 영이 어릴 때부터 죽을 때까지 요셉을 도왔다. 양 떼를 이끄는 목자처럼 모든 지혜로 그를 이끌었다. '이스라엘의 목자는 들으소서. 요셉을 양 떼처럼 이끄시는 분, 거룹들에 좌정하신 분'(시편 80,2)이라고 한 대로이다." - 엘리에제르의 어록 39,16-19

"여섯 쌍이 그들이 (산) 햇수가 같다. 레베카와 코핫, 레위와 아므람, 요셉과 여호수아, 사무엘과 솔로몬, 모세와 힐렐 원로, 라반 요하난 벤 자카이와 랍비 아키바이다. (이 가운데) 모세는 파라오의 궁에서 사십 년, 미디안에서 사십 년을 살고 이스라엘을 사십 년 동안 섬겼다. 힐렐 원로는 마흔 살에 바빌론에서 올라와 사십 년 동안 현인들을 섬기고 사십 년 동안 이스라엘을 섬겼다. 라반 요하난 벤 자카이는 사십 년 동안 생업에 종사하다가 사십 년 동안 토라를 연구하고 사십 년 동안 이스라엘을 섬겼다. 랍비 아키바는 사십 년을 무지한 이로 살다가 사십 년 동안 공부하고 사십 년 동안 이스라엘을 섬겼다." - 창세기 라바 100,10

50,25 "주님께서 여러분을 찾아오실 것이니, 여러분은 이곳에서 내 뼈를 가지고 올라가십시오."

"라브 유다가 라브가 말한 것을 말하였다. 요셉은 자기가 살아 있을 때 자기 뼈들을 가져가라고 했나? 그가 아버지의 명예를 보호하지 않았기 때문이다. '당신의 종인 저희 아버지'(43,28; 44,31-32)라고 했을 때 (요셉이 형들에게) 아무 말도 하지 않아서이다." - 바블리 소타 13ㄴ

50,26 요셉은 백십 세에 죽었다. 그들은 그를 방부 처리하고 이집트에서 관에 넣었다.

“랍비 하마 바르 하니나가 말하였다. 어찌하여 요셉은 형제들보다 먼저 죽었나? 그는 스스로 우월감을 가지고 행동했기 때문이다.” - 바블리 브라콧 55ㄱ

“어찌하여 요셉은 형제들보다 먼저 죽었나? … 랍비가 말하였다. 그가 그의 아버지를 방부 처리하였기 때문이다.” - 창세기 라바 100,3

“누가 그를 방부 처리했나? … 랍비 유다가 말하였다. 의사들이 그를 방부 처리했다. 랍비 피느하스가 말하였다. 지파들이 그를 방부 처리했다. ‘그들이 그를 방부 처리하고 이집트에서 관에 넣었다’(26절)고 하였는데, 여기서 그들은 누구인가? ‘이들은 이집트에 들어간 이스라엘의 아들들 이름이다’(탈출 1,1)고 한 이들이다.” - 창세기 라바 100,11

“그의 모든 형제들과 종들은 일어나 관례에 따라 요셉의 시신에 향을 발랐다. 그의 형제들과 온 이집트가 그를 위해 칠십 일을 애곡하였다. 그들은 요셉의 몸을 향료와 온갖 향으로 채워 입관하고 … 장사 지냈다.” - 야샤르의 책 59

“우리의 스승 모세는 요셉이 어디에 묻혔는지 어떻게 알았나? 랍비들이 말하였다. 그 세대 가운데 살아남은 아세르의 딸 세라를 통해서다. 모세가 그에게 가서 물었다. ‘요셉이 어디에 묻혔는지 아십니까?’ 그가 말하였다. ‘이집트인들은 그를 위해 금속관을 만들어 나일강에 두어 그 물이 축복을 받게 하였다.’ 모세가 나일강 가에 서서 말하였다. ‘요셉, … 당신이 이스라엘에게 시킨 맹세가 이루어질 때가 되었습니다. 당신이 자신을 보여 주시면 좋겠습니다. 그렇지 않으면 당신의 맹세는 무효입니다.’ 그러자 바로 요셉의 관이 떠올랐다.” - 바블리 소타 13ㄱ

“요셉이 임종한 뒤 야곱의 아들들은 아내를 얻었다. 르우벤의 아내 이름은 아다, 시메온의 아내 이름은 가나안 여자 아디바, 레위의 아내 이름은 테라 아들들의 후손인 아람의 딸들 가운데 하나인 밀카, 유다의 아내 이름은 가나안 여자 밧 슈아, 이사카르의 아내 이름은 하자카, 즈불룬의 아내 이름은 나아마, 단의 아내 이름은 에글라, 납탈리의 아내 이름은 아람 여자 루샤, 가드의 아내 이름은 마아카, 아세르의 아내 이름은 요나, 요셉의 아내 이름은 이집트 여자 아스낫, 벤야민의 아내 이름은 이스카이다. 시메온은 다시 형제들처럼 아람 출신의 둘째 아내를 얻었다." - 희년서 34,20-21

부 록

"요셉은 백십 세에 죽었다.
그들은 그를 방부 처리하고
이집트에서 관에 넣었다."
창세 50,26

주간별 오경 독서 분류(פרשה) 구성표

창세기: 12주

1,1—6,8	בראשית	브레싯	처음에
6,9—11,32	נח	노아	노아
12,1—17,27	לך לך	레크 레카	가라
18,1—22,24	וירא	와예라	그분께서 나타나셨다
23,1—25,18	חיי שרה	하예 사라	사라의 세월
25,19—28,9	תולדת	톨돗	족보
28,10—32,3	ויצא	와예체	그가 떠났다
32,4—36,43	וישלח	와이슐라흐	그가 보냈다
37,1—40,23	וישב	와예셉	그가 자리 잡았다
41,1—44,17	מקץ	미케츠	끝에
44,18—47,27	ויגש	와이가시	그가 다가갔다
47,28—50,26	ויחי	와예히	그가 살았다

탈출기: 11주

1,1—6,1	שמות	셰못	이름들
6,2—9,35	וארא	와에라	나는 나타났다
10,1—13,16	בא	보	가라
13,17—17,16	בשלח	베샬라	내보낼 때
18,1—20,22	יתרו	이트로	이트로
21,1—24,18	משפטים	미슈파팀	법들
25,1—27,19	תרומה	트루마	예물
27,20—30,10	תצוה	테차베	너는 명령하여라

30,11—34,35	כי תשא	키 티사	너는 세어라
35,1—38,20	ויקהל	와야크헬	그는 모았다
38,21—40,38	פקודי	페쿠데	명세서

레위기: 10주

1,1—5,26	ויקרא	와이크라	그분께서 부르셨다
6,1—8,36	צו	차브	명하여라
9,1—11,47	שמיני	슈미니	여드레
12,1—13,59	תזריע	타즈리아	임신하리라
14,1—15,33	מצרע	메초라	악성 피부병
16,1—18,30	אחרי מות	아하레 못	죽은 뒤에
19,1—20,27	קדשים	크도심	거룩하다
21,1—24,23	אמר	에모르	말하여라
25,1—26,2	בהר	베하르	산에서
26,3—27,34	בחקתי	베후코타이	나의 규칙들을

민수기: 10주

1,1—4,20	במדבר	베미드바르	광야에서
4,21—7,89	נשא	나소	세어라
8,1—12,16	בהעלתך	베하알로트카	네가 올릴 때
13,1—15,41	שלח לך	슐라 레카	보내라
16,1—18,32	קרח	코라	코라
19,1—22,1	חקת	후캇	규정

22,2—25,9	בלק	발락	발락
25,10—30,1	פינחס	피느하스	피느하스
30,2—32,42	מטות	마톳	지파들
33,1—36,13	מסעי	마스에	행군한 여정

신명기: 11주

1,1—3,22	דברים	드바림	말들
3,23—7,11	ואתחנן	와에트하난	나는 간구하였다
7,12—11,25	עקב	에켑	때문에
11,26—16,17	ראה	레에	보라
16,18—21,9	שפטים	쇼프팀	판관들
21,10—25,19	כי תצא	키 테체	나갔을 때
26,1—29,8	כי תבוא	키 타보	들어갔을 때
29,9—30,20	נצבים	니차빔	섰다
31,1—31,30	וילך	와옐레크	그는 갔다
32,1—35,52	האזינו	하아지누	귀를 기울여라
33,1—34,12	וזאת הברכה	웨좃 하브라카	이것은 축복이다

미슈나의 세데르와 마세켓 목록

세데르 즈라임(סדר זרעים 씨앗): 마세켓 11개

마세켓 브라콧(מסכת ברכות 찬미, 축복기도 9장/57절)

페아(פאה 구석, 수확 때 곡식을 남겨두는 것 8/69)

드마이(דמאי 의심, 십일조를 바친 소출인지 의심스러운 것 7/53)

킬아임(כלאיים 두 종류, 종류가 다른 것을 섞지 못함 9/77)

슈비잇(שביעית 안식년 10/89)

테루못(תרומות 예물, 사제의 몫 11/101)

마아세롯(מעשׂרות 십일조 5/40)

마아세르셰니(מעשׂר שׁני 두 번째 십일조 5/57)

할라(חלה 반죽, 예물 4/38)

오를라(ערלה 할례 3/35)

비쿠림(בכורים 햇과일 4/39)

세데르 모에드(סדר מועד 절기): 마세켓 12개

마세켓 샤밧(מסכת שבת 안식일 24장/139절)

에루빈(עירובין 합치기, 안식일의 예외 규정 10/96)

프사힘(פסחים 파스카 10/89)

슈칼림(שקלים 세켈 8/52)

요마(יומא 속죄일 8/61)

수카(סוכה 초막절 5/53)

베차(ביצה 계란, 축일 5/42)

로시하샤나(ראש השנה 새해 4/35)

타아닛(תענית 단식 4/34)

메길라(מגילה 두루마리 4/33)
모에드카탄(מועד קטן 기념일 3/24)
하기가(חגיגה 축제 3/23)

세데르 나심(סדר נשים 여성): 마세켓 7개
마세켓 예바못(מסכת יבמות 수혼법 16장/128절)
크투봇(כתובות 혼인계약서 13/111)
느다림(נדרים 서약 11/90)
나지르(נזיר 나지르인의 서약 9/60)
소타(סוטה 간통 9/67)
기틴(גיטין 이혼증서 9/75)
키두신(קידושין 약혼 4/47)

세데르 느지킨(סדר נזיקין 손해배상): 마세켓 10개
마세켓 바바카마(מסכת בבא קמא 첫째 문 10장/19절)
바바메치아(בבא מציעא 둘째 문 10/101)
바바바트라(בבא בתרא 마지막 문 10/86)
산헤드린(סנהדרין 산헤드린 11/71)
마콧(מכות 매질 3/34)
셰부옷(שבועות 맹세 8/62)
에두욧(עדויות 증언 8/74)
아보다자라(עבודה זרה 이방 신 숭배 5/50)
피르케아봇(אבות 선조들의 어록 6/108)
호라욧(הוריות 판결 3/20)

세데르 코다심(סדר קדשים 성물): 마세켓 11개
마세켓 즈바힘(מסכת זבחים 희생제물 14장/101절)

므나홋(מנחות 곡식제물 13/93)
훌린(חולין 속된 것 12/74)
브코롯(בכורות 맏물 9/73)
아라킨(ערכין 가치 9/50)
트무라(תמורה 예물 바꾸기 7/35)
크리톳(כריתות 추방 6/43)
메일라(מעילה 신성모독 6/38)
타미드(תמיד 일일제물 7/34)
미돗(מדות 측정 5/34)
키님(קינים 날짐승 제물 3/15)

세데르 토호롯(סדר טהרות 정결): 마세켓 12개
마세켓 켈림(מסכת כלים 기물 30장/254절)
오할롯(אהלות 천막 18/134)
네가임(נגעים 악성피부병 14/115)
파라(פרה 붉은 암소 12/96)
토호롯(טהרות 정결 10/92)
미케바옷(מקואות 목욕, 정결례 10/71)
니다(נדה 월경 10/79)
마크시린(מכשירין 부정요소 5/54)
자빔(זבים 고름 5/32)
테불욤(טבול יום 목욕한 당일 4/26)
야다임(ידיים 손, 식사 전 손 씻기 4/22)
우크침(עוקצים 줄기, 과일과 채소의 부정한 줄기의 형태 3/28)

랍비 전통에 따른 구약성경 시대의 이스라엘 연대표

아담부터 아브라함까지

연도	이름[사건]	생애	성경구절
1년	아담	930년	창세 1,27; 2,7
130년	셋	912년	4,25; 5,3
235년	에노스	905년	5,6
325년	케난	910년	5,9
395년	마할랄엘	895년	5,12
460년	예렛	962년	5,15
622년	에녹	365년	5,18
687년	므투셀라	969년	5,21
874년	라멕	777년	5,25
1056년	노아	950년	5,29
1558년	셈	600년	5,32
1656년	[홍수]		7장
1658년	아르팍삿	438년	10,22; 11,10
1693년	셀라흐	483년	10,24; 11,12
1723년	에베르	464년	10,24; 11,14
1757년	펠렉	239년	10,25; 11,16
1787년	르우	239년	11,18
1819년	스룩	230년	11,20
1849년	나호르	148년	11,22
1878년	테라	205년	11,24
1948년	아브라함	175년	11,27

아브라함부터 모세까지

연도	이름[사건]	생애	성경구절
1948년	아브라함	175년	창세 11,27
1996년	[바벨탑 건설]		11,1-9
2048년	이사악	180년	21,4
2108년	야곱	147년	25,25
2195년	레위	137년	29,34
2215년	크핫	133년	46,11; 탈출 6,16
2255년	아므람	137년	6,18
2368년	모세	120년	6,20
2448년	[이집트 탈출, 토라 수여]		

판관 시대

연도	이름[사건]	통치기간	성경구절
2448년	[가나안 진입]		
2448년	여호수아	28년	
2516년	[쿠산 리스아타임의 속박]	8년	판관 3,8
	[미카 신당의 우상숭배]		17장
	[레위인의 소실]		19장
2516년	판관 오트니엘	40년	3,9
2556년	[모압 임금 에글론의 속박]	18년	3,12
2556년	판관 에훗	80년	3,15
	판관 삼가르		3,31
2636년	판관 드보라	40년	4,4
2676년	[미디안의 속박]	7년	6,1
2683년	판관 기드온	40년	6,11
2723년	임금 아비멜렉	3년	9,1-6
2726년	판관 톨라	22년	10,1
2748년	판관 야이르	22년	10,3
2770년	[필리스티아와 암몬의 속박]	18년	
2786년	판관 입타	6년	11,1

연도	이름[사건]	통치기간	성경구절
2792년	판관 입찬	5년	12,8
2797년	판관 엘론	9년	12,11
2806년	판관 압돈	7년	12,13
2812년	판관 삼손	20년	13,24
2832년	엘리 사제	40년	1사무 2장
2871년	[필리스티아와의 전쟁에서 이스라엘의 패배]		4장
2872년	사무엘	11년	3장

왕정 시대

연도	유다-이스라엘임금/*예언자[사건]	통치기간	성경구절
2872년	사무엘	11년	1사무 3장
2883년	사울	3년	9,26
2885년	다윗[헤브론에서 도유]	40년	2사무 2,1-7
2885년	이스보셋	2년	2,8-11
2920년	[압살롬의 반란]		15,1-12
2925년	솔로몬	40년	1열왕 1,28-53
2965년	르하브암	17년	11,43
2965년	예로보암 1세	22년	12,20
2969년	[이집트 임금 시삭의 예루살렘 침략]		1열왕 11,40; 2역대 12장
2982년	아비얌	3년	1열왕 15,1
2985년	아사	41년	15,9
2986년	나답	2년	15,25
2987년	바아사	23년	15,33
3000년	[아사와 바아사의 전투]		15,16
3010년	엘라	2년	16,8
3011년	오므리	11년	16,22
3022년	아합	21년	16,29
	오바드야		18장
	*엘리야		18장
3026년	여호사팟	25년	22,41

연도	유다-이스라엘임금/*예언자[사건]	통치기간	성경구절
3027년	[아람 임금 벤 하닷의 사마리아 공격]		20장
3043년	아하즈야	2년	20,52
	[엘리야의 승천]		2열왕 2장
	*엘리사		2장
3044년	요람	12년	3,1
3050년	여호람	4년	8,16
3054년	아하즈야	1년	8,25
3056년	예후	28년	9,3
3056년	아탈야	6년	11,3
3062년	요아스	40년	12,2
	*즈카르야		
3083년	여호아하즈	17년	13,1
3101년	여호아스	16년	13,10
3102년	아마츠야	29년	14,2
3113년	[아마츠야의 에돔 공격]		14,7
3114년	예로보암 2세	38년	14,23
3129년	아자르야(우찌야)	37년	15,1
	*호세아		
	*이사야		
	*아모스		
3154년	즈카르야	1년	15,8
3155년	살룸	한 달	15,13
3155년	므나헴	10년	15,17
3165년	프카흐야	2년	15,23
3167년	페카	20년	15,27
3168년	요탐	16년	15,32
	*미카		
3184년	아하즈	16년	16,1
3187년	호세아	19년	17,1
3187년	[아시리아 임금 살만에세르의 이스라엘 침공]		17,3

연도	유다-이스라엘임금/*예언자[사건]	통치기간	성경구절
	*요엘		
3195년	[사마리아 함락, 아시리아로 유배]		18,9-11
3198년	히즈키야	29년	18,1
3213년	[산헤립의 예루살렘 공격]		18,13
3227년	므나쎄	55년	21,1
	*나훔		
	*하바꾹		
	*스바니야		
3284년	아몬	2년	21,19
3286년	요시야	31년	22,1
	*스바니야		
3298년	*예레미야		
3317년	여호아하즈	석 달	23,31
3317년	여호야킴	11년	23,36
3326년	여호야킨	석 달	24,8
3326년	[네부카드네차르의 예루살렘 침공]		24,10
3328년	치드키야	11년	24,18
	*에제키엘		
3335년	[바빌론의 두 번째 예루살렘 포위]		25,2
3338년	[제1성전 파괴]		25,9
	*제2이사야		

*이 연대표는 http://www.daat.ac.il/daat/tanach/cronolog.htm에서 옮김

참고문헌

*원문

우리말 성경: 『성경』 (한국천주교중앙협의회 2005).

히브리어 성경

Rudolf, W. (eds.), *Biblia Hebraica Stuttgartensia* (Stuttgart 1990).

타르굼 옹켈로스, 차명 요나탄, 네오피티, 카이로 게니자 단편 타르굼 등

http://cal.huc.edu/

미슈나 ששה סדרי משנה, מה' חנוך אלבק (ירושלים 2008).

토셉타 תוספתא, מה' משה שמואל צוקרמאנדל (ירושלים 1963).

예루살렘 탈무드 תלמוד ירושלמי, מה' האקדמיה ללשון העברית (ירושלים 2001).

바빌론 탈무드 תלמוד בבלי, ש"ס וילנא (1860).

랍비 이스마엘의 메킬타(탈출기)

מכילתא דרבי ישמעאל, מה' חיים שאול הארוויטץ (פרנקפורט 1931).

랍비 시메온 벤 요하이의 메킬타(탈출기)

מכילתא דרבי שמעון בן יוחאי, מה' יעקב נחום הלוי אפשטיין (ירושלים 1956).

시프레 신명기 ספרי על ספר דברים, מה' אליעזר ארי' פינקלשטין (ניו־יורק 1969).

미드라시 라바 משה אריה מירקין, מדרש רבה א–יא (תל־אביב 1968).

창세기 라바 יהודה תיאדור וחנוך אלבק, מדרש בראשית רבה א–ג (ירושלים 1965).

랍비 나탄의 마세켓 아봇

אבות דרבי נתן, מה' שניאור זלמן שעכטער (ניו־יורק 1967).

탄후마 미드라시 מדרש תנחומא על חמשה חומשי תורה (ירושלים 1970).

랍비 엘리에제르의 어록 פרקי דרבי אליעזר, מה' הורוביץ (ירושלים 1978).

야샤르의 책

Cohen, S.J., *Sefer hayashar - The Book of the Righteous* (New York 1973).

희년서 등 유대교 외경

אברהם כהנא, הספרים החיצונים כרך ראשון (תל־אביב 1956).

אברהם כהנא, הספרים החיצונים כרך שני (תל־אביב 1956).

필론 작품

Colson, F.H. (trs.), *PHILO* (Loeb Classical Library, Cambridge 1991).

요세푸스 작품

Thackeray, H. (tr.), *JOSEPHUS* (Loeb Classical Library, Cambridge 1990).

*참고서적

Balberg, M., *Gateway to Rabbinic Literature* (Raanana 2013).

⇒ מירה בלברג, פתח לספרות חז"ל (רעננה 2013).

Barrera, J.T., *The Jewish Bible and Christian Bible* (Leiden 1998).

Eliyahu, E., Cohn, Y., *Handbook of Jewish Literature from late Antiquity 135-700 CE* (Oxford 2012).

Freedman, H. (tr.), *Midrash Rabbah Genesis* vols. 1-2 (London 1983).

Friedlander, G., *Pirke De Rabbi Eliezer* (Skokie 2004).

Goldin, J., *The Fathers According to Rabbi Nathan* (New York 1995).

Jastrow, M., *Dictionary of the Targumim, Talmud Babli, Yerushalmi and Midrashic Literature* (New York 1996).

Lauterbach J.Z., *Mekhilta de-Rabbi Ishmael* vols. 1-2 (Philadelphia 2004).

Nelson, D., *Mekhilta de-Rabbi Shimon bar Yohai* (Philadelphia 2006).

Neusner, J., *The Tosefta* vols. 1-2 (Peabody 2002).

Neusner, J., Avery-Peck, A., *The Routledge Dictionary of Judaism* (New York 2004).

Reizel, A., *Introduction to the Midrashic Literature* (Gush Echion 2011).

⇒ ענת רייזל, מבוא למדרשים (גוש עציון 2011).

Skolnik F., Berenbaum, M. (eds.), *Encyclopedia Judaica* 1-22 (Detroit 2007[2]).
교황청 성서위원회, 『그리스도교 성경 안의 유다 민족과 그 성서』 (한국천주교중앙협의회 2010).
교황청 유다교위원회, “「우리 시대」 반포 50주년 기념 가톨릭과 유다교의 관계에 대한 신학적 문제에 대한 숙고” (한국천주교중앙협의회 2015).
권터 스템베르거, 『미드라쉬 입문』, 이수민 옮김 (바오로딸 2008).
마크 셰리든 엮음, 『창세기 12—50장』, 이혜정 옮김 (분도출판사 2008).
앤드루 라우스 엮음, 『창세기 1—11장』, 하성수 옮김 (분도출판사 2008).
정양모, “유대교와 기독교”, 『종교신학연구』 7권 (서강대학교 신학연구소 1997), 143-178.
케네스 셍크, 『필론 입문』, 송혜경 옮김 (바오로딸 2008).

*참고 웹사이트

http://cal.huc.edu/ (타르굼과 페시타 등 아람어-시리아어 문헌)
https://www.sefaria.org/ (성경과 랍비 문헌)
https://mechon-mamre.org/ (성경과 랍비 문헌)
https://www.responsa.co.il/home.en-US.aspx (랍비 문헌)
https://tablet.otzar.org/pages/? (랍비 문헌)
http://www.daat.ac.il/ (유다이즘)
https://www.daf-yomi.com/ (유다이즘)

성경 찾아보기

구약성경

창세기

1,4 17
1,11 60
1,16 20
1,26 31
2,4 16
2,15 30
2,17 47
2,21 99
3,1 313
3,6 102, 192
3,15 35
3,17 48, 83, 185
3,22 308
3,23 38
3,24 30, 117
4,1 39
4,2 67
4,7 271
5,2 23
5,29 83, 185
6,4 50
6,6 58
6,9 55, 68
6,21 68
7,10 59
7,11 62
7,16 117
8,21 201
9,6 23
9,13 25
11,4 74
12,1 134
12,4 86
12,7 86
12,10 48, 83, 185
12,17 101, 333
13,8 220
13,17-18 82
14,16 86
14,18 196
15,1 308
15,5 142, 310
15,13 283, 292
15,18 86, 117, 162
16,1 143
16,2 227
16,11 225
16,12 145, 177
16,13 116
17,3.17 105
17,5 23, 118, 261
17,12 107
17,14 106
17,16 179
17,17 138
17,19 103
17,22 210, 278
18,4 123
18,6 102
18,10 102
18,12 116
18,19 124
18,21 156
18,33—19,1 122
19,13 210
19,27 207
19,29 86
19,36 102
20,3 242
20,7 97
20,17 137
21,1 138
21,12 78, 145, 156, 157
21,19 157
22,1 148
22,2 156, 307
22,13 26
23,16 269

24,1 95
24,9 353
24,63 207
24,65 300
24,67 172
25,15 374
25,23 104, 116
25,25 183, 225, 250
26,1 48
26,5 148
26,12 235
26,20 188
26,21 189
26,22 189
26,24 308
27,1 191
27,4 359
27,6 192
27,28 251, 252
27,29 252, 365
27,33 95, 197, 359
27,36 200
27,40 362
27,41 255
27,45 375
28,1 252, 380
28,3 380
28,7 205
28,10 215
28,11 207
28,12 308
28,13 315
28,22 213
29,1 215
29,12 168, 383
29,20 202
30,1 102
30,13 374
30,15 361
30,22 232
30,24 232
30,25 288
30,27 219
30,30 219, 307
30,36 219
31,3 237, 248
31,4 250
31,7 236
31,12 236
31,22 242
31,32 333
31,43 220
32,4 183
32,25 262
32,29 178
32,32 207
33,8 266
33,10 261
33,11 95
33,19 269
34,2 69
34,3 272
34,8 272
34,19 272
34,24 363
35,5 275, 277
35,10 261
35,13 210
35,22-23 281
35,23 233
35,25 233
35,26 233
35,27 162
36,3 204
36,6 287
36,22 284
36,29 284
36,43 71
37,9 207
37,15.17 251
37,26 366
37,33 290, 344
37,34 329
38,14 171
38,25 295
39,4 53
39.5 295
39,6 214
39,7 87, 289
39,9 311
39,10 305
39,17 140
40,7 271

40,16 314
41,1 210
41,10 312
41,45 305
41,46 203
41,51 306
42,11 323
42,14 324
42,24 362
42,30 96
42,36-37 323
43,9 305, 323, 335
43,10 245
43,28 388
43,30 265
43,34 378
44,13 296, 329
44,14 294
44,16 321
44,31-32 388
45,6 48, 83
46,4 344, 352
46,19 233
46,22 178
46,29 150
47,14 305
47,25 319
47,29 351
47,31 224
48,5 215, 220, 258
48,16 211
48,19 278
48,20 356
48,22 274
49,1 359, 380
49,3 359
49,5 275
49,7 275
49,8 198, 366
49,9 344
49,14 230, 254
49,21 386
49,22 265
49,24 198
50,11 385
50,12 382, 383

탈출기
1,1 389
1,14 189, 347
1,19 189
1,33 189
2,16 218
2,17 218
2,19 68
3,22 169
4,17 25
4,20 150
4,27 219
4,31 152
6,26 71
6,27 71
6,30 106
12,12 352
12,29 93
14,6 150
15,1 363
15,2 184
15,12 384
15,20 273
16,15 25
17,6 25
17,7 271
17,13 254
19,3 210, 361
19,14 210
19,17 209
20,8 26
20,12 352
20,18 100
20,24 206, 209
23,13 74
23,15 266
24,1 152
25,8 231
25,34 271
26,1 95
26,14 95
32,4 290
32,6 140
32,16 25
33,20 191
38,26 294

레위기
5,22 302
8,33 385
12,6 108
16,30 193
20,17 40
21,9 302
24,16 382

민수기
1,6 341
1,32 356
2,18.20 356
6,26 126
6,27 81
7,18 231
7,48.54 356
11,16 359
11,21 356
12,7 358
12,14 358
13,13 225
13,16 109
13,33 50
15,38 301
16,1 363
16,11 225
16,14 313
16,31 167
19,9 121
19,17 121
20,10 358
20,12-13 91
20,12 358
21,2-3 214
21,2 304
21,17 114, 147, 168
21,34 92
22,5-6 248
22,20 242
22,21 150
22,28 25
22,30 336
23,4 131, 241
24,9 198, 366
25,14 362
25,18 274
26,9 71
26,59 343
28,2 30
28,4 379
31,54 304

신명기
2,3 247
2,5 100
2,9 130, 247
2,10 50
2,20 50
2,34 304
3,6 304
3,11 61
3,17 375
4,4 272
4,11 209
4,44 380
8,7 114
10,22 344
11,11 28
11,13 30
12,20 189
16,6 137
21,17 174
22,25 183
23,11 242
26,5 235
26,19 252
27,13 361
28,12 233
28,65 63
31,14 351
31,16 271
33장 346
33,1 68, 380
33,6 361
33,7 346
33,12 333, 379
33,17 253
33,18 346, 369
33,19 370
33,20 346, 373
33,22 346, 366
33,23 346, 375

33,24 346, 374
33,29 380
34,6 25
34,8 383

여호수아기
4,22 256
7,6 296, 329
9,27 36
13,25 228
14,6 120, 332
15,16 166
16,8 356
22,8 374

판관기
1,24-25 213, 277
3,13 247
3,20 379
5,15 372
6,16 363
11,31 166
13,18 262
14,3 87
14,9 304
15,12 372
16,17 372
16,28 373
16,30 372
19,5 115
21,21 378

룻기
1,1 48, 83, 89, 186
1,14 219
4,18-22 364

사무엘기 상권
1,13 201
1,19 152
4,19 279
6,1 146
10,1 219
14,15 276
14,47 379
16,12 181
17,25 166
25,3 32
25,12 99
25,41 254
25,44 377
27,1 201
28,8 150
30,17 268

사무엘기 하권
1,24 374
2,14 140
3,5 279
6,23 279
7,9 238
10,13 120, 332
12,25 379
13,22 289
18,8 276
19,3 58
19,18 308
21,1 186
22,27 219
22,41 365

열왕기 상권
2,1 351
5,4 304
5,15 298
7,49 26
8,13 231
8,64 69
12,26 201
12,28-29 93
13,2 103
17,1 48, 83, 186, 228
17,18 126
17,19 126
18,13 255
18,36 120, 332
21,1 83

열왕기 하권
6,25 48, 83, 186
15,7 158

역대기 상권
1,27 71, 178

1,31 374
2,2 233
5,1 280, 361
5,10.18-22 374
5,10 374
5,18-22 374
5,19 374
7,30-31 229
8,27 228
12,33 231, 254, 341, 370
17,21 208
21,25 269
22,9 103

역대기 하권
7,1 167
13,22 10
24,27 10
26,10 67
28,22 71
32,30 71

에즈라기
1,6 169
2,51 225
7,6 71

느헤미야기
9,7 261
12,28.30 358

에스테르기
1,1 71, 89
2,8 379
2,15 54
2,21 312
3,1 99
3,6 89
4,1 296, 330
5,12 313
6,1 221
6,14 16

욥기
3,13 175
3,26 288
4,10 331
4,11 331
4,13 242
5,19-22 252
7,5 50
9,21 121
12,20 358
15,2 227
21,8 60
21,11 51
21,14 60
21,15 60
24,14 52
24,20 38
25,5 113
28,3 315
28,9 128
28,10 90
36,28 27
37,9 131
38,15 17

시편
1,1 381
2,4 74
2,8 97
2,9 367
8,5 25
8,8-9 25
8,10 25
9,9 123
9,18 304
11,6 313
14,1 201
15,17 288
16,5 313
18,19 124
19,5 113
19,12 124
22,4 209
23,5 313
27,13 245
31,20 27, 339
36,6 156
36,12 33
38,5 96
38,14 171

44,7 357
45,7 367
48,2 308
49,7 88
49,13 38
50,21 336
55,18 171
56,7 188
57,3 357
58,4 180
58,11 375
60,1 248
66,5 311
66,14 213
66,15 197
68,17 379
68,18 209
72,8 304
74,12 29
75,9 313
77,16 288
77,17 288
78,70 351
80,2 377, 388
80,9 312, 368
82,1 112
84,2 379
86,17 277
89,1 192
89,13 131
89,35 156
90,10 350
91,1 252
91,11 252
91,15 252
93,2 16
93,4 53
98,3 232, 233
102,1 171
103,13 144
104,3 19
104,4 19, 50
104,15 115
105,15 202
105,18 310
106,4 232
106,23 351
107,3 131
107,30 207
110,2 301
110,4 106, 149
112,10 265
113,5 256
114,3 310
115,15 381
116,9 352
116,13 313
116,16 254
119,91 245
119,100 380, 381
123,2 253
123,3 253
124,1 209
128,6 282
133,3 197
135,4 351
139,5 23
142,3 207
142,8 64
145,15 233, 356
146,7 309
146,8 309, 310
147,4 261

잠언
3,18 369
4,2 371
8,22 15
8,30.31 302
9,5 94
9,8 145
9,13 32
10,6 251
10,25 55
11,2 196
11,5 170
11,12 271
12,10 60
12,27 199
14,6 316
14,30 215
15,29 132, 242
16,11 288

17,15 190
18,1 130
19,3 325
23,24 178
23,25 352
24,16 264
29,21 41
31,27 103

코헬렛
4,8 283
5,12 125
7,19 80

아가
2,2 179
4,6 149
5,10 250
7,5 264
7,14 231

이사야서
5,1 379
6,3 242
7,1 89
8,5 172
9,11 89
11,2 17
11,13 344
14,17 285
17,11 67
21,2 96
21,9 99
22,14 295
26,5 369
26,8 373
27,13 152
30,23 252
31,4 244
31,9 100
32,20 371
33,7 155, 191
34,9 127
40,15 363
40,22 113
40,26 261
40,27 326, 339
41,10 195
41,14 382
49,12 131
49,23 252
51,3 386
51,23 88
63,2 250
65,16 251
65,25 36
66,1 16

예레미야서
1,3 89
1,5 180
2,21 368
3,20 225
4,23 16, 89
4,31 183
6,10 106
7,16 207
9,2 214
9,25 106
10,10 352
10,11 246
11,15 379
12,7 379
15,9 208
22,24 301
25,15 313
29,11 297
31,9 336
31,13 385
31,15-17 280
31,15-16 354
31,15 225
49,20 235
50,25 27
51,7 313
51,35 55

애가
1,3 63

에제키엘서
12,22 187
16,49 118

21,32 51
22,24 61, 63
34,31 253, 254, 266, 267
35,10 201
37,12 233
37,14 353
40,15 368
48,19 36

다니엘서
1,6.19 97
1,8 201
2,4 246
3,19 99
7,7 99

호세아서
1,2 281
5,11 382
10,12 188
11,3 355
12,5 260
12,13 224, 241
14,2 295

요엘서
2,19 252
4,19 56

아모스서
1,11 202
2,6 294
5,15 225
5,19 238
7,2 21
8,11 48, 83, 186
9,1 209
9,11 314

오바드야서
1,10 362
1,18 235
1,21 267

미카서
2,13 303
5,6 251
7,1.2 368
7,20 214, 233

나훔서
1,2 120
2,4 183, 184, 250
2,10 237

스바니야서
3,11 314

하까이서
1,13 210

즈카르야서
6,6 131
9,9 253, 368
9,17 197
10,2 240
12,3 367
12,10 54

말라키서
2,7 358
2,11 297
3,12 272
3,20 208, 262
3,21 269

신약성경

마태오 복음
5,17-19 9
25,34 29

루카 복음
11,27 378

사도행전
2,42 9

로마서
11,1 8
15,8 9

랍비 문헌과 기타 문헌 찾아보기

갈라티아서
1,14 8
4,4-5 9
4,23-24 140

코린토 2서
11,22 8

필리피서
3,5 8

히브리서
7,1-2 94
11,5 48

요한 묵시록
5,5 366

타르굼 차명 요나탄
창세기
3,24 29
12,5 82
17,13 108
18,8 115
22,9 64
32,25 258
34,9 64
39,14,20 311

탈출기
2,1 109

민수기
22,28 26

신명기
33,17 361

타르굼 네오피티
창세기
18,8 115

성문서 타르굼
아가
8,2 196

희년서
2,2-3 18
2,7 20
2,8.11 21
2,9 20
2,11 21
2,12 22
2,13 24
2,17-19 27
3,1 31
3,5 31
3,15-16 32
3,27-28 38
3,34-35 39
4,1 39
4,7 45
4,17-19.20-24 47
4,29 47
5,1-2 50
5,3-4 52
5,5.19 53
5,24-25 60
5,26-27 62
5,28 62
5,32 64
6,1-4 65
6,10 66

6,15-17	66
7,1-3	67
7,13-16	70
8,19	29
10,15-16	70
10,19	73
10,20-21	73
10,23	74
10,24-25	75
11,14-17; 12,1-5	76
12,12-14	76
12,15-22	79
12,24-27	81
12,28-29	82
13,1-6	83
13,10	83
13,11-14	85
13,15-16	85
13,17-19	88
13,23	91
14,1	96
14,19-21	101
15,26	109
16,1-4	117
16,5	119
16,8-9	131
16,10	131
16,12-13	137
16,14	138
17,1-2	139
17,4	141
17,10	142
17,13-14	144
17,16-17	148
18,13	149
19,1	161
19,3-4	162
19,4-5	163
19,9	164
19,11	173
19,15-16.26-31	182
21,12-13	151
22,1-2	175
24,6-7	185
24,26	189
25,1-3	190
26,18	195
27,6-7	202
27,13-18	204
28,5	222
28,9	223
28,12	225
28,23	232
29,1-4	240
29,7-9	247
30,1-2	271
30,3	272
30,25-26	275
30,6-7	274
31,2	275
31,16	226
32,3-6	279
33,2-9	281
33,21-22	282
34,11	295
34,13-16	297
34,20-21	390
36,1-2.16-18	282
36,21-24	381
37,1-4	283
38,42-44.50-51	284
38,47-49	286
39,6-8	309
39,9	310
39,11-13	334
40,8-9	317
41,1-5	299
41,7	299
41,23-24	302
42,23	328
42,25	329
43,14	336
43,15	337
43,24	338
44,2-3.5-6	340
44,8-9	345
45,3-4	345
45,14-16	382

바룩 3서

4,11.13	68

마카베오기 4서
2,2 377

요셉의 유언
17,1 378

미슈나
샤밧
19,3 273

느다림
3,11 105

키두신
4,14 187

바바메치아
7,8 244

산헤드린
4,5 38, 43

아봇
5,6 26, 143, 157
5,9 87

훌린
7,1 263

트무라
5,5 157

타미드
2,3 150

오할롯
1,8 31

토셉타
소타
4,17.18 35
6,6 140
10,3 59

아보다자라
8,4.6 65

탈무드 예루살미
프사힘
1,1 27ㄴ 57

탈무드 바블리
브라콧
6ㄴ 120
22ㄱ 293
26ㄴ 171
55ㄱ 389
60ㄱ 232
61ㄱ 23, 28

샤밧
22ㄱ 293
127ㄱ 114
134ㄴ 273

프사힘
54ㄴ 191
56ㄱ 359
94ㄱ 19
118ㄱ 355

요마
28ㄴ 349
35ㄴ 309

에루빈
18ㄱ 23
18ㄴ 39, 46
53ㄱ 163
65ㄱ 17
100ㄴ 36

수카
52ㄴ 41

로시하샤나
10ㄴ.11ㄴ 60
11ㄱ 116
16ㄴ 143

타아닛
9ㄱ 325
9ㄴ 27
10ㄴ 338

메길라
6ㄱ 370
13ㄴ 220
16ㄴ 338

모에드카탄
18ㄱ 152
18ㄴ 169

하기가
12ㄱ 17
12ㄴ 18

예바못
34ㄴ 299
48ㄴ 108
76ㄱ 360
88ㄱ 322
103ㄴ 39

느다림
32ㄱ 98
32ㄴ 23, 94
64ㄴ 227

나지르
23ㄱ 87, 129
23ㄴ 130

소타
10ㄱ 300, 372, 373
13ㄱ 385, 389
13ㄴ 305, 388
36ㄴ 343, 377

기틴
57ㄱ 311

키두신
29ㄱ 106
32ㄴ 289

바바카마
17ㄱ 371
92ㄱ 136, 347
92ㄴ 137

바바바트라
16ㄴ 183
17ㄱ 371
56ㄱ 101
75ㄱ 21
123ㄱ 222, 223, 225
123ㄴ 235, 343

마콧
23ㄴ 23

산헤드린
34ㄱ 11
38ㄴ 22, 34, 40
57ㄴ 66
58ㄴ 133
59ㄴ 24
70ㄱ 67, 69
82ㄴ 341
98ㄴ 367
99ㄱ 196
100ㄴ 164
108ㄱ 56
108ㄴ 57, 59
109ㄱ 74
109ㄴ 119

셰부옷
6ㄴ 318
35ㄴ 114, 125

아보다자라
4ㄱ 121
5ㄱ 227
25ㄱ 365
27ㄱ 108

므나홋
42ㄱ 108

훌린
49ㄱ 81
60ㄴ 21, 347
91ㄱ-ㄴ 262
91ㄱ 327
91ㄴ 260

92ㄱ 312
92ㄴ 368
113ㄴ 193

브코롯
5ㄴ 371

니다
8ㄴ 302
31ㄱ 230

나탄의 마세켓 아봇
8(38) 169
31(91) 43

창세기 라바
1,1 15
1,3 19
1,4 16
1,15 16
2,3 16
2,4 17
3,1 17
3,8 18
4,3 18
4,5 19
4,7 19
6,1 20
8,1 23
8,3-4 22
8,6 25, 31
8,11 24
10,5 25
11,8 26
11,10 27
12,6 38
13,10 28
13,17-19 88
14,2-5 28
15,3 29
15,6 29
16,1 29
16,5 30
16,6 30
19,4 32
19,8 33
19,9 34
19,13 34
20,2 35
20,5 35, 36
20,10 37
20,12 38
22,3 39
22,4 40
22,5 41
22,6 41
22,8 42
22,11 43
22,12 44
23,3 45
23,5 45
24,6 46
24,7 46
25,1 48
25,2 48
25,3 48
26,2 49
26,3 49
26,5 49
26,7 51
27,3 52
27,4 52
28,2 53
28,8 56
29,4 54
30,1 55
30,9 55
31,6 56
31,8 56
31,11 57
31,13 58
31,14 58
32,7 58
32,8 61
32,9 61
33,4 62
33,6 63
34,9 64
34,13 65
34,14 66
35,1 66
36,3 67, 68
36,4 68

36,6 68
36,7 69
37,1 70, 71
37,3 71
37,4 72
37,6 72, 278
37,7 73
38,7 73
38,8 73, 74
38,9 74
38,10 75
38,13 78
39,4 80
39,9 80
39,11 81
39,12 81
39,14 82
39,16 82, 83
40,3 83
40,5 84
41,2 85
41,3 86
41,5 86
41,6 86
41,7 87
41,9 88
41,10 89
42,3 89
42,4 89
42,5 90
42,6 90, 91
42,7 91
42,8 92
43,2 93
43,3 93
43,6 94
43,8 95
43,9 95
44,5 96
44,6 96
44,8 97
44,9 97
44,12 97
44,13 97
44,14 98, 99
44,15 98
44,16 99
44,17 99
44,18 100
44,19 100
44,21 100
44,23 100
45,1 101, 102
45,4 102
45,5 102
45,7 103
45,8 103
45,9 104
45,10 104
46,3 105
46,5 107, 109, 119
46,6 105
46,9 106
46,10 107
46,11 108
46,12 108
47,1 109
47,2 109, 110
47,4 110
47,7 110
47,9 110
47,10 111
48,7 112
48,8 113
48,9 113
48,10 114
48,11 115
48,12 115
48,14 115
48,16 116
48,18 116
48,20 116
49,2 118
49,3 118
49,4 118
49,6 120
49,8 120
49,9 121
49,11 121
49,13 122
49,14 122
50,2 113, 122, 123
50,3 123

50,4	123	54,2	145	60,3	166
50,5	124	54,3	146	60,4	167
50,7	124	54,4.8	146	60,5	167, 168
50,9	124, 125	54,5	147	60,6	168
50,10	125	54,6	147	60,7	168, 169
50,11	125, 126	55,3	148	60,11	169
50,12	127	55,4	147, 148	60,12	170
51,3	128	55,7	149	60,13	170
51,4	128	55,8	150, 151	60,14	170
51,5	128	56,1	151	60,15	171
51,8	129	56,2	152	60,16	172
51,9	130	56,3	153	61,4	173
51,11	130	56,4	153	61,5	173
52,5	132	56,5	154	61,6	173, 176
52,6	132	56,6	155	61,7	174
52,7	132, 133	56,7	156	62,1	175
52,9	133	56,8	154, 157	62,3	175, 176
52,11	133, 134	56,9	158	62,5	177
52,12	134	56,10	157	63,1	178
52,13	136	56,11	158, 159	63,3	179
53,5	137	58,3	160	63,4	179
53,6	137	58,4	161	63,5	179
53,7	138	58,5	161	63,6	180
53,8	138	58,6	162	63,7	180
53,9	139	58,7	162	63,8	180, 181
53,10	139	58,8	163	63,10	181, 182
53,11	140	59,6	164	63,11	183
53,12	141	59,7	164	63,12	183, 184
53,13	142	59,8	165	63,13	181, 184
53,14	143	59,10	165	63,14	185
53,15	143	59,11	166	64,2	186

64,3	186	68,7	206	71,9	228, 229
64,4	187	68,8	206	71,10	229
64,5	187	68,9	207	72,2	224, 230
64,6	188	68,10	208	72,3	230
64,7	188	68,11	209	72,5	231, 341, 342
64,8	189	68,12	210	72,6	232
64,10	189	69,3	210	73,1	232
65,6	190	69,4	211	73,2	233
65,10	191	69,5	211	73,4	233
65,13	192	69,7	212	73,5	234
65,14	193	69,8	213	73,6	234
65,15	193, 194	70,1	213	73,7	235
65,16	194	70,3	214	73,8	235
65,17	194	70,4	214	73,9	236
65,19	195	70,7	215, 258	73,10	237
65,20	195	70,8	215, 218	73,11	237
65,21	195	70,9	218	73,12	237
65,22	196, 197	70,11	218	74,1	238
65,23	197	70,12	219	74,2	238
66,3	198	70,14	220, 221	74,3	239
66,4	198,199	70,15	221	74,4	239
66,5	199	70,16	221	74,5	240
67,2	199, 200	70,18	222	74,8	242, 243
67,7	200	70,19	223	74,9	243
67,8	201	70,20	224	74,10	244
67,9	192, 202	71,2	225	74,11	244
67,10	202	71,3	226	74,12	245
67,12	203, 203	71,4	226	74,13	246
67,13	204	71,5	227	74,14	246
68,5	203, 205	71,6	227	74,15	248
68,6	206	71,7	228	74,16	248

74,17	249	79,8	270	84,13	291, 292
75,4	250, 251	80,5	270	84,14	292
75,6	253	80,6	271	84,16	293
75,7	241, 242	80,7	271, 272	84,17	293, 294
75,8	252	80,8	272, 273	84,18	294
75,12	254	80,9	273	84,19	295
75,13	257	80,10	274, 357	84,20	296
76,2	255	81,3	275	84,21	296
76,3	255	81,4	276, 277	84,22	296, 297
76,4	255	81,5	277	85,2	321
76,5	256	82,1	277	85,4	298
76,7	256	82,3	277	85,5	299
76,8	257	82,4	278	85,6	300
76,9	258	82,7	279	85,7	300
77,2	259	82,9	280	85,8	301
77,3	259	82,10	280	85,9	301, 302
78,2	260	82,11	281	85,10	302
78,3	261	82,13	283	85,11	303
78,4	262	82,14	284, 285	85,12	303
78,5	262, 263	83,2	285	85,14	304
78,7	264	83,4	286	86,2	304
78,8	264	84,1	298	86,3	305
78,9	264	84,2	287	86,4	306
78,10	265	84,3	288	86,5	307
78,11	266	84,5	288	86,6	307
78,12	266	84,7	289	87,5	308
78,13	267	84,8	289	87,6	308
78,14	267	84,9	290	87,7	310
78,15	267, 268	84,10	290	87,8	310
78,16	268, 279	84,11	291	87,9	311
79,7	269	84,12	291	87,10	310

88,2	311	93,7	331	97,6	357
88,3	312	93,8	334, 335	97(1204)	360
88,5	312, 313	93,9	335	97(1205)	361
88,6	314	93,10	336, 337	97(1206-7)	363
88,7	314	93,11	337	97(1207)	364
89,1	315	93,12	336, 337	97(1217)	365
89,3	313	94,2	338	97(1218)	366
89,4	315	94,3	338, 339	97(1219)	367
89,6	316	94,5	339	97(1220)	367, 369
89,8	316	94,6	339, 340	97(1222)	370, 373
89,9	383	94,7	342	97(1223)	373, 374, 375
90,2	317	94,8	343	97(1224)	376, 378
90,3	317, 318	94,9	343	97(1226)	382
90,4	318	95,2	344	97(1228)	366
90,5	319	95,3	292, 342, 349	97(1229)	386
90,6	319	95,4	346	97(1242)	354
91,2	321	95(1231)	345	97(1243)	354
91,4	322	95(1232)	345	97(1244)	355
91,6	320, 321, 322,	95(1233)	347	98,2	358
	323, 325	95(1234)	348, 350	98,3	359, 360
91,7	322, 324	96,5	352	98,4	360, 361
91,8	325	96(1203)	357	98,5	362, 363
91,9	325	96(1204)	358	98,6	365
91,10	326	96(1236)	350, 351	98,7	366
91,11	327	96(1239)	352, 353	98,8	367
92,3	327	96(1240)	353	98,9	368
92,4	327	96(1241)	353	98,10	368
92,5	328, 329	97,2	355	98,11	369
92,8	329, 330	97,3	356	98,12	371
92,9	330	97,4	356	98,13	372
93,6	333	97,5	356	98,14	372, 373

98,15 374
98,16 374
98,17 375
98,18 376
98,19 377
98,20 377, 378
99,1 379
99,3 379
99,4 380
99,5 359, 362
99,6 359, 360, 361, 362
99,7 362, 363, 364
99,8 364, 365, 366, 367, 368, 369
99,9 369
99,10 230, 371, 372
99,11 372, 373
99,12 374, 376
100,2 382
100,3 383
100,4 383
100,5 384
100,6 385
100,8 387
100,9 387
100,10 388
100,11 389
100,12 381

탈출기 라바
1,1 141, 145
1,5 231

레위기 라바
10,5 43
31,10 63

민수기 라바
11,2 176

메킬타 드리
14,10(92) 171
16,32(171) 26
23,13 (332) 74

시프레 신명기
41(84) 30
352(409) 379
354(417) 370

시편 미드라시
76,3 94
91,7 214
118,11 78

탄후마 미드라시
브레싯
11(10) 49

노아
7(14) 60
10(15) 60
10(부버) 61
18(10) 74

레크레카
8(21) 90, 91

와예라
23(30-31) 155
23(30) 152

톨돗
10(36) 192
11(36) 199
12(부버) 194
16(부버) 196
22(부버) 197

에모르
13(39) 201

와예체
12(부버) 222

미케츠
8(50) 320, 322

와예히
3(56) 351
10(59) 368
16(61) 380
17(61) 385, 386

셰못
1,3 141, 142
1(62) 141, 142

엘리에제르의 어록
4,1 19
4,10-15 19
4,10 18
6,1-6 20
8,13-15 95
9,1-4 22
11,27-31 28
12,10 30
12,39-41 28
12,47-50 31
13,12 32
13,29-32 32
13,36-41 33
14,10-14 33
14,17-18 34
14,20-27 35
14,30-37 36
14,43-45.47-48 36
16,19-22 165
16,33-37 170
16,44-45 172
16,47-51 93
20,1-3 38
21,10-14 40
21,16-17 40
21,18-20 41
21,24-27 42
21,28-30 42
21,35-37 43
21,38 44
21,39-40 44
22,1-6 46
22,15-23 50
22,23-26 50
22,28-33 51
23,1-6 57
23,9 58
23,11-14 56
23,15 58
23,20 57
23,21-22 59
23,28-34 61
23,28-33 92
23,35-40 63
23,36-38 62
23,41-46 64
23,46-47 64
23,51-54 67
23,55-63 68
23,65-70 70
24,17-24 71
24,25-32 74
24,44-45 75
24,53-57 75
25,14-16.20-24 88
25,34-44 119
25,75-80 128
26,14.22-32 84
26,26.38-39 134
26,40 136
26,49-50 135
27,12-18 94
29 105
29,11-14 273
29,28 185
30,1-9 141
30,18-26 142
30,27-29 142
30,30 142
30,46-56 144
30,56-61 144
30,62-66 173
31,1-3 148
31,7-8 150
31,9-10 150
31,14-19 152
31,21 151
31,27-32 154
31,33-35 154
31,47-51 156
31,51-57 155
31,59-63 157
31,66-68 158
32,12-15 161
32,16-18 161
32,22-26 179
32,30-34 191
32,30-31 182

32,30	180
32,35-38	191
32,40	193
32,41-42	193
32,43-45	193
32,48-54	198
33,1-4	188
35,13-19	185
35,28-38	206
35,34-48	211
35,41-44	208
35,58-63	212
35,64-70	213
35,71-74	215
35,75-77	215
36,10-17	219
36,19-23	221
36,23	246
36,30-31	223
36,37-40	232
36,40-44	241
36,45-46	241
36,50-53	240
36,56-58	243
36,104-107	189
37,1-2	238
37,5-10	249
37,37-45	253
38,42-44.50-51	284
38,47-49	286
38,1-3	268
38,4-16	270, 318
38,18-24	275
38,22-23	364
38,28-30	282
38,30-37	283
38,51-53	289
38,60-61	292
38,62-63.65	292
38,68-69	293
38,75-77.87-90	295
39,1-5	340
39,6-7	342
39,7-11	344
39,11-13	334
39,16-19	388
39,22-27	377
39,31	317
39,35-39	376
39,40-42	320
39,45-52	319
39,56	351
39,58-63	384
39,63-70	386

야사르의 책

15,13	102
41,19	291
59	389

필론

아벨과 카인의 제물

13,52	41

악인이 선인을 공격한다

1,1	42

창세기에 대한 질의응답

2,13	59

아브라함

32,172	153
46,275	187

요세푸스

유다고대사

1,180	94

강지숙

가톨릭대학교 종교학과(구약학 석사, 박사)와
예루살렘 히브리대학교 탈무드과(석사 비연구과정)에서 수학하였다.
현재 의정부 한님성서연구소에서 일하고 있다(구약성경과 랍비 문헌).

랍비들의 성경 주해 창세기 미드라시(개정판)

초판 교회인가: 2022년 2월 4일 천주교 의정부교구장 이기헌 주교
초판 1쇄: 2022년 3월 18일
개정판 교회인가: 2024년 8월 22일 천주교 의정부교구장 손희송 주교
개정판 1쇄: 2024년 9월 30일
엮은이: 강지숙
펴낸이: 조병우
펴낸곳: 한님성서연구소(출판등록 제85호)
[11690] 경기도 의정부시 평화로 604
전화: 031) 846-3467, 팩스: 031) 846-3595
네이버카페: https://cafe.naver.com/biblicum

값 30,000원
ISBN 978-89-94359-54-0 94230
ISBN 978-89-94359-52-6 94230(세트)